COLLECTION

COMPLÈTE

DES MÉMOIRES

RELATIFS

A L'HISTOIRE DE FRANCE.

Olivier de La Marche, tome 1.

DE L'IMPRIMERIE DE RIGNOUX.

COLLECTION

COMPLÈTE

DES MÉMOIRES

RELATIFS

A L'HISTOIRE DE FRANCE,

DEPUIS LE RÈGNE DE PHILIPPE-AUGUSTE, JUSQU'AU COMMENCEMENT
DU DIX-SEPTIÈME SIÈCLE ;

AVEC DES NOTICES SUR CHAQUE AUTEUR,
ET DES OBSERVATIONS SUR CHAQUE OUVRAGE,

Par M. PETITOT.

TOME IX.

PARIS,

FOUCAULT, LIBRAIRE, RUE DE SORBONNE, N° 9.
1825.

LES MEMOIRES

DE

MESSIRE OLIVIER DE LA MARCHE,

AUGMENTÉS D'UN ESTAT PARTICULIER

DE LA MAISON DU DUC CHARLES LE HARDY,

COMPOSÉ DU MESME AUTEUR.

AVERTISSEMENT.

Les Mémoires d'Olivier de La Marche sont, avec ceux de Duclerq, les seuls qui ne soient consacrés qu'à l'histoire de la seconde maison de Bourgogne, laquelle eut dans le quinzième siècle tant d'influence sur les destinées de la France, et dont l'alliance avec la maison d'Autriche fut la principale cause de presque tous les grands événemens des siècles suivans. Leur auteur ayant été attaché à la cour de Bourgogne sous Philippe-le-Bon, Charles-le-Téméraire, Marie et Philippe-le-Beau, vit la splendeur de cette maison, sa décadence, sa ruine entière; et n'eut pas la consolation de prévoir qu'elle se releveroit plus puissante que jamais dans la personne de Charles-Quint, son rejeton le plus illustre.

Les récits d'Olivier de La Marche embrassent une période de cinquante-trois ans, depuis 1435 jusqu'à 1488, et forment pour l'histoire de Louis XI un complément nécessaire aux Mémoires de Philippe de Comines, qui ne commencent qu'en 1464, et ne donnent aucun détail sur la jeunesse de ce prince.

Des deux parties qui composent les Mémoires d'Olivier de La Marche, la première est la seule que l'auteur ait entièrement achevée; la seconde est imparfaite : les faits et les dates y sont confondus, et l'on y rencontre plusieurs lacunes. Cet ouvrage, qui retrace de la manière la plus vraie l'esprit du quinzième siècle, est rempli de détails sur la chevalerie, sur les différens exercices auxquels se livroit la noblesse, et sur les fêtes brillantes que donnoient les ducs de Bourgogne. Ces détails sont quelquefois longs et fatigans, mais ce défaut est bien racheté par des peintures de mœurs qui ne se trouvent dans aucun autre ouvrage de ce genre; et les amateurs nous feroient de justes reproches, si, à l'exemple des éditeurs de l'ancienne Collection, nous nous étions permis de les abréger. En effet ils ont supprimé une digression historique portant le titre d'*Introduction*, et ils n'ont donné qu'un extrait incomplet d'un autre fragment bien plus curieux, intitulé *Estat de la maison du duc de Bourgongne.*

Nous avons cru devoir rétablir dans leur entier ces deux morceaux. Le premier, composé pour l'éducation du jeune Philippe-le-Beau, contient tout ce que l'auteur a pu recueillir sur les aïeux de ce prince, offre le plus singulier exemple de l'espèce d'érudition qu'on affectoit dans le quinzième siècle, et sera surtout remarqué par ceux qui, en étudiant l'histoire, aiment à suivre la marche de l'esprit humain. Le second présente l'origine de l'étiquette adoptée depuis par toutes les cours de l'Europe : outre qu'il renferme des détails fort extraordinaires sur le faste et les richesses de la maison de Bourgogne, il donne l'explication d'une multitude d'usages qui, adaptés aux mœurs modernes, ne dérivent pas moins de l'esprit dont l'ancienne chevalerie étoit animée.

Il existe plusieurs éditions anciennes des Mémoires d'Olivier de La Marche. Cet ouvrage parut d'abord à Lyon en

1562, à la suite de la Chronique de Flandre, et fut publié par les soins de Denis Sauvage, qui en retoucha le style. « Je l'ay trouvé assez passable, dit-il, quand l'auteur a suyvi « son naturel : mais le voulant farder et agencer d'artifice, « il s'égaroit tellement, que l'on ne pouvoit tirer construction « de ce qu'il vouloit dire : en sorte qu'il m'a souvent esté « besoing de luy aider à s'expliquer, et principalement en « toute sa premiere preface, etc. » Cinq ans après, en 1567, Jean Laurens de Gand les publia séparément avec des notes. Cette édition, qui passa pour bonne, fut réimprimée à Bruxelles en 1616, et à Louvain en 1645. Nous avons adopté le texte de l'édition originale de 1562, qui nous a paru le plus correct; mais comme l'*Estat de la maison de Bourgongne* ne s'y trouve pas, nous avons pris ce morceau dans l'édition de Laurens. Le commentaire de ce dernier, fort estimable sous quelques rapports, n'est pas exempt de partialité. Cet auteur, né à Gand, cherche trop souvent à justifier les révoltes de cette ville factieuse contre les ducs Philippe et Charles, et contre l'archiduc Maximilien. Nous avons même découvert, en comparant son édition à l'édition originale, qu'il se permet de supprimer l'épithète de *rebelle*, toutes les fois qu'elle est donnée à ses compatriotes. Nous avons profité de son commentaire, écrit en vieux langage, pour ce qui concerne les particularités relatives à l'histoire de France, et nous y avons ajouté tout ce qui peut contribuer à éclaircir la narration d'Olivier de La Marche. Celles des notes que nous avons conservées textuellement sont distinguées par la lettre L.

L'auteur des Mémoires ne raconte ordinairement que les événemens dont il a été témoin : il remonte rarement à leur cause, néglige de les lier avec ceux qui les ont précédés, et n'indique pas même ce qui s'est passé loin de ses yeux. Il en résulte plusieurs lacunes, et l'omission d'un grand nombre de faits importans. C'est ce qui nous a déterminés à tracer dans un précis historique l'origine, les progrès et la décadence de la maison de Bourgogne : nous nous sommes efforcés d'y mettre l'ensemble dont les Mémoires manquent trop souvent, et d'y recueillir tous les détails relatifs à cette maison, qui ne peuvent entrer dans l'histoire générale.

Olivier de La Marche, qui consacra aux lettres la dernière partie de sa vie, a composé quelques autres ouvrages. On connoît de lui un *Traité sur les duels et gages de bataille*; un livre intitulé *le Triomphe des dames d'honneur*; et l'abbé Papillon, dans la Bibliothèque des auteurs de Bourgogne, lui attribue un manuscrit qui porte ce titre : *De la Puissance de nature, et comment les corps célestiaux gouvernent naturellement le monde*. Ces ouvrages sont loin d'avoir le mérite des Mémoires, et rien ne peut porter à les tirer de l'oubli dans lequel ils sont tombés.

NOTICE

SUR

OLIVIER DE LA MARCHE.

On ne connoît précisément ni la date de la naissance d'Olivier de La Marche, ni le lieu où ses parens résidoient. Cependant tout porte à croire qu'il vit le jour vers l'année 1426, et que le château de sa famille étoit dans le duché de Bourgogne. En 1434, son père Philippe de La Marche, lié intimement avec le seigneur de Saint-Georges, possesseur du château de Joux en Franche-Comté, fut requis, suivant l'usage du temps, d'aller au secours de ce seigneur, qui craignoit d'être assiégé par des princes allemands. Philippe sacrifia tout pour remplir les engagemens qu'il avoit pris avec son ami : non-seulement il conduisit ses vassaux en Franche-Comté, mais il y amena toute sa famille; et le jeune Olivier, âgé d'environ huit ans, fut placé par lui dans la ville de Pontarlier, voisine du château de Joux, pour y fréquenter une école publique avec les autres enfans du pays.

Dans un âge si tendre, Olivier de La Marche montra ce talent d'observation qu'il devoit développer plus tard : ce fut là qu'il vit l'un des exemples les plus frappans de la vanité des grandeurs humaines dans la personne de Jacques de Bourbon, qui, après avoir partagé le trône de Naples avec la fameuse Jeanne II, vint en Franche-Comté pour y terminer ses jours au fond d'un cloître : spectacle très-extraordinaire, dont l'auteur donne la description en commençant ses Mémoires.

On ignore quel fut le résultat du secours que Philippe de La Marche prodigua si généreusement à son ami : tout ce qu'on sait, c'est que ce seigneur mourut trois ans après, en 1437, laissant, à ce qu'il paroît, très-peu de bien à ses enfans. Des amis en prirent soin : Guillaume de Larieu, seigneur de La Queuille, et Anne de La Chambre son épouse, adoptèrent en quelque sorte le jeune Olivier, et le recueillirent dans leur château, où il passa deux ans, pendant lesquels il fut formé aux usages adoptés alors dans le grand monde.

En 1439, le duc de Bourgogne Philippe-le-Bon vint résider quelque temps à Châlons-sur-Saône, et y tint sa cour. Olivier de La Marche, âgé de treize ans, lui fut présenté; et par le crédit d'Antoine de Crouy, premier chambellan, auquel il eut le bonheur de plaire, il fut admis au nombre des pages. Son caractère aimable le fit bientôt distinguer par Guillaume de Sercy, premier écuyer, qui voulut bien se charger de perfectionner son éducation. Avec la protection de ce seigneur, qui avoit une longue habitude de la cour, Olivier, doué d'un naturel doux et flexible, acquit promptement les talens qui y font réussir. Il se montra tour à tour courtisan habile, chevalier plein de loyauté, guerrier intrépide, négociateur adroit; et dans ces positions différentes il fut constamment honnête homme, et serviteur dévoué des princes auxquels il avoit consacré sa vie. Ces qualités contribuèrent autant à sa fortune que la faveur du comte de Charolais, depuis Charles-le-Téméraire, qui étoit du même âge que lui, et qui dès cette époque résolut de se l'attacher.

Ce fut en 1447 qu'à l'âge de vingt-un ans il cessa d'être page, pour devenir écuyer pannetier de Philippe-le-Bon. Il obtint cette grâce à l'occasion du mariage d'une fille naturelle de ce prince avec le seigneur de Charny, l'un de ses chambellans. C'étoit ordinairement dans ces occasions solennelles que le duc aimoit à faire des promotions. Le jeune officier, dont le service à la cour n'étoit que de six mois, employa ses loisirs à l'étude de l'histoire, et surtout aux exercices militaires. En 1452, il suivit le comte de Charolais, son protecteur, contre les rebelles de Gand, devenus très-redoutables par leurs relations avec les autres villes de Flandre, et par leur opiniâtreté dans la révolte. Il fit ses premières armes dans cette campagne glorieuse; et chargé par le prince d'une reconnoissance très-dangereuse, il se distingua par son intelligence et son courage.

Quatre ans après, le comte de Charolais, dont on forma la maison, demanda qu'Olivier en fît partie : il devint son premier pannetier, et fut dès ce moment le compagnon inséparable de ce prince, si fameux par son courage téméraire, son caractère austère et indomptable, son ambition démesurée, et sa chute terrible. Olivier ne tarda pas à éprouver combien il est quelquefois dangereux de se trouver dans l'intimité des princes, et de se montrer trop dévoué à les servir dans toutes leurs volontés.

En 1464, le comte de Charolais, brouillé avec le roi de France Louis XI, auquel il reprochoit d'être ingrat envers Philippe-le-Bon, qui l'avoit recueilli lorsque, n'étant que Dauphin, il avoit fui la cour de Charles VII, se retira en Hollande dans la ville de Gorcum, où il ne parut s'occuper que de plaisirs. Cette retraite, si contraire aux goûts du prince, inspira des soupçons à Louis XI. Tout se préparoit alors pour le soulevement général qui fut suivi de la guerre dite *du bien public;* et le Roi ne se trompoit pas en croyant que le comte de Charolais et François II, duc de Bretagne, étoient destinés à en être les principaux chefs. Il se figura donc que le prince bourguignon ne s'étoit confiné à Gorcum que pour correspondre plus facilement avec François. Ses soupçons furent confirmés par un voyage que Jean de Romillé, vice-chancelier de Bretagne, fit à Gorcum, déguisé en dominicain.

Le caractère impénétrable de Louis XI laisse souvent l'historien dans l'incertitude sur ses vues secrètes, lorsqu'elles n'ont pas été suivies de l'exécution. Ainsi, en parlant de la démarche qu'il fit à cette époque, nous nous bornerons à rapporter les observations des contemporains, et nous nous abstiendrons de porter un jugement. Louis alla trouver Philippe-le-Bon à Hesdin, ville forte où étoient les trésors de ce prince:

il se plaignit du séjour de Romillé à Gorcum, et des fréquens voyages que Jacques de Luxembourg, gouverneur de Rennes, et Antoine de Lamet son lieutenant, faisoient en Hollande. En même temps il fit partir pour ce pays le bâtard de Rubempré, homme d'exécution, chargé d'une mission secrète et de la plus haute importance.

Rubempré débarqua de nuit sur la côte de Hollande: sa troupe étoit composée de vingt-cinq hommes déterminés; il n'en prit que deux avec lui : et laissant les autres près du rivage, avec l'ordre de ne pas se séparer, il entra dans Gorcum sans être aperçu. Malgré ses soins pour se cacher, il fut bientôt découvert. Les gentilshommes qui entouroient le comte de Charolais conçurent les plus vives alarmes, par la connoissance qu'ils avoient du caractère entreprenant de Rubempré, et par le danger auquel avoit pu être exposé le prince, qui dans sa retraite avoit banni l'étiquette de la cour de son père, et se trouvoit souvent seul, soit à la promenade, soit dans des parties de chasse. On ne douta point que l'émissaire de Louis XI ne fût venu pour enlever ou pour assassiner le comte de Charolais.

Olivier de La Marche, que son dévouement aveugloit peut-être, fut un de ceux qui insistèrent le plus sur cet horrible soupçon; il se figura même que le Roi n'étoit allé trouver Philippe à Hesdin qu'avec la certitude qu'il y mourroit bientôt, ainsi que venoit de l'annoncer un astrologue; et que le dessein du monarque étoit de profiter de ce malheur pour s'emparer de la ville et des trésors. On s'empressa donc d'arrêter

Rubempré; et le comte envoya Olivier à Hesdin, tant pour porter plainte au duc Philippe de l'attentat qui venoit d'être essayé, que pour l'avertir du danger qu'il couroit lui-même, s'il restoit plus long-temps avec le Roi. Philippe, malgré l'élévation de son caractère, partageoit les préjugés de son temps : il se sépara brusquement de Louis XI, qui partit très-irrité des soupçons qu'on avoit conçus contre lui, et piqué au vif de ce que la mission de Rubempré avoit échoué.

Il envoya au duc, qui s'étoit retiré à Lille, une ambassade composée du comte d'Eu, prince du sang, de l'archevêque de Narbonne, et du chancelier de Morvilliers. Le comte de Charolais s'étoit rendu près de son père avec l'intention de soutenir les accusations d'Olivier de La Marche, et fut présent à la première audience qu'il donna aux ambassadeurs. Le chancelier exposa que le duc de Bretagne, allié des Anglais, trahissoit la France; que le comte de Charolais se trouvoit son complice, et que Romillé étoit l'agent secret de ces deux princes. Il ajouta que la mission de Rubempré n'avoit eu pour objet que d'enlever ce dernier : ce qu'il offrit de prouver par la minute des instructions qui lui avoient été données avant son départ. Il insista beaucoup sur l'impossibilité où trois hommes étrangers se seroient trouvés d'enlever ou d'assassiner un prince au milieu de sa cour : raison qui paroît peu solide, puisque Rubempré, qui étoit d'une force extraordinaire, pouvoit très-bien, avec le secours de deux hommes dévoués, surprendre le comte dans une promenade ou dans une chasse, et le conduire au rivage, où le bateau étoit prêt à mettre à la voile. D'ailleurs il étoit de la prudence de cet agent de ne pas se faire accompagner par un cortége de vingt-cinq hommes, dans une ville où le succès de son entreprise dépendroit du soin qu'il prendroit de se dérober à tous les regards. Quoi qu'il en soit, le vieux duc, après avoir réprimé l'impétuosité de son fils, demanda aux ambassadeurs quelle satisfaction le Roi exigeoit.

Le chancelier déclara que Louis XI vouloit que Rubempré fût mis en liberté, et qu'Olivier de La Marche lui fût livré. Le duc rejeta ces deux demandes : il répondit qu'Olivier étoit son sujet et son serviteur; et que si le Roi ou tout autre vouloit le poursuivre, il étoit prêt à faire raison de son refus de l'abandonner. « Le Roi est bien malheureux, ajouta-« t-il, d'exciter de tels soupçons. Pour moi, je suis « aussi loin d'en inspirer que d'en concevoir. J'ai bien « pu quelquefois manquer de parole aux femmes, mais « jamais aux hommes : » mot dans lequel on retrouve le caractère de Philippe-le-Bon, qui dans son extrême vieillesse avoit conservé l'habitude de mêler une plaisanterie légère aux discussions les plus sérieuses. Rubempré resta dans une prison d'où le comte de Charolais, devenu duc de Bourgogne, ne le fit sortir que cinq ans après. Olivier conserva son influence à la cour de son maître; et ce prince altier dit à l'archevêque de Narbonne, l'un des ambassadeurs, au moment où il venoit prendre congé : « Avant un an, le « Roi se repentira de ce qu'il a fait; » menace qui se réalisa au terme fixé, par la guerre du *bien public*, à la suite de laquelle Louis xi fut obligé de traiter avec ses vassaux, et ne sauva sa couronne qu'en les trompant.

Olivier de La Marche suivit le comte de Charolais à cette guerre, et reçut l'ordre de la chevalerie sur le champ de bataille de Montlhéry. Il s'y distingua par sa bravoure, et fut, deux ans après, chargé près du duc de Bretagne d'une négociation qui avoit pour but de maintenir l'exécution des traités de Conflans et de Saint-Maur. Malgré son habileté, il ne put échapper aux artifices de Louis xi, qui ne se faisoit aucun scrupule de manquer aux paroles les plus sacrées. Pendant qu'il étoit absent de la cour, Philippe-le-Bon mourut, et le comte de Charolais devint duc de Bourgogne. Olivier s'empressa de revenir vers son maître, qui, moins sage que le vertueux prince auquel il succédoit, méditoit déjà les vastes projets qui devoient le conduire à sa perte.

Jouissant de toute la confiance de Charles, et ne le quittant presque jamais, il fut témoin en 1468 de la fameuse entrevue de Peronne, où le Roi se trouva surpris dans les piéges qu'il avoit lui-même tendus. Il donne sur cette scène très-singulière des détails qui ne se trouvent dans aucun historien, et peint avec une vérité frappante les terreurs de Louis xi et les emportemens du duc de Bourgogne. Quoiqu'il ne le dise pas expressément, il est probable qu'il fut un de ceux dont la générosité et la modération déterminèrent le duc à ne pas abuser de la position terrible du monarque.

En 1474, le fougueux duc de Bourgogne, voulant

établir une communication entre ses possessions du nord et celles du midi, porta ses armes en Allemagne, et mit le siége devant Nuys, ville située près de Cologne. Ce siége, qui devint la première cause des malheurs dont il fut frappé par la suite, dura plus de dix mois, et consuma ses forces. Olivier s'y distingua par son courage. Chargé, avec le vicomte de Soissons, de ravitailler la ville de Lintz, qui alloit tomber au pouvoir des ennemis, il réussit pleinement dans cette entreprise difficile.

Depuis cette époque, Charles devenu sourd à tous les conseils, et cédant à l'impétuosité de son caractère, se précipita dans un abîme de maux. Sans faire attention aux intrigues que tramoit Louis XI pour le perdre; sans remarquer la puissance naissante du duc de Lorraine, qui, soutenu par la France, alloit devenir son rival le plus redoutable, il déclara la guerre aux Suisses sous les plus frivoles prétextes. Lié depuis quelque temps avec la duchesse de Savoie, sœur du roi de France, qui vouloit profiter de son veuvage pour la dépouiller, il résolut de venger le comte de Romont, prince de cette maison, sur le territoire duquel les Suisses avoient commis quelques hostilités. Se refusant à toutes les satisfactions que ces républicains offroient de lui faire, il entra dans leur pays avec une armée nombreuse; mais ne connoissant point les positions formidables qui devoient arrêter sa marche, et ne pouvant faire usage de sa cavalerie, qui étoit sa principale force, il fut entièrement défait dans les batailles de Granson et de Morat.

Réduit au désespoir, plongé dans la plus profonde

mélancolie, on ne vit plus en lui ce prince dont les emportemens effrayoient quelquefois ses serviteurs, mais qui les rassuroit bientôt par la loyauté qui faisoit le fond de son caractère. Il devint sombre, cruel, et menaça de la mort tous ceux qui n'obéiroient pas aveuglément à ses capricieuses volontés. Après la bataille de Morat, il s'étoit retiré à Saint-Claude : la duchesse de Savoie vint l'y voir pour le consoler. Aigri par les revers, soupçonnant de tous côtés des trahisons, il se figura que cette princesse, découragée, vouloit traiter avec Louis XI son frère. Sans approfondir ce soupçon, il résolut aussitôt de la faire arrêter; mais un reste de pudeur l'empêcha d'exécuter cette résolution dans le lieu où il résidoit. Sachant que la duchesse devoit bientôt le quitter pour aller à Genève, il chargea Olivier de La Marche, qui s'y trouvoit, de l'enlever ainsi que sa famille.

Olivier, nourri dès la plus tendre enfance dans les nobles habitudes de la chevalerie, fut d'abord tenté de ne pas obéir à cet ordre, donné dans un moment de fureur contre une femme sans défense; mais la lettre du duc de Bourgogne le rendoit responsable du succès, et lui déclaroit qu'il y alloit de sa tête. Il fut donc obligé de se soumettre *contre son cœur,* dit-il naïvement; et il dressa une embuscade sur la route de Saint-Claude à Genève.

La princesse se dirigeoit vers cette dernière ville, suivie d'une escorte peu nombreuse : elle étoit accompagnée de ses deux fils, dont l'aîné portoit le titre de duc de Savoie; de ses filles, et de trois demoiselles. Un serviteur plein d'intrépidité, nommé le seigneur de Manton, veilloit avec quelques soldats à la sûreté de cette troupe craintive. Elle tomba dans l'embuscade au milieu de la nuit : la surprise et la frayeur empêchèrent toute résistance. Au milieu du tumulte et des cris poussés par les femmes, Olivier de La Marche s'empara de la duchesse, et la mit en croupe derrière lui : d'autres écuyers se saisirent des enfans et des trois demoiselles, et les ravisseurs s'enfuirent vers les Rousses avec leur proie. Mais à quelque distance ils s'aperçurent que leur entreprise n'avoit réussi qu'à demi : le seigneur de Manton, chargé spécialement de la garde du jeune duc de Savoie, étoit parvenu à le sauver. A la faveur de la nuit, il avoit soustrait cet enfant, et l'avoit porté dans ses bras jusqu'à Genève. Olivier de La Marche, qui avoit eu tant de peine à se charger de cet enlèvement, fut accablé de reproches lorsqu'il reparut devant le duc de Bourgogne : il s'en fallut peu que ce prince irrité ne le fît périr, pour avoir laissé échapper le plus important de ses prisonniers.

Cependant la duchesse fut d'abord enfermée dans le château de Rochefort, puis dans celui de Rouvres près de Dijon. Louis XI, conformément à sa politique, profita de la détresse de sa sœur pour s'assurer de la Savoie. Il confia la garde de son neveu à Philibert de Grolée, qui lui étoit dévoué. Il éloigna du gouvernement les deux oncles du jeune duc, et fit occuper la citadelle de Montméliant par Miolans, qui jura de ne jamais la remettre qu'à lui. Assuré, par ces précautions, que la duchesse ne pourroit plus traiter avec ses ennemis, il envoya Chaumont d'Amboise avec deux cents lances pour la délivrer : ce qui s'exécuta facilement, par les intelligences que le général sut pratiquer dans le château de Rouvres.

Le duc de Bourgogne, entouré de traîtres soudoyés par Louis xi, révoltant ses plus fidèles serviteurs par des soupçons injurieux, se refusant à tous les moyens d'obtenir la paix, entreprit, avec une armée foible et découragée, de faire le siége de Nancy, que le duc de Lorraine vint aussitôt secourir. Olivier de La Marche se distingua dans la bataille qui fut livrée près de cette ville (5 janvier 1477), et où son maître, pour lequel il s'étoit tant de fois sacrifié, perdit la vie. Il fut fait prisonnier avec plusieurs gentilshommes, eut la générosité de demeurer comme otage pendant qu'ils allèrent chercher les sommes nécessaires pour leur rançon, et recouvra enfin sa liberté, après avoir vu s'écrouler ce grand édifice de la maison de Bourgogne, élevé avec tant de peine par les ducs Philippe-le-Hardi, Jean-sans-Peur et Philippe-le-Bon.

Olivier n'imita point l'exemple de plusieurs de ses compatriotes, qui, abandonnant dans l'infortune une famille à laquelle ils devoient leur grandeur, passèrent au service de Louis xi : il resta fidèle à Marie de Bourgogne, fille unique de son prince, et profita des premiers momens de sa liberté pour aller en Flandre lui offrir ses services. Objet des soupçons de Louis xi, qui excitoit les habitans de Gand contre les ministres de la duchesse, il fut sur le point de partager le sort d'Hugonet et d'Imbercourt, assassinés sur la place de cette ville par des furieux que les larmes et les prières de cette jeune princesse ne purent attendrir. Sa fidélité fut récompensée par la confiance entière de Marie : il fut l'un des principaux négociateurs de son mariage avec l'archiduc Maximilien, dont il devint le premier maître d'hôtel. En 1483, il fut chargé par les deux époux de la mission la plus honorable. Louis XI étant mort, il alla comme ambassadeur complimenter Charles VIII, trouva la cour de ce jeune prince à Beaugency, présenta ses hommages à la princesse Anne de Beaujeu, régente, et sut profiter des embarras de la minorité pour obtenir que la France ne mît aucun obstacle aux grands projets que formoit alors Maximilien.

Depuis cette époque, Olivier de La Marche, devenu vieux, ne remplit plus aucune fonction publique. Attaché au jeune Philippe-le-Beau, fils de Maximilien et de Marie, il donna tous ses soins à l'éducation de ce prince, pour l'instruction duquel il composa l'introduction de ses Mémoires. En présageant à son élève les plus hautes destinées, il étoit loin de prévoir qu'il périroit à la fleur de l'âge (1); et que son fils, qui fut depuis Charles-Quint, joindroit l'Empire, l'Espagne, presque toute l'Italie, aux domaines de la maison de Bourgogne, et se trouveroit assez puissant pour aspirer à la monarchie universelle.

Olivier de La Marche, âgé de soixante-quatorze ans, mourut à Bruxelles le premier février 1502, et fut enterré dans l'église des chanoines réguliers de Curremberg. Son épouse, qui lui survécut neuf ans, fut inhumée à ses côtés. Voici leur épitaphe, qui fut

---

(1) Philippe-le-Beau mourut en 1506, à vingt-huit ans.

détruite, ainsi que leur tombeau, pendant les révoltes des Pays-Bas sous Philippe II :

> Cy gist Olivier de La Marche, seigneur
> Et grand maistre d'hostel, rempli de tout honneur,
> Qui fut sage et secret, léal et magnifique,
> Et qui fit maints beaux dits en belle rhetorique.
> L'an quinze cens et un, le premier fevrier (1),
> Mourut plein de vertu : veuillez pour lui prier.
> Dame Isabeau Machfoin mourut neuf ans après.
> Priez que paradis à elle soit ouvert,
> Et au bon chevalier, lequel a tant souffert.

(1) Suivant la manière de compter de ce temps-là, où l'année commençoit à Pâques.

PRÉCIS

DE L'ORIGINE, DES PROGRÈS ET DE LA DÉCADENCE

DE LA SECONDE MAISON DE BOURGOGNE,

DEPUIS PHILIPPE-LE-HARDI JUSQU'A MARIE, AÏEULE DE CHARLES-QUINT.

Les Bourguignons furent un de ces peuples du Nord qui attaquèrent l'Empire romain dès le troisième siècle. Fixés alternativement sur les bords de la Vistule, de l'Elbe et du Rhin, ils entrèrent enfin dans les Gaules du temps de Stilicon : l'imagination effrayée des vaincus leur donnoit le nom d'hommes de sept pieds, *septipedes*. Gondicaire, leur premier roi, fonda, vers le commencement du cinquième siècle, un royaume dans la partie orientale des Gaules, et son fils Gonderic y réunit plusieurs provinces : de manière qu'en 476, époque de la mort de ce dernier prince, le royaume de Bourgogne se composoit de la grande Séquanoise, de la Viennoise, de la province des Alpes, de la première Lyonnaise, et de la partie de la seconde Narbonnaise, qui étoit placée entre le Rhône et la Durance. Cette maison, attaquée par Clovis et ses successeurs, fut détruite vers l'année 534, sous le règne de Godomar. Alors le royaume de Bourgogne fut successivement partagé et démembré par les princes français, et de ses débris se formèrent le royaume de

Bourgogne transjurane, le royaume d'Arles, et le duché de Bourgogne. Le premier comprenoit la Suisse, le Valais, le Genevois et le Bugey; le second, la Provence, une partie du Lyonnais, et la Franche-Comté (1); et le troisième, le pays qui porte aujourd'hui le nom de Bourgogne, lequel demeura toujours attaché à la couronne de France, tandis que les deux autres parties de l'ancien royaume appartinrent long-temps à l'empire d'Allemagne.

Vers la fin de la dynastie des Carlovingiens, et dans le cours du dixième siècle, le duché et le comté de Bourgogne, qui n'étoient, comme les autres fiefs, que de simples bénéfices donnés à vie par les rois, devinrent des propriétés. Henri dit *le Grand*, frère de Hugues Capet, fut duc propriétaire de la Bourgogne : Hugues, dit *le Noir*, avoit obtenu, quelque temps auparavant, la Franche-Comté au même titre.

Le frère de Hugues Capet étant mort sans enfans, le roi Robert son neveu réunit le duché de Bourgogne à la couronne, et le donna en 1015 à son fils aîné Henri. Ce prince, devenu roi de France sous le nom de Henri 1, et ayant vaincu Robert son frère, qui avoit osé aspirer au trône, lui pardonna sa révolte, et pour gage de réconciliation lui céda l'apanage dont il avoit joui dans sa jeunesse. Ce Robert est considéré comme le chef de la première dynastie des ducs de Bourgogne. Un siècle après, en 1156, l'empereur Frédéric 1 épousa Béatrix, héritière de la Franche-Comté, et devint souverain de cette province : il la céda par la suite à son fils Otton, auquel il donna le

---

(1) Je donne, pour plus de clarté, ce nom au comté de Bourgogne ; il ne le prit que sous le duc Philippe-le-Bon.

titre de régent du royaume d'Arles, ne se réservant que Besançon, qui devint ville impériale.

Les ducs de Bourgogne, quoique bien moins puissans que ne le furent ceux de la seconde dynastie, donnèrent souvent de graves inquiétudes aux rois de France. On les vit, sous Louis-le-Gros, Louis-le-Jeune, Philippe-Auguste et saint Louis, défendre avec ardeur et souvent avec succès les droits des grands vassaux, et s'opposer à l'affermissement de la puissance royale. Cette lutte si longue auroit dû ouvrir les yeux des rois de France sur l'inconvénient d'avoir des sujets si puissans, et les empêcher surtout d'accroître leur pouvoir. Cependant, comme les leçons du passé l'emportent rarement sur les passions du moment, Philippe-le-Long ayant épousé en 1306 Jeanne comtesse de Bourgogne, donna l'aînée des filles qu'il eut d'elle à Eudes IV, duc de Bourgogne, et réunit ainsi dans la personne de ce prince le duché et le comté.

Cette maison alloit encore s'agrandir sous le règne du roi Jean, qui avoit épousé en 1349 la mère de Philippe de Rouvres, petit-fils d'Eudes IV, héritier des deux Bourgognes. Cette princesse, consultant plus son amour maternel que ses devoirs de reine de France, fit épouser à son fils, qui n'avoit encore que douze ans, Marguerite, fille unique de Louis de Male, comte de Flandre. Ainsi lorsque la France étoit affoiblie et ruinée par les désastres du règne de Philippe de Valois, par la perte récente de la bataille de Poitiers, et par les dispositions séditieuses des peuples, la Reine élevoit une puissance assez forte pour lutter contre l'autorité royale, et pour l'anéantir. Mais ces projets de la mère de Philippe de Rouvres s'évanouirent tout à coup par la mort de ce jeune prince, qui arriva en 1361, avant qu'il eût pu consommer son mariage.

Une chose qui étonneroit si l'étude de l'histoire n'habituoit pas aux inconséquences des hommes, c'est que le roi Jean rétablit, au retour de sa captivité, dans la personne d'un de ses fils, cette puissance si dangereuse; et que Charles v, l'un de nos plus sages rois, qui avoit blâmé la conduite de la Reine lorsqu'il n'étoit que dauphin, devenu roi fit précisément quelques années après, en faveur de son frère, ce que cette princesse avoit fait pour Philippe de Rouvres; et prépara ainsi tous les désastres dont la France eut à souffrir sous les règnes de Charles vi, de Charles vii et de Louis xi.

Cependant la succession de Philippe de Rouvres fut disputée par Charles-le-Mauvais, roi de Navarre, et par Edouard comte de Bar, comme descendans de deux filles du duc Robert ii, bisaïeul du jeune prince. Jean, qui les précédoit d'un degré, puisqu'il étoit petit-fils de Robert, s'empara de la Bourgogne à ce seul titre, et soutint que c'étoit comme le plus proche parent du dernier duc, et non par les droits de sa couronne, que cette principauté lui appartenoit : *Jure proximitatis, non ratione coronæ nostræ, in nos jure successorio est translatus ducatus.*

Le roi Jean affectionnoit Philippe, son quatrième fils, plus que ses autres enfans. Ce jeune prince s'étoit acquis cette préférence par des actions pleines d'audace, et qui lui avoient fait donner le surnom de *Hardi*. N'étant encore âgé que de quinze ans, il avoit montré la plus haute valeur à la bataille de Poitiers, et avoit combattu jusqu'au dernier moment à côté de son père, tandis que ses frères s'étoient éloignés du danger. Partageant à Londres la captivité du monarque, il avoit osé s'emporter contre l'échanson d'Édouard III, parce qu'il vouloit servir le roi d'Angleterre avant le roi de France. Ces traits de hardiesse à un âge si tendre subjuguèrent Jean, qui, d'après l'esprit du siècle, n'apprécioit dans un jeune prince que les qualités qui tiennent au courage et à l'intrépidité.

A peine eut-il obtenu son retour par le traité de Brétigny, qui lui enlevoit ses plus belles provinces, qu'il démembra encore son royaume en conférant le duché de Bourgogne à Philippe. Cependant, pour préparer insensiblement la cour à l'élévation de ce fils chéri, il ne le nomma d'abord que son lieutenant général dans cette province : bientôt, ne pouvant résister à l'impatience de faire de lui un souverain, il ordonna qu'on le reconnût pour duc. Voulant lui assurer cette possession, ainsi qu'à ses descendans, il déclara, par des lettres patentes du 6 septembre 1363 [1], qu'il lui transmettoit ce fief pour être possédé par lui et ses héritiers; mais que s'il mouroit, ou si sa postérité venoit à s'éteindre, le fief retourneroit de plein droit à la couronne de France. On doit remarquer ici que le donateur n'exclut pas les filles de cet héri-

[1] Voici les termes des lettres patentes : *Præmissaque in eum transferimus tenenda et possidenda per eum et hæredes suos in legitimo matrimonio et proprio corpore procreandos, perpetuâ hæreditate, et pacificè, salvo insuper et retento, quod si dictus filius noster, vel sua posteritas, ut prædicitur, procreanda decesserint, quod absit, absque hærede ex proprio corpore, pleno jure integraliter revertentur ad nos et successores nostros reges*, etc.

tage; et il faudra s'en souvenir pour juger la conduite que tint depuis Louis xi à l'égard de Marie de Bourgogne, arrière-petite-fille de Philippe. Ce prince, plein de tendresse et de reconnoissance pour son père, qui l'avoit en même temps nommé premier pair de France, titre affecté auparavant aux ducs de Normandie, refusa de prendre l'autorité de duc, tant que Jean vécut; il ne voulut exercer dans la Bourgogne que les fonctions de lieutenant général.

Jean étant mort en 1364, Charles v confirma ses dispositions relatives à la Bourgogne. Mais Philippe ne se pressa pas d'aller prendre possession de son fief : il faisoit la guerre dans la Beauce contre Charles-le-Mauvais; et ce ne fut qu'après avoir sauvé cette province qu'il vint à Dijon, où il fut salué comme duc dans l'église de Saint-Bénigne, le 26 novembre 1364. Il alla ensuite dans le Charolais, province appartenant à la maison d'Armagnac, et sur laquelle il avoit déjà des vues, pour y combattre les grandes compagnies, débris redoutables des guerres civiles et étrangères qui avoient désolé la France pendant les deux derniers règnes.

Lorsque Du Guesclin eut délivré son pays de ces bandes féroces en les conduisant en Espagne, Philippe, parvenu à l'âge de l'ambition, voulut se marier, et ne crut pouvoir mieux faire que de demander la main de l'héritière de Flandre, qu'avoit épousée son prédécesseur. Edouard iii sollicitoit depuis long-temps cette alliance pour son fils le prince Noir : mais la jeune veuve penchoit pour Philippe. Charles v fit la faute d'employer toute sa puissance pour déterminer Louis de Male, comte de Flandre, en faveur de son frère : il craignoit que l'Angleterre ne s'agrandît par cet héritage; mais il ne prévoyoit pas qu'il étoit encore plus dangereux de rendre un prince de sa famille trop puissant. Le comte de Flandre, pressé par les deux monarques, balançoit encore, lorsque sa mère Marguerite, princesse française, fille de Philippe-le-Long, le détermina dans le sens que désiroit Charles v, par un de ces mouvemens qui suffisent pour caractériser le siècle. « Si tu refuses, « dit-elle à son fils, suivant un historien du temps, « si tu refuses de faire les noces que ton Roi et moi « desirons, je te jure (tirant sa mamelle dextre) que « je la trancherai en ta présence, pour un opprobre « éternel sur ton nom. » Le mariage fut célébré à Gand le 19 juin 1369.

A peine les fêtes furent-elles terminées, que le duc de Bourgogne marcha contre le duc de Lancastre, qui venoit d'amener une armée à Calais. Lieutenant de Charles v son frère, il avoit l'ordre positif de ne point hasarder une affaire générale. Cet ordre, dicté par la prudence, et par le souvenir récent des défaites de Crécy et de Poitiers, ne pouvoit convenir au caractère impétueux de Philippe. Cependant, docile aux commandemens de son suzerain, il passa la campagne entière dans un poste avantageux, à observer les Anglais et à les harceler. A plusieurs reprises il demanda la permission de combattre, sans pouvoir l'obtenir. Enfin, fatigué de son inaction, il quitta l'armée, revint en Bourgogne et s'établit à Dijon, où il jeta les fondemens d'une chartreuse, dont l'église fut destinée à devenir la sépulture de sa famille. En 1371, l'accouchement heureux de la duchesse répandit la joie dans cette cour : elle mit au monde un fils auquel on donna le nom de Jean, et dont le pape Grégoire xi fut le parrain. Cet enfant, qui s'appela depuis Jean-sans-Peur, devoit être le fléau de la France.

Pendant les neuf dernières années du règne de Charles v, la France fut en paix, et Philippe employa ses loisirs à embellir la ville de Dijon. Il y eut des tournois, des joutes, des pas d'armes, des fêtes brillantes; et la cour de Bourgogne commença d'offrir cet éclat qui devoit bientôt la rendre le modèle des autres cours de l'Europe.

La mort de Charles v, arrivée en 1380, changea entièrement la face des choses. Sous un roi enfant, l'autorité se trouva disputée par quatre princes rivaux : leur ambition, leur cupidité, leur orgueil divisèrent les esprits, engendrèrent des factions, et produisirent des maux plus affreux que ceux des règnes de Philippe de Valois et de Jean. Nous renvoyons au Tableau du règne de Charles vi, pour les détails de cette minorité qui préparoit à la France tant de désastres : nous renverrons également à ce Tableau et aux Mémoires sur les règnes de Charles vii et de Louis xi, pour tout ce qui, dans la suite de l'histoire des ducs de Bourgogne, rentre dans l'histoire générale, nous bornant à suivre les progrès de cette maison, qui s'éleva long-temps sur les ruines de celle à qui elle devoit son origine et sa puissance.

Dès l'année 1382, Philippe employa les forces de la France pour apaiser une révolte très-sérieuse des Flamands contre Louis de Male, son beau-père. Il conduisit Charles vi à cette expédition, qui réussit. La ville de Dijon, attachée à son souverain, florissant sous sa domination, et flattée d'être la capitale d'une grande principauté, lui avoit fourni des troupes avec beaucoup de zèle. Le duc la récompensa en lui accordant des priviléges, et en lui permettant de prendre son cri de guerre. Ce cri, composé de ces mots, *Moult me tarde*, annonçoit toute la vivacité du caractère de Philippe. Il fit en même temps présent à cette ville d'une curiosité très-précieuse dans ce siècle : c'étoit une horloge appartenant à l'une des églises de Courtray, ville qui avoit pris une grande part à la révolte de la Flandre, et qui fut punie par la perte de ce trésor. Cette horloge, qui existe encore sur une tour de l'église Notre-Dame de Dijon, offre une mécanique par le moyen de laquelle un homme, une femme et un enfant frappent les heures.

Philippe, profitant de l'ardeur guerrière de Charles vi, lui fit faire plusieurs préparatifs contre les Anglais, préparatifs qu'il eut l'art de tourner contre les Flamands, toujours redoutables à leur comte. En suivant cette politique intéressée, le duc ne compromettoit pas la sûreté de la France : Edouard iii, qui l'avoit mise à deux doigts de sa ruine, étoit mort; et son petit-fils Richard ii, du même âge que Charles, ayant comme lui des oncles qui se disputoient le pouvoir, n'étoit point à craindre.

Ce fut pendant que Charles vi étoit ainsi en tutèle, que la puissance de Philippe s'augmenta par la mort de son beau-père, qui lui laissa les comtés de Flandre, d'Artois, de Nevers, de Rethel, et la Franche-Comté. Cette dernière province, réunie au duché de Bourgogne du temps d'Eudes iv, en avoit été séparée pour former un apanage à Marguerite, fille de Philippe-le-Long, mère de Louis de Male. Ainsi Philippe-le-Hardi se trouva possesseur, à l'est et au nord de la France, des provinces les plus riches et les plus fertiles. Il ne songea plus qu'à s'y affermir par des institutions propres à donner de la régularité à son administration. Il établit des chambres des comptes à Dijon et à Lille, ses deux capitales, et fit venir de Paris des jurisconsultes habiles pour former les nouveaux magistrats.

Il exerçoit la plus grande influence auprès de Charles VI, et son crédit n'étoit balancé que par la reine Isabelle de Bavière, encore dans la fleur de l'âge, et par le duc d'Orléans, frère du Roi, dont la jeunesse ne lui inspiroit pas assez d'ombrage, lorsque tout-à-coup Charles, cédant à leurs conseils, prit les rênes du gouvernement, et détruisit l'autorité de ses oncles [1388]. Philippe, irrité de sa disgrâce, embrassa le parti populaire, qui, redoutable sous le roi Jean, abattu par Charles V, s'étoit ranimé, et avoit acquis de nouvelles forces pendant la minorité. Il eut donc le tort et le malheur d'être chef d'une faction qu'il se flatta en vain de contenir, et qui devoit entraîner son fils aux excès les plus monstrueux.

Pendant d'intervalle trop court où Charles put régner par lui-même, Philippe augmenta ses domaines, en faisant l'acquisition du comté de Charolais, qui appartenoit à Jean comte d'Armagnac, et à Bernard son frère, devenu si fameux dans les discordes de la fin de ce règne. Par cette acquisition, il devint maître d'un pays qui confinoit ses Etats, et qui lui assuroit les deux rives de la Saône. Dans la suite, le Charolais fut l'apanage de l'aîné de la maison de Bourgogne :

le prince Jean, héritier présomptif de Philippe, avoit alors le titre de comte de Nevers, qu'il conserva jusqu'à la mort de son père.

On a vu, dans le Tableau du règne de Charles VI, qu'après l'assassinat du connétable de Clisson, principal ministre, ce prince voulut porter la guerre en Bretagne, malgré l'opposition du duc de Bourgogne et du parti populaire : l'égarement funeste dans lequel il tomba près du Mans ranima les espérances de la faction, et Philippe fut de nouveau le maître des affaires. Le caractère loyal de ce prince l'empêcha d'abuser de sa position; et la France jouit, jusqu'à sa mort, d'une apparence de tranquillité.

Fondant sur son fils aîné les plus grandes espérances, il l'envoya faire ses premières armes en Hongrie, dont le roi Sigismond étoit menacé par le sultan Bajazet premier. Le jeune prince, âgé de vingt-cinq ans, fit des prodiges de valeur, et acquit le nom de Jean-sans-Peur à la bataille de Nicopolis [28 octobre 1396], où il fut fait prisonnier, après avoir opposé aux ennemis la résistance la plus opiniâtre. Son père, au désespoir, ne crut pas faire un trop grand sacrifice en payant pour sa rançon deux cent mille ducats d'or : somme énorme pour le temps, et qui donne une idée des richesses de cette maison.

Jean, de retour en France, contracta des liaisons avec les partisans de son père, et l'inquiéta souvent par ses projets violens et gigantesques. Cependant le respect qu'il avoit pour lui le retint tant qu'il vécut, et le contraignit à ne pas se livrer aux conseillers perfides qui vouloient se servir de lui pour allumer la guerre civile.

La mort qui frappa Philippe-le-Hardi, au moment

où il se trouvoit dans la ville de Halle, après avoir apaisé une nouvelle révolte des Flamands, fut pour la France une véritable calamité [16 avril 1404]. Ce prince, âgé de soixante-trois ans, éclairé par l'expérience, devenu sage après de grandes fautes, et n'ayant plus cette fougue de caractère qui l'avoit plus d'une fois égaré, vouloit se séparer d'une faction dont il entrevoyoit les sinistres desseins. Attaqué d'une maladie imprévue et mortelle, il appela Jean-sans-Peur et ses deux autres fils : en leur faisant les adieux les plus tendres, il exhorta le premier à demeurer fidèle au Roi, et à se montrer digne du sang illustre dont il étoit sorti. Ce conseil d'un père expirant ne produisit sur le jeune prince qu'une impression passagère. Cependant, profondément affligé de cette mort, il fit transporter le duc dans la chartreuse de Dijon, dont il étoit fondateur; et il suivit à pied son cercueil depuis le monastère de Saint-Seine jusqu'à Dijon.

Philippe, dont la prodigalité avoit égalé l'ambition, étoit, malgré ses riches possessions, mort insolvable. Son fils, plus économe, eut bientôt pris des arrangemens qui le libérèrent, et qui ne l'empêchèrent pas de faire tous les sacrifices nécessaires au maintien du parti qui s'étoit déclaré pour sa maison. Il maria, la même année, sa fille Marguerite, encore enfant, au dauphin Louis, jeune prince dont il espéroit se servir pour l'exécution de ses vastes desseins. Peu de temps après il ne garda plus de mesure avec le duc d'Orléans, frère du Roi et amant de la Reine : il se déclara hautement leur ennemi personnel.

On a tracé, dans le Tableau du règne de Charles VI,

le caractère de Jean, duc de Bourgogne, qui, une fois engagé dans la carrière du crime par l'assassinat prémédité de son rival, fut entraîné par la faction populaire, dont il étoit le digne chef, aux crimes les plus affreux. On a peint cette période funeste de douze années, qui s'écoulèrent depuis le meurtre du duc d'Orléans jusqu'à la punition que reçut l'auteur de ce forfait sur le pont de Montereau. Pendant cette époque d'anarchie, tous les liens de la société sont rompus, la France éprouve alternativement les horreurs de la licence et de la tyrannie : elle se trouve en proie à deux factions acharnées, qui font le plus impitoyable abus de leurs victoires passagères; les campagnes sont dévastées par leurs soldats; les villes, devenues le théâtre de leurs vengeances, sont livrées, par l'imprévoyance des chefs, à la famine et à la peste; la perte de la bataille d'Azincourt prive le royaume de presque tous ses princes, et éteint pour quelque temps l'esprit militaire et national; deux massacres dans les prisons de Paris signalent le dernier triomphe de l'implacable Jean-sans-Peur; et la patrie, déchirée par lui, loin de trouver aucun avantage dans la mort de ce prince, éprouve de plus grands désastres, est abandonnée à de plus horribles fléaux par la haine aveugle qui dévore ses enfans, jusqu'à ce que sa foiblesse et l'esprit vindicatif d'une reine dénaturée la soumette au joug des Anglais : époque où du moins les factieux sont entièrement séparés des partisans du légitime héritier de la couronne, et où une guerre, en apparence plus régulière, succède à des proscriptions et à des massacres partiels.

Tels furent les auspices funestes sous lesquels Philippe, comte de Charolais, fils unique de Jean-sans-Peur, devint duc de Bourgogne vers la fin de l'année 1419. Il faut reprendre les choses de plus haut, pour donner une idée de la position où se trouvoit ce jeune prince.

Richard II, qui avoit commencé à régner en Angleterre à peu près en même temps que Charles VI en France, n'avoit, des qualités de son aïeul Edouard III, qu'une grande valeur. Livrée à l'ambition de ses oncles, l'autorité royale s'étoit considérablement affoiblie pendant sa minorité. Devenu le maître, il ne sut pas ménager l'esprit inquiet et factieux de ses sujets : le pouvoir arbitraire lui parut l'unique moyen d'étouffer les révoltes, et une ligue redoutable se forma contre lui. Un de ses parens proscrits, le duc d'Hereford, réfugié en France, fut appelé par les mécontens, partit presque seul, trouva une armée en arrivant sur les côtes d'Angleterre, détrôna Richard, et devint roi sous le nom de Henri IV. Le soin de maintenir son usurpation l'occupa uniquement pendant un règne de quatorze années : mais son fils Henri V, désormais affermi et soutenu par les vœux de la nation, reprit tous les projets ambitieux d'Edouard III, et résolut de profiter des divisions de la France pour s'en rendre maître. Dans les années 1413 et 1414, il traita plusieurs fois avec Jean-sans-Peur; en 1415, il gagna la bataille d'Azincourt : et pendant les quatre années suivantes, négociant alternativement avec les armagnacs et les bourguignons, il espéra que leur haine implacable lui livreroit le royaume. L'assassinat de Montereau, qui fut commis en 1419, favorisa singulièrement ses projets ambitieux.

Le nouveau duc, âgé de vingt-trois ans, et à qui un caractère entièrement opposé à celui de Jean-sans-Peur fit donner le glorieux titre de Philippe-le-Bon, étoit alors à Gand. Nourri par sa mère Marguerite de Bavière, princesse pleine de vertu, dans le respect et l'amour d'un père dont sa jeunesse l'empêchoit de juger les affreuses combinaisons politiques, le premier sentiment qu'il éprouva, en apprenant l'attentat qui le lui enlevoit, fut un désir insatiable de vengeance. Lorsque le courrier chargé de porter cette triste nouvelle fut admis en sa présence, il étoit entouré de plusieurs seigneurs. « Mes amis, leur dit-il en fondant en « larmes, il faut m'aider à punir l'assassin de mon père. » Aussitôt, emporté par la douleur, et sans égard pour la situation où devoit se trouver sa jeune épouse, sœur du Dauphin, devant qui le meurtre avoit été commis, il passe dans son appartement, et lui dit avec l'accent du désespoir : « Madame, votre frère a tué mon père : » mot terrible, qui laissa une profonde impression dans le cœur de cette princesse. Quoique Philippe, après les premiers momens donnés aux regrets et à la colère, ne lui témoignât pas moins d'amour, elle ne put oublier le reproche injuste qui lui avoit été fait par une personne si chère : une maladie de langueur la consuma, et elle mourut au bout de trois ans. Sa perte fut aussi funeste à la France qu'à sa famille : car, également aimée de son époux et de son frère, elle auroit pu être le lien d'une réconciliation qui n'eut lieu qu'après douze ans de calamités et de désastres.

Ces dispositions de Philippe applanirent les difficultés qui empêchoient encore Henri v de s'emparer de la France, et facilita l'exécution des projets d'Isabelle de Bavière, qui, aveuglée par la haine, vouloit priver son fils à la succession de la couronne. Un congrès fut ouvert dans la ville d'Arras pour arrêter le mariage du roi d'Angleterre avec la princesse Catherine, fille de Charles VI; assurer le trône de France aux enfans qui naîtroient de cette union, et donner sur-le-champ à Henri la régence du royaume.

Pendant ces négociations, Philippe fit célébrer dans l'abbaye de Saint-Waast un service solennel pour son père, et l'oraison funèbre de ce prince y fut prononcée; mais l'orateur, loin de flatter les passions du jeune duc et de sa cour, ne prêcha, en véritable chrétien, que la paix et l'oubli des injures. Il avoit pris pour texte ce passage de l'Ecriture: *Laisse-moi la vengeance, et je te rendrai justice.* Dans la paraphrase de cet oracle divin, il rappela tous les désastres qui avoient désolé la France, montra que les vainqueurs et les vaincus avoient été également malheureux, et fit les derniers efforts pour calmer la colère de Philippe. Cette exhortation évangélique, aussi noble que hardie, dans un moment où la fermentation étoit à son comble, ne produisit qu'une admiration stérile : on parut touché des représentations du prédicateur; mais les passions l'emportèrent sur la religion et la saine politique, et quelques jours après le duc signa le traité d'Arras, qui dépouilloit le Dauphin. Le nom de l'orateur qui donna un si bel exemple, dans un siècle où l'on abusa trop souvent de la religion pour justifier des actions coupables, doit être conservé par l'histoire : il s'appeloit Fleur, et c'étoit un religieux dominicain.

A la fin de la même année, Philippe se rendit à

Troyes avec Henri v, fut témoin de son mariage avec Catherine, et le suivit à Paris, en s'emparant sur la route des villes de Sens, de Melun et de Montereau. Dans cette dernière ville il fit célébrer un nouveau service pour Jean-sans-Peur, dont le corps fut transporté aux chartreux de Dijon.

La foiblesse du Dauphin, qui, retiré au-delà de la Loire, n'avoit pu donner encore de la consistance à son parti, permit à Henri v d'affermir son autorité dans la capitale, et à Philippe de s'occuper de l'administration des vastes Etats dont il venoit d'hériter. Porté par goût à favoriser les lettres, il établit à Dôle, point central des deux Bourgognes, une université sur le plan de celle de Paris [1421]. Cette institution, qui fut depuis transportée à Besançon par Louis xiv, ranima le goût de la littérature dans ce pays, que sa position avoit jusqu'alors préservé des désastres de la guerre civile; et l'on vit bientôt se former des hommes qui devoient transmettre à leurs descendans la passion pour l'étude, à laquelle la Bourgogne est redevable de tant d'hommes célèbres.

Henri v fut surpris par la mort, à l'âge de trente-six ans, au milieu des rêves de son ambition, et après avoir été deux ans régent de France. [1422]. Ne laissant qu'un fils à la mamelle, il voulut en mourant confier l'administration de ce royaume au duc de Bedford son frère, et au duc de Bourgogne : ce dernier refusa, par des motifs qui prouvent que l'ambition avoit moins de part à sa conduite que la vengeance. Quelques mois après, l'infortuné Charles vi suivit son gendre au tombeau; et Henri vi, fils de Henri v, fut proclamé sans difficulté roi de France et d'Angleterre.

Le Dauphin, qui avoit pris le nom de Charles VII, se soutenoit au-delà de la Loire : mais découragé par les malheurs dont il avoit été accablé dès son enfance, il sembloit oublier dans les plaisirs le rôle brillant qu'il étoit appelé à jouer. Le temps n'étoit pas venu où la Providence, et l'intervention d'une héroïne sortie d'une chaumière, devoient le tirer de son assoupissement.

Cependant le duc de Bedford, régent de France pendant la minorité de Henri VI, eut, au mois d'avril 1423, une entrevue avec le duc de Bourgogne dans la ville d'Amiens. Ils resserrèrent leur union, et la sœur de Philippe épousa le Régent. Cette princesse, dont le caractère doux et sensible avoit beaucoup de rapport avec celui de son frère, ne partageoit pas ses projets de vengeance : on la vit par la suite faire des vœux constans pour la paix, et diminuer les horreurs de la guerre par des actes de clémence et de bonté. Au milieu des fêtes auxquelles ce mariage donna lieu, le duc de Bretagne parut dans Amiens : jusqu'alors incertain, il prit parti contre Charles VII, dont la perte sembloit décidée. Les batailles de Crevant et de Verneuil, gagnées par les Anglais, abattent les espérances des partisans de l'héritier du trône, jusqu'au moment où la première victoire remportée par Dunois, deux ans avant l'apparition de Jeanne d'Arc, leur fait concevoir la possibilité d'une meilleure fortune.

A peu près à la même époque, le duc de Bourgogne augmentoit ses Etats par la succession du duc de Brabant Philippe I, qui venoit de lui échoir ; et se refroidissoit déjà pour le duc de Bedfort son beau frère; parce que ce prince ne s'étoit pas opposé à ce que Jacqueline de Hainaut (1), dont nous parlerons bientôt plus amplement, épousât le duc de Glocester, quoique déjà mariée au duc de Brabant. Ces premières semences de division ne se développèrent pas pour le moment, à cause de l'amitié que Philippe portoit à sa sœur; mais elles empêchèrent ce prince, naturellement ami du repos, de prendre personnellement une grande part à la guerre d'extermination que les Anglais faisoient à Charles VII.

Ce fut dans un de ces instans de calme que Philippe se trouvant à Bruges, ville qu'il avoit embellie et où il tenoit habituellement sa cour, créa l'ordre de la Toison d'or, l'un des plus célèbres de l'Europe, dont Olivier de La Marche nous a transmis fidèlement les premiers statuts et les pompeuses cérémonies. [10 janvier 1429]. Mais tandis que le duc de Bourgogne s'efforçoit de rétablir la chevalerie dans ses Etats, préservés des désastres de la guerre, le véritable esprit de cette noble institution se réveilloit autour de Charles VII à la voix de Jeanne d'Arc, dont la mission alloit commencer (2).

La ville d'Orléans, assiégée depuis plusieurs mois par les Anglais, offrit au duc de Bedford de recevoir les Bourguignons, et de demeurer en séquestre entre

(1) Nous nous sommes exprimés d'une manière peu exacte lorsque nous avons dit, dans le Tableau du règne de Charles VI, que Jean-sans-Peur, après la mort de son père, étoit maître du Hainaut et de la Hollande. Il avoit acquis des droits à l'héritage de ces principautés par son mariage avec Marguerite de Hainaut; mais il n'en étoit pas possesseur. Il disposoit seulement des forces de ces deux Etats, par son alliance intime avec les parens de son épouse.

(2) Jeanne parut à Chinon, devant Charles VII, le 16 février 1429.

les mains de leur prince jusqu'à la fin de la guerre. Le Régent anglais rejeta cette proposition, et accompagna même son refus d'une plaisanterie qui blessa profondément le duc de Bourgogne. Il répondit *qu'il ne battoit pas les buissons, pour que d'autres prissent les oiseaux.* Cette réponse, qui ne détermina point encore Philippe à rompre avec les Anglais, mais qui le rendit fort indifférent à leur cause, inspira un courage invincible aux habitans d'Orléans, instruits d'ailleurs que Jeanne d'Arc marchoit à leur secours.

Le détail des victoires rapides de cette fille illustre, et du sort affreux qu'elle éprouva, n'entre point dans notre sujet. Elle délivre Orléans, et exécute l'entreprise jugée impossible de conduire au travers d'un pays ennemi le Roi jusqu'à Reims, et de l'y faire sacrer. Regardant alors sa mission comme finie, elle veut se retirer, est retenue par les instances du Roi, continue de combattre pour lui, et se jette dans Compiègne, assiégé par les Bourguignons. Prise dans une sortie, elle tombe entre les mains de Jean de Luxembourg : l'Université de Paris la réclame pour la faire juger par un tribunal ecclésiastique, et le duc de Bourgogne a l'inexcusable foiblesse de permettre qu'elle soit vendue par son gardien au duc de Bedford. L'épouse de ce prince, sœur de Philippe, prend vainement à elle cet intérêt que l'héroïsme malheureux inspire aux femmes d'un grand caractère : malgré ses efforts pour la sauver, elle est condamnée à Rouen, et périt sur un bûcher en 1431.

A cette époque, Philippe étoit engagé dans une guerre qui ne tenoit qu'indirectement à celle dont l'intérieur de la France étoit désolé. René, duc de Bar, rejeton malheureux de cette seconde maison d'Anjou qui avoit plusieurs fois tenté vainement de faire valoir ses droits sur le royaume de Naples, venoit de succéder au duc de Lorraine Charles I, dont il avoit épousé la fille. Antoine de Vaudemont, neveu de Charles, lui disputoit cet héritage, se fondant sur ce que la Lorraine étoit un fief masculin. Le duc de Bourgogne prit le parti de Vaudemont; et Charles VII, malgré la position difficile où il se trouvoit, donna des secours à René, qui lui étoit resté fidèle, et dont le frère Louis d'Anjou l'avoit puissamment secondé, lorsque, accompagné de la Pucelle, il étoit allé se faire couronner à Reims. Toulongeon, général bourguignon, fut mis à la tête des partisans de Vaudemont; et Barbazan, l'un des serviteurs les plus dévoués de Charles VII, commanda les troupes de René. Les deux armées se rencontrèrent près de Bullegnéville, sur la Meuse, le 2 juillet 1431; et la témérité du général français lui coûta la victoire et la vie. René fut fait prisonnier; et le duc de Bourgogne, pour assurer à Vaudemont la possession de la Lorraine, fit enfermer le prince vaincu à Dijon, dans une tour de son palais. Cette tour, qui existe encore, a conservé jusqu'à nos jours le nom de *tour de Bar*, en mémoire de la longue captivité de René.

Philippe, ayant pleinement réussi dans le dessein d'avoir en Lorraine un allié sur lequel il pût compter, songeoit depuis long-temps à réunir la Hollande et le Hainaut à ses Etats; et la conduite de la comtesse Jacqueline lui fournissoit des prétextes dont il ne tarda pas à profiter.

Cette princesse, qui avoit le caractère énergique et le cœur très-passionné, n'étoit âgée que de seize ans, lorsqu'en 1417 elle devint comtesse de Hollande et de Hainaut, par la mort de son père Guillaume VI. Elle avoit d'abord épousé le dauphin Jean, frère de Charles VII, qui étoit mort peu de temps après. Conformément aux dernières volontés de son père, elle promit sa main à Jean IV, duc de Brabant; mais Jean de Bavière, évêque de Liége, son oncle paternel, devenu amoureux d'elle, abandonna son évêché pour l'épouser. Elle rejeta ses vœux; et cette tentative du prélat ayant soulevé contre lui les Liégeois, il fut secouru efficacement et rétabli sur son siége par Jean-sans-Peur. Jacqueline, mariée au duc de Brabant, pour lequel elle paroissoit avoir de l'inclination, ne tarda pas à se plaindre de la foiblesse de ce prince, qui ne repoussoit que mollement les attaques de l'évêque de Liége : sa jalousie le lui fit bientôt détester. D'après quelques soupçons, il avoit changé la maison de sa jeune épouse, et éloigné d'elle ceux qui possédoient sa confiance. Une telle violence révolta le caractère altier de Jacqueline : elle se déroba aux surveillans que le duc avoit placés autour d'elle, et se sauva en Angleterre, où elle parvint à faire casser son mariage par l'anti-pape Benoît XIII, et où elle épousa le duc de Glocester, frère du duc de Bedford.

Accompagnée de ce nouvel époux, elle parut bientôt dans le Hainaut, s'empara de toutes les villes de cette province, à l'exception de Halle, et menaça le Brabant. Le duc de Bourgogne, sans rompre avec Bedford, fit la guerre à Jacqueline, et fut aisément vainqueur dans une lutte où le duc de Glocester prenoit peu d'intérêt, et dont une jeune femme passionnée étoit l'unique cause. Le prince anglais, révolté d'ailleurs par ses caprices, et se croyant dégagé des liens qui l'unissoient à elle, parce que Martin v venoit de déclarer leur mariage nul, repassa en Angleterre, et la laissa seule, exposée à toutes les forces de Philippe. Livrée à ce prince par les habitans de Mons, où elle s'étoit réfugiée, elle fut enfermée en 1425 dans la citadelle de Gand.

La solitude ne fit qu'exalter ses sentimens romanesques : après trois mois de captivité, elle s'échappa de sa prison, déguisée en homme, et se sauva en Hollande, ancienne possession de ses aïeux. Sa présence inattendue, sa jeunesse, sa beauté, son courage, lui firent d'abord une multitude de partisans; mais elle ne sut pas profiter de ses succès. Le duc de Brabant, son époux légitime, étoit mort depuis quelques années. Philippe, héritier de cette province, s'étant emparé de presque toute la Hollande, força Jacqueline à l'y nommer son lieutenant général, et à prendre l'engagement de ne point se remarier : c'étoit exiger l'impossible d'une femme aussi portée à l'amour qu'à l'ambition.

Jacqueline, comme on devoit s'y attendre, essaya de secouer le joug qui lui étoit imposé. Elle épousa secrètement Borselen, stathouder ou amiral de Hollande, et espéra qu'avec l'appui de cet homme, qu'elle chérissoit, elle pourroit recouvrer son indépendance. Mais le duc de Bourgogne, instruit de tout ce qui se passoit, fit enlever Borselen, l'enferma dans le château de Rupelmonde, et nomma des juges qui le condamnèrent à mort. L'infortunée Jacqueline, pour lui sauver la vie, fit en 1433, à Philippe, une entière cession de ses Etats; et, consumée de regrets et de mélancolie, elle mourut trois ans après, n'étant âgée que de trente-six ans, dans le château de Teilengen, où elle avoit été reléguée.

Ainsi, la maison de Bourgogne, que nous avons vue s'agrandir graduellement depuis Philippe-le-Hardi, acquit, par la cession arrachée à Jacqueline, la Hollande, la Zélande, la Frise et le Hainaut, toutes provinces qui confinoient avec ses anciens Etats.

Philippe, qui, comme on l'a observé, avoit depuis long-temps des sujets de plainte contre le duc de Bedfort, ne le secondoit que foiblement dans la guerre qu'il faisoit à la France. En 1435, le duc de Bourbon son beau-frère, et le comte de Nevers son ami, obtinrent qu'il ouvrît avec Charles VII des conférences dans l'abbaye de Saint-Waast d'Arras. Tous les princes chrétiens envoyèrent des ambassadeurs à ce congrès, et un légat du concile de Bâle s'y donna pour médiateur. La religion, l'amitié, le sort affreux des peuples déterminèrent enfin le duc de Bourgogne à étouffer ses projets de vengeance; mais il profita de la situation du Roi, et de son désir ardent de conclure la paix, pour s'agrandir encore, et pour obtenir, de la part de ce monarque, les satisfactions les plus humiliantes. L'infortuné Charles fut obligé de traiter avec Philippe plus en vassal qu'en souverain.

Par le traité signé le 21 septembre 1435 (1), le Roi céda au duc les comtés de Mâcon, d'Auxerre, de Bar-

---

(1) Olivier de La Marche, qui donne le texte de ce traité, le date du 11 décembre 1435. C'est le jour où il fut ratifié par Charles VII dans l'église de Saint-Martin de Tours.

sur-Seine et de Ponthieu : il céda en même temps plusieurs villes de Picardie, telles que Peronne, Montdidier, Roye, Saint-Quentin, Corbie, Amiens, Abbeville, Dourlens, etc.; mais il fut stipulé que ces villes, faisant partie de l'ancien domaine de la maison royale, pourroient être rachetées. Les ministres bourguignons exigèrent que Charles témoigneroit ses regrets de la mort de Jean-sans-Peur, qu'il désavoueroit y avoir eu part, et qu'un service perpétuel seroit célébré à Montereau, où ce prince avoit péri.

Après la signature de ce traité, une messe solennelle fut célébrée dans l'église de Saint-Waast; et l'évêque d'Auxerre, Laurent Pinon, prononça un discours dont le texte étoit : *Fides tua te salvam fecit; vade in pace.* On lut ensuite le traité, et les parties jurèrent de l'observer. Alors Jean Tudert, doyen de l'église de Paris, l'un des négociateurs, se jeta aux pieds du duc de Bourgogne, et lui demanda pardon de la mort de son père. Philippe le releva, l'embrassa, et lui promit de ne plus faire la guerre à Charles VII.

L'événement prouva que ce traité, où le duc abusa de l'avantage de sa position, et auquel Charles ne souscrivit que pour le détacher des Anglais, unique moyen d'affranchir la France de leur joug, ne devoit être funeste qu'à celui qui l'avoit imposé. Tôt ou tard un tel affront devoit être vengé; et les successeurs de Philippe étoient destinés à payer cher son orgueil et son ambition. Le duc de Bedford, qui vit dans cette défection la ruine du parti anglais, mourut de chagrin quelques jours après qu'il fut signé.

Cependant René, duc de Bar, fait prisonnier par le duc de Bourgogne à la bataille de Bullegnéville, étoit depuis quatre ans détenu dans une des tours du palais ducal de Dijon, et n'avoit point été compris dans le traité d'Arras. Quoique Charles vii prît à lui le plus tendre intérêt, ses ministres, voyant des obstacles à obtenir sa liberté, n'avoient pas voulu retarder une paix nécessaire, en insistant trop fortement sur ce point : l'année suivante [1436], des amis communs s'entremirent pour la délivrance de ce malheureux prince. Le duc de Bourbon, le comte de Vendôme et d'autres seigneurs allèrent à Dijon, où Philippe se trouvoit, et le supplièrent de mettre fin à l'infortune de René, qui ne devoit pas être seul exclus de la paix générale. Un motif arrêtoit le duc de Bourgogne dans son intention d'accéder au vœu de ses amis : le prisonnier pouvoit devenir très-puissant par les successions qui lui étoient échues depuis sa captivité : il avoit hérité, en 1434, du duché d'Anjou et du comté de Provence, par la mort de son frère Louis iii ; et Jeanne ii, en expirant, l'avoit appelé au trône de Naples. Cependant Philippe se laissa fléchir ; mais, profitant des malheurs de René, il exigea qu'il lui livrât Neufchâtel en Lorraine ; Clermont en Argonne, et qu'il lui payât quatre-vingt mille écus d'or.

René, devenu libre, éprouva une longue suite d'infortunes. Ses tentatives pour s'emparer du royaume de Naples furent aussi vaines que celles de ses prédécesseurs. Il supporta, sous Louis xi, les persécutions que la politique de ce prince suscitoit aux grands de l'Etat : sa liberté fut même de nouveau menacée. Malheureux dans les objets de sa tendresse, il survécut à plusieurs de ses enfans. Il vit sa fille, la célèbre

Marguerite d'Anjou, devenue reine d'Angleterre, s'efforcer en vain de communiquer son courage à un trop foible époux, perdre le trône, le reconquérir, le perdre encore, et montrer dans ses succès et dans ses revers le même héroïsme et la même intrépidité. René s'étant retiré dans le comté de Provence, dont il fit le bonheur, la poésie et la peinture charmèrent ses loisirs, et le consolèrent de ses peines. On ne l'appeloit, dans cette province, que le *bon roi René*. Ramené, par les injustices du sort, aux goûts les plus simples, il se déroboit aux grandeurs, pour jouir avec son épouse du repos de la vie pastorale. C'est ce qui est exprimé dans ces jolis vers d'une chronique du temps (1) :

> J'ay un roy de Sicile
> Vu devenir berger,
> Et sa femme gentille
> Faire même métier :
> Portant la pannetiere,
> Et houlette et chapeau,
> Logeant sous la fougere,
> Auprés de son troupeau.

Le duc de Bourgogne, qui portoit aussi le nom de *Bon*, mais qui étoit loin d'avoir les mêmes goûts, étoit revenu à Bruges peu de temps après avoir délivré René : il commençoit à y étaler ce faste et cette magnificence qui devoient mettre sa cour au-dessus de celle de tous les rois. Pour donner à Charles une preuve de la sincérité de sa réconciliation, il déclara la guerre aux Anglais, et fit le siége de Calais. Mais ses anciens alliés avoient conservé des intelligences

(1) Chronique de Georges Châtelain.

dans son armée : ils la soulevèrent contre lui; un de ses généraux, Jean de Horn, fut massacré à ses yeux, et sa vie fut en danger. Ce revers ne fit que l'attacher davantage au parti qu'il avoit embrassé. Deux ans après, en 1438, il resserra les liens qui l'unissoient à Charles, par le mariage du comte de Charolais son fils, avec Catherine, fille du Roi, qui malheureusement vécut peu (1). En 1440, il consomma sa réconciliation avec la maison d'Orléans, par un acte de générosité qui donna l'espoir que toutes les anciennes divisions étoient étouffées pour jamais.

Charles d'Orléans, fils de Louis, assassiné dans la rue Barbette en 1407 par Jean-sans-Peur, avoit été fait prisonnier à la bataille d'Azincourt en 1415; et il avoit, comme le roi René, adouci une captivité de vingt-cinq ans par la culture des lettres. Philippe, cédant aux vœux de son épouse qui vouloit vaincre la haine trop juste que ce prince devoit porter à son mari, paya pour lui une rançon énorme, et le rendit à sa patrie et à sa famille (2). L'arrangement étant conclu, le duc de Bourgogne alla le recevoir à Gravelines. L'entrevue des deux princes fut touchante. « Par ma « foi, dit le duc d'Orléans en embrassant le fils de « l'assassin de son père, je dois vous aimer plus que « tous les princes de ce royaume, et ma belle cousine « votre femme : car si vous et elle ne fussiez venus à « mon secours, je serois toujours demeuré au pou- « voir de mes adversaires. Je n'ai pas trouvé de meil- « leurs amis que vous. » Philippe, mettant le comble à ses bienfaits, amena ensuite le duc d'Orléans à Saint-

---

(1) Morte en 1446. — (2) La rançon étoit de quatre cent mille livres, qui feroient aujourd'hui plus de trois millions huit cent mille francs.

Omer, où il lui fit épouser Marie de Clèves, dont il paya la dot.

Le roi René, ruiné par ses malheurs précédens, n'avoit encore pu payer sa rançon en 1445, neuf ans après sa délivrance : il dut au caractère généreux de la duchesse de Bourgogne la remise de cette dette. Cette princesse, chargée des pleins pouvoirs de son mari, étoit venue à Châlons-sur-Marne, où se trouvoit la cour de Charles VII, pour aplanir quelques difficultés sur l'exécution du traité d'Arras. Elle écouta les réclamations de René; et non-seulement elle le déclara quitte des sommes qu'il devoit, mais elle lui fit rendre les deux villes qu'il avoit cédées. Pendant le séjour que la duchesse fit à la cour de France, elle contracta une liaison intime avec la Reine : toutes deux chérissoient leurs époux, toutes deux avoient à se plaindre des infidélités dont leur tendresse étoit payée. Dans leurs longs entretiens, elles cherchèrent, mais en vain, comme on le croira facilement, les moyens de les ramener.

Une paix profonde régnoit dans les Etats du duc de Bourgogne, tandis que Charles VII achevoit de chasser les Anglais de son royaume. Philippe, plus puissant que beaucoup de rois, non content de les effacer par sa magnificence, voulut marcher leur égal, et fit employer dans ses actes la formule : *Par la grâce de Dieu*, qui ne convenoit qu'aux têtes couronnées. Charles VII, vainqueur de ses ennemis, et décidé à soutenir désormais toutes les prérogatives du trône, réprima l'orgueil de son vassal, et le força d'abandonner cette nouvelle prétention.

Philippe ne témoigna aucun ressentiment, mais

il montra bientôt que son orgueil avoit été profondément blessé. Les fêtes qu'il donnoit, le faste qu'il étaloit, épuisant son trésor, il résolut, à l'exemple des rois de France, d'établir la gabelle dans ses Etats de Flandre. Ce nouvel impôt souleva les habitans de Gand, habitués depuis plusieurs siècles à la sédition; et la guerre civile s'alluma. Philippe, dans cette guerre où le comte de Charolais son fils, âgé de vingt-deux ans, fit ses premières armes, eut des succès et des revers : mais la victoire de Rupelmonde, et surtout celle de Gavres, abattirent entièrement les rebelles.

Pendant que le royaume de France se relevoit, et que le duc de Bourgogne étouffoit dans ses Etats l'esprit de révolte, Constantinople, abandonnée à sa foiblesse, tomboit au pouvoir de Mahomet II [1453]. Cette révolution, qui ouvroit aux Turcs le chemin de l'Europe, et qui devoit contribuer à la civilisation de cette partie du monde en y transportant les restes de la littérature des Grecs, répandit d'abord un grand effroi. Philippe, à la sollicitation du Pape, voulut se mettre à la tête d'une croisade. Ce fut alors qu'il donna, dans la ville de Bruges, cette fête célèbre dont Olivier de La Marche nous a laissé une longue description, et qui surpasse tout ce que l'imagination la plus romanesque peut inventer. Les seigneurs bourguignons et flamands y prirent l'engagement de sacrifier leur fortune et leur vie pour chasser les Turcs de l'Europe; mais cette ardeur chevaleresque ne tarda pas à se refroidir. Le duc de Bourgogne, étant passé en Allemagne pour engager l'empereur Frédéric III à seconder les Croisés, ne réussit pas dans sa négociation; et la fermentation qui régnoit toujours dans ses Etats le priva des moyens de soutenir par lui-même une aussi grande entreprise.

Depuis plusieurs années les prospérités de Charles VII étoient empoisonnées par des chagrins domestiques dont il est temps de parler. Le Dauphin son fils, si connu depuis sous le nom de Louis XI, ennemi de ses ministres et de la belle Agnès sa maîtresse, étoit en pleine révolte contre lui. Cantonné dans le Dauphiné, il s'étoit rendu indépendant; et pour affermir sa puissance il avoit épousé, malgré son père, Charlotte, fille du duc de Savoie. Pressé par les armes de Charles VII, et sur le point d'être arrêté à Grenoble, il feignit une partie de chasse, se déroba aux regards de ceux qui étoient chargés de le surveiller, et s'enfuit en Franche-Comté. De là il passa en Flandre, où il fut reçu avec joie par Philippe, qui saisit cette occasion pour mortifier le roi de France, dont il croyoit avoir à se plaindre [1456].

Le comte de Charolais, héritier présomptif de la Bourgogne, qui devoit bientôt, sous le nom de Charles-le-Téméraire, devenir l'ennemi mortel de Louis XI, fut d'abord son ami. Leurs situations avoient beaucoup de rapports : tous deux détestoient les ministres de leurs pères, mais Charles montroit autant de franchise que Louis de dissimulation; et ses mécontentemens contre ceux qui étoient à la tête de l'administration ne l'empêchoient pas d'avoir pour Philippe beaucoup de respect et beaucoup d'amour.

Ce prince, dont nous aurons bientôt à rappeler les fautes et les revers, donnoit dans sa jeunesse les plus belles espérances. Traité par les historiens modernes avec la sévérité dont on use ordinairement envers les vaincus, il faut consulter les contemporains pour se faire une idée juste de son caractère. Dès son enfance il s'étoit distingué dans les joutes et les tournois : à seize ans, il avoit osé rompre des lances avec les chevaliers les plus fameux du siècle. Dans les campagnes contre les révoltés de Gand, il s'étoit précipité au milieu des ennemis, et avoit exposé sa vie comme un simple soldat. Pendant la paix, ce jeune homme impétueux se livroit aux occupations les plus douces : il aimoit la danse, la musique, et n'étoit pas étranger à la galanterie. *Bon compaignon estoit lors avec les belles filles*, dit Olivier de La Marche, *car il n'estoit point marié ; mais lui marié, jamais ne rompit son mariage.* Généreux et compatissant, il ne pouvoit voir un pauvre sans le soulager. L'esprit rempli d'idées héroïques et de projets gigantesques, il se faisoit lire avant de s'endormir, par le seigneur d'Imbercourt son gouverneur, l'histoire ancienne et les chroniques françaises : les grandes actions des Romains sembloient surtout le frapper : il étudioit leur tactique; et ce fut là sans doute qu'il conçut l'idée de renouveler l'usage des camps retranchés. Louis XI, comme on le verra, aigrit son caractère par des contradictions souvent injustes : par ses intrigues, il le fit ensuite descendre à des ruses dans lesquelles il montra peu d'habileté; et sa politique perfide le poussa bientôt aux excès qui le perdirent.

Le Dauphin passa cinq ans dans les Etats du duc de Bourgogne, et y reçut un traitement considérable. Fixé dans la ville de Genep, il savoit exactement ce qui se passoit à la cour de son père, et préparoit ses vengeances. Enfin l'infortuné Charles VII, croyant que son fils vouloit l'empoisonner, se laissa mourir de faim [22 juillet 1461].

Lorsque la nouvelle de cette mort fut parvenue en Flandre, Philippe envoya son fils complimenter Louis XI. Bientôt il alla lui-même à Genep, et voulut escorter le nouveau Roi jusqu'à Reims, où la cérémonie du sacre fut célébrée. Dans cette auguste solennité, le vieux duc de Bourgogne, attaché sans réserve à la France par les bienfaits dont il venoit de combler son roi ; convaincu que l'unique moyen de la rendre heureuse étoit d'oublier les divisions qui avoient rempli d'amertume les dernières années de Charles VII, se jeta aux pieds de Louis XI, et le supplia de pardonner à ses ennemis. Louis, sans être touché de la prière aussi noble que désintéressée d'un si grand prince, le releva, et promit froidement une amnistie dont il excepta sept personnes qu'il ne nomma point, afin de répandre une plus grande terreur parmi ceux qui pouvoient craindre sa vengeance. Tel fut le premier acte d'un règne où la justice eut souvent l'apparence de l'arbitraire, et où le sang le plus illustre fut prodigué sur les échafauds.

Les princes de Bourgogne ne restèrent pas long-temps en France (1) ; le Roi, qui craignoit l'ancienne influence de leur maison, ne négligea rien pour les éloigner. Bientôt après il gagna les seigneurs de Crouy,

(1) Les Parisiens reçurent Philippe-le-Bon de manière à inspirer de l'ombrage à un prince aussi soupçonneux que Louis XI. Un boucher lui parla ainsi : *Franc et noble duc de Bourgogne, vous soyez le bien venu en la ville de Paris; il y a long-temps que vous n'y fustes, combien qu'on vous y ait moult désiré.* Un autre bourgeois lui fit un com-

favoris de Philippe, et se flatta de dominer dans cette cour. Ce fut par leur moyen qu'il racheta les villes de la Somme, cédées à ce prince à l'époque de la paix d'Arras : arrangement qui contraria les projets ambitieux du comte de Charolais, et qui, joint à l'attentat essayé à Gorcum par le bâtard de Rubempré(1), excita la colère du jeune prince, et augmenta la haine qu'il nourrissoit déjà contre Louis XI. Cependant Philippe ne se laissoit pas tellement dominer par ses ministres, qu'il fût insensible aux tentatives qu'on faisoit pour le dépouiller. Averti que le Roi venoit, contre les clauses expresses du traité d'Arras, d'établir en Franche-Comté une imposition sur le sel, il envoya le seigneur de Chimay demander raison de cette infraction. Louis, se croyant déjà le maître de la cour de Bourgogne, et ne jugeant plus avoir besoin de ménagemens, demanda avec hauteur si le duc pensoit être d'une autre espèce que les autres seigneurs? « Il le faut bien, lui répon-
« dit Chimay, puisqu'il vous a reçu et protégé lors-
« que nul n'osoit le faire. »

Cette aigreur entre les deux princes rendit Philippe plus accessible aux conseils violens que lui donnoit le comte de Charolais, et le détermina plus tard à entrer dans cette ligue de tous les grands vassaux, où se trouvoit le frère même du Roi; et qui, n'ayant pour principal motif que l'orgueil blessé de ceux qui

---

pliment plus convenable, mais qui ne blessa pas moins le monarque. *Soyez le bien venu à Paris*, lui dit-il; *nous vous devrons bien aimer, car vous nous avez bien gardé notre Roy.* Cette anecdote étoit dans la partie des Mémoires de Duclerq, que les anciens Editeurs ont supprimée : ils l'ont conservée dans leurs notes.

(1) Voyez la Notice sur Olivier de La Marche, p. 10.

la composoient, n'en prit pas moins le nom pompeux de *Ligue du bien public.*

Tout étant préparé pour attaquer le Roi, tandis que, sous le prétexte d'un pélerinage, il parcouroit le Poitou afin de surprendre le duc de Bretagne, Charles-le-Téméraire se mit à la tête de l'armée. Son vieux père lui dit en l'embrassant : « Souvenez-vous « du sang dont vous sortez, et préférez toujours la « mort à une fuite honteuse; » paroles qui exaltèrent l'imagination de Charles, et le rendirent sourd à toute proposition pacifique. Le Roi, n'ayant pas encore eu le temps de faire ses préparatifs, envoya au devant du comte de Charolais Alain Chartier, évêque de Paris, pour le calmer et gagner du temps. Le prélat fut mal accueilli, et Charles ne conserva pas même ces égards que les souverains ont ordinairement les uns pour les autres dans le plus fort de leurs querelles. Interrogé sur les motifs qui lui avoient fait prendre les armes, le prince répliqua : « Dites à votre « maître qu'on a toujours trop de motifs contre un « roi qui sait employer le fer et le poison, et qu'on « est sûr, en marchant contre lui, de trouver bonne « compagnie en chemin. Au reste, je n'ai pris les « armes contre lui qu'à la sollicitation des peuples, « de la noblesse et des princes. Voilà mes complices. » C'étoit le commencement d'une guerre à mort, qui ne devoit être interrompue qu'à de courts intervalles par des trèves perfides.

Louis XI fut assez heureux pour empêcher le comte de Charolais de se joindre au duc de Bretagne sous les murs de Paris, et lui livra bataille près de Montlhéry [16 juillet 1465]. Le combat dura toute la journée, fut indécis; et Charles, après avoir fait des prodiges de valeur, lutté seul contre quinze gendarmes, et risqué trois fois d'être tué, n'eut que le stérile avantage d'occuper pendant la nuit le champ de bataille. Louis sut mettre en sûreté sa capitale, ouvrit des négociations avec les princes ligués, et les trompa en leur accordant sans résistance tout ce qu'ils demandoient. Ne cherchant qu'à rompre leur confédération, il se proposa de ne tenir aucune des promesses qui lui furent arrachées par eux, et de les détruire ensuite les uns par les autres aussitôt qu'ils seroient désarmés. Telles furent les intentions qui dictèrent les traités de Conflans et de Saint-Maur, par lesquels les princes crurent obtenir plus qu'ils n'avoient osé désirer.

Pendant que le Roi négocioit encore pour ces traités, il entretenoit des intelligences avec les Flamands, et cherchoit à les soulever contre leur prince. Ce fut toujours sa politique depuis la bataille de Montlhéry : il avoit su créer en Flandre un parti français; et aussitôt qu'il croyoit avoir quelque chose à craindre des ducs de Bourgogne, il le déchaînoit contre eux. Les habitans de Dinant, excités par ses agens, se révoltèrent : le vieux Philippe rappela son fils : ils assiégèrent cette ville, la prirent d'assaut, et en firent passer les habitans au fil de l'épée. Le duc de Bourgogne, entraîné par l'impétuosité du comte de Charolais, fut témoin de ce massacre, et démentit au bord du tombeau sa réputation de clémence et de bonté.

Ce prince ne vécut que dix mois après cette exécution terrible. Attaqué, au mois de juin 1467, dans la ville de Bruges, d'une esquinancie, il mourut le 15 de ce mois, âgé de soixante-onze ans. Le comte de Charolais étoit alors à Gand : aussitôt qu'il connut le danger de son père, il vola vers lui ; et *sembloit*, dit Duclerq, *partout où il passoit, qu'il devoit fendre les pieds de son cheval.* Arrivé dans le palais de Bruges, il se mit à genoux devant le lit de Philippe, dont il avoit souvent blessé la tendresse par ses emportemens, et lui demanda en pleurant sa bénédiction dernière. Philippe ne parloit plus : il tourna les yeux vers ce fils repentant, et lui serra la main en signe de pardon.

Ces regrets de Charles furent partagés par les sujets de Philippe. A la pompe funèbre qui fut célébrée dans la grande église de Bruges, *il y eut*, dit un historien du temps, *plus de larmes que de paroles : car il sembloit que chacun eût perdu son pere.* On transporta le corps de ce prince dans la Chartreuse de Dijon ; et ce fut le dernier duc de Bourgogne qui eut sa sépulture dans ce monastère fondé par Philippe-le-Hardi. Les tombeaux de ces princes, monumens précieux des progrès que la sculpture avoit déjà faits à cette époque, ont été entièrement détruits pendant la révolution.

Durant un règne de quarante-sept ans, Philippe avoit considérablement augmenté les domaines de la maison de Bourgogne : ses Etats étoient parvenus au plus haut degré de prospérité et de splendeur ; il ne lui manquoit plus que le titre de roi. L'impétuosité, les passions violentes, l'aveugle ambition de son fils, détruisirent son ouvrage, et causèrent la prompte décadence de cette puissance, dont les lambeaux, partagés entre la France et la maison d'Autriche, devinrent, pendant près de trois siècles, le prétexte de presque toutes les guerres qui désolèrent l'Europe.

Charles, quoique n'étant âgé que de trente-trois ans, avoit déjà eu deux femmes : Catherine, fille de Charles VII, morte fort jeune; et Isabelle, fille du duc de Bourbon, qu'il avoit perdue deux mois après la bataille de Montlhéry. Après avoir étouffé, pendant la première année de son règne, une révolte des Liégeois soulevés par les intrigues de Louis XI, il s'occupa d'un troisième mariage. Ses vues se portèrent sur Marguerite d'Yorck, sœur d'Edouard IV, roi d'Angleterre, l'une des plus belles princesses de son temps. Edouard avoit, six ans auparavant, chassé du trône Henri VI, époux de la célèbre Marguerite d'Anjou, fille de René. Peu affermi dans son usurpation, craignant les embûches que pouvoit lui tendre le roi de France, proche parent de Marguerite, il vouloit se faire un allié puissant, et à portée de le secourir promptement s'il étoit attaqué. Il consentit donc volontiers aux désirs du nouveau duc de Bourgogne.

A l'occasion de ce mariage, les fêtes les plus brillantes furent célébrées dans la ville de Bruges, et elles surpassèrent en luxe et en dépense toutes celles qui avoient été données par Philippe-le-Bon. Olivier de La Marche nous en a laissé dans ses Mémoires une longue et curieuse description. Elles durèrent plusieurs jours; et pour flatter les goûts de Charles, on y représenta les douze travaux d'Hercule. A chacune de ces représentations, une inscription écrite en vers en marquoit le sujet, et contenoit une moralité. Il est à remarquer, en l'honneur du siècle, que le poète chargé de ce travail ne se permit aucune basse adulation ; et que, loin de chercher à exciter le penchant naturel du prince pour la guerre, il s'efforça au contraire de lui faire sentir qu'il devoit mettre des bornes à son ambition. A l'occasion du douzième exploit d'Hercule, il s'exprima ainsi :

> Hercules en son temps, où tant de renom a,
> Entre ses grands prouëss douze fois travailla,
> Dont le dernier fut tel que les bornes planta
> En la grand mer d'Espaign, dont sa gloire monta.
> Or vous tous qui lisez cette signifiance,
> Mettez borne à vos faits : si monstrerez prudence.
> Faites comme Hercules en votre desirance :
> Abornez vos desirs en mondaine espérance ;
> Car le jour est prescrit (et faut que l'on y pense),
> Que passer ne pouvons, pour or ou pour chevance.

Charles n'étoit pas disposé à profiter de cette leçon. Irrité de ce que Louis XI avoit manqué à presque tous les engagemens pris à Conflans et à Saint-Maur, il faisoit de grands préparatifs de guerre. Le roi de France, dont les forces n'étoient pas encore sur pied, parvint à suspendre sa colère en lui donnant cent vingt mille écus d'or, et en commettant la haute imprudence d'aller le trouver à Peronne, au moment où ses intrigues préparoient un nouveau soulèvement des Liégeois [1468].

Cette fameuse entrevue a été racontée en détail par Olivier de La Marche et Philippe de Comines, qui en furent témoins. Louis, contre son attente, se trouva pris dans ses propres piéges. Comptant sur un contre-ordre qu'il avoit envoyé aux Liégeois, il se livra sans défiance au pouvoir de son ennemi : mais il éprouva qu'il est plus facile de porter les peuples à la révolte, que de les retenir lorsqu'une fois l'esprit d'insubordination s'est emparé d'eux. Les Liégeois, sans avoir égard à ses nouvelles instructions, arrêtèrent leur évêque, massacrèrent en sa présence seize de ses chanoines, et se déclarèrent indépendans, sous la protection de la France. Qu'on se figure la position d'un prince du caractère de Charles, ayant en son pouvoir un roi qu'il détestoit, et qui venoit de se rendre coupable de la plus noire trahison! Les premiers momens furent terribles; et Louis XI craignit avec raison pour sa liberté et pour sa vie. Cependant le droit des gens, la foi donnée, les lois de l'hospitalité, l'emportèrent dans le cœur de Charles sur le désir ardent de se venger. Mais aussi impolitique dans sa générosité qu'il avoit été aveugle dans ses premiers emportemens, il se plut à dégrader le monarque qu'il épargnoit, et le força de marcher avec lui contre les Liégeois : contrainte honteuse pour Louis, et qui accrut la haine que se portoient les deux princes.

Ils se quittèrent néanmoins avec les apparences de l'amitié, après avoir soumis et puni les Liégeois, que cet exemple ne corrigea point de leur confiance insensée aux promesses de Louis XI.

Dans ce moment de repos, Charles voulant établir une communication entre ses Etats de Flandre et ceux de Bourgogne, acheta de Sigismond, duc d'Autriche, l'Alsace, le Brisgau et le comté de Ferette [1469]. Cet arrangement, et l'alliance étroite que le duc de Bourgogne fit avec Sigismond, inquiétèrent les Suisses, qui, ayant secoué le joug de la maison d'Autriche depuis plus d'un siècle et demi, avoient les yeux fixés sur les démarches des princes de cette maison. Charles étoit alors loin de prévoir que ce peuple, encore si foible et presque inconnu, étoit l'instrument dont la Providence devoit se servir pour consommer sa ruine.

Cependant une révolution qui éclata en Angleterre l'année suivante 1470 ouvrit un nouveau champ à l'activité de son caractère. Edouard IV, à peine affermi sur le trône, préféroit ses passions à ses devoirs. Elevé au rang suprême par la valeur du comte de Warwick, il l'avoit chargé de négocier en France son mariage avec Bonne de Savoie, belle-sœur de Louis XI; mais au moment où cette négociation alloit être terminée, entraîné par les séductions d'Elisabeth Woodwille sa maîtresse, il lui donna sa main. Warwick, indigné du rôle qu'on lui avoit fait jouer, souleva les seigneurs et le peuple contre Edouard, le chassa d'Angleterre, et le força de se réfugier en Flandre.

Charles l'y reçut avec de grandes démonstrations d'amitié et de zèle. Guidé par sa haine pour Louis XI, et par son amour pour Marguerite sœur d'Edouard, il prodigua les secours à son beau-frère, et le mit bientôt en état de reconquérir son royaume. Edouard reparut en Angleterre avec une armée nombreuse, renversa de nouveau Henri VI, que Warwick avoit replacé sur le trône, et remporta sur ce général fameux une victoire décisive dans les plaines de Barnet, au printemps de 1471.

Louis profita de cette diversion des forces de Charles pour lui déclarer la guerre : il l'accusa de vouloir exciter en France de nouveaux troubles, et fit exécuter une déclaration qu'il avoit publiée le 3 décembre précédent, par laquelle il confisquoit ses terres de Picardie. Le duc de Bourgogne, ne consultant que sa fureur, fit une invasion en France, et se conduisit avec tant de témérité, que son adroit rival lui intercepta toute communication avec ses Etats de Flandre. Il fallut qu'il se soumît à une convention désavantageuse : et Louis XI ne lui accorda qu'une trêve d'un an.

Pendant cette suspension d'armes, Charles contracta une alliance avec Ferdinand d'Arragon, roi de Naples ; et, ne gardant plus aucune mesure, il traita, dans ses manifestes, le roi de France de *sorcier* et *d'empoisonneur* : peu de temps après il entra en Picardie, où il mit tout à feu et à sang : mais il fut arrêté devant Beauvais par le courage héroïque de Jeanne Hachette, digne émule de Jeanne d'Arc, qui, à la tête des femmes de la ville, le força de lever le siége [juin 1472].

Une nouvelle trêve ayant été conclue, plutôt par l'épuisement des deux princes que par un désir sincère de la paix, Charles, toujours en proie aux rêves de son ambition, résolut sérieusement d'obtenir le titre de roi de l'empereur Frédéric III. Il partit en 1473 pour Trèves, où ce monarque avoit convoqué une assemblée des princes de l'Empire, sous le prétexte de lui rendre hommage du duché de Gueldre, dont il venoit de faire l'acquisition. La manière dont cette principauté importante étoit tombée en son pouvoir donne une idée trop juste des mœurs du siècle, pour que nous nous abstenions d'entrer dans quelques détails sur les premières causes de la révolution qui s'y opéra.

En 1458, le duc Arnoul d'Egmond, possesseur de

la Gueldre, avoit soulevé ses sujets contre lui, en leur imposant de nouvelles taxes; et son fils Adolphe s'étoit déclaré pour les mécontens. Le jeune prince, battu par les troupes de son père, et assiégé dans Vanloo, supplia le duc de lui faire grâce, et obtint son pardon. Pénétré, en apparence, du plus profond repentir, il fit le voyage de la Terre-Sainte, et revint en 1463. Ce long pélerinage n'ayant pas calmé la fougue de son caractère, il se révolta de nouveau : mais, forcé de céder à des forces supérieures, il prit la fuite et se réfugia dans la ville de Bruxelles, près de Philippe-le-Bon son grand-oncle. Ce prince, indulgent pour les fautes de la jeunesse, parvint à le réconcilier encore avec son père. Tant d'indulgence de la part d'Arnoul ne toucha point le cœur féroce d'Adolphe : substituant la ruse à la force, il envenima quelques mécontentemens de la duchesse sa mère (1), et forma, de concert avec elle, le plus horrible des complots. En 1465, à l'occasion de la fête des Rois, ils vont trouver le duc au château de Graves : Arnoul donne une fête brillante à son épouse et à son fils : on se livre à la joie, on prolonge un repas où paroît régner la cordialité la plus franche : mais le soir, au moment où le duc est sur le point de se mettre au lit, son fils paroît devant lui avec des soldats, l'enlève, lui fait faire, presque nu, cinq lieues à pied par le froid le plus rigoureux, et l'enferme dans une tour du château de Bueren. Un an après, il lui arrache sa démission à force de tourmens.

Au moment où ces attentats se consommoient,

(1) Cette princesse, qui s'appeloit Catherine, étoit fille de Marie, sœur de Philippe-le-Bon, et d'Adolphe II, duc de Clèves.

Philippe-le-Bon étoit au bord du tombeau; et Charles, uniquement occupé de sa haine contre Louis XI, ne prenoit au malheureux Arnoul qu'un foible intérêt. Cependant, en 1470, de concert avec l'Empereur et le Pape, qui avoient accueilli les réclamations du prisonnier, il força le nouveau duc de Gueldre à mettre son père en liberté, à venir avec lui à Bruxelles, et à le reconnoître pour juge. La scène que ces deux princes irréconciliables donnèrent à la cour de Bourgogne révolte la nature et l'humanité. Lorsqu'ils furent admis à l'audience de leur arbitre, le vieillard commença par présenter à son fils le gage du combat : Charles, qui penchoit pour Adolphe, lui offrit la jouissance entière de la Gueldre, à l'exception de la ville de Graves, réservée à son père, auquel il paieroit en outre une pension de six mille florins. « J'aimerois mieux, « répondit avec fureur ce prince dénaturé, j'aimerois « mieux jeter mon père dans un puits, la tête la « première, que d'y consentir ; il y a quarante-huit « ans qu'Arnoul est duc : il est juste que je le sois à « mon tour. Je lui accorde trois cents florins, à con- « dition qu'il ne rentrera jamais dans Graves. » Après cette réponse, qui indigna le duc de Bourgogne, Adolphe prit la fuite : arrêté à Namur, il y demeura long-temps prisonnier. Arnoul fut rétabli dans son duché : mais, haï de ses sujets, hors d'état de les gouverner, il céda en 1472 ses Etats à Charles, moyennant quatre-vingt-douze mille écus d'or. Cette acquisition favorisoit le dessein que ce prince avoit depuis long-temps d'établir par l'Allemagne une communication entre ses Etats de Flandre et de Bourgogne.

Il vint donc à Trèves, pour faire hommage à l'Empereur de cette nouvelle possession. Dans les entretiens que les deux princes eurent ensemble, il fut question, pour la première fois, du mariage de Marie, fille unique de Charles, avec l'archiduc Maximilien : le duc de Bourgogne sollicita en même temps le titre de roi. Mais cette entrevue n'eut pour le moment aucun résultat, par le peu de confiance que s'inspirèrent les deux princes.

Pendant ces négociations inutiles, Louis agissoit plus efficacement contre Charles. Afin de lui faire un nouvel ennemi, il ménagea la paix entre Sigismond et les Suisses; et ceux-ci prêtèrent au prince autrichien quatre-vingt mille florins, pour retirer des mains du duc de Bourgogne le comté de Ferette, qui lui avoit été vendu en 1469. Charles refusa de le rendre, jura la perte des Suisses; et, plus que jamais irrité contre le roi de France, il résolut de le détrôner. Lié intimement avec Edouard IV, qu'il avoit rétabli sur le trône d'Angleterre; ne doutant pas de sa reconnoissance, il fit avec lui une ligue redoutable. Pendant que le prince anglais devoit attaquer la France par la Picardie, et marcher sur Paris après les premiers succès, Charles devoit faire une invasion dans la Champagne et dans la Brie. Le duc de Bourgogne contracta en même temps une alliance étroite avec la duchesse de Savoie, sœur de Louis XI, et promit de la venger des Suisses, qui, à l'occasion des démêlés relatifs au comté de Ferette, avoient fait une incursion sur les terres du comte de Romond, parent de la duchesse.

Edouard, conformément au traité qu'il avoit conclu, descendit à Calais avec une armée nombreuse :

mais Charles, toujours guidé par ses passions, ne remplit pas ses engagemens, et tourna ses armes d'un autre côté. Robert de Bavière, électeur de Cologne, parent et allié du duc de Bourgogne, venoit d'être chassé de ses Etats par Herman de Hesse. Charles, croyant qu'il ne lui faudroit que quelques jours pour le rétablir, courut à son secours ; mais il fut arrêté pendant plus de dix mois devant Nuiz, ville voisine de Cologne, et fit échouer ainsi l'entreprise d'Edouard.

Pendant ce siége, Louis XI lui suscita encore un nouvel ennemi, très-foible en apparence, mais en qui ce guerrier terrible devoit trouver son vainqueur. René II, fils de Ferry II, comte de Vaudemont, et d'Yolande d'Anjou, fille du roi René, étoit devenu en 1473 duc de Lorraine, après la mort de Nicolas son oncle, qui n'avoit pas laissé d'enfans. Charles, instruit de ses liaisons avec Louis, l'avoit fait enlever dans le château de Joinville, et ne l'avoit relâché qu'à condition qu'il feroit avec lui une alliance étroite contre le Roi. Les revers qu'il éprouva devant Nuiz décidèrent le prince lorrain à rompre un engagement forcé [1474].

Cependant Edouard, ne recevant aucun secours du duc de Bourgogne, écouta les propositions avantageuses qui lui furent faites de la part de Louis XI, et conclut avec lui une paix qui dura jusqu'à la fin de son règne. Privé d'appui, entouré d'ennemis, mais alors guidé par l'unique désir de se venger des Suisses et du duc de Lorraine, Charles fit avec le Roi une trève de neuf années, et lui abandonna le connétable de Saint-Paul, qui, dans l'espoir d'obtenir en Picardie une principauté indépendante, les avoit trahis tous deux. Louis préféroit toujours la paix à la guerre, persuadé qu'il faisoit beaucoup plus de mal à ses ennemis par ses intrigues que par ses armes. Il observa la conduite du duc de Bourgogne, profita de ses fautes, et le vit bientôt tomber dans l'abîme qui s'ouvroit déjà devant lui.

Charles entra dans la Lorraine, et en fit rapidement la conquête dans l'hiver de 1475 et de 1476 : de là il marcha contre les Suisses. Ce peuple simple et pauvre, doutant de ses forces, effrayé de la réputation d'un prince qui passoit alors pour le plus grand capitaine du siècle, fit les derniers efforts pour le fléchir. « Quel fruit, lui disoient les envoyés de ces « montagnards, tirerez-vous de cette expédition? Les « mors de vos chevaux valent mieux que tout notre « pays. » Charles fut inflexible : il entra en Suisse avec quarante mille hommes, au commencement de février 1476, prit d'assaut la ville de Granson; et, animé par ce succès, il livra bataille près de cette ville le 3 mars suivant. Les Suisses n'avoient que vingt mille hommes à lui opposer, mais ils étoient décidés à mourir pour la défense de leur liberté : Herman d'Eptinguen les commandoit. Charles, ne pouvant se servir de sa cavalerie dans les défilés des montagnes, fut entièrement défait; et ses bagages, où se trouvoit toute sa vaisselle, enrichirent un peuple pauvre.

Charles, livré au plus sombre désespoir, se retira dans la Franche-Comté. Ne sortant de ses accès de fureur que pour tomber dans une mélancolie effrayante, il croyoit que tout le monde le trahissoit, et ne rouloit dans son esprit que des projets de vengeance. Ses soupçons se portoient sur ses plus fidèles serviteurs : la terreur et la défiance régnoient autour de lui. Louis augmentoit sans cesse l'inquiétude de ce malheureux prince, par des avis supposés que lui donnoient des émissaires adroits. Ce fut dans ces circonstances terribles qu'il fit arrêter, près de Genève, la duchesse de Savoie, qui étoit venue pour le consoler. (*Voyez* Notice sur Olivier de La Marche, p. 16.)

Bientôt Charles reparut en Suisse avec une armée plus nombreuse que la première, et mit le siége devant Morat. René, dépouillé de ses Etats et conseillé par Louis xi, qui s'étoit avancé jusqu'à Lyon pour être témoin de cette lutte, étoit venu au secours des Suisses avec deux cents chevaux. Leur armée, commandée par Guillaume de Herter, se présenta le 22 juin 1476, pour faire lever le blocus de Morat. Charles, ne consultant que son impétuosité, livra aussitôt le combat, sans s'être occupé des moyens d'obtenir la victoire. Son génie militaire sembloit l'avoir abandonné, et il ne conservoit qu'une valeur aveugle et téméraire. Le jeune duc de Lorraine et les Suisses tirèrent parti de ses fautes, et il fut encore plus complètement défait qu'à Granson : un massacre affreux des Bourguignons suivit et souilla cette victoire; et Charles put à peine sauver sa vie, au milieu du désordre.

René, secouru à son tour par les Suisses, reconquit bientôt son duché de Lorraine : la capitale seule lui fit éprouver quelque résistance, mais elle capitula le 6 octobre de la même année.

Charles, dont les Etats héréditaires n'étoient pas encore entamés, auroit pu facilement se relever en faisant la paix : il aima mieux exposer ses dernières ressources pour recouvrer la Lorraine et pour ruiner entièrement René, qu'il regardoit comme son ennemi personnel. Il marcha donc contre Nancy, ayant confié la principale direction de son armée à un général qui le trahissoit. Le comte de Campobasso, napolitain qui lui avoit été donné par le roi Ferdinand, avoit obtenu toute sa confiance, et en abusoit d'une manière indigne : le voyant courir à sa perte, il s'étoit vendu au duc de Lorraine. Louis XI, instruit de tout, avoit fait avertir secrètement Charles de la trahison du général, persuadé sans doute que cet avis, venant de sa part, ne seroit pas écouté. Il arriva ce que ce prince artificieux avoit prévu, et Campobasso fut plus en crédit que jamais.

Charles assiégea Nancy au milieu de l'hiver de 1477 : le duc de Lorraine vint au secours de cette place. Aussitôt que son arrivée fut connue, le général napolitain abandonna le duc de Bourgogne avec la plus grande partie de l'armée, et ne laissa à ce malheureux prince qu'un détachement de quatre mille hommes. Son courage ne l'abandonna pas dans cette horrible situation : il livra bataille le 5 janvier, avec une poignée de soldats désespérés. Après des efforts incroyables, et le carnage de presque tous les siens, il fut obligé de se retirer. Etant tombé de cheval dans un fossé, il y fut tué par Claude de Beaumont, chevalier lorrain qui ne le connoissoit pas.

On ignora pendant deux jours ce qu'il étoit devenu, et son nom seul inspiroit encore de la crainte au vainqueur. Enfin il fut trouvé couvert de sang et de fange : on ne le reconnut qu'à la cicatrice d'une blessure qu'il avoit reçue à la bataille de Montlhéry, et à la longueur de sa barbe et de ses ongles, qu'il avoit laissés croître, en signe de deuil, depuis la défaite de Morat.

René, délivré d'un ennemi si redoutable, sembla oublier les persécutions qu'il lui avoit fait éprouver. Il ordonna que son corps fût transporté à Nancy, et alla au devant du convoi en habits de deuil. Arrêtant les yeux sur ces tristes restes d'un guerrier malheureux, il prit la main de Charles : « Mon cousin, dit-il, « Dieu ait pitié de votre ame ! vous nous avez bien « fait souffrir. » Il lui éleva ensuite un mausolée dans l'église de Saint-Georges, et y fit placer une épitaphe honorable, dont nous ne rappellerons que les premiers vers :

Conditur hoc tumulo Burgandæ gloria gentis,
Carolus, Europæ qui fuit ante timor.

Sa piété lui fit aussi élever une croix dans le lieu où Charles avoit été tué. On y voyoit encore, avant la révolution, l'inscription suivante :

Ici, l'an de l'Incarnation
Mil quatre cens septante six [1],
Veille de l'apparition,
Fut le duc de Bourgogne occis,
Et en bataille ici transis [2].
Une croix fut mise pour mémoire :
René, duc de Lorraine, merci
Rendant à Dieu de sa victoire.

Louis XI ne chercha point à dissimuler la joie que

[1] Selon la manière de compter de ce temps-là, où l'année commençoit à Pâques. — [2] Il faut lire *trancis*, qui veut dire *percé*.

lui donna la mort du duc de Bourgogne. Dans les transports que lui inspira le succès de ses combinaisons politiques, il mêla, comme c'étoit sa coutume, des apparences de piété aux réjouissances qu'il fit célébrer dans son royaume; et ce fut à cette occasion qu'il fit décorer le tombeau de saint Martin de Tours d'une balustrade d'argent du poids de six mille sept cent soixante-seize marcs (1). Il s'occupa en même temps des moyens de dépouiller une famille qu'il détestoit.

Charles, en mourant, n'avoit laissé qu'une princesse, âgée de vingt ans, et connue sous le nom de Marie de Bourgogne. Ne tenant de son père qu'une grande élévation dans les sentimens et un grand courage, elle réunissoit à l'extérieur toutes les grâces de son sexe. « Avec beaucoup de droiture dans l'esprit « et dans le cœur, dit Duclos, il ignoroit cette « fausse politique qui, en s'écartant de la vérité pour « courir au devant des objets, ne voit que ceux que « l'imagination enfante. »

Louis XI, voulant l'envelopper dans les détours de sa politique, lui offrit d'un côté d'épouser le Dauphin, qui n'avoit encore que huit ans; et de l'autre, il prit des mesures pour s'emparer des deux Bourgognes. Le prétexte dont il colora cette invasion étoit que, suivant la coutume de France, les apanages étoient réversibles à la couronne, à défaut d'enfans mâles : clause qui, comme on l'a vu, n'étoit pas dans la cession faite par le roi Jean à Philippe-le-Hardi.

Deux généraux français, Georges de La Trémouille

(1) Cette balustrade fut convertie en monnoie sous François 1, en 1522.

et Charles d'Amboise, marchèrent en Bourgogne avec sept cents hommes d'armes : ils avoient avec eux l'évêque de Langres et deux conseillers au parlement, chargés de prendre possession du pays au nom du Roi. Les Etats, assemblés à Dijon, furent sommés de prêter à Louis XI serment de fidélité. Avant de se décider, ils instruisirent Marie de la position difficile où ils se trouvoient, et lui demandèrent ses ordres. La duchesse, n'ayant point d'armée pour les secourir, protesta contre cette violence; et leur écrivit que s'ils étoient obligés de céder, elle les conjuroit de conserver dans leur cœur la foi de Bourgogne, malgré toutes les démonstrations auxquelles la force pourroit les contraindre. Ils se soumirent; et l'on voit, par des lettres patentes du 18 mars de la même année, que Louis XI crut se les attacher en créant à Dijon un parlement (1).

Pendant que le Roi faisoit ainsi envahir la Bourgogne, il s'emparoit des villes de Picardie qui avoient appartenu à Charles. L'Artois tomba bientôt en son pouvoir, par une ruse de politique qui eut les suites les plus funestes.

Avant de parler de cette intrigue, qu'il nous soit permis de faire quelques réflexions sur la position où étoit le roi de France, et sur l'utilité qu'il pouvoit trouver à faire épouser Marie de Bourgogne, soit au Dauphin, soit à un prince de son sang, afin que le riche héritage de cette princesse ne passât pas dans une autre maison. Ce point important de notre histoire a été souvent discuté, et l'on a généralement remarqué que Louis XI, si habile en politique, avoit

(1) Ce parlement ne fut définitivement formé qu'en 1489, sous Charles VIII.

maladroitement laissé échapper une occasion unique d'agrandir et de fortifier son royaume.

Les écrivains qui ont soutenu cette opinion ont, comme il arrive presque toujours, jugé la conduite du Roi d'après des événemens qu'il étoit impossible de prévoir. En effet, qui pouvoit penser que la maison d'Autriche, si foible alors, deviendroit, par le mariage de l'archiduc Maximilien avec Marie, la maîtresse de l'Europe sous Charles-Quint? Qui pouvoit penser que Philippe-le-Beau, fils de cette princesse, épouseroit l'héritière de la Castille et de l'Arragon, et que leur fils deviendroit empereur d'Allemagne? Marie, d'ailleurs, étoit âgée de vingt ans, et le Dauphin n'en avoit que huit. Quels auroient été les résultats probables d'un tel mariage? Louis, déjà infirme, pouvoit mourir bientôt : il y auroit eu une minorité, pendant laquelle Marie auroit disputé le pouvoir aux princes du sang; et cette rivalité, jointe à la haine que les Flamands portoient aux Français, auroit pu allumer la guerre civile. Beaucoup d'historiens conviennent que le Dauphin étoit trop jeune pour épouser Marie, et soutiennent en même temps que le Roi auroit dû la demander pour le comte d'Angoulême, prince du sang. Mais ce mariage n'auroit-il pas de nouveau créé en France un souverain plus puissant que le Roi? Les troubles nés de l'ambition de Philippe-le-Hardi, de Jean-sans-Peur, de Philippe-le-Bon et de Charles-le-Téméraire, n'auroient-ils pas pu renaître? Et l'exemple récent des calamités causées par la puissance de ces princes ne devoit-il pas détourner un roi prudent d'y exposer ses successeurs?

Il est vrai que les événemens portèrent au trône,

trente-huit ans après, François I, petit-fils du comte d'Angoulême; et que si ce prince eût possédé l'héritage de la maison de Bourgogne, les guerres affreuses qui désolèrent la France sous son règne n'auroient pas eu lieu. Mais étoit-il possible de prévoir que Charles VIII, fils de Louis XI, n'auroit pas d'enfans mâles; que le duc d'Orléans, parvenu au trône sous le nom de Louis XII, n'en auroit pas non plus; et que la couronne appartiendroit un jour à la branche d'Angoulême? Il faut donc convenir que Louis XI, en réunissant la Bourgogne à ses Etats, et en ne pressant point Marie d'épouser un prince français, fit pour l'agrandissement et la tranquillité future de son royaume tout ce que la prudence humaine conseilloit.

Cependant, conformément à son caractère artificieux, il feignoit de désirer vivement que le Dauphin épousât Marie. Après avoir soumis la Bourgogne, il envoya en Flandre le fameux Olivier le Diable son barbier et son favori, auquel il venoit de donner le titre de comte de Meulan. Sa mission ostensible étoit de demander la princesse pour le Dauphin : sa mission secrète de soulever contre elle les habitans de Gand. Le conseil particulier de Marie, composé de la duchesse douairière sa mère, sœur d'Edouard IV, du chancelier Hugonet, et des seigneurs de Ravestein et d'Imbercourt, devinèrent le motif de l'ambassade d'Olivier : ils eurent l'imprudence de le recevoir avec mépris, et de lui interdire toute espèce d'entretien particulier avec la jeune duchesse; ils lui inspirèrent en même temps des craintes qui le forcèrent à se retirer. Louis XI, irrité de l'accueil fait à son favori, jura leur perte.

Marie, ne soupçonnant pas ses projets de vengeance, lui envoya peu de temps après une ambassade composée d'Hugonet, d'Imbercourt et de quatre seigneurs. Ils l'instruisirent des projets de la duchesse, du plan qu'elle avoit adopté pour gouverner par elle-même; lui firent connoître les personnes auxquelles elle avoit accordé sa confiance, et le prièrent de ne traiter qu'avec ces personnes. Leur lettre de créance, qu'ils remirent au Roi, étoit écrite en partie par la princesse elle-même : le reste étoit de la main de la princesse douairière et de Ravestein. Cette confiance aveugle leur fit écouter les propositions de Louis XI sur le mariage du Dauphin et de Marie, et ils eurent la foiblesse de lui livrer en attendant le comté d'Artois.

Les dangers de la jeune duchesse augmentoient tous les jours : ses Etats étoient démembrés par les intrigues ou les armes du Roi; et la fermentation qu'il excitoit parmi les peuples encore soumis prenoit l'aspect le plus effrayant. Ce fut dans cette circonstance que Marie adopta la funeste résolution d'assembler les Etats de Flandre dans la ville de Gand, de tout temps si portée à la sédition. Cette assemblée s'empara bientôt de l'autorité, et forma un conseil chargé de gouverner. La duchesse, en ayant l'air de leur céder, conserva son conseil secret, unique dépositaire de ses desseins et de ses peines.

Le nouveau gouvernement s'empressa d'envoyer des ambassadeurs à Louis XI : Touteville et Baradot, membres influens des Etats, furent chargés de cette mission; et ils dirent au Roi que Marie, ayant sincèrement accédé aux volontés du peuple, ne vouloit plus gouverner que par leurs conseils. Le monarque, profitant de cette occasion pour augmenter les troubles de la Flandre, eut l'indignité de leur répondre que leur souveraine les trompoit, et de leur remettre la lettre par laquelle elle le supplioit de ne traiter qu'avec son conseil secret.

Touteville et Baradot, de retour à Gand, répandirent partout que Marie les trahissoit : admis devant elle, ils eurent l'insolence de lui adresser les plus sanglans reproches. La princesse, ne pouvant soupçonner que Louis eût abusé de sa confiance, nia hardiment que la lettre existât : alors ils la lui montrèrent. Couverte de confusion, il fallut qu'elle en entendît la lecture, accompagnée des commentaires les plus injurieux : et bientôt cette lettre fut lue au peuple assemblé, qui se souleva et demanda la tête des ministres.

La rage des factieux avoit principalement pour objet le chancelier Hugonet et le seigneur d'Imbercourt, tous deux avancés en âge, et depuis long-temps honorés de la confiance des ducs de Bourgogne. Le chancelier crut trouver un asyle dans l'église des Cordeliers, et Imbercourt se réfugia dans celle des Chartreux. Ils en furent arrachés par la populace en fureur : on les plongea dans les cachots de l'hôtel-de-ville, et leur procès fut commencé. Marie, instruite du danger qu'ils couroient, eut le courage de se transporter presque seule au milieu des rebelles : elle soutint que ses ministres n'avoient rien fait que par ses ordres, sollicita leur grâce de la manière la plus touchante, et ne put l'obtenir.

Hugonet et Imbercourt, les seuls dont les révoltés avoient pu s'emparer, furent mis à la question; et quoique les tortures n'eussent pû leur arracher aucun aveu, ils furent condamnés à mort. L'échafaud étoit dressé ; le peuple, avide de sang, demandoit à grands cris le supplice des deux victimes, lorsque Marie paroît sur la place, accompagnée d'un ecclésiastique vénérable par ses cheveux blancs, en longs habits de deuil, les cheveux épars, et fondant en larmes. L'échafaud est le premier objet qui frappe ses yeux ; elle y voit ses deux infortunés ministres, affoiblis par les tourmens, et n'ayant pas la force de se mettre à genoux pour recevoir la mort. Elle pousse des cris plaintifs, étend ses mains suppliantes, et conjure le peuple d'empêcher cet assassinat. A ce spectacle inattendu, la foule est attendrie, et crie *grâce!* Mais ni la vue de leur princesse, qui paroît un ange descendu du ciel pour sauver des justes, ni la présence du respectable vieillard qui l'accompagne, ne peuvent apaiser les factieux : ce qui, dans un autre temps, auroit attendri les cœurs les plus durs, est sans effet sur des hommes livrés au fanatisme politique. Ils menacent la foule de l'exterminer, si elle fait le moindre mouvement en faveur des ministres : le sacrifice se consomme, et Marie est rapportée mourante dans son palais.

Les historiens n'ont peut-être pas assez admiré la magnanimité de cette princesse, qui osa s'opposer seule aux fureurs d'une populace mutinée, pour sauver des ministres dont les conseils timides l'avoient mise dans la position terrible où elle se trouvoit. Cet héroïsme est d'autant plus remarquable, qu'il a été rarement imité par les rois les plus capables d'un attachement sincère : et depuis Charles I, qui abandonna Strafford aux fureurs d'une faction, combien de princes n'ont pas eu, dans des circonstances à peu près pareilles, la noble constance de Marie de Bourgogne? Au reste, ces deux vieillards, pour lesquels une jeune princesse montra tant d'intérêt, avoient des vertus privées qui les auroient fait chérir dans des temps ordinaires. Le jour de sa mort, le chancelier écrivit à son épouse la lettre suivante : « Parvenu à la vieillesse, ma mort « n'est avancée que de quelques années. Que le sup- « plice qui m'est préparé ne vous abatte point : au « crime seul est réservée la honte, et je suis innocent. « Mes enfans n'auront point à rougir de ma condam- « nation : si leurs biens sont confisqués, Dieu, qui « leur donna la vie, daignera pourvoir à leurs be- « soins, et veiller sur eux. Ce jeudi saint 1477, que je « crois être mon dernier jour. »

Louis XI, qui avoit voulu exciter des troubles en Flandre, mais qui n'avoit pas prévu cet horrible résultat de ses intrigues, en parut affligé. Il réhabilita, comme seigneur suzerain, la mémoire des condamnés, et prit les enfans d'Hugonet sous sa protection. Le comté d'Artois, pour la possession duquel il avoit employé tant d'artifices, pensa lui échapper, par l'indignation que les habitans de ce pays conçurent de sa perfidie. Arras se révolta, et le Roi fut obligé de commettre des cruautés pour y affermir sa puissance : il y mit une colonie d'aventuriers, et lui donna le nom de *Francie*, qui ne lui est pas resté.

Les conquêtes de ce prince dans la Bourgogne, le Luxembourg, le Hainaut et l'Artois n'effrayoient pas les Flamands, qui auroient voulu que leur princesse ne fût que comtesse de Flandre, afin de la gouverner plus sûrement. Cependant lorsqu'ils virent que Louis alloit entrer dans leur pays et s'en rendre maître, ils levèrent une armée de vingt mille hommes, et mirent à leur tête Adolphe de Gueldre, dont nous avons retracé les crimes. Ils le tirèrent de la prison où Charles-le-Téméraire l'avoit fait enfermer, et promirent à ce monstre la main de Marie, s'il revenoit vainqueur. Adolphe, qui dans son ambition insensée méditoit des projets encore plus vastes que ceux des derniers ducs de Bourgogne, fut tué près de Tournay, à la première affaire qu'il eut avec les troupes françaises [28 juin 1477].

Louis feignoit toujours de destiner le Dauphin à Marie. Le duc de Clèves prétendoit aussi à la main de cette princesse; mais elle avoit de l'aversion pour lui, et d'ailleurs la politique ne lui conseilloit pas de s'unir à un prince aussi foible. Après de longues réflexions, elle se décida pour l'archiduc Maximilien, fils de l'empereur Frédéric III, auquel elle avoit été autrefois promise par son père. On dit que ce prince, très-prodigue, et fort gêné dans ses goûts par l'avarice de l'Empereur, arriva en Flandre dépourvu de tout, et que la princesse qu'il venoit épouser fut obligée de lui fournir des habits pour la cérémonie. Ce mariage, qui devoit avoir de si grands résultats, fut célébré le 20 août 1477.

Une alliance, qui promettoit à Marie l'appui d'une partie de l'Allemagne, ranima le courage des partisans qu'elle avoit conservés en Bourgogne. Le prince d'Orange, que le Roi avoit nommé son lieutenant général dans ce pays, mécontent de ce que le seigneur de Craon y exerçoit toute l'autorité, se mit à la tête des mécontens; et Chretiennot, bourgeois de Dijon, ayant excité une émeute dans cette ville, s'en empara au nom de Marie. Mais cette insurrection n'eut pas les suites que les nouveaux époux se promettoient. Louis, décida Maximilien à une trêve, flatta Edouard de faire épouser sa fille au Dauphin, s'assura de la Savoie et de plusieurs princes d'Allemagne, et contracta l'alliance la plus intime avec les Suisses, sans lesquels il ne pouvoit posséder sûrement la Franche-Comté.

Lorsqu'il se crut bien assuré de ses nouveaux alliés, il renouvela les hostilités avec Maximilien, et prétendit hautement avoir des droits sur la Flandre, quoique ce fût un fief féminin dont toutes les lois rendoient Marie unique héritière. Il colora cette prétention, en faisant faire le procès à la mémoire de Charles-le-Téméraire [1478]. Après avoir vainement sommé Maximilien et son épouse de comparoître à la cour des pairs, il ordonna que la procédure commençât. Afin d'exciter l'indignation des Français, on rappela dans l'accusation les attentats des ducs de Bourgogne sous les règnes de Charles VI et de Charles VII, l'assassinat du duc d'Orléans, les massacres de Paris, le royaume livré aux Anglais, les conditions humiliantes imposées à Charles VII par Philippe-le-Bon, la guerre du bien public, l'entrevue de Peronne, et de prétendues tentatives d'assassinat contre la personne du Roi. On reprocha aussi à Marie d'avoir engagé les Etats de Bourgogne à ne pas consentir à leur réunion à la France.

Maximilien ne répondit qu'en portant ses plaintes à la diète. Les princes d'Allemagne reconnurent que Louis les avoit trompés : Edouard s'aperçut que sa fille n'épouseroit jamais le Dauphin; les Suisses craignirent d'être mis au ban de l'Empire : et tout cet édifice politique, élevé avec tant de peine par Louis, fut en un moment renversé. Alors il fit une nouvelle trêve avec Maximilien, lui rendit la Franche-Comté, occupa de nouveau le duché de Bourgogne, et employa ce moment de repos à ménager en Flandre un soulèvement que l'archiduc parvint à réprimer. [1479].

Cette tentative irrita Maximilien, qui, ayant rassemblé une armée de vingt-sept mille hommes, rompit la trêve, et s'empara de Cambray. Louis reprit possession de la Franche-Comté; et peu inquiet des efforts que pouvoit essayer l'archiduc du côté de la Picardie, il fit un voyage en Bourgogne pour se montrer à ses nouveaux sujets. Pendant qu'il étoit à Dijon, Maximilien mit le siége devant Térouanne : les maréchaux de Guerdes et de Gié vinrent au secours de la place, et présentèrent le combat à l'archiduc, qui l'accepta. La bataille fut livrée près de Guinegate : l'armée française, éblouie par un premier avantage, se débanda, fut mise en déroute, et la victoire demeura à Maximilien.

Ce prince, qui profita peu de cette victoire, tâcha de se servir des Suisses pour reconquérir la Franche-Comté; mais Louis les gagna en leur faisant passer des sommes considérables. Il employa le même moyen pour apaiser Edouard, qui, trompé dans ses espérances sur l'établissement de sa fille, se plaignoit de ce que les terres formant le douaire de sa sœur, veuve de Charles-le-Téméraire, étoient envahies par les Français.

Les choses étoient en cet état, et l'on ne faisoit ni

la paix ni la guerre, lorsqu'un légat du pape Sixte IV vint en France solliciter des secours contre Mahomet II, qui menaçoit l'Italie. Louis profita de cette circonstance pour tâcher de faire excommunier Maximilien, sous le prétexte qu'il se refusoit à la paix, et empêchoit ainsi la croisade que le Pape sollicitoit. Il s'occupoit aussi de soulever, sous le même prétexte, les habitans de Gand, dont le commerce étoit troublé par la guerre : mais une attaque d'apoplexie, qui lui annonçoit sa mort prochaine, interrompit ses intrigues.

Marie, encore dans la fleur de l'âge, devoit le précéder au tombeau. Ne conservant plus l'espoir de recouvrer la Bourgogne qu'elle avoit irrévocablement perdue, au milieu des inquiétudes dont elle étoit dévorée, elle trouvoit quelques distractions dans la chasse au vol, qui étoit alors le délassement favori de tous les souverains. Par un beau jour du printemps de l'année 1482, elle sortit de Bruges pour prendre ce plaisir. S'étant un peu éloignée de sa suite, elle fut emportée par son cheval, tomba dans les broussailles, et se fit une blessure dangereuse. Une pudeur excessive l'empêcha de confier, même à son époux, ses inquiétudes et ses douleurs. Elle mourut au bout de trois semaines, âgée de vingt-cinq ans. Louis XI ne lui survécut qu'une année ; et ses intrigues dans la Flandre furent continuées, pendant la minorité de Charles VIII, par la régente Anne de Beaujeu.

Marie fut plus regrettée que Philippe-le-Bon, son aïeul, dont elle n'avoit que les vertus et les qualités aimables : sa mort, qui affligea profondément Maximilien, compromit long-temps la puissance et même la sûreté de ce prince. Elle lui laissa deux enfans en bas-âge : Philippe-le-Beau, qui devoit donner le jour à Charles-Quint, et Marguerite, qui, d'abord fiancée au Dauphin (1), ensuite mariée à un fils de Ferdinand et d'Isabelle, puis à Philibert II, duc de Savoie, ne mourut qu'en 1530, après avoir gouverné pendant dix-sept ans les Pays-Bas, avec autant de prudence que de douceur.

Ici finissent les détails que nous avons promis sur la seconde maison de Bourgogne, dont nous avons tracé l'origine, les progrès et la décadence. Liée à la maison d'Autriche, alors presque aussi foible qu'elle, elle se releva bientôt par le mariage de Philippe-le-Beau avec Jeanne, fille de Ferdinand et d'Isabelle, et héritière de l'Espagne, délivrée depuis peu de la puissance des Maures.

De ce mariage sortit Charles-Quint, qui, possesseur de la Flandre, de l'Espagne, d'une partie de l'Italie, et bientôt empereur, prétendit à la monarchie universelle. Son règne, le plus brillant de l'histoire moderne, fit faire de grands pas à la société par la renaissance des lettres et des arts, mais prépara les calamités dont l'Europe gémit encore, par l'ambition démesurée dont ce prince donna l'exemple, et surtout par le schisme de Luther, qui ouvrit une vaste carrière aux erreurs politiques.

On aimera sans doute à suivre rapidement avec

---

(1) Cette princesse, aussi courageuse que sa mère, allant rejoindre en Espagne son second époux, fut accueillie par une tempête ; et, au milieu du danger, fit ainsi son épitaphe :

Ci gît Margot, la gente demoiselle,
Qu'eut deux maris, et si mourut pucelle.

6.

nous, depuis Charles-Quint jusqu'à nos jours, les vicissitudes de la maison d'Autriche, qui par Marie tire son origine de la seconde maison de Bourgogne.

Charles-Quint, en se retirant dans le monastère de Saint-Just, partagea son vaste empire entre Philippe son fils, et Ferdinand son frère. Le premier eut l'Espagne, les Pays-Bas, la Franche-Comté, et les conquêtes faites en Amérique : le second fut empereur d'Allemagne, et eut l'ancien héritage de la maison d'Autriche. Ces deux branches demeurèrent constamment unies contre la France et les protestans.

La branche espagnole, dont Philippe II fut le chef, et qui sembloit destinée à être la plus puissante, ne fut néanmoins redoutable que sous ce prince, dont les vastes intrigues s'étendirent dans toute l'Europe, et entretinrent long-temps en France les fureurs de la Ligue; son despotisme souleva les Pays-Bas, qui devinrent bientôt un État indépendant. Sous Philippe III, qui proscrivit les Maures; sous Philippe IV, qui perdit le Portugal acquis par Philippe II; sous Charles II, qui, n'ayant point d'enfans, appela au trône d'Espagne un petit-fils de Louis XIV, cette maison dégénéra, et n'offrit plus que l'ombre de son ancienne grandeur.

La branche allemande fut plus heureuse, quoique d'abord bien moins puissante. Ferdinand I, frère de Charles-Quint, fit la guerre à notre roi Henri II, et perdit irrévocablement les trois évêchés. Maximilien II et Rodolphe II vécurent tranquilles, malgré la fermentation qui préparoit la guerre de trente ans. Mathias vit le commencement de cette guerre, à laquelle la France prit bientôt part : elle fut soutenue avec habileté et courage par Ferdinand II. Sous Ferdinand III, la paix fut rendue à l'Europe par le traité de Westphalie. Léopold I et Joseph I eurent à lutter contre Louis XIV. Charles VI, prince pacifique, n'ayant point d'enfans mâles, adopta le duc de Lorraine, auquel il donna sa fille aînée, la célèbre Marie-Thérèse ; et la pragmatique, par laquelle il lui assuroit sa succession, fut reçue de presque toute l'Europe. Après sa mort, la France parvint à faire élire empereur l'électeur de Bavière, qui prit le nom de Charles VII, et la maison d'Autriche se trouva à deux doigts de sa ruine; mais le courage de Marie-Thérèse releva la grandeur de cette maison : et Charles VII étant mort vaincu, l'époux de Marie devint empereur sous le nom de François I. Joseph II, leur fils, fut témoin des premiers orages de la révolution française : Léopold II, qui lui succéda, fit des préparatifs pour la combattre ; François II, qui règne aujourd'hui, en supporta tout le poids : sa constance dans les revers, sa modération dans les succès seront jugés par l'histoire. Au milieu de l'anarchie qui désoloit l'Empire dans les premières années du dix-neuvième siècle, il abdiqua le titre d'empereur d'Allemagne par une déclaration du 6 août 1806. Gardant le titre d'empereur d'Autriche, il réserva tous ses soins à ses Etats héréditaires, dont il sut conserver la meilleure partie dans les crises les plus terribles, et qu'il augmenta considérablement lorsque l'époque de la paix générale fut arrivée.

Telles ont été les destinées de la postérité de Marie de Bourgogne : ce noble sang coule dans les veines des Bourbons, qui descendent de la branche espagnole par Anne d'Autriche, épouse de Louis XIII, et Marie-Thérèse, épouse de Louis XIV; et il s'est renouvelé dans les trois princesses sur qui la France fonde aujourd'hui ses espérances, lesquelles descendent de la branche allemande, l'une par Marie-Antoinette, femme de Louis XVI; les deux autres par Marie-Charlotte, reine de Naples.

PRÉFACE

ET

INTRODUCTION

DE

MESSIRE OLIVIER DE LA MARCHE,

A LA LECTURE DE SES MEMOIRES.

Reverence, honneur, oblation et gloire soit rendue, attribuee et presentee à la saincte Trinité : et doctrine, bon exemple et œuvre profitable à vous, mon souverain signeur, mon prince et mon maistre, Philippe, par la grâce de Dieu archeduc d'Austriche, premier de ce surnom; duc de Bourgongne, de Lotrich, de Brabant, de Lembourg, de Luxembourg et de Gueldres; comte de Flandres, d'Artois, de Bourgongne; palatin de Hainaut, de Holande, de Zelande, de Namur et de Zutphen; marquis du Sainct Empire; signeur de Frise, de Salins et de Malines; fils de tresillustre et tressacré prince Maximilian d'Austriche, par la clemence divine roy des Rommains, et de ma souveraine princesse, feue de tresnoble memoire, madame Marie, duchesse de Bourgongne, dame et seule héritiére de la treshaute, puissante, doutee (1) et renommee maison de Bour-

(1) *Doutee :* redoutée.

gongne, et des seigneuries suyvantes la duché de Bourgongne es intitulations cy-dessus escriptes, et d'autres signeuries plusieurs : dont les noms, attribués es mandemens et choses servantes à tiltres, ne font nulle mention, pour cause de briéveté : comme des comtés de Mascon, de Charolois et d'Auxerrois, de la signeurie de Bethune, de Chasteauchinon, de Noyers, et d'autres nobles parties, et telles que pour abreger je puis icelle princesse nommer, et mettre par escript, en son vivant la plus grande heritiére qui soit venue à ma congnoissance.

Apres cette humble adoration de Dieu, et affectueuse recongnoissance de vous, monsigneur et noble prince, je Olivier, signeur de La Marche, natif de Bourgongne, grand et premier maistre d'hostel de vostre maison, plein de jours, chargé et fourni de diverses enfermetés, et persecuté de debile vieillesse, et neantmoins par la grâce celeste plein de plusieurs et diverses souvenances, voyant et congnoissant mon cas, et qu'à cause de mon vieil aage ne vous puis faire service personnellement selon mon desir, tant en armes et ambassades, qu'en autres travaux (car, à l'heure que je commence à dicter ce present escrit, je suis en la soixantesixiéme annee de ma vie, pour louer mon Createur du passé, luy recommander le surplus, et le submettre à son bon plaisir et grâce); estant comme honteux, par ces defautes à moy avenues, d'estre personne inutile en si noble service que le vostre, et considerant aussi que vous estes à l'hêure presente sous dix ans en si jeune aage, que longuement noz jours ne peuvent voyager ensemble, pour l'aquit de ma loyauté, par l'amour que j'ay à vous, et afin que le service que je vous doy soit et demeure plus longuement en vostre vertueux souvenir, me suis résolu, appelant Dieu à mon aide et support, de reveoir et recongnoistre quelques escripts autresfois par moy recueillis des livres anciens, pour mieux vous introduire à la lecture de certains memoires de choses que j'ay veues moy-mesme avenir de mon temps, esperânt que vous y pourrez lire et veoir plusieurs poincts qui seront à la hauteur de vostre signeurie exemplaire, miroir et doctrine, utiles et profitables pour le temps à venir.

Car par cette Introduction j'ay intention de vous monstrer de quelles maisons vous estes descendu, et par mesme moyen comment vous avez succedé en plusieurs signeuries d'icelles, en vous racomptant sommairement, et comme par abregé, les cas les plus memorables qui soient avenus en icelles maisons, et principalement en celle de Bourgongne.

Puis, au premier livre de mes Memoires, j'espere vous faire veoir amplement, et de poinct en poinct, ce que j'ay veu en cette vostre maison de Bourgongne, depuis l'an 1435 jusques au soixante septiéme : auquel an mourut le bon duc Philippe vostre bisayeul maternel, luy succedant Charles vostre ayeul, sur la succession duquel commencera le second livre de mes Memoires, continuant jusques à vostre temps.

Mais si j'ay entrepris de vous monstrer et déclairer au vray combien vous estes gentilhomme, et la génealogie et treshaute descente dont vous estes venu, ce n'est pas pour vous donner gloire, orgueil ou outrecuidance, par vostre royale et noble naissance : ains c'est afin que vous louiez et honnoriez ce bon Dieu qui de noble sang et haute signeurie vous a fait venir, et a elevé vostre nativité sur les autres : au lieu que si son plaisir l'eust permis, sa puissance est telle que vous fussiez venu et demeuré homme de petite valeur, un laboureur, un mecanique, ou issu d'autre basse personne : tellement que grandes graces luy devez. C'est aussi afin que si vous ne tenez et suyvez le chemin et sente des vertus fructueuses de voz bons antecesseurs, vous en ayez honte devant voz yeux, vous reprenant et chastiant vous-mesme de vos deffauts. Car le sage dit qu'il vaudroit et seroit plus licite à l'homme, et feroit mieux son profit, d'ame et d'honneur, d'estre fils d'un porcher gardant les porcs et regnant en vertu, que d'estre issu de royale origine, vivant en souilleure de vice.

D'avantage, si je vous declare par quelle raison et par quel droit vous sont venues les successions de ces belles et grandes signeuries dessus-escriptes, estans delaissees en patrimoine d'héritage, par de treshaute et laborieuse renommee feu le duc Charles vostre grandpére (que Dieu absolve, et duquel je parle expressément, pource que de tout mourut vray possesseur), à feue de tresvertueuse souvenance madame Marie de Bourgongne (que Dieu absolve) vostre mere, et sa seule héritiére; que, considerant qu'au temps d'elle, par guerres, griefs, traités contraires, et autres violences à elle faictes et survenues, plusieurs des signeuries dessusdictes ont esté et sont tirees et distraictes de vostre main et pouvoir (comme plus-à-plain pourrez savoir, à la croissance de voz jours, et mesmement par la poursuite de mes Memoires, si Dieu me donne temps et grâce de les accomplir), vous serviez et priez Dieu si-devotement, qu'il vous donne la grâce de recouvrer, conquerre et venger les torts à vous faicts, à l'honneur, profit et gloire de cette vostre tresnoble maison : ainsi qu'en augmentant le nombre de mes ans, et en diminuant de corps et de vie, le cueur me croist et ravigoure (1) en bon espoir que la remettrez sus : nonobstant qu'elle ayt esté tant grevee par voz ennemis, privés et estrangers, qu'il semble qu'elle soyt presque destruicte et ruinee.

Au demeurant, si je vous monstre aussi, Dieu aidant, toutes les choses dignes de memoire, prospéres et adverses, de mon temps avenues en cette noble maison (où j'ay pris nourriture et demeure, sans changer autre parti, cinquante ans, ou environ, de mon aage), cela puisse servir de trois choses à la hauteur de vostre entendement. La premiére, de vous regler es nobles et vertueuses œuvres et faicts de voz antecesseurs : la seconde, afin de louer et gracier le haut Dieu celeste des gloires et bonnes fortunes avenues à voz antécesseurs, et desquelles vous vous sentez encor en honneur et profit : et la tierce, afin que si vous trouvez que Dieu ayt permis à la fortune que toutes emprises ne soyent pas venues à souhait et selon le desir des hauts entrepreneurs, que ces coups de fouet et divines batures fiérent (2) et heurtent à la porte de vostre pensee, pour ouvrir le guichet de sage memoire : à ce que vous redoutiez et craigniez les persecutions du ciel, et qu'outrecuidance d'amis, d'avoir ou de signeurie ne vous facent un contempteur de Dieu, un délieur de fortune, et un cuideur

---

(1) *Ravigoure :* rajeunit. — (2) *Fiérent :* frappent.

de valoir (1), pour mener à fin les choses impossibles, sans avoir egard à la perdition de noblesse et à la destruction du peuple, et sans estre soigneux de requerir Dieu en souverain aide : sans lequel nulle emprise ne peut venir à bonne fin.

Helas, mon prince, mon signeur et mon maistre, je plain et regrette, pour mettre ces trois poincts jusqu'à vostre congnoissance, que je suis lay, non clerc, de petit entendement et rude language, et que je ne puis avoir le stile et subtil parler de messire George Chastelain, trépassé, chevalier de ma congnoissance, natif Flamand (toutesfois mettant par escript en language françois, et qui tant a fait de belles et fructueuses choses de mon temps, que ses œuvres, ses faicts, et la subtilité de son parler, luy donneront plus de gloire et de recommandation à cent ans à venir, que du jourdhuy); ou que je n'ay, par don de grâce, la clergie, la memoire ou l'entendement de ce vertueux escuyer Vas de Lusane, portugalois, à present echanson de madame Marguerite (2) d'Angleterre, duchesse douairiére de Bourgongne (lequel a fait tant d'œuvres, translations, et autres biens dignes de memoire, qu'il fait aujourdhuy à estimer entre les sachans, les experimentés et les recommandés de nostre temps); ou que ne m'a Dieu donné l'influence de rhétorique, si prompte et tant experte, comme à maistre Jehan Molinet, homme vénerable, et chanoine; et lequel je say estre laborieux et soigneux de mettre par escrit toutes hautes et vertueuses aventures ve-

---

(1) *Un cuideur de valoir* : un présomptueux. — (2) *Madame Marguerite* : sœur d'Édouard IV, troisième femme de Charles-le-Téméraire.

nues à sa congnoissance. Mais, pource que je ne puis atteindre à la pratique du savoir de ces trois (desquels j'ay expressément parlé, pource que je les ay hantés et cognus), à tout le moins je feray et addréceray mes Memoires, cy-apres escripts, à ceux d'iceux qui me survivront : afin que, s'il y a chose qui puisse amplier (1) et aider leurs hautes et solennelles œuvres, ils s'en aident et servent : comme celuy qui fait un chapeau de marguerites, roses et autres fleurs plaisantes et precieuses, à la fois se sert d'autres fleurettes de moindre estime, pour paraccomplir et parfaire son chapelet, et donner couleur et lustre au demeurant.

Si prie à Dieu que mon œuvre leur soit agreable, et à vous, mon souverain signeur, profitable, et de bon exemple, vous recommandant l'auteur vif et mort : qui vous serviroit voulontiers loyaument de cueur et de pensee. Et pour ce qu'il peut avenir, à cause de ma vieillesse, ou par le commandement de ce haut Dieu tout-puissant (à qui toutes personnes de chascun estat sont sugettes, soit en mort, en vie, en santé ou maladie), que je n'auray loisir de parfaire mon emprise et mon bon voloir, je supplie, à ceux qui auront charge de vostre noble personne et de voz affaires, qu'ils veuillent, en defaut de moy, recueillir mon œuvre, pour le vous presenter en temps et en lieu; et tant faire, en charité de noblesse, que mes Memoires soyent visités avant la presentation d'iceux devant vous, pour leur donner, selon leur merite, correction, reboutement (2) ou addréce.

Fournissant donques et accomplissant ma promesse,

---

(1) *Amplier* : augmenter, accroître. — (2) *Reboutement* : raccommodage.

selon l'escript de cy-dessus, je commenceray, pour le premier, à vous declairer et donner à entendre les nobles lignes, le noble sang et la royale genealogie dont vous estes yssu, de plusieurs pars : et commencerons à ceste treshaute et renommee maison d'Austriche, qui est vostre surnom, vostre cry, et premier tiltre. Car en vous est changé et mué le nom de cette maison, dont les princes se nommoyent de Bourgongne; et vous demoure le surnom d'Austriche, par originelle succession de vostre noble pere. Or puisque c'est vostre premier cry, c'est bien raison que je parle premier de celle tresnoble genealogie et descente : laquelle se peut par droit présenter, en hauteur de signeurie, sus toutes les maisons de la Germanie. Et si je me vouloye arrester à escrire et mettre en œuvre l'anciéneté de ceste dicte maison, et les grandes choses advenues par voz ancesseurs de celluy costé, certes j'auroye trop à faire, et seroye homme prolix en mon labeur : qui pourroit causer ennuyance à vous et aux lisans. Mais toutesfois ne me puis-je passer de dire aucunes choses dignes de ramentevance, et puis reviendray es prochaines lignees de vostre descente, le plus brief et au vray qu'il me sera possible.

CHAPITRE PREMIER.

*De l'ancien et nouvel estat de la maison d'Austriche ;
et des anciénes et nouvelles armoiries d'icelle.*

Je trouve, par les anciénes croniques (1), que la signeurie d'Austriche, à present archiduché, fut jadis royaume; et qu'apres la trescruelle et longue guerre qui fut entre les Troyens et les Grecs, commencée pour la prise d'Helene, femme du roy Menelaus, faicte par Paris de Troye, dont la cité de Troye fut destruicte, et tant de hauts princes morts et exilés, que c'est encores pitié de le recorder et lire, un prince exilé, parent et filleul du roy Priam de Troye, par la permission de Dieu descendit avec son peuple en aucunes parties de la terre, à present nommee Austriche, et s'ependirent par le païs, et tant firent, qu'ils conquesterent la terre; et se fit iceluy prince (qui s'appeloit Priam) roy d'Austriche, et y regna chevaleureusement, et en grande puissance. Ce Priam eut plusieurs enfans et grande lignee, et dont l'un des fils (qui n'estoit point l'aisné) fut appelé Marcomire, moult bon, vaillant, sage et renommé prince, et chevalier de grande conduitte et addréce. En ce temps pareillement Francio, fils du preux Hector, exilé et dechacé

(1) *Par les anciénes croniques :* Olivier de La Marche, suivant le goût de son temps, adopte toutes les fables des anciennes chroniques sur l'origine des Français et des Autrichiens. Il semble même s'attacher à recueillir les plus extravagantes, parce qu'elles lui paroissent plus honorables pour la maison d'Autriche.

de Troye, par bonne fortune tant travailla, qu'il arriva au noble et fertile païs que l'on appelle France, où il augmenta cette belle cité de Lutece, qu'il fit nommer Paris, du nom de son oncle Paris de Troye, et fit moult de biens au païs : et sont les historiographes en debat si ce nom France vint premier dudit Francio leur prince, ou s'il veint du temps des Rommains, pour ce que cette nation, à eux sugette et tributaire, chacea hors de quelques palus une grande cohorte et compaignie de tyrans et larrons que l'on nommoit les Vandes (1), et que lesdicts Rommains ne pouvoyent subjuguer, pour le fort lieu de leur demoure et pour leur grande puissance : et disent aucuns auteurs que, pour la grande vaillance que firent les habitans d'entre Seine, Loire et Oyse, de rebouter lesdits Vandes hors de leurs palus, les Rommains, en recongnoissance de leur victoire, les affranchirent de toute servitude, et pource furent nommés Francs, et depuis on les a nommés François, et la terre France : combien qu'Orose, en parlant de ce nom de France, et dont il vient, alégue Cornelius Tacitus, et dit que Franquo, qui edifia Franquefort en Alemaigne, conquesta la partie des Gaules que l'on nomme France, et nomma les habitans Francs, apres son nom de Franquo. Mais je m'arreste plus à Francio, et est plus vray-semblable, pource que le nom de la cité de Lutéce fut mué à Paris : et l'on sait bien que le nom de Paris vient de Troye, pour les causes dessus-escrites : et par telle maniére cette signeurie fut appelee France, ayant esté premiérement elevee par Francio.

Apres la mort duquel, et de sa descente par lignee,

---

(1) *Vandes :* Vandales.

la terre demoura sans signeur : et estoit, en celuy temps, petitement duicte (1) et apprise en l'art de guerre, et en la discipline de chevalerie : et, pour tenir pié à leurs voisins, fut force aux François de querir et chercher capitaine ou gouverneur, pour les conduire en leur deffense. Si advint que renommee, qui court et vole legérement par le monde, leur donna à congnoistre que Marcomire, fils du roy d'Austriche, estoit moult vaillant prince, et duit aux armes. Si le manderent et requirent. Il vint, et accepta le gouvernement de France : et si vaillamment, agreablement et bien se porta en sa charge, qu'il fut douté et aimé par sa valeur : tellement que, se trouvant avoir un fils légitime nommé Pharamond, traita aveques les François si-avant, qu'ils furent contens de le recevoir à roy de France : et fut Pharamond, fils de Marcomire d'Austriche, le premier roy qui onques fust en France : et combien que celle lignee ne dura pas longuement, et qu'elle faillit assez tost, selon la cronique Martinienne et autres, toutesfois vous avez cest honneur que de vostre païs d'Austriche sont issus les premiers roys de France. Or, pource qu'aucuns pourroyent demander et faire argument pourquoy Austriche, si renommee de pouvoir et d'amis, n'est demeuree royauté, et en royale puissance et authorité ; à ce je respon, et sera trouvé vray, que du temps que les Alemaignes (que nous disons, en generalité de language, Germanie) et la France (que nous nommons Gaule) furent payennes, et non enluminees de la loy de grâce, il estoit moult de royaumes particuliers : mais quand le roy des roys Jesus-Christ

---

(1) *Duicte* : instruite, habile, conduite.

apparut sus la terre, plusieurs, congnoissans le roy souverain, laissérent par devotion le nom de roy, pour attribuer et rendre honneur et gloire à Dieu le createur : et aussi en ce temps commencérent à regner les grands empereurs, tant en Grece, comme à Romme, et en Germanie. Cest empire fit cesser le nom de plusieurs royaumes, les uns par force, et les autres par amour et obeïssance : et outre-plus j'entens que le roy d'Austriche considera qu'il estoit de plus grands roys que luy, et qui l'excedoyent en siege et dignité, et assez de semblables en equalité, et vouloit avoir tiltre à part qui passast les ducs : et pourtant se fit archeduc, en la quelle dignité princiale il est le premier archeduc du monde.

Ainsi doncques j'ay devisé de l'ancienneté et premiere venue de ceste maison : où je ne me veuil rien ou peu arrester, pource que c'est devant l'advénement de Jesus-Christ. Mais je ne puis passer, par raison, que je ne devise aucune chose pourquoy les armes de si noble seigneurie sont en deux manieres differentes les unes des autres : car les anciennes et vieilles armes d'Austriche sont et se blasonnent d'asur, à cinq alouettes d'or (et certes je cuide avoir leu et trouvé, es histoires de Troye, qu'icelles armes furent apportees de Troye par ledict Priam, qui se fit roy d'Austriche); et les nouvelles, que l'on dit les armes de la neufve Austriche, se blasonnent de gueulles, à une face d'argent. L'histoire dit que celle grande signeurie, par la grâce de Dieu reduite à la saincte loy chrestienne, se trouva en grande guerre et debat contre les Sarrasins, pource qu'elle s'estend en divers quartiers pres des Turcs, infidéles et mécreans, et mesmement par Esclavonie : en sorte que les archeducs et princes du païs firent plusieurs travaux aux Infideles, par batailles, assaux, courses et emprises; et les Infideles à eux semblablement. Si advint que chascun de sa part fit assemblee : et èntrérent les Sarrasins en Esclavonie, et les Chrestiens firent assemblee pour les rebouter (1). En ce temps estoit l'archeduché departie en plusieurs mains, par partage d'enfans, successeurs chacun en son droit : et tous se disoyent archeducs d'Austriche, comme encores tous tels princes d'Allemaigne prennent indifferemment le tiltre de leur maison. Si estoit l'aisné et le chef, au temps de lors, un noble prince nommé Jaspar : lequel n'avoit nuls enfans, ains avoit un frere, jeune de vingt ans, nommé Frederic, beau chevalier, et de grand corsage : et n'estoyent pas si bons amis ensemble, pour aucunes questions de partage, comme freres devroyent estre par raison. Toutesfois icelui Frederic fit son assemblee grande et puissante, et marcha pour servir son Dieu et sa loy, garder son honneur, aider son frere et son chef, et deffendre sa part de la signeurie d'Austriche. Advint que l'archeduc se trouva surpris de la venue des Sarrasins, avant que Frederic son frere se peust joindre aveques sa compaignie, combien que moult vaillamment ledict Jaspar et les Chrestiens receussent les mécreans. Là eut moult cruelle bataille, et moult de gens morts d'une part et d'autre. Mais les Sarrasins estoyent si grand nombre, qu'ils reculérent les Chrestiens à leur grande perte et dommage : et estoyent les Chrestiens déconfits sans remède, quand Frederic le maisné (2) arriva sur la place, et sa compaignie, où plusieurs

(1) *Rebouter* : chasser. — (2) *Le maisné* : le cadet, le plus jeune.

fugitifs chrestiens se raliérent ; et neantmoins, par la grande force des Sarrasins, toutes les enseignes, estandars et bannieres, tant de l'archeduc Jaspart que de Frederic son frere, furent abatues et renversees, au grand danger et peril de la fortune. Frederic avoit une blanche pareure sur son harnois, pour estre congnu entre ses hommes : et portoit à son bras dextre un grand volet (1) de blanche soye. Et pour ce qu'il trouva toutes les banniéres et enseignes de son signeur et frere, et les siennes, abatues et perdues, il prit le volet blanc en sa main, et plongea ledit volet au sang des morts : tellement qu'il fut tout teint en rouge couleur, excepté le milieu du volet (qu'il tenoit en sa main), qui demeura blanc. De ce fit une nouvelle banniére, et s'écria : *Austriche, serviteur de Jesus-Christ!* et se ferit si merveilleusement, et de tel courage, parmi les Sarrasins, et tant en occit, abatit et méhaigna (2), à la bonne suite qu'il eut, qu'il recouvra la bataille, et furent Sarrasins deconfits : et fut le bon Frederic tellement blecé et navre sus son corps en diverses parties, que la blanche pareure dont ses armes furent couvertes, et dont j'ay ci-devant touché, fut toute teinte et rougie de son sang : excepté que ce qui estoit sous la ceinture de son espee demoura blanc : et comme le blanc demoura en la pongnee du volet, et fit face parmi le vermeil, ainsi fit le blanc demeuré sous la ceinture face à la pareure teinte du sang vermeil venant du noble prince, pour la deffense de nostre foy. Et la bataille gaignee par le vaillant Frederic, il fut si bien pensé, médeciné et secouru de ses blecèures, qu'en brief temps il fut guari : et

(1) *Volet :* écharpe. — (2) *Méhaigna :* blessa, mutila.

regna depuis si longuement, que par vraye succession il fut signeur et archeduc d'Austriche. Et d'iceluy Frederic vous estes, par succession succedant, venu et yssu : et, pour memoire de la victoire, ledict Frederic, par conseil de sa noblesse, chargea, de là en avant, les secondes armes telles que je les ay declairees cy-dessus. Or vous ay je monstré pourquoy les armes furent muees et changees en Austriche, et pourquoy et comment l'on dit que la vieille Austriche en ses armes porte d'asur à cinq alouettes d'or, et la neufve Austriche porte de gueulles à une face d'argent : et ainsi pourrez entendre par mon escriture, et veoir par les blasons, quelles sont les armes de la vieille Austriche et de la nouvelle, et comment elles se blasonnent.

Maintenant j'auroye beaucoup à deduire, si je vouloye besongner et escrire, et moy arrester à plusieurs choses, et mesmes comme je trouve que toute la seigneurie d'Austriche echeut à une dame de ce nom, armes et lignage; et comment celle dame, estant fort laide de visage, mais toutesfois moult belle en vertus, en noblesse et en signeurie, fut mariee à un noble prince comte d'Abspourg, par traité et convenance telle, que les enfans d'eux deux reprendroyent les noms et les armes d'Austriche, comme il advint : et de celle lignee vous estes par vraye succession yssu, n'a pas grand temps. Mais de ces choses je me tay presentement, pour non estre prolix : et est besoing que j'abandonne toutes ces ancienetés (combien qu'elles soyent dignes de memoire, et à la louenge de voz ancestres et de vous), pour venir aux prochaines lignees congnues, et de bonne et prompte memoire, tant par croniques, traités, literages (1), mariages, et autrement (que l'on trouve tous les jours, pour la preuve de mon escrit), comme aussi par vives voix mesmes, tesmoignans aucunes partigs de mon recit : et commencerons à vostre bisayeul, pere de vostre ayeul archeduc d'Austriche, sans en ce mesler ne comprendre empereurs, roys, ou autres grands princes entre deux, ayans regné, du nom de ceste signeurie, et dont estes yssu : et mesmement me passe de déclairer le droit et heritage à elle echeu en succession, par la mort du prince de tresnoble memoire le roy Lancelot d'Austriche, roy de Hongrie et de Behaigne (2), fils de l'archeduc Aubert d'Austriche : et lesquels royaumes de Hongrie et de Behaigne doyvent appartenir à l'empereur Frederic d'Austriche vostre grand-pére, vivant; et après au Roy son fils, vostre pére, et à vous quand Dieu le permettra : combien qu'ils ayent esté longuement detenus, contre droit, par ce puissant roy Mathias, fils du blanc chevalier de La Valaquié, à-present atitulé roy dudict royaume de Hongrie, et dont plus-à-plain, à la croissance de voz jours, serez amplement informé, pour y poursuivre vostre droit.

Or revenon doncque à celuy qui fut vostre bisayeul. Car encores que je ne soye, par nature ou par apprise, de la langue d'Alemaigne, si ay j'enquis, à la verité, de ceste genealogie, le plus qu'il m'a esté possible ne facile : et trouve que vostre bisayeul fut nommé Lerpedus ou Lupus (3), archeduc d'Austriche : lequel se maria à une fille du duc de Milan,

---

(1) *Literages* : arrangemens. — (2) *Behaigne* : Bohême. — (3) *Lerpedus ou Lupus* : Léopold.

nommee Cecile, qui n'estoit pas de ceste lignee presente, yssue de la bastarde de Milan, et du comte Francisque, dict Sforce, nouveau en celle signeurie : mais fut de loyal et légitime héritage, et portant d'argent à un serpent d'asur. Cestuy serpent se nomme, à blasonner, une biche (1) : et doit avoir sept tournans : dont l'un est noué pres de la teste, saillant de la gorge un enfant, marrissant de gueulles. Cest archeduc Lupus, vostre bisayeul, porta les armes d'Austriche : et pource m'en passeray legérement, car assez en ay declairé. Mais, pour l'estrangeté des armes de Milan, j'en veuil un peu toucher, et dont et par quelle voye veindrent aux ducs de Milan telles estranges armes.

Je trouve qu'un nommé Boniface, comte de Pavie, fut un moult vaillant chevalier, voyageur, et champion pour la foy chrestienne. Cellui Boniface se maria à une fille héritiére du signeur de Milan (car encores n'estoit ce pas duché), nommee Blanche : et le premier fils qu'il eut d'elle fut estranglé au bers (2) par un serpent de merveilleuse grandeur : et fit iceluy serpent moult de maux paravant et depuis en celle contree, et s'enfuyoit chacun devant celle cruelle beste. En ce temps estoit ledict Boniface en un voyage sur les Sarrasins : et à son retour fut adverti de la piteuse mort de son fils, et des dommages que faisoit ledict serpent en son païs, et es voisinages. Le bon chevalier travailla tant par curieuse poursuite, qu'il trouva ledict serpent en un bois, qui emportoit un enfant en sa gorge. Cellui chevalier,

---

(1) *Biche* : *biscia* ; mot italien qui veut dire *serpent*. — (2) *Bers* : berceau.

par courroux de vengence, courut sus audict serpent. La beste laissa la prise de l'enfant qu'elle avoit meurdri, et courut sus audict chevalier : et dura la bataille entre eux deux moult longuement : et tant ayda Dieu au chevalier, qu'il coupa la beste par le milieu, de son espee. Mais comme c'est assez la coustume d'un serpent de querir à se renouer, celle beste (qui fut moult longue) se renoua pres de la teste, et getta tant de venin avant que le comte la peust de tous poinctz partuer (1), que le bon chevalier en cuida mourir : et pour celle vengence et victoire les enfans dudict comte (qui depuis furent signeurs de Milan) portérent, en leurs armes, d'argent, à un serpent et l'enfant marrissant, en la maniere dessus blasonnee, et comme l'on peut veoir par le blason : et, à mon entendement, l'Empereur, le roy de Rommains vostre pere, et vous apres eux, avez droit en la duché de Milan, ou portion de droit : dont vous vous pourrez plus-plainement enquerir, et en sçavoir la verité.

Ainsi donques vostre bisayeul Leopidus (2) porta d'Austriche la neufve (qui est l'escu d'argent, à la face de gueulles), et sa femme porta d'argent, à une biche d'asur, à l'enfant marrissant : comme il est escrit cy-devant, et comme vous pourrez veoir par les blasons. De ces deux yssit vostre ayeul, nommé Ernestus, succedant, archeduc d'Austriche. Celluy Ernestus se maria à une noble dame, fille du duc de Massem : et disent aucuns que ceste duchesse de Massem (3) estoit yssue, par mére, de la maison d'Aus-

---

(1) *Partuer* : percer. — (2) *Leopidus*, ou Léopold d'Autriche, étoit grand-père de l'aïeul de Philippe-le-Beau. — (3) *De Massem* : de Mazovic. Elle s'appeloit Cimburge.

triche, élongnee de lignage : et fut moult noble, sage et vertueuse dame : et d'eux yssit vostre grand-pére, nommé Frederic, encores vivant, par la clemence de Dieu empereur de Romme : et porta icelle duchesse de Massem, de gueulles, à un aigle d'argent, membree, couronnee et liee d'or; à la poitrine de l'aigle, un croissant de mesme. Cestui empereur Frederic se maria à madame Alienor, fille du roy de Portugal : et de ces deux est venu monsieur Maximilian, archeduc d'Austriche, vostre pére, par la clemence divine roy des Rommains, deuement eleu et sacré en la place de l'empereur Frederic son pére, et vostre grand-pére : comme pourrez cy-apres mieux sçavoir et entendre. Cette dame portoit les armes de Portugal, qui sont d'argent à cinq escussons d'asur, trois en pal et deux en face, et sur chacun escusson cinq besans d'argent; le champ en sautour, à une bordure de gueulles, chastelee d'or, maçonnee de sable, et fermee d'asur, saillant dessous l'escu; sous la bordure, une croix de sinople flouronnee.

Sur quoy j'ay empris à parler de deux poinctz : l'un des faits et regne de cestuy Empereur vostre grand-pére, lequel porte les armes imperiales, à cause de sa digne magesté; et de soy les armes d'Austriche, comme ses ancesseurs[1]. Et, pour l'autre poinct, j'enten monstrer comment et par quelle cause les armes de Portugal (qui font un de voz quartiez) sont de tant de piéces, et comment elles sont augmentés, et par plusieurs fois. Pour le premier poinct, touchant vostre grand pére Frederic, archeduc d'Austriche, il fut héritier et successeur de l'archeduché, apres son

[1] *Ancesseurs* : prédécesseurs.

pére Ernestus, à vingt ans : et se trouva, en ses jeunes jours, beau prince, riche, et puissant d'amis et de signeurie : et se prepara, pour le premier de ses faicts, de visiter la Terre Saincte, et les sainctes places et lieux où Jesus Christ nostre redempteur fit et acheva, par sa divine bonté, les œuvres de nostre redemption : et tant et si sagement pratiqua son voyage, qu'il fit en sa personne ce que depuis le temps du tresvaillant chevalier payen Salhadin, ne depuis le trespreux et treschrestien Godeffroy de Buillon, n'a esté faict par prince chrestien sans perte ou prison : car, à vingt-trois ans d'aage, icelui archeduc Frederic passa la mer, descendit en Surie; et estant en la terre sarrasine en armes, à puissance de princes et de noblesse, sa banniere, armoyee de ses armes, depleyee devant luy, vint au sainct Sepulchre faire son pellerinage. Il demoura là certains jours, et retourna sans detourbier ou empeschement : dont la renommee fut grande par toute chrestienté; et ay depuis entendu que le Soudan et les roys et princes sarrasins furent moult déplaisans de l'avoir souffert : et fait à croire que long sejour luy eust causé préjudice.

A vingt-cinq ans fut sacré roy des Rommains par vraye election, et depuis fut empereur : et a ce noble prince desja regné cinquante ans, que roy des Rommains, qu'empereur, en prosperité et en son entier : et en l'aage de soixante-dix ans est descendu des Alemaignes, accompaigné de grand nombre de princes et autres, ses parens et sugets : pource que ceux de Bruges, au port et adveu des Gandois, et autres Flamans rebelles portés et soustenus du roy des François, et élevés par puissance de sugetz desobeïssans, avoyent touché, pris et tenu en prison fermee, sans tiltre de droit, le roy des Rommains son fils, mambour (1) et pére de vous leur naturel prince et signeur, et à qui ils avoient fait serment : comme plus-à-plein vous sera declairé, en continuant la lecture de mes Memoires. Cestuy noble vieillard marcha jusques au milieu de Flandres; attendit la bataille, et s'y présenta chevaleureusement : et avant sa venue, pour la doute de luy et de sa puissance, fut le Roy vostre pére delivré de la prison : et convoya son pere, qui s'en retourna en Allemaigne, ayant accompli son desir en ceste partie. Et à l'heure que j'escry cest article, est encores cestuy vostre grand-pére vivant, le plus bel, le plus net et le mieux en son entendement vieillard que l'on puisse veoir ne congnoistre. Dieu en doint la fin comme le demourant!

Or, pour satisfaire à ce que j'ay dit, que pour le second poinct je deviseray du faict de Portugal, des armes et de l'augmentation d'icelles, je m'en veuil aquiter selon que j'en ay peu savoir et enquerre : et aussi, pource que Portugal est un des nobles quartiers dont vous estes prochainement yssu, et qu'en cellui royaume par voz ancesseurs ont esté faites moult de belles choses et dignes de memoire, je me delecte à vous donner à entendre dont viennent et procédent les armes dessusdictes au roy de Portugal; et si le lustre de tant diverses piéces, comme sont icelles armes, procedoit de conqueste violente et tyranique, je m'en tairoye, et en laisseroye le recit à plus subtil que moy. Mais pource que lesdictes ar-

(1) *Mambour :* curateur, gardien.

mes ont esté acquises et augmentees par vaillances et hautes emprises faictes sus les Sarrasins, infidéles et ennemis de nostre saincte foy chrestienne, je vous declaireray ce que j'en ay peu savoir, enquerir et apprendre, pour vous donner cueur et exemple que tous bienfaicts sont tousjours remis en fresche memoire, combien qu'il y ayt long temps qu'ils soyent advenus.

Je trouve que les premieres armes de Portugal sont d'argent, et de ce seul metail, sans autre mesleure : sinon qu'elles sont diaprees de mesmes : et telles les portoit l'enfant don Henry, comte d'Estorgues. Icellui se maria à une fille du roy de Castille : et depuis sont lesdictes armes augmentees par quatre fois (comme je diray par-cy apres), et tousjours pour accroistre et soustenir nostre saincte foy. Ce comte d'Estorgues, nommé Henry, et celle fille de Castille, eurent un fils nommé Alonse : lequel par sa grand chevalerie, travail, sens et vaillance, conquit sus les Sarrasins le royaume de Portugal. Et fut iceluy Alonse le premier roy crestien d'icelui royaume de Portugal, et fit, de sept villes, sept cités et sept evesches : et de la ville de Bracque fit archevesché; et moult donna et sacrifia de biens à l'Eglise, en l'augmentation de la foy de Jesus-Christ. Depuis passa la riviere d'Ostrage, et en la plaine de Cambdorick desconfit cinq roys sarrasins : et pour leur cinq baniéres qu'il avoit conquises, il mit et para ses armes (qui estoyent d'un escu d'argent, comme dit est) de cinq escussons d'asur, et les assit en l'escu, en la maniere que j'ay dit en blasonnant lesdictes armes. Cestui roy Alonse prospera en lignee de fils et de filles :

dont il fit de grandes aliances : et de luy et des siens descendit le roy Alfonse, qui moult travailla en armes pour la foy chrestienne, moult de Sarrasins fit mourir de son temps, et moult de vaillances fit de sa personne ; et dont moult de foys fut en danger de mourir, tant en la prison des Infidéles, comme des bleceures et batures qu'il receut sus son corps en diverses batailles et rencontres.

Or advint que le Pape se troubla contre iceluy roy Alfonse, pource qu'il ne vouloit souffrir un dixiéme que le Pape vouloit lever en son royaume : et fut le roy de Portugal si travaillé des verges de l'Eglise, qu'il fut contraint d'aller en sa personne à Romme, et prit jour de comparoir devant le Pere Sainct, et le triomphant conseil des cardinaux. Le roy Alfonse vint, vestu d'une longue robe sur sa chemise, sans avoir chausses ny pourpoint : et, apres le devoir faict, tel que le Roy doit au Pape, en soy humiliant comme fils de l'Eglise, luymesme proposa son cas et ses excuses, et comment pour la deffense de la foy chrestienne il travailloit assez son royaume, en levant grandes tailles sur son peuple, et luy sembloit que le Pape ne luy devoit autre chose demander : et remonstra comment par moult de foys il avoit aventuré sur les Sarrasins sa noblesse et mesmes sa personne, et dont il vouloit monstrer les enseignes certaines sus son corps : et demanda au Pape, et aux cardinaux là presens, si tous ensemble luy sçauroyent monstrer autant de playes receues pour la foy de Dieu maintenir, que luy seul en monstreroit sur soy presentement. Alfonse osta sa robe, et devestit sa chemise, et monstra son corps tout nu : sur lequel fut veu un merveilleux nombre de playes : dont cinq en y avoit si pres d'estre mortéles, que ce fût plus miracle que raison naturéle, que de la moindre il échapa sans mort recevoir. Le Pape et les cardinaux, voyans ce noble tesmoignage, furent honteux et déplaisans du travail donné à ce noble et trescatoliq roy, le firent benignement revestir, et apres plusieurs honnorables excuses le recongnurent bon et entier fils de l'Eglise; et par l'advis de tous, et en memoire de ses bienfaicts, luy fut ordonné de mettre en chacun des cinq escussons d'asur (qui sont es armes de Portugal) cinq besans d'argent : et ainsi fut l'escu d'argent augmenté de cinq escussons d'asur, et de-rechef paré de cinq besans d'argent en chacun escusson, comme dict est.

Et puis que j'ay commencé à escrire de ce noble blason et armes de Portugal, je parferay le demourant de ce que je trouve desdictes armes, au mieux que je l'ay peu sçavoir et trouver. Par succession et origine naturéle, non pas de pere à fils, mais descendant de ligne, et par succession de temps, d'Alfonse vint l'enfant don Fernand, roy de Portugal. Cestui Fernand fut prince voyageur, et vint en France, et se maria à une noble dame nommee Marie, fille du comte de Boulongne, et en eut un fils nommé Henry, qui depuis fut roy de Portugal. Celuy roy Henry fit bordure, es armes de Portugal, des armes de sa mere: et combien que les armes de Portugal, quant à la bordure, soyent de gueulles, semees de chasteaux d'or, n'en deplaise aux peintres et aux deviseurs : car la bordure de gueulles est bonne; mais les chasteaux sont faux, selon l'entendement du roy Henry, pource que ce doyvent estre goufanons, qui sont les armes de Boulongne ; mais pource que le païs est loing, et par l'oubliance du vray, l'on a les goufanons (qui doyvent estre à trois lanbeaux) changés à chasteaux : et cette opinion je tiens de plusieurs notables gens portugalois qui oñt esté de ma congnoissance. Or avons nous l'escu faict à trois fois, et la bordure, qui est la quatriéme. Reste la cinquiéme cause de l'augmentation de cet escu : lequel est soustenu d'une croix de sinoble, dont les quatre bouts se monstrent fleuronnés es quatre coings naissans dessous l'escu : et de ce aucuns veulent dire que celle croix y fut adjoustee par un roy de Portugal, qui eut ceste grâce de Dieu, que, combatant les Sarrasins, une croix s'apparut au ciel devant ses yeux, qui moult le conforta et sa compaignie. Le bon prince fit son oraison à Dieu, et dit : « Mon Dieu Jesus-Christ, j'ay ferme foy en toy et en « ta passion douloureuse. Monstre ta croix à tes en- « nèmis infideles, qui en toy ne veulent croire. » Surquoy dit l'histoire que la croix s'apparut aux Sarrasins, et prestement furent déconfits, et que pour ce fut mise sous l'escu, la croix naissant, et soustenant ledict escu. A quoy je ne contredy point : mais je trouve pour vray que les quatre bouts fleuronnés (qui sont de sinoble) furent mis par le bon Jehan, roy de Portugal : car il fut de la religion David (qui sont chevaliers, et portent, en signe de religion, la croix verde); et par sa vertu et renommee fut tiré, par les Estats de Portugal, hors de la religion, et faict roy : et de ceste matiere je parleray plus-à-plain en la poursuite de ce present escrit. Ainsi donques ce noble escu fut augmenté par quatre fois, depuis l'advénement du premier roy chrestien du royaume de Portugal : et porta l'Empereur, vostre grand pére, les armes de l'Empire ; et Madame, vostre grand-mere, porta les armes de Portugal, comme cy-dessus elles sont blasonnees.

Revenant à nostre matiére, de cestuy empereur Frideric vostre grand-pére, et de madame Alienor de Portugal, vint monsigneur Maximilian vostre pére, lequel, luy estant archiduc d'Austriche, se maria à madame Marie de Bourgongne, ma souveraine dame et princesse, dame et seule héritiére de ceste grande maison de Bourgongne, comme il a esté dict au commencement de mon prologue : et de ces deux vous estes issu, et madame Marguerite d'Austriche, à-present royne de France, et François Monsieur (qui trépassa enfant au bers, en l'aage de quatre mois); et estes démouré seul fils et héritier de droit, en toutes ces belles et grandes signeuries : combien que par aucunes voyes vous soyent plusieurs signeuries ostees : et par quel moyen, et comment il est advenu, je le declaireray en une partie de mon emprise, et à la poursuite de mes Memoires, si Dieu me donne temps, vie et loisir convenable.

Cependant c'est bien raison (si j'ay parlé qui furent les autres dames mariees en ceste noble maison d'Austriche, et dont vous estes yssu, et si j'ay monstré qui furent les quatre péres et les quatre méres dont vous estes venu du costé paternel, comme bisayeul, ayeul, grand-pére et pére) que je declaire et die qui furent les semblables du costé de vostre mere, ceste noble princesse de Bourgongne, ma souveraine dame : de laquelle je parleray par cet article, moins que je

ne devroye : pource que j'enten de poursuyvre par
ordre ma matiére, et de deviser la hauteur de sa descente. Et deviseray seulement, pour cette fois, quelles
armes elle portoit, par succession de son pére : qui
sont ecartelees de France, de Bourgongne, de Brabant, de Lembourg, et de Flandres sur le tout, qui
est d'or, au lion de sables, mouflé de gris : pour
France, semé de fleurs de lis d'or, la bordure coponnee
d'argent et de gueulles : pour Bourgongne, six pieces
en bandes d'or et d'asur, la bordure de gueulles : pour
Brabant, de sables, au lion d'or : et pour Lembourg,
d'argent, au lion de gueulles, et couronné d'or : et
sont icelles armes augmentees par plusieurs fois, par
signeuries et successions advenues en ceste noble maison de Bourgongne.

Donques, mon souverain signeur, vous estes fils
et yssu de ce noble archeduc d'Austriche, par la clemence de Dieu roy des Rommains, successeur apparent, sans moyen, du grand empire de Romme : et
de ce costé, tant en patrimoine de nom comme
d'alliances, estes descendu, ainsi noblement que je
l'ay monstré, le plus à la verité qu'il m'a esté possible. Or est bien raison que je parle (comme j'ay
dit) qui vous estes, et le noble lieu dont vous estes
yssu, du costé de vostre noble mére Marie de Bourgongne : et pource que je la nomme de Bourgongne
en surnom, je m'arresteray quelque peu à escrire que
ce fut et que c'est de Bourgongne, et ce que j'en ay
peu apprendre par enquerir, et par lire les anciénes
histoires, et par experiment du present : et puis reviendray es prochaines lignees congnues, comme j'ay
fait es lignees paternelles : et si je suis aucunement

prolix et long à mon recit, c'est contre mon desir, et comme contraint, pour mieux donner à entendre ma matiere : et est dommage que plus eloquent ou plus stilé d'escrire que moy ne donne l'entendement à ma declaration devant si-noble personne : mais j'ay espoir que mon bon vouloir sera tenu pour agreable.

CHAPITRE II.

De l'ancien estat du païs de Bourgongne, jusques au temps qu'il fut reduit en duché : à laquelle succederent les ayeuls et peres maternels de l'archeduc Philippe d'Austriche.

J'AY tant enquis (1) de ceste matiére de Bourgongne, que je trouve que Diodore Sicilien, moult ancien historiographe grec, et grand clerc, et duquel les livres et les escritures sont moult recommandees entre les orateurs; en dit quelque chose, parlant d'Hercules le tresrenommé : dont les œuvres furent si-grandes, que plusieurs tiennent le recit de ses faicts pour chose poëtique, fantosme, ou choses si-merveillables qu'elles sont quasi non croyables; et ne fust que tant de notables clercs ont approuvé ses magnifiques faicts, je, plein de simplesse, craindroye beaucoup d'alleguer ceste matiere devant vostre signeurie : mais je pren

(1) *J'ay tant enquis* : Olivier de La Marche n'est pas plus exact sur l'origine des Bourguignons que sur celle des François et des Autrichiens.

courage et hardement de reciter ce que dit Diodore, qui met en effect que ledict Hercules, en faisant ses voyages, et mesmes alant en Espaigne, passa par le païs que l'on nomme à present Bourgongne, et y prit en mariage, selon la loy, l'une de ses femmes, nommée Alise : laquelle fut dame de moult grande beauté, et du plus noble sang et lignage qui fust au païs; et dit que de ceste Alise il eut generation, dont sont venus et yssus les premiers roys de Bourgongne : et pour appreuve vous trouverez au duché de Bourgongne, au quartier que l'on nomme Laussois, apparence d'une cité ou vile (qui se nommoit Alise) que celle dame fonda, et luy donna son nom : mais la vile a esté destruite et ruinee par les guerres, qui de long temps ont regné en ce quartier. De celle cité d'Alise font appreuve Lucain et Saluste, mesmement en recitant la grande rebellion que firent les François [1], et mesmes ceux d'Austun, alencontre de Cesar et des Rommains : lesquels François avoyent élevé contre ledict Cesar un prince françois, nommé Vercingentorix : lequel assembla grande puissance de François contre ledict Cesar, et se logea en la cité d'Alise, et à l'environ : et ledict Cesar se logea au plus pres, à tout les legions rommaines, et fortifia ses tentes et son logis, où il eust beaucoup à souffrir par la puissance desdicts François. Mais, par son sens et magnanime courage, il deconfit à la fin, par bataille, ledict Vercingentorix et les cohortes françoises, et les remit en l'obeïssance de Romme, comme devant : et par ce pas trouverez appreuve de ladicte cité d'Alise, dont j'ay escrit cy-dessus.

[1] *Les François :* il veut dire les Gaulois.

En ce temps d'Hercules, et grand temps apres, ceux que nous nommons Bourgongnons se nommoyent Allobrogiens : et vaut autant à dire Allobrogien (selon que l'interprétent messieurs les clercs) comme mal-languagé, ou mal-parlant : et certes, combien que je soye né de celle noble terre, j'appreuve assez l'inter-pretement : car le language de soy est rude, et mauvais entre tous ceux de leur voisinage. Or dura ce nom d'Allobrogiens longuement (comme il est assez sceu, tant par les croniques rommaines comme par les histoires de Belges), et durant le regne de la grande cité de Bavais, et jusques à ce que les Rommains (qui moult de terres et de signeuries mirent en leur sugettion et sous leur puissance) travaillerent à guerroyer les Germains : et dura celle guerre par moult de temps, et par moult d'années.

Car les Germains estoyent fort et durement assaillis des Rommains et de leur grand puissance : et les Germains, pleins de noblesse et de peuple belliqueux, se deffendoient vigoureusement : et à la fois les uns sus les autres (ainsi que la fortune de la guerre adonne) passoyent le Rin, chacun sur sa partie : et tousjours convenoyent, sur l'arriere saison, que chacun parti se retirast à sa seureté, pour passer l'hiver, et pratiquer nouvel assaut à l'esté à venir ; et estoit le fleuve du Rin comme une barriére entre les deux : et pource que les Rommains trouvoyent, en ce païs d'Allobrogie, terre fertile, et pleine de vivres, de blés, de vins, de bois, de riviéres, et de moult de commodités necessaires à gens de guerre, en marchisant (1)

---

(1) *Marchisant ;* du verbe *marchir,* ou *marchiser :* borner, côtoyer, être limitrophe.

pres de leurs ennemis, et aussi que le païs, en plusieurs lieux, est fort de roches et de montaignes, ils choisirent ce lieu proprement, qui aujourd'huy est nommé Bourgongne, pour leur retraitte : et là sejournoyent et hivernoyent, et y faisoyent, selon les cohortes et compaignies, les uns es montaignes, les autres es vallees, plusieurs bourgs, clos et fermetures, les uns de bois, les autres de closthures de pierres : et là se mettoyent en seureté, et se tenoyent et fortifioyent esdicts bourgs, contre leurs ennemis et contre leurs voisins, et mesmes les uns contre les autres : et tellement furent iceux bourgs habités par maniere de fortresses, et en firent si largement et par telle abondance, que l'on cessa de nommer iceux païs allobrogiens, et furent nommés, et encores sont, Bourgongnons, c'est à dire habitans en bourgs.

Autres auteurs l'escrivent autrement : comme Orose, qui en escrit apres le recit de Cornelius Tacitus, qui moult bien recita des histoires rommaines, et de plusieurs choses : et dit que les Vandales furent par les Rommains chacés hors de la Germanie, et vindrent en Gaule, où ils firent moult de maux : car ils estoyent bien quatre cens mille; et depuis retournérent en leur païs, dont grande partie d'iceux y trouverent leurs maisons, forts, viles ou chasteaux brulés et destruits : parquoy il leur fut force de faire nouveaux edifices, et edifiérent plusieurs bourgs, pour eux tenir en seureté : parquoy celle partie de Vandales furent appellés Burgondiones. Et dit que depuis les Vandales géneralement retournérent en Gaule, et firent de grandes conquestes : et qu'iceux nommés Burgondiones s'arrestérent pres d'Austun, et demourérent en la terre où ils sont encores, et qui est aujourd'huy nommee Bourgongne : et se nommoit celle partie de Gaule Gaule belgique, pource que ceux du païs estoyent confédérés en amitié avec les Belgiens : et dit ledit Orose qu'autres Vandales occupérent Esclavonnie, dont sont nommés les Esclavons, en Dalmatie et en Illirie, pres de Venise : et occupérent Pouloigne et Boesme; et sont, selon cestuy auteur, toutes les nations dessusdictes venues et yssues des Vandales.

Or donc, pour mieux en parler à la verité, je me suis ainsi enquis de plusieurs parties pour trouver le nom de Bourgongne, et dont il est venu. Si vous plaise de prendre en gré ce que j'en ay peu sçavoir, et dont fut élevé premier le nom de Bourgongne et des Bourgongnons, selon que j'en ay peu enquerir et apprendre. Durant le temps, et tant qu'ils se nommérent Allobrogiens et Bourgongnons, et qu'ils teindrent la loy payenne, moult de roys et de puissants princes regnérent et gouvernérent icelle signeurie : où je ne me veuil en rien arrester, pource que d'iceux vous n'estes en rien descendu, fors que de nom seulement, pris par voz ancesseurs, de celle tresancienne signeurie, qui toutesfois n'est point le vray surnom de voz prochains ancestres (comme je declaireray en ce present escript, et pourquoy); mais c'est le cry vray et notoire de ceste maison de Bourgongne : et à ce propos je reviendray bien-tost, et ce pendant poursuyvray ma matiére le plus au vray que mon entendement le pourra comprendre : et laisserons toutes ces choses, advenues avant l'advenement de Nostre Seigneur, pour réciter aucunes choses qui servent à nostre matiére; et trouve que tous les roys, tant d'Allobrogie comme de Bourgongne (qui est une mesme chose), portérent leurs armes (soit du temps qu'ils furent payens, comme aussi depuis qu'ils furent chrestiens et baptisés) de six piéces d'or et d'asur, à la bordure de gueulles : lesquelles armes durent encores en Bourgongne.

Revenant à nostre matiére, je trouve que l'an deuxiéme apres le crucifiement de Jesus-Christ, les deux roys voisins de France et de Bourgongne, tous deux payens, eurent moult cruelle bataille l'un contre l'autre : et nombre l'histoire cent mille hommes morts des deux costés; et trouverez vray que la victoire fut pour les Bourgongnons : et ce je recite pour appreuve que lors il y avoit roy en Bourgongne. *Item*, je trouve que, l'an quatorziéme apres le crucifiement de Nostre-Signeur, la glorieuse Magdaleine vint au lieu de Marseilles en Provence, et là convertit à la saincte foy chrestienne le roy et la royne de Bourgongne : et, par la predication et enhort de la saincte dame, les baptisa sainct Maximilian à Arles en Provence : et prirent le sainct baptesme le Roy et la Royne, et tous ceux de leur royaume feirent baptiser ou mourir : et fut nommé ce premier roy de Bourgongne chrestien, à son baptesme, Trophumie; et fut son parrain sainct Trophumie, neveu de sainct Pol l'apostre : lequel fut depuis archevesque d'Arles, et le premier.

Apres cestui roy de Bourgongne, le premier chrestien de ce nom, regna Estienne son fils, qui fut cinquante ans roy de Bourgongne : et fut celuy que la Magdelaine fit ressusciter, et moult bon catolique fut; et fit apporter en grande devotion, à Marseilles, la croix où fust martirisé le glorieux corps sainct monsieur sainct Andrieu (1) : laquelle est encores à Sainct Victor lez Marseilles. Celuy roy Estienne augmenta moult la foy de Nostre Signeur, et eut la croix de sainct Andrieu en telle devotion et réverence, qu'il la prit pour enseigne, toutes et quantes fois qu'il yroit en guerre ou en bataille : et de là vint que l'enseigne des Bourgongnons est la croix sainct Andrieu : et si aucunefois ils ont porté autre enseigne, ça esté quand la signeurie, par quelquesfois, a esté es mains des roys de France; mais tousjours sont ils revenus et retournés à leur premiere nature, comme je feray apparoir, et ainsi qu'il en appert.

Or vous ay-je monstré ce que j'ay peu pratiquer et apprendre du premier nom de la terre, que l'on dit Bourgongne (qui se nomma Allobrogie), et du second (qui encores dure) que l'on appelle Bourgongne, et pourquoy : et si vous ay declairé dont les premiers roys d'Allobrogie viennent, et successivement ceux de Bourgongne : et trouve, par les anciénes croniques et escritures, que le royaume de Bourgongne s'estendoit bien-avant, comprenant Piedmont, Ast, Provence, Dauphiné, Savoye, duché et comté de Bourgongne, et jusques à Sens, du costé de Paris, que l'on dit encores Sens en Bourgongne : et de l'autre part, Ferratte et Lorraine, Bar, et grande partie des basses Allemaignes, et jusques au Rin : et estoit ce royaume plein de gens, autant adonnés aux armes que nuls des autres de leurs voisins : parquoy les roys et les païs firent de moult grandes choses.

(1) *Sainct Andrieu* : saint André

dont je me passe, et abrege ma matiére le plus que je puis : et dura le royaume de Bourgongne jusques au temps du roy Clovis, le premier roy chrestien de France, et dont je diray comment et par quelle voye ce puissant royaume de Bourgongne fut diminué à duché.

Mon souverain signeur, il est besoing que vous entendiez que les grandes signeuries sont portees et entretenues de Dieu seulement, et non pas de la puissance des roys ne des princes, qui sont hommes mortels; et selon qu'ils acquiérent envers Dieu merite de regner, et qu'ils entretiennent leur peuple en justice, et à la discipline de la saincte foy chrestienne, et à garder ses commandemens, Dieu leur permet et fait ayde à demourer princes puissans, et en honneur et prosperité; ou les laisse perir, et leur peuple souffrir, par l'abomination de leurs vices. Et à la foys il advient que les sugets sont rebelles et desobeïssans, et quiérent de destruire et amoindrir la puissance de leur roy et de leur signeur : parquoy fortune se tourne contre eux, et laisse le malheur convenir; et en tel cas peut-on comparer Dieu à celuy qui gouverne un horologe : car tant et si longuement que le maistre y met ses mains, et qu'il le visite, il va droit, et tient mesure sans empeschement: mais quand le maistre leve sa main et se retire de la conduicte de l'horologe, il vient à discord, à ruine et à perdition de son labeur : et si nous voulons que l'horologe de nostre charge et de noz affaires soit gouverné deuement et par raison, il nous faut requerir et meriter par oraisons et par bienfaicts, à ce hault Dieu tout-puissant qui tient le periode du monde en sa main, qu'il nous veuille conduire, enseigner et gouverner en telle maniére, que de la charge qu'il nous a donnee en gouvernement en ce monde nous luy puissions rendre compte qui luy soit agreable : et ne faut oublier que par vertu ensuyvir sont les royaumes et principautés maintenues en honneur et en force, et par vices toutes signeuries diminuees, pourries, et mises à ruine.

Revenant donques à nostre matiére, un roy fut en Bourgongne, nommé Childeric, lequel eut une seule fille, nommée Clotilde. Ce roy Childeric eut un frére nommé Gondebaut, qui fut homme subtil et de grande malice. Luy, voyant que Childeric n'avoit qu'une fille, malicieusement et par cautele s'accointa par dons, promesses, craintes, et tous divers moyens, des sugets puissans, et principaux du royaume de Bourgongne : et tant fit par leur aide, qu'il mit son frere le roy Childeric en une prison (où il mourut de dueil et de misére), et semblablement fit mourir la femme dudict Childeric. Ce Gondebaut mit en ses mains Clotilde sa niéce, et se fit roy de Bourgongne par icelle tyrannie. En ce temps estoit roy de la terre françoise le roy Clovis : et combien que celuy Clovis teinst encores la loy payenne, toutesfois il estoit vertueux, veritable, justicier, vaillant, et droiturier en ses faicts. Celuy Clovis, roy de France, fut adverty de la beauté, des vertus et des bonnes mœurs que l'on disoit estre en celle Clotilde, fille du roy Childeric trépassé, et niéce de Gondebaut, roy de Bourgongne : et combien que celle Clotilde fust treschrestienne, et luy payen., toutesfois il desira de l'avoir en mariage : et semble qu'il goustast et prist appetit, avecques les vertus d'elle, au grand droit qu'elle avoit au royaume de Bourgongne, qui luy estoit voisin et propice : et dit la cronique que par moyen subtil il voulut entendre si Clotilde le voudroit avoir à mary, nonobstant la diference de leur loy; et si bien fut la matiére pratiquee, que, du consentement de Gondebaut son oncle, le mariage fut accordé d'une part et d'autre, moyenant que Clotilde vivroit en la foy de Jesus-Christ, et tiendroit sa loy. Et ainsi fut le mariage faict, et envoya Clovis, roy de France, querre sa femme moult estofément [1], et à grande puissance de gens et d'avoir : et pouvez entendre que celle royne Clotilde n'aimoit gueres Gondebaut son oncle, tant pource qu'il avoit fait mourir son pére en prison, comme pour le tort qu'il luy faisoit du royaume de Bourgongne, dont elle estoit fille et héritiére, pour les causes cy-dessus escrites. Et quand elle approcha le royaume de France, elle mesme fit commencer la guerre, et mettre les feux au royaume de Bourgongne : qui fut mis à telle sugettion, que vous ne trouverez point que depuis iceluy temps nul roy de Bourgongne portast couronne, ne nom de roy; et fut Dieu en l'aide du sarrasin [2] tenant mauvaise loy (pource qu'il estoit en ses faicts droicturier, et homme de justice); et confondit le chrestien, qu'il trouva faux, tyran, torturier, et homme vicieux. Qui doit estre exemple et regard à tous princes qui desirent et veulent reguer en honneur et en gloire.

Clotilde, la tresvertueuse royne de France, aima

---

[1] *Estofément* : magnifiquement. — [2] Sarrasin veut dire ici mécréant, infidèle, païen.

moult Clovis son signeur; et bien y avoit raison : car toutes les histoires qui de luy font mention tesmoignent moult de biens avoir esté en sa personne : et n'avoit la Royne, sa compaigne, regret que de ce qu'il vivoit en mauvaise loy et creance. Si laboura moult envers luy qu'il vousist croire en la foy de Jesus-Christ, où elle ne parvint pas legérement : et toutesfois Dieu fut en son aide. Et comme il permit à sainct Gregoire la resurrection et baptesme de Trajan par nombre de cent ans trépassé (pource qu'il le trouva par renommee si droicturier et tenant justice, combien qu'il fust payen), ainsi ce bon Dieu permit à Clotilde de convertir son mari Clovis à devenir chrestien, pour ses vertus : et vous diray comment, le plus bref que je le pourray mettre par escript. Le roy Clovis de France eut une guerre contre les Alemans, qui dura moult longuement, et tant qu'ils furent moult travaillés de guerroyer d'une part et d'autre : et pour mettre fin à ce debat, fut pris jour et lieu de combatre, et bataille assignee : et croy que ce fut en juin : du jour je ne trouve le vray. Le roy de France (qui moult estoit sage) doutoit la fortune de la bataille (et qui ne la craint, c'est plus outrecuidance que courage vaillant); dont à ses Dieux, et selon sa loy, il faisoit de grandes oblations, oraisons et aumonsnes. La royne Clotilde, pleine de bon vouloir, et femme catholique, embrasee de l'amour de Dieu, et du sauvement de l'ame de son signeur et mary, s'enhardit en bonne foy et croyance, et dit au Roy : « Mon signeur, si vous me vouliez croire,
« j'ay espoir que vous gaigneriez la bataille, et défe-
« riez vos ennemis : c'est que vous voulussiez croire

« en Jesus-Christ en qui je croy, et luy promettre de
« recevoir baptesme. Celuy seul vous peut aider : c'est
« celuy qui a les victoires en sa main, et la puissance
« du ciel et de la terre. Mon signeur, prenez mon
« conseil de bonne part, car autre espoir je ne voy de
« vostre victoire. »

Le Roy pensa moult au sermon et conseil de sa femme : et, pour abreger, vint à la bataille contre les Allemans, et fut la pluspart de sa compaignie reboutee et comme déconfite. Mais par la voulonté divine et comme inspiré, Clovis leva les yeux au ciel, et dit ces parolles, ou semblables : « Toy, le Dieu en quoy
« ma femme croit, donne moy victoire, et me soys
« en ayde : et je te promets de prendre le baptesme et
« devenir chrestien, et moy et ceux de mon royaume,
« qui obeïr me voudront. » Sur laquelle requeste, en pensee deliberee, donnant sus ses ennemis, déconfit les Alemans : et en son courage tint celle victoire avoir de Jesus-Christ, le Dieu de sa femme; et luy retourné, par bonne devotion et foy, et par le conseil du glorieux corps sainct mon signeur sainct Remy (qui lors vivoit, et travailloit en France moult pour exaucer la foy chrestienne et le nom de Jesus-Christ), et pareillement par la bonne et devote dame la royne Clotilde, eut le sainct baptesme, et tous ceux du royaume de France fit baptiser ou mourir. Et ne se peut ignorer que ce grand bien et eternelle grâce d'entrer en la loy chrestienne, et recevoir la lumière de la foy, et de croire en la Trinité, et au benoist fruict de la vierge Marie, ne soit premier venu en France par la fille du roy de Bourgongne, femme du roy Clovis, comme je l'ay recité : auquel Clovis mons-

tra Dieu, par moult de foys, qu'il le vouloit appeller en son service : comme de luy envoyer les trois fleurs de lis (dont il fit mutation en ses armes, qui estoyent de trois crapaux de sables, à un champ d'or), et comme aussi de luy envoyer miraculeusement la saincte Ampole (qui encores est à Sainct Remy, à Reims) dont luy et les autres roys de France sont sacrés et enoincts : et certes Clovis fut tant bon et tant vertueux, que ce n'est pas merveille si Dieu luy monstra especiale grâce. Le roy Clovis et Clotilde vescurent en grande prosperité ensemble, et moult augmentérent la loy de Jesus-Christ et le royaume de France, et eurent plusieurs enfans, qui depuis furent roys de France. Mais combien qu'ils fussent yssus de ce bon Roy et de celle vertueuse Royne, les enfans ne succedérent pas en mœurs et bonnes conditions, ains à la signeurie : et furent tyrans, et emprirent l'un sur l'autre : et à leurs cousins, neveux de Clotilde leur mére, ostérent leur signeurie de Bourgongne, firent les uns mourir, les autres chastrer, et les autres moines. Et de ces cruautés porte assez tesmoignage le faict de sainct Clou (lequel yssit d'iceux roys de Bourgongne); et tant fut diminué le royaume, qu'il devint duché, moitié force, moitié amour, comme le couche la cronique.

CHAPITRE III.

Des ducs de Bourgongne, ayeulx de l'archeduc Philippe d'Austriche, descendus de la maison de France; avec autres choses consernantes l'antiquité de Flandres.

Or vous ay je monstré comment Bourgongne fut premier nommee Allobrogie; comment, pour les bourgs dont elle fut edifiee, fut nommee Bourgongne (qui encores dure); dont veindrent les premiers roys d'Allobrogie, et depuis de Bourgongne; comment eut nom le premier roy de Bourgongne chrestien, et qui le convertit à la foy de Jesus-Christ; comment et pourquoy l'enseigne de Bourgongne est la croix sainct Andrieu; comment ce royaume est devenu duché, et quelles sont les armes de Bourgongne d'ancienneté; et aussi dont vient vostre noble pére, et qui fut vostre bisayeul, ayeul, grand-pére et pére, et les alliances de chascun par mariage, pour verifier vostre noble descente. Si est donques bien raison semblablement que je revienne à la genealogie, en tel et pareil cas, de vostre noble mére : et commencerons au bisayeul de vostredicte mére, pour mieux atteindre la verité de vostre noble descendue, qui est d'un poinct plus haute que je ne l'ay prise du costé paternel. Ce qu'il me faut faire, pour mieux donner à entendre la descente de vous du costé de France. Si soye excusé des lisans : car je croy que la longueur de ma matiere touchant ce poinct n'en sera en rien plus ennuyeuse. Revenon donques à escrire qui fut le bisayeul (1) de vostre noble mére. Ce fut le duc Philippe, fils du roy Jehan de France.

Celluy Philippe de France fut longuement appellé Philippe-sans-Terre (pource qu'il estoit le dernier des quatre fils que le roy Jehan de France avoit), et depuis fut duc de Touraine, et surnommé Philippe le Hardi, par la bouche du roy d'Angleterre son ennemy, pour trois actes qu'il fit si honnestes et hardis, qu'il merita d'avoir nom ou surnom, non pas de hardi prince seulement, mais de hardi chevalier; et vaut bien ce cas que je declaire et die les causes de ce tiltre, afin que vous entendiez que, selon les vertus ou vices, sont surnommés vulguairement les princes; et que telles que seront voz œuvres, tel sera vostre nom. Et en ce je procéderay, non pas par le recit des croniques seulement, mais par le raport des récitans, et dont n'est pas trop ancienne la memoire : et de ces trois poincts, d'où se prit ce nom digne de recommandation, le premier fut que quand le prince de Galles, fils d'Edoüard, tiers de ce nom, roy d'Angleterre, deconfit à Poicfiers le roy Jehan de France, icelluy roy Jehan avoit avec soy tous ses filz : et quand le Roy (qui moult vaillamment de sa personne se porta celluy jour) veit la deconfiture tourner contre luy, pour le bien de son royaume et en amour paternel, fit departir ses enfans, à son pouvoir, de la bataille, et les fit mettre à guarant. Mais Philippe le maisné, pour priére ne pour commandement, pour danger ne pour fortune, ne voulut abandonner son signeur

---

(1) *Bisayeul* : il faut lire *trisayeul*.

et son pére : et fut pris avecques luy (qui fut le premier jugement pourquoy il fut appellé Philippe le Hardy); et avecques le Roy son pére fut mené prisonnier au roy d'Angleterre, leur ennemy, qui les traitta moult honnorablement.

Si advint, durant icelle prison, qu'à l'occasion de la prise du roy de France aucune question fut d'un chevalier anglois, qui pretendoit droit à la foy du Roy : et pource que le Roy françois en son affermement ne deposa pas au gré du chevalier demandeur, il se troubla : et cuida Philippe, le fils, entendre qu'en ses argus il démentoit le Roy son pere. Et en la presence du conseil d'Angleterre (où y eut plusieurs princes, chevaliers et barons) il haussa le poing, et tel coup donna au chevalier, qu'il demeura tout étourdi; et luy dit : « Déloyal chevalier, t'appartient« il de démentir si noble personne que le roy de « France? » Les amis du chevalier ne furent pas les plus forts. Le roy d'Angleterre y vint prestement, qui fut du parti de Philippe de France : et fut le chevalier emprisonné, et puis delivré, à la requeste et poursuite du roy de France; et dît le roy d'Angleterre que vrayement devoit estre nommé Philippe de France Philippe le Hardi : et ainsi fut nommé Philippe le Hardi, pour la seconde fois. Monseigneur et mon maistre, je vous supplie que vous notiez ces actes honnorables, faicts par le bisayeul de vostre noble mére, qui ne considera pas ne douta le danger où il estoit prisonnier en estrange royaume : mais s'aquitta chevaleureusement à venger, de sa personne, son noble pére le roy de France : qui luy tourna à si grand honneur et renommée, que, par les escriptures et memoires, il durera jusques à la fin du monde; et qui garde la cordialité que l'on doit, et dont tous sommes obligés, à pére et à mére, il dure devant Dieu, et au registre de bonne renommee, pardurablement.

J'ay donques divisé comme Philippe de France fut pour deux causes nommé Philippe le Hardi : et est besoing que je parle de la tierce cause, et continuation de ce nom. Durant la prison en Angleterre du roy Jehan de France et de Philippe son fils, le prince de Galles, fils du roy Edouard roy d'Angleterre (qui se tenoit pour la pluspart du temps en Guyenne et en Aquitaine, et es signeuries que le roy d'Angleterre son pére tenoit lors deça la mer, et fut celluy qui guaigna la bataille de Poictiers, et prit le roy Jehan de France, et en ce temps fut l'un des renommés et doutés princes de la chrestienté), honnora moult le roy de France en sa prison, et moult de privautés et de bonnes compaignies eut avecques Philippe de France : et advint une fois, ainsi qu'ils jouoyent eux deux aux echets, que debat sourdit entre eux, pour un chevalier pris l'un à l'autre. L'un disoit que le chevalier estoit bien pris, et l'autre disoit qu'il estoit pris par faux traict : et comme il advient souvent que questions se meuvent aux jeux d'echets, et que le plus sage y perd patience, ainsi advint icelle fois entre ces deux filz de roys : et tellement leva à chacun la colére, qu'ils se levérent en piés, et mirent chacun la main à la dague, et vouloyent deguainer l'un sus l'autre furieusement. Mais si bien advint, qu'aucuns signeurs anglois se trouverent presens, qui les departirent, et se mirent entre eux deux sans autre inconvenient : et furent ces Anglois si vertueux, que

partialité ne regna pas en leurs courages, mais vertu
et constance, qui toutesfois n'est pas bien la coustume des Anglois. D'avantage, quand le roy d'Angleterre, pére du prince de Galles, fut adverti du debat
et danger apparent à venir entre son fils et Philippe
de France, dit courageusement que l'on avoit mal
fait de les departir, et que celluy des deux qui fust demouré en vie, et victorieux de celle bataille, se pouvoit nommer et dire le plus-vaillant fils de roy,
voire le plus-hardi chevalier du monde : et sur ce
debat le roy d'Angleterre fut si-vertueux, que quelque accuse ou rapport qui luy fust faict de ceste
matiere, il donna tousjours le tort à son fils : et
semblablement faisoit le roy de France à Philippe
son fils. Et firent ces deux nobles roys la paix, par
commandement expres, entre leurs deux fils : et pour
la troisiéme fois le roy d'Angleterre nomma Philippe
de France Philippe le Hardi : et luy dure encores le
nom, qui jamais ne mourra. Or, monseigneur et tous
autres princes, vous pouvez veoir par cest acte deux
poincts qui sont à noter : le premier, que celluy qui
joue à quelque jeu que ce soit doit bien avoir regard
que la voulonté et affection ne soit pas maistresse de
la raison : car grandz maux en sont souvent advenus,
et peuvent advenir. Exemple, par ces deux nobles
fils de roys, qui pour si peu de chose que pour la
prise d'une piece de bois ou d'yvoire, figurée en forme
de chevalier, vindrent à telle fureur que de s'occire
l'un l'autre, et mettre et aventurer leur vie, pour si
peu, à tel hasard et esclandre : et dit bien le philo-
sophe qui met que le passetemps fait à deffendre, dont
il peut advenir plus de maux que de biens : et en

ce passetemps il entendoit tous les jeux du monde. Secondement, il faut bien croire qu'en ce temps la vertu fleurissoit sur les princes et noblesse d'Angleterre, et que raison et honneur y avoyent cours et regne : et n'est pas merveille si, en ce temps qu'ils vivoyent vertueusement, ils firent de grands faicts et de grandes conquestes en France et ailleurs : mais depuis que vertu et union fut chacee et reboutee d'icelluy royaume, et que les partialités eurent lieu, dont les divisions sont élevees et venues en-avant, quant aux conquestes qui se faisoient à l'elargissement et augmentation du bien du royaume, tout est tourné en fureur et debat sur eux-mesmes, à la confusion et perte du peuple et de leur signeurie : et faut bien congnoistre que vertu avoit commun cours, quand le pére, la noblesse et le peuple pouvoyent refrener leurs courages, et n'estre partiaux pour leur propre roy apparent : et doute et croy qu'aujourd'huy, là où ailleurs, raison auroit peu de lieu devant la voulonté en tel cas ; et toutesfois si fut telle vertu monstree, que le recit en est honnorable.

Or n'est-ce pas assez si j'ay devisé pourquoy Philippe de France, bisayeul de vostre mére, fut nommé Philippe le Hardi : mais est besoing que je vous declaire qui il fut plus-amplement. Et trouverez qu'il fut gentil-homme, fils, frere et oncle de roy de France, luy vivant : car le roy Jehan de France son pere vescut assez longuement de son temps : et le roy Charles le Quint fut fils aisné du roy Jehan, et frere dudict Philippe si longuement, qu'il veit regner assez long temps Charles, sixiéme de ce nom, roy de France, fils de Charles le Quint, et neveu dudict Philippe vostre tiers ayeul : et ainsi Philippe le Hardi se trouva, de sa vie, fils, frere et oncle de roy de France. Encores n'ay je pas assez devisé qui fut ce noble duc, dont vous estes yssu : mais pour en vostre jeune aage recorder et apprendre, le plus bref que je pourray, les lieux que vous devez honnorer, et dont vous avez receu biens et honneurs par vos predécesseurs, tant en bienfaicts comme en noble descente, je declaireray en brief, de la noblesse et descente des roys de France, ce que j'en ay peu apprendre et sçavoir.

Si ne me veuil arrester à l'advenement, et comme ils conquirent et augmenterent France, ny à Francion premier roy des François, et comment ils furent payens jusques au roy Clovis : car d'iceux j'ay aucunement touché en ce present volume : et ne dura celle lignee que jusques à Childeric le second. Apres cette lignee passee, Pepin, fils de Charles Martel, fut faict roy de France par son sens et bonne conduite, sans autre tiltre de droit; et, apres luy, Charles le Grand son fils, qui fut empereur de Romme et roy de France, et tant travailla et combatit pour soustenir la foy chrestienne, que ses beaux faicts en font le tesmoignage, et sont par tout le monde, par fondations, croniques et escritures, où tout noble cueur se doit delecter et lire, pour apprendre le chemin de valeur. Celle lignee des roys de France dura jusques à Louis, fils d'un roy Clotaire (1) : et sur celluy roy Louis, Hue Capet, fils de Hue le Grand, maistre du palais, prit le royaume de France, et fit roy de France Robert son fils. Celluy Robert fit à Dieu telle reverence, qu'en son habit royal chantoit aveques les

(1) *Clotaire :* lisez *Lothaire.*

prestres, et faisoit le service de Dieu, comme s'il fust prebendé comme prestre : et fut celluy qui, tenant un siége sur ses ennemis à grande puissance, l'abandonna de sa persogne, pour aler chanter et faire le service divin avec les prestres : et luy faisant le sainct service de Dieu, les murailles tombérent, sans coup ferir de canon ou bombarde, mais par la voulonté de Dieu : et fut la place prise par ce moyen, et mise à la voulonté de ce tresdevot roy Robert.

Duquel acte vous doit bien souvenir, et servir ce bon Dieu, de qui tous bienfaicts sont acceptés et recongnus : et faut ramentevoir, à ce propos, le bon Moise, qui, conduisant les enfans d'Israel, peuple de Dieu, tant eut de dangers et de peine à gouverner leurs diverses meurs, et en plusieurs lieux se trouva en bataille, que quand il combatoit il perdoit, et quand il prioyt et faisoit ses oraisons il avoit la victoire : combien que je ne die pas qu'il fale tenter Dieu, et demourer les bras croisés, et laisser honneur et avoir à l'aventure sans deffense : mais il s'entend que l'on doit, par humble et devot courage, marchander à Dieu la victoire, et y mettre cueur et fiance, pour avoir de luy confort et ayde. Car plustost obtiendroit celluy qui à tort se combat grace de victoire, par humbles requestes et priéres, que celluy qui aveques le droit travaille ne feroit : et grandement meprendroit celuy qui tant se fieroit en sa bonne querelle, qu'il oubliast la puissance de Dieu et la permission divine : dont la sentence est à nous incongnue, jusques à l'effect. Si soyons humbles devant Dieu, et luy requerons aide et confort à nostre droit, et pardon et misericorde de noz tors et mefaicts : et soyons devots, comme le roy Robert, fils de Hue Capet, qui fit plus, par son humble devotion en sa victoire, que toutes les puissances, cohortes, bombardes et artilleries de son armee. Et dure encores ceste lignee de Hue Capet par lignee, et non pas la droite lignee des roys de France, comme je diray par cy-apres.

Tant dura la lignee de Hue Capet, qu'elle vint à ce bon sainct Louis, roy de France, lequel travailla moult pour la conqueste de la Terre Saincte, et fut prisonnier des Sarrasins : et depuis sa delivrance fit armee nouvelle, et retourna, et mourut sur les Sarrasins; et fut moult estimé, et de saincte vie, comme il appert par les tesmoignages de l'Eglise, qui l'a canonisé et tenu pour sainct. Celluy sainct Louis se maria à Marguerite, fille du comte de Provence, et de celle dame eut plusieurs enfans, dont l'aisné, qui succeda à la couronne, fut Philippe. Celluy Philippe eut en mariage Ysabel, fille du duc de Bourgongne(1) : et de ce mariage il eut trois fils, dont les deux, par succession, furent roys de France; et le tiers fut Charles, comte de Valois et d'Alençon.

Celle lignee de sainct Louis faillit, en la lignee directe des roys, à Philippe le Bel : et moururent tous les hoirs masles. De celle lignee demourérent plusieurs femmes : dont l'aisnee, nommee Marguerite (qui fut fille de Philippe, fils de sainct Louis), fut royne d'Angleterre. Mais les pers de France, en aprouvant une loy par eux faicte, que fille ne doit point succeder à si-noble royaume, ne voulurent consentir que ladicte royne d'Angleterre, ou son fils, succedassent.

(1) *Ysabel, fille du duc de Bourgongne :* lisez *Isabelle d'Arragon.*

à la couronne : ains firent roy de France Philippe de Valois, fils de Charles, comte de Valois, fils de Philippe, fils de sainct Louis, et demy-frére de ladicte royne d'Angleterre : et de ce debat (1) meuvent et viennent les querelles qui sont de present entre les deux royaumes de France et d'Angleterre, et dont la guerre n'est pas encores finie.

Ainsi fut celle lignee directe des roys de France faillie, et venue à la ligne colaterale : car Philippe de Valois, eleu et elevé roy de France, fut fils de Charles, comte de Valois, tiers fils du roy Philippe fils de sainct Louis, qui fut longuement hors d'esperance de revenir à la couronne : et depuis se sont les roys yssus de celle lignee nommés de Valois, dont vous estes yssu : et combien que les princes et princesses yssus du royaume de France, directement ou colateralement, se puissent nommer de France en surnom, toutesfois, pour les grandes et anciennes signeuries, tirees et apanagees du royaume aux enfans en partage, chacun signeur et chacun prince a pris le nom de la signeurie à luy donnee, comme, quant aux ducs d'Orleans, de Berry, d'Angeou, de Bourgongne et de Bourbon, leurs successeurs ont pris le nom de leurs signeuries et partage, combien qu'ils se puissent nommer de France, et que leur droit surnom soit de France, comme dict est.

Philippe de Valois, roy de France, eut deux femmes (2). L'une fut de Navarre (dont je me tay), et

(1) *De ce debat :* Voyez, sur les prétendus droits d'Edouard au trône de France, le *Précis des guerres entre la France et l'Angleterre*, qui précède les Mémoires de Du Guesclin (tom. IV, pag. 81 et suiv.) —
(2) *Eut deux femmes :* Philippe de Valois épousa d'abord Jeanne de

l'autre fut fille du duc de Bourgongne, nommee Jehanne. De ces deux vint le roy Jehan, qui mourut en Angleterre ; et de luy j'ay n'aguéres parlé, tant de sa prise à Poictiers, comme de sa prison. Ce roy Jehan se maria à Bonne, fille du roy de Behaingne : et de ces deux veindrent les quatre fils dont j'ay parlé cy devant : à sçavoir, Charles le Quint (qui fut roy de France), et les ducs d'Anjou et de Berry, et Philippe vostre tiers ayeul, lequel fut longuement appelé Philippe-sans-Terre, et puis fut duc de Touraine, nommé Philippe le Hardy : et de tout ce j'ay assez parlé et ramenteu. Or, pour parachever ce propos qui vous touche, je diray comment Philippe le Hardy, vostre tiers ayeul, fut duc de Bourgongne par don et partage, comme fils du roy de France : laquelle matiere j'abregeray pour ceste fois, pource que j'enten y revenir en autre lieu, pour l'aprobation de vostre droit.

La lignee de Heude et de Robert, ducs de Bourgongne, faillit par deux ducs tous deux nommés Philippe, pere et fils, l'un apres l'autre ; et le derrain (qui fut Philippe le Jeune) avoit en mariage Marguerite de Flandres, fille du comte Louis, que l'on nommoit Louis de Male : et vint, par vraye succession, la duché de Bourgongne au roy Jehan de France, descendu de la fille de Bourgongne, dont j'ay cy-dessus parlé. Et de celle succession firent les François grand' feste : car combien que ladicte duché fust par-avant perrie, et se nommast le duc de Bourgongne premier per de France, comme encores fait, neàntmoins les

Bourgogne, fille de Robert II ; ensuite Jeanne, fille de Philippe comte d'Evreux.

François en firent apanage, pour tousjours plus lier ladicte duché à la couronne de France. Quand celle Marguerite de Flandres fut vefve, et douagére de Bourgongne par le trepas du jeune Philippe duc de Bourgongne, comme dict est, pource que c'estoit une grande héritiére des lors et au temps advenir (combien que le comte Louis de Flandres son pere fust vif), grande poursuite se fit par plusieurs princes pour avoir ladicte vefve en mariage ; et mesmement par le roy d'Angleterre, qui la vouloit avoir pour son frére (1), en intention d'avoir par là Flandres, dont elle estoit seule héritiere : et d'autre part le roy de France Charles le Quint (qui fut moult sage roy, et de grand' prudence) la demandoit pour son frére Philippe. Et doutoyent les François que celle grande héritiére par mariage ne fist aliance au dommage du roy de France, et mesmes en Angleterre : et regardans les dangers à venir, fut pratiqué le mariage de Philippe le Hardy, lors frere du Roy, et de ladicte vefve, fille de Flandres. Le comte Louis estoit, naturellement et en courage, François : et desiroit l'aliance de France : mais les Estats et les membres de Flandres, et nommément les Gandois, vouloyent et demandoyent l'aliance des Anglois.

Toutesfois journee fut prise et tenue pour le mariage du fils de France : et, pour y parvenir, fut offert au comte Louis de Flandres, par traité solennel avec les pers de France, que l'on donneroit à Philippe le Hardy la duché de Bourgongne (que le Roy

---

(1) *Qui la vouloit avoir pour son frére :* Erreur : Edouard III avoit perdu son unique frère Jean de Cornouailles, avant de parvenir au trône.

avoit nouvellement, et par succession), sous tiltre et condition d'apanage. Ce que le comte Louis refusa. Si ledict Philippe ne l'avoit pour la tenir pour luy, ses hoirs et postérités quelconques, et en telle maniére et condition que la tenoit le duc Heude et Robert, renonceant le Roy audict apanage. Et ainsi fut faict et solennellement passé : et en appert par chartes, et tiltres autentiques. Mais je ne veuil guéres arrester en cest endroit et sur ce pas, pource que, Dieu aidant, j'en parleray plus-à-plain ailleurs, et de l'appreuvement de vostre droit en ceste partie. Ainsi donques fut vostre tiers ayeul, duc de Bourgongne, marié à madame Marguerite de Flandres, laquelle eut espousé deux Philippes, ducs de Bourgongne, comme vous avez ouy; et de là en-avant les hoirs yssus de ces deux portérent le surnom de Bourgongne (combien qu'ils se pouvoyent nommer de France, sans nul contredict), et a duré en ceste maison jusques à vous et à madame Marguerite vostre seur : car vous deux prenez le surnom d'Austriche, à cause de monsieur Maximilian d'Austriche vostre pere, à-present roy des Rommains (comme premier a esté dict); et n'y a plus de ce nom de Bourgongne nuls en ligne directe : mais en ligne colaterale y sont encores monsieur Jehan de Bourgongne, comte de Nevers et de Retel, et la comtesse d'Angoulesme sa fille, et non plus : qui sont yssus des ducs de Bourgongne dessusdicts.

Si prit le duc Philippe le Hardi les armes de Bourgongne (qui sont de six pieces d'or et d'asur en bendes, bordees de gueulles), et les ecartela en France en chef, semé de fleurs de lis : car j'ay sceu par messire Jehan de Sainct Remy, chevalier (du temps qu'il fut roy-d'armes de l'ordre de la Toison d'or, et l'un des renommés en l'office d'armes de son temps), que tous les fils de France doyvent porter semé de fleurs de lis : et n'apartient à nul de porter les trois fleurs de lis seulement, si non à celluy qui est roy de France, ou l'héritier apparent, portant les lambeaux, si la diference n'est si grande en l'escu qu'elle soit à tous manifeste et congnoissable. Au regard de madame Marguerite sa femme, vostre tritayeule, elle porta les armes de Flandres, qui sont d'or à un lyon de sables, mouflé de gris. Or, en continuant ce que j'ay dit, et selon que je l'ay trouvé et apris, comment et pourquoy les armes de plusieurs signeuries ont esté et sont muees, je m'arresteray un peu à vous deviser aucunes choses avenues à voz ancestres comtes de Flandres; et comment et pourquoy ils prirent le lyon en leurs armes, le portans depuis longuement sans autre escu et blason.

Il est manifestement parlé, par croniques et escritures, des grandes chevaleries faictes par plusieurs comtes de Flandres; et comment les uns, par leurs prouesses et chevaleries, se sont faits empereurs de Constantinople, et comment l'un déconfit et tua deux grands geans de Caiete : et ont par plusieurs fois fait, sur les Sarrasins et en la Terre Saincte, moult grandes choses, et dignes de memoire; et si le peuple flamand eust esté et fust maniable par leur prince, comme autres païs, peu de princes eussent peu faire plus grandes conquestes et vasselages que les comtes de Flandres : et des conditions d'iceulx je me tay, pour revenir à ma matiere commencée. Je trouve que depuis Liedric Forestier (qui premier signeurit et possessa Flandres), jusques à Philippe, fils de Tierry d'Allesastre, comte de Flandres, tous les princes et comtes de Flandres portérent leurs armes gironnees d'or et d'asur : et dura treslonguement, par la maniere que je diray : et pour mieux declairer ceste matiere, et qu'elle soit approuvee et entendue, il est besoing que je declaire aucune chose des faits du comte Tierry d'Allesastre, pere de Philippe.

Le comte Tierry de Flandres, nommé d'Allesastre, sceut que le roy de France (à qui il estoit parent) se preparoit pour aller en Ierusalem, lever le siége que les Sarrasins y avoyent mis devant la cité ; et dedans avoyent assiegé le roy Fouques, roy de Ierusalem, moult vaillant preu-homme, chrestien, et bien renommé de son temps. Si se prepara ledict Tierry pour aller aveques le roy de France : et, pour avoir l'amour du Roy, il reprit sa comté de Flandres de luy : et, pour abreger mon recit, le siége que tenoyent les Sarrasins devant Ierusalem fut levé, et le roy Fouques et ceux de la cité mis en liberté : où le comte de Flandres fit tant d'armes et si bien s'y porta, qu'il enquit grand los et grand pris, et accompaigna le roy Fouques jusques en Egipte, à la poursuite de ses ennemis : et tant l'aima ledict Fouques, qu'il luy donna sa fille en mariage, nommée Sebille, dame moult devote et vertueuse. Le roy de France repassa la mer : et le comte de Flandres amena sa femme en son païs, et eut plusieurs enfans d'elle, dont celluy qui succeda à la comté de Flandres fut nommé Philippe : et apres que Tierry et Sebille eurent lignee, et qu'ils eurent regné ensemble trente ans, et gouverné et tenu le païs en paix et en prosperité, Sebille, advertie de la mort du roy de Ierusalem son pere, prit devotion de visiter la Terre Saincte dont elle estoit venue, et de veoir comment ses freres se maintenoyent, et gouvernoyent le royaume de Ierusalem et la terre de Surie : dont se contenta son mari, et l'accompaigna honnorablement, et la pourveut de richesse et de ce qui luy besongna, esperant que son voyage faict, elle deust retourner : mais non fit. Car apres la visitation des saincts lieux, de ses freres et du païs, elle entra en si grand devotion, qu'elle se rendit sœur, servant les pauvres de l'hospital Sainct Jehan de Ierusalem (qui est moult sainct et devot lieu : et à cest hospital mourut sainct Ladre); et, par ceux qui l'avoyent amenee, elle rescrivit au comte de Flandres, son mari, moult devotes lettres : et, pour guerdon (1) des biens et honneurs qu'elle avoit receus en Flandres, elle envoya le sainct sang de miracle, qui encores gist en la ville de Bruges, en la chappelle ou bourg que l'on dit la Chappelle du sainct Sang; et me soit pardonné si je suis allé hors de ma matiére : car il faloit que je devisasse des choses dessusdictes, pour mieux éclaircir et donner à entendre ce que je veuil dire, et mettre avant à la deduction de ma matiére.

En ce temps, les Sarrasins (et parle l'histoire des mecreans Salhadins) se mirent sus à si grande puissance, qu'ils conquirent Ierusalem et toute la Terre Saincte, et tuérent les freres de Sebille, comtesse de Flandres, et toute la noblesse, et generalement tous ceux qui ne vouloyent croire en la loy de Mahommet, au grand vitupére et dommage de la saincte foy

---

(1) *Guerdon :* récompense.

chrestienne : et en ce temps Philippe d'Allesastre devint homme, et fut receu comte de Flandres, par la mort de Thierry son pere. Celluy Philippe fut moult bel et chevaleureux prince, fort aimé et obeï par toute Flandres : et se voyant riche et puissant d'avoir et d'amis, et que son païs estoit paisible et en seureté, se delibera d'aller veoir la Terre Saincte, en espoir de trouver sa mere, et la ramener en son païs, pour paruser sa vie (1) en seureté : et de ce faire fit vœu solennel, et de non jamais manger chair, qu'il n'eust son voyage accompli : et eut assistance de plusieurs princes et signeurs, et mesmement du roy de France, qui luy avoit donné en mariage sa niéce, fille du comte de Vermandois. Mais elle mourut; et lors à son enterrement, en l'abbaïe de Clerevaux, fit le vœu dessusdict, et entreprit le voyage, et assembla de soy bien dix mille combatans : et ainsi se mit en la voye pour son vœu accomplir et parfaire. Et entra le comte de Flandres en mer, à moult grand navire : et se rafreschit en Espaigne, où plusieurs nobles hommes, sachans l'entreprise de son voyage, le suyvirent et accompaignérent ; et tant vaucra (2) la mer, qu'il approcha l'isle de Cypre (qui lors estoit royaume et terre payenne), et par contrainte se delibera de la combatre. Mais le roy de Cypre envoya au-devant de luy, et le receut benignement en son païs, et luy donna à entendre la crainte où il estoit, et comment malgré luy il dissimuloit aveques les Payens; et le fit sage (3) de la puissance des mécreans Salhadins (qui estoit moult grande), et prit en conseil, par le moyen du

---

(1) *Pour paruser sa vie* : pour qu'elle terminât sa vie. — (2) *Vaucra* : courut çà et là. — (3) *Le fit sage* : l'instruisit.

roy de Cypre, qu'il envoya en Ierusalem demander un saufconduit pour six mille hommes aller en pelerinage au Sainct-Sepulchre, et sans armeures : et ainsi par saufconduit alla le comte de Flandres en Ierusalem, et laissa le surplus de ses gens à Acre; et trouva le roy d'Acre Enguerran, moult bon, et qui luy fut amy : car il estoit son parent du costé de sa mere, fille du roy Fouques de Ierusalem.

Le saufconduit fut accordé par le roy Haultas, lors roy de Ierusalem (comme dit la cronique), parmy payant les tributs accoustumés : et ainsi alla Philippe, comte de Flandres, à six mille hommes, faire son pelerinage au Sainct-Sepulchre, et fut receu des patriarches et autres devotes gens moult benignement; et là luy monstrérent la saincte vie de Sebille, sa mére : et apres les devoirs faits devotement par luy et par sa compaignie, il se partit le quatriéme jour, et se tira au mont de Sinaï. Ledict roy Agolas, adverti que le comte de Flandres estoit fils de Sebille, fille du roy de Ierusalem, dont il avoit naguéres occis et destruit toute la lignee, se douta, et manda ses parens et son conseil, et leur remonstra la venue du fils de Sebille, qui encores estoit de la lignee du roy Fouques : et se doutoit qu'il ne fust venu pour venger la mort de ses parens, et pour recouvrer le royaume de Surie. Si fut conclu (1) que Nobiliter, bastard du roy d'Albeline, à six mille hommes bien-armés, iroit les attendre au fleuve de Jourdain, pour mettre les Chrestiens tous à mort : dont fut adverti le comte de Flandres, par les Chrestiens gardans le Sainct-Sepulchre; et luy fut conseillé de

---

(1) *Si fut conclu* : tout ce récit est fabuleux.

prendre autre chemin : mais il parfit son emprise, et se baigna au fleuve Jourdain, et fit plusieurs chevaliers.

Nobiliter, le bastard, vint sur les chrestiens fiérement : mais le comte de Flandres, par bon advis et conseil, et par la voulonté divine (combien qu'il n'avoit nulles armes pour luy ne ses gens) se mit en bataille et en bonne ordre de deffence, et se monstra de sa personne comme il appartenoit : et par le racouragement et bon exemple que ses gens virent en luy, ils déconfirent les Sarrasins : et y moururent trois mille Payens, et moult de personnes; et mesmes y mourut Nobiliter le bastard, chef d'icelle emprise, par la main du bon chevalier Philippe, comte de Flandres : et retint, pour son butin de la journee, l'espee et l'escu dudit bastard : et retournérent les Chrestiens en Cesaree, pour eux raffreschir trois ou quatre jours, et pour medeciner et guérir les navrés, dont il y avoit grand planté (1).

Le roy de Ierusalem, et son frere Nobilion, roy d'Albeline, sceurent les nouvelles de la déconfiture et de la mort de Nobiliter : si coururent aux armes, et se partit de Ierusalem le roy d'Albeline, à douze mille hommes, pour venger la mort de son fils bastard, et des Sarrasins sugéts de son frere et de luy : et sceut par son espie le convive des Chrestiens : et se vint embuscher entre Acre et la cité de Cesaree (pource qu'il sçavoit que là attendoit-on les Chrestiens à leur retour); et ne demoura guéres, que le comte de Flandres et les Chrestiens vindrent celle

(1) *Les navrés, dont il y avoit grand planté* : les blessés dont il y avoit un grand nombre.

part : et se tenoyent serrés, et sur leur garde sagement, et en gens de guerre; et le roy d'Albeline leur courut sus, en criant : Ierusalem, Mahon en ayde! et d'autre part les Chrestiens se mirent tous à genoux, et firent le signe de la croix, et criérent : Dieu, Jesus-Christ en aide, et le Sainct Sepulcre! La bataille fut durement combatue : car les Sarrasins estoyent grand nombre, et combatoyent pour vengence de leurs parens occis, et les Chrestiens estoyent deliberés, et pleins de foy et de courage : et durant la bataille se trouvérent le roy Nobilion et le comte de Flandres : et se combatirent tellement, que le comte de Flandres l'occit de sa main, et abatit et gaigna sa banniére (qui estoit d'or, à un lyon de sables); et le roy des Sarrasins mort et sa banniére abatue, les Sarrasins furent déconfits et tués : et dura la chasse moult longuement, et puis s'en retournérent les Chrestiens à Acre, où ils furent recueillis à grande joye, et sur tous le bon Philippe, comte de Flandres, qui portoit la banniére du roy sarrasin, qu'il avoit conquise, et où estoit le lyon de sables, comme j'ay dit : et de là en-avant le comte de Flandres laissa les armes gironnees (qui furent les anciennes armes de Flandres), et prit l'escu d'or, et le lyon de sables rampant, mouflé de gris : et encores durent icelles armes. Cestuy, à son retour, passa par le royaume de Portugal, et trouva le roy Alfonse mort : et, pour la bonne renommee de luy, la royne Mahaut de Portugal le prit à mariage, et fut comtesse de Flandres, et receue en Flandres à grand honneur : et fut cestuy Philippe le dixhuictiéme comte de Flandres.

Ainsi vous ay je devisé comment et par quelle raison les armes de Flandres furent muees, et comment Philippe le Hardy espousa madame Marguerite de Flandres : par lequel mariage moult de signeuries écheurent à la maison de Bourgongne. Et pour le present je me passe de declairer les enfans venus des dessusdicts, pour continuer la matiére de la fondation de ce present volume, pource que je reviendray tout à temps, en la deduction de mes Memoires, à declairer par quel droit de succession vous venez à ces hautes signeuries, comme j'ay promis au commencement, en l'epistre de mon prologue.

De Philippe le Hardi et de madame Marguerite de Flandres vint le duc Jehan de Bourgongne, qui fut, du vivant de son pere, comte de Nevers. Cestuy duc Jehan fut moult courageux et de grand cœur, et fut homme subtil, douteux et soupsonneux, et ne se fioit pas en chacun; et à ceste cause estoit tousjours armé sous sa robe, et avoit tousjours son espee ceinte, et se faisoit douter et craindre sur tous autres : et en ses jeunes jours fut chef de l'armee de France, qui fut envoyee contre les Sarrasins en Hongrie, pource que les Turcs envahissoyent le roy de Hongrie et son royaume à moult grande puissance. Et combien que la bataille fust perdue (1) pour les Chrestiens, iceluy comte de Nevers, vostre bisayeul, fut pris faisant son devoir, et à son grand honneur : et de celle journee je n'en veuil guéres parler, pource qu'assez en pourrez apprendre et sçavoir par autres escrits et croniques. Mais je le recite presentement tendant à deux fins : l'une, pour

---

(1) *La bataille fust perdue:* Voyez, sur la bataille de Nicopoli, les Mémoires de Boucicaut (tom. VI, pag. 452).

ramentevoir les faicts et adventures dudict duc Jehan, vostre bisayeul maternel : et l'autre, afin que vous ayez tousjours, en tous faicts et affaires, plus-grand tremeur de Dieu, sans vous fier en pouvoir ny en bon droit, ains en Dieu seulement : car Dieu, en aucun pas, se dit et nomme Dieu des batailles, c'est à dire de la victoire, qu'il depart à son plaisir; et pource à tout besoin se doit ce bon Dieu invoquer et requerir pour souveraine aïde : car telle fois, pour certaines causes venues de sa juste sapience à nous incongnue, il a permis les ennemis de sa saincte foy prosperer et veincre, et chastier les iniquités desordonnées de ceux de sa religion chrestienne.

Revenon donc à nostre matiére. Ce duc Jehan de Bourgongne fut nommé Jehan-sans-Peur, et osa, en ses jeunes jours, emprendre et executer à son pouvoir ce que tous les princes chrestiens abayent (1) et menacent, et ecoutent l'un apres l'autre qui le fera : et fait plus à louer et glorifier le veincu, en si haute et saincte emprise executant, que ne font tous les princes du jourdhuy, et fussent ils veinqueurs de leurs querelles, telles quelles, mouvant plus-souvent de voulonté que de raison : et si je dy plus que je ne doy et qu'il n'appartient, verité en face mon excuse. Ce duc de Bourgongne, à son retour de la prison du grand Turq, nommé Lamorabahy, n'eut pas le cuéur failli ne perdu : mais pour secourir son beaufrére Albert, duc de Baviére, eleu et ayant le droit de l'evesché du Liége, à l'encontre d'un de ceux de Hornes, fils du signeur de Perves, pretendant le-

---

(1) *Ce que tous les princes chrestiens abayent :* ce à quoi tous les princes chrétiens aspirent.

dit evesché, ce duc Jehan assembla ses parens, sugets, amis et bienvueillans : et en bataille assignee déconfit les Liegeois, en occit plus de trente mille, abatit murs et portes par le païs, et le mit en la totale sugettion de son beau-frere : et en celle bataille le duc Jehan de Bourgongne reprit la croix sainct Andrieu pour enseigne : laquelle les Bourgongnons avoyent laissée, depuis que par succession la signeurie vint au roy de France, comme j'ay dit : et portérent la croix droitte tant que Philippe le Hardy vescut, qui fut moult bon François. Mais à cette journee il estoit trépassé : et reprit son fils la croix sainct Andrieu pour enseigne, laquelle dure pour l'enseigne de ceste maison.

Ce duc Jehan de Bourgongne mena six mille chevaux en France : et fit son assemblee à l'Arbre Sec, assez pres de Paris, et ce pour avoir gouvernement. Ce que les autres princes de France ne vouloyent consentir. Mais il se monstra si-puissant, qu'il eut le gouvernement, ou partie, du Roy et du royaume, qui que le vousist veoir. Ce qui fut au temps que le roy Charles, le sixiéme de ce nom, estoit en maladie : comme plus-aplain pourrez estre averti par les croniques de France, et autrement. Ce duc Jehan fut celuy qui, par contrevenge d'emprise, fit tuer à Paris le duc Louis d'Orleans, tierce personne de France, et l'avoua en plain conseil, en sa personne, et là où estoyent les principaux signeurs, et les plus grands princes de France. Et combien que le hardement fut grand, si sont tels outrages à reprendre et à blasmer devant tous jeunes princes : car de celle mort moult de maux sont venus au royaume de France, et es païs de voz ancesseurs et de vous : et ay cet accident ramentu pour dire verité, et declairer les adventures de ce noble duc Jehan, et principalement afin que vous preniez exemple de fuir telles œuvres, et de non croire, sans seure apparence, mauvais rapports. Car le duc Jehan creut trop legérement celuy qui luy rapporta que le duc d'Orleans avoit marchandé pour le faire tuer; et sur ce rapport fit exécuter le contraire, sur la personne de son prochain parent. Et doit tout homme de sain entendement avoir grand regard et advis que legereté de croire et de seule voulonté ne luy face faire chose dont à grand loisir il se repente : car luy et les siens en ont souvent déplaisir et dommage.

Ce duc Jehan vostre bisayeul augmenta, par acquest de ses deniers, la maison de Bourgongne, de la comté de Charolois : laquelle il achepta et la paya au comte d'Armignac, qui la possedoit par héritage : lequel la vendit, pour payer sa rençon en Angleterre (ce que je n'oublieray point de plusamplement ramentevoir en mes Memoires); et depuis les fils aisnés de la maison de Bourgongne se sont nommés comtes de Charolois, et mesmes vous, avant la mort de tres-vertueuse et de noble memoire madame Marie, héritiére et dame de ceste maison et signeurie, vostre mére, et dont vous estes héritier. Et pour vous reciter en brief, et vous donner à entendre et à congnoistre quel prince fut le duc Jehan, ce fut celuy qui en la presence de monsieur le Dauphin (qui depuis a esté roy de France septiéme de ce nom) fut tué et meurdri à Montereau où faut Yonne, par les principaux chambellans et gouverneurs dudict Dauphin,

qui, à la verité, estoit de jeune aage : et toutesfois se
vint mettre es mains dudict Dauphin, pour le bien
de paix, sur grande seureté et promesses mal-tenues,
comme il appert. Et de ce fut demandé toute sa vie
messire Tanneguy Du Chastel, messire Guillaume
Batilier, et autres que l'on disoit avoir esté serviteurs
du duc d'Orleans, et qui en firent la contrevenge
deshonnestement, et dont tant de guerres et de maux
sont depuis venus au royaume de France et ailleurs,
et tant de terres, de maisons et de viles et chasteaux
en ont esté ars, et destruits, et arruinees, que de
celles qui sont demourees vagues en friche et sans
labeur, elles assemblées, on en feroit un bon et fertile
royaume, et de grande valeur et revenu.

Mais, monsigneur, telle mesadvenue a esté pacifiee par la paix d'Arras, faicte solennellement, comme
je declaireray plus-à-plain, tant en ce present escript
comme en la premiére partie de mes Memoires, et
selon que mieux me viendra à propos, pour le vous
mieux donner à entendre. Le duc Jehan de Bourgongne porta les armes de son pére ecartelees de
France et de Bourgongne, et mit sur le tout l'escu
d'or au lyon de sables, qui sont les armes de Flandres
telles que je les ay paravant blasonnees. Si se maria
celuy duc à madame Marguerite de Baviére, fille du
duc Aubert de Baviére, comte de Hainaut, de Holande, de Zelande, et signeur de Frise, et d'une fille
du duc de Brighe : et fut celuy duc Aubert, fils de
Louis, duc de Baviére, par la clemence divine empereur de Romme l'an 316, et de Marguerite, fille du
comte Guillaume de Hainaut, celuy qui mourut sus
les Frisons. Et par celle Marguerite veindrent les si-

gneuries dessusdictes audict duc de Baviére par succession, et depuis à voz ancesseurs et à vous, comme je declaireray en mes Memoires.

Or de ce duc Jehan et de madame Marguerite de Hainaut, voz bisayeulx, vint le duc Philippe de Bourgongne vostre ave (1), et autre lignee de fils et de filles : dont je me passeray pour le present, et y reviendray en temps et en lieu : car il ne sert point au propos en ce present escrit. Si portoit madame Marguerite de Baviére les armes de son pére, qui furent ecartelees de Baviére et de Hainaut, et se blasonnent pour les armes de Baviére, fuselees de vingt et quatre piéces d'argent et d'asur : et pour le quartier de Hainaut et de Holande, d'or à quatre lyons, deux de sables pour Hainaut, et deux de gueulles pour Holande. Le duc Philippe de Bourgongne (qui fut vostre ave) fut celuy que l'on nomma le bon duc Philippe, et eut deux noms acquis et donnés. Le premier fut Philippe l'Asseuré : et, en longue continuance d'experiment de ses mœurs et vertus, il fut nommé le bon duc Philippe, en nom et tiltre : et luy est ce tiltre demouré, et certes il merita qu'on le nommast bon, car tel estoit. Ce fut celuy qui, pour venger l'outrage faict sur la personne du duc Jehan son pére, et sa mort, soustint la guerre seize ans contre le roy Charles de France, le septiéme de ce nom, qui lors estoit Dauphin quand le duc de Bourgongne fut tué en sa presence; et s'alia iceluy Philippe au roy d'Angleterre, que l'on dît Henry le Conquerant : et par assemblee firent moult de maux au royaume de France.

(1) *Vostre ave* : votre aïeul. Philippe-le-Bon étoit bisaïeul de Philippe-le-Beau.

Ce duc Philippe en ses jeunes jours combatit les François devant Sainct Riquier, et là fut chevalier : dont pour mieux éprouver sa personne, et gaigner sa chevalerie et ses esperons dorés, il se para en simple habit, et comme un commun homme-d'armes : et combien que la bataille fust en peril d'estre rompue par les François et contre luy, toutesfois il soustint le faix, avec un petit d'hommes-d'armes, qui luy tindrent bon pié : tellement que messire Jehan de Luxembourg, comte de Ligni, vint à l'aide du duc Philippe, et fut la bataille regaignee pour luy : et fit le duc tant d'armes de sa personne, qu'il fut tenu pour tresbon chevalier. Il print trois prisonniers, hommes-d'armes de sa main : dont l'un fut le tres-renommé escuyer Poton de Saintreilles, grand-escuyer de France, et l'un des vaillans capitaines de son temps. Sous l'enseigne de ce duc, et par ses capitaines et sugets, fut déconfite la bataille de Crevant, à la grande perte des François et Escoçois. Sous luy fut gaignee la bataille de Bar par son mareschal de Bourgongne, messire Antoine de Toulongeon : et y fut pris René d'Anjou, duc de Bar et de Lorraine, et occis le signeur de Barbasan, que l'on nomma le chevalier sans reproche : et receut à celle journee le duc René moult grand' perte de noblesse de France, d'Alemaigne, et de ses païs. Et depuis, estant en la prison du duc Philippe, luy echeurent, par succession de la mort de la royne Jouenelle, sa prochaine parente, les royaumes de Cecile, de Naples et de Ierusalem : et en celle mesme prison du duc de Bourgongne fut la paix faicte entre ces deux princes, qui depuis furent grans amis ensemble : et n'ay point sceu que nulle question ne debat ait esté depuis entre eux deux de leur temps : et par celle paix, et pour partie de la rançon de ce roy de Cecile, le duc de Bourgongne eut de luy les signeuries de Cassel et de la Mot'-au-Bois, contigues et enclavees en ses païs de Flandres et d'Artois, et qui autrefois furent donnees en mariage à un duc de Bar, avecques une fille de Flandres : et par ce moyen recouvra lesdictes signeuries à son profit. A ce bon duc Philippe echeut la duché de Brabant, de Lotrich et de Lembourg, par la mort du duc Philippe son neveu : et de cette succession je parleray en mes Memoires, en monstrant vostre droit, la genealogie et la cause de ladicte succession venue à voz ancesseurs et à vous. Pareillement vint audict duc Philippe, par vraye succession, les comtés de Hainaut, de Holande et de Zelande, et la signeurie de Frise : et tout vostre droit je declaireray.

Mais cette succession de Hainaut, de Holande, de Zelande et de Frise (combien que ce fust le droit héritage de vostre ayeul le duc Philippe), si ne l'eut il pas sans conqueste. Car madame Jaque de Baviére (qui succeda à toutes les comtés et signeuries dessusdictes) fut femme de sa voulonté joyeuse, et de grande entreprise : et toutesfois sage et subtile, pour sa voulonté conduire selon son desir. Et combien que ce bon duc Philippe fust son plus prochain parent (fust par mauvais conseil, par voulonté ou autrement, tousjours querant et pourchaceant aliances dommageuses, contre le desir du duc, et tendant de mettre celle signeurie en autre main), se tira en Angleterre, querant de soy alier par mariage au duc de Clocestre, frére du roy

Henry le Conquerant, qui tant fit de grandes choses en France. Si vint ledict duc de Clocestre jusques en Hainaut, et amena les Anglois au païs : mais le duc Philippe luy fit la guerre, et tant le pressa qu'il l'assiegea en une vile de Hainaut que l'on appelle Soingnies, et l'eut pris sans remede. Mais le duc de Clocestre, subtilement conseillé, et sachant le duc de Bourgongne jeune prince et de haut cœur, luy fit offrir de le combatre corps à corps, pour cette querelle. Ce que le duc de Bourgongne accepta, et luy fit voye pour aler en Angleterre faire ses appresls : et prirent et acceptérent jour pour combatre devant l'empereur Sigismond, lors vivant. Mais le duc de Clocestre ne revint point, ny ne tint ne jour ne promesse en cette partie, et fit une armée conduire par le signeur de Fievastre (1), et l'envoya en Holande. Pour à quoy résister le duc y ala en personne, et passa la mer, et trouva les Anglois en bataille au lieu de Broushane (2) : et là le duc descendit sur la digue à force de trait et de poudre, et prit terre courageusement, et combatit et déconfit les Anglois : et y mourut ledict signeur de Fievastre, et grand nombre d'Anglois de sa compaignie : et de là le duc mit le siége devant Sevemberguc, et fit bastilles de bois sur bateaux (pource que la vile est close de mer), et la gaigna en peu de temps : et mit Holande, Zelande et la basse Frise en sa sugettion, combien que les Houcs (3) luy fussent contraires : mais les Cabillaux furent pour luy. Et ainsi mit le bon duc Philippe les-

---

(1) *Fievastre* : lisez *Filwatere*. L. — (2) *Broushane* : lisez *Brouwershaven*. L. — (3) *Houcs* : les Houcs et les Cabillaux étoient deux factions qui se partageoient la Hollande.

dictes signeuries en sa sugettion : et apointa aveques madame Jaque, tellement qu'elle demoura dame des païs dessusdicts, et luy Mambourg. Et depuis se maria ladite comtesse à son plaisir, et espousa un gentil chevalier son suget, nommé messire Franq de Bourselle, bel chevalier et homme de vertu : et en pacifiant tous differens entre le bon duc Philippe et ladite comtesse Jaque, ledict messire Franq fut faict comte d'Ostrenant, et signeur de la Brielle et de toute l'isle (1) : et, par sens et bonne asseurance, le bon duc Philippe asseura son faict et ses signeuries : et apres le deces de ladicte dame (qui mourut sans hoirs) ledict duc Philippe fut de bon droit et paisiblement comte de Hainaut, de Holande, de Zelande, et signeur de Frise.

Mais de la haute Frise (que l'on nomme l'un des dixsept royaumes chrestiens) le bon duc n'en jouit oncques, combien que ce soit l'héritage des comtes de Holande, et le vray héritage de voz ancesseurs et de vous. Et mourut le comte Guillaume de Holande, roy des Romains, à celle conqueste, et plusieurs autres princes : et souvent a esté ce royaume conquis ; mais le païs n'a nuls forts, et est païs d'eaues et de marescages et de fossés, et le peuple puissant. Et d'un sec esté est le royaume leger à conquerre : mais quand l'hyver vient, les conquereurs ne sçavent où se tenir, ne retraire : parquoy legérement leur conqueste est reperdue ; et de ce je parleray cy-apres, en fournissant mon emprise poinct apres autre.

Le bon duc Philippe se trouva par un jour en guerre contre le roy de France et contre l'Empe-

---

(1) *Toute l'isle* : le Zuytbeverlandt. L.

reur, cuidant avoir droit en mort fief des duchés de
Brabant, de Lotrich et de Lembourg, et des comtés
de Hainaut, de Holande et Zelande : et pource défia
l'empereur Sigismond ledict duc; et le roy d'Angleterre
luy manda que (quelque aliance qu'il eust avecques
luy) il ne pouvoit abandonner son frére le duc de Clocestre, luy signifiant qu'il renonçoit à ladicte aliance,
et le défioit. Mais en ensuyvant le nom à luy donné de
Philippe l'Asseuré, il n'en fit ne plus ne moins : ains
par bon conseil pourveut si-bien à toutes choses, qu'il
demeura possesseur de ces successions, lesquelles par
l'aide de Dieu encores vous tenez, et en estes signeur : et ne devez pas oublier, en voz priéres et oraisons, ceux de qui vous avez ces grands biens et ces
signeuries, qu'ils vous ont acquises et maintenues par
grand travail et peine, de leurs entendemens et de
leurs personnes.

Ce duc Philippe, vostre ayeul, chacea hors de la
duché de Bourgongne les François par armes et par
siége, et prit de siége en une saison sur les François
Grancy, Perepertuis, Avalon, Mucy-l'Evesque, Chaumont, et plusieurs autres places : et combien que le
duc Charles de Bourbon eust espousé sa sœur, toutesfois il le guerroya, et tint le parti du roy de France,
et firent ses gens moult de grans maux en Bourgongne. Mais le bon duc Philippe le recula de son païs,
et envahit Beaujoulois, et assiegea Belleville (où le
duc de Bourbon avoit mis toute la pluspart de sa noblesse); et tellement l'oppressa d'engins et de bateries, que ladicte vile et ceux qui estoyent dedans estoyent en danger de perdition. Mais madame Anne
de Bourgongne sa sœur, duchesse de Bourbon, tra-

vailla tant devers son frére (¹), que la vile fut rendue au duc de Bourgongne, et s'en alerent les gens de guerre un batton en leur poing : et fit la bonne duchesse la paix entre les deux ducs, qui depuis furent grans amis ensemble : et fit depuis ce bon duc Philippe de grans biens à la maison de Bourbon, et aux enfans ses neveux et niéces, comme je diray cy-apres, à la poursuitte de mes Memoires.

Le duc Philippe se maria trois fois : la premiére à madame Michelle de France, fille du roy Charles sixiéme, et sœur du roy Charles septiéme, contre lequel il eut la guerre, dont j'ay parlé. Pour la seconde fois, se maria à madame Bonne d'Artois, sœur du comte d'Eu, laquelle estoit vefve de son oncle Guillaume (²) de Bourgongne, comte de Nevers et de Retel, et baron de Dousy : et de ces deux femmes n'eut nuls enfans; et pour la tierce fois se maria à madame Ysabeau de Portugal, et en eut lignée : mais, pour mieux poursuyvre ma matiére, je m'en tairay pour le present, et en parleray plus-amplement ailleurs. Et à ces derniéres nopces le duc de Bourgongne eleva premier l'ordre de la Toison d'or, que vous portez encores à vostre col : et depuis cette fondation l'ont porté et portent encor plusieurs roys, princes et chevaliers de chevaleureuse recommandation et renommee : et que c'est et que signifie, et la cause de la fondation de celle ordre, je ne vous en doy pas advertir, pource que l'advertissement de si-hautes choses vous doit venir par les nobles chevaliers voz confréres portans la Toison, qui vous endoctrineront es nobles

---

(¹) *Son frere* : lisez *son mari*. — (²) *Guillaume* : lisez *Philippe*.

et solennels chapitres, sur ce faicts et ordonnés.

Ce bon duc Philippe soustint celle guerre contre le roy de France seize ans. Il estoit alié des Anglois, et aidé : et prosperoit luy et ses païs en guerre. Mais en continuant et approuvant ce dernier nom à luy donné de bon duc, il se laissa legérement conseiller et faire paix (comme celuy qui de sa nature fut vray, bon et entier François); et mit en son front, au profond de son cueur et devant ses yeux, le bien et l'honneur qui luy venoit d'estre yssu de la treschrestienne et royale majesté de France : et mise arriere doz la vindication et le desir de vengeance, en oubliant et mettant à nonchaloir toutes offenses passees, pour complaire et obeïr à Dieu et à ses commandemens, et par moyens trouvés par le Pape et par plusieurs princes et sages, les uns parens et les autres sugets des deux costés, la paix fut faicte en la vile d'Arras, entre le roy Charles de France, septiéme de ce nom, et le duc Philippe de Bourgongne : et se sont iceux deux princes monstrés si vertueux, en gardant leurs sermens, parolles et promesses, que pour rapports d'ennemis privés, flateurs de court, gens corrompus ou autrement, pour quelque chose qui soit survenue, jamais ceste paix ne fut par eux rompue, ne souffert rompre ou diminuer : dont si grand bien advint au royaume de France, que les Anglois ont esté dechacés par iceluy roy hors de Normandie et Guienne; nonques-puis ne prospérerent en France. Et les païs du duc Philippe (tant ceux qui furent tenus de France comme de l'Empire) regnérent si longuement en prosperité et sans guerre, que ce furent les plus-riches et les plus-puissans païs du monde : et de ceste paix je vous advertiray plus-à-plain, à la poursuite de mes Memoires, et en mon premier volume.

Or, monsigneur, recueillez en vostre estomac, et enrichissez vostre cueur de bonnes vertus prises et cueillies au verger de voz ancesseurs : et si vices vous en sont racomptés, mettez-les hors de vostre memoire, et aornez vostre souvenance d'exemples de bienfaicts, et non pas de vices, qui sont à nobles cueurs horreur abominable. Ce prince fut moult vaillant, doux et debonnaire. Il croyoit conseil, et sçavoit choisir serviteurs sages et loyaux. Il estoit dur à courroucer, et ne se rapaisoit pas legérement : et quand il pardonnoit aucun mefaict, jamais il ne le ramentevoit apres : mais il le mettoit hors de sa souvenance. Prenez exemple d'ensuyvre ses bonnes mœurs, et jamais homme ne vous en dira note, ne reproche : et je prie à Dieu que ceux qui ont l'administration de ce noble et treschrestien royaume de France se conduisent si-bien et si-raisonnablement envers vous et voz païs, que vous ayez cause de demourer bon et entier François, honnorant ce que devez honnorer, et aymant ce que devez aymer ; et que vous puissiez garder foy, hommage et feauté, selon les bonnes et anciennes coustumes ; et que chacun puisse avoir son droit et le sien, au contentement de Dieu, de justice, et de bonne equité.

Or, pour monstrer que ceste paix n'estoit pas feinte de sa part, et qu'il estoit François de nom et de nativité, avec ce que les Anglois (qui ne furent compris en ceste paix d'Arras : ou si compris y furent, ce ne fut pas comme ils demandoyent) ne se peurent tenir d'aiguillonner ce bon duc Philippe par mer et par

terre, il se declaira contre iceux Anglois, et mit le
siége devant Calais : et y mena quarante mille testes
armees de la commune de Flandres, sans les autres
nobles et gens-de-guerre, avecques merveilleux char-
roy d'artillerie, et autrement. Mais les Gandois, et
autres communes des bonnes-viles du plat-païs de
Flandres, ne peurent longuement endurer la peine
de la guerre : ains murmurérent contre les signeurs
et nobles de l'armee, disans qu'ils estoyent trahis, et
que les gouverneurs du duc les avoyent là amenés
pour les faire mourir; et pourtant se levérent par un
matin, et se retirérent chacun en sa maison, et abandonnérent leur prince, la signeurie, et l'artillerie.
Mais le bon duc se ralia avecques ses gens-de-bien,
et se retira par bon arroy, et honnorablement : et
n'est pas la premiére fois que quand peuples sont les
plus forts en une grande besongne, la conclusion
en est souvent de petit effect. Et ainsi le vaillant
prince faillit à ceste haute emprise : et ne trouve
point que ceste forteresse de Calais, depuis qu'elle fut
en la main des Anglois, ayt esté prise, depuis que
le bon chevalier messire Gorfroy de Charny cuida
celle vile prendre et avoir, par le moyen d'Emeri
de Pavie, lombard, qui le trahit, comme Froissart
le racompte en sa cronique : et doit tout noble
cueur louer et priser ce noble duc d'avoir empris
de reconquerir son héritage : car Calais est de la
comté de Guyne, et Guyne fief de la comté d'Artois.

Ceste tressaincte et tresheureuse paix faicte et advenue, ce bon duc Philippe envoya grands navires
et armee sur les Sarrasins, et par plusieurs fois. Il alia

ses niéces de Bourgongne et de Cléves à roys et à grands princes, à ses despens. Il tira hors de la prison des Anglois le bon duc Charles d'Orleans, fils du grand ennemy du duc Jehan son pére : et paya sa rançon de ses deniers, et luy donna en mariage sa niéce, fille du duc de Cléves ; et fut si grand amour entre ces deux ducs toute leur vie, que plus grande ne pourroit estre : et fut le duc d'Orleans chevalier pourtant la Toison d'or. Ce bon duc Philippe subjugua ceux du val de Cassel, qui luy furent rebelles. Il subjugua ceux de Bruges, qui luy firent rebellion. Il déconfit les Gandois, en sa personne, par deux fois, en bataille, où furent occis plus de trente mille Flamans : et les fit venir à merci, hors de leurs viles, nus piés, et dechaus ; et tint ceux d'Utreht et du Liége, ses hayneux voisins, en crainte et en discipline : et vescut prosperant toute sa vie. Il conquesta, en sa personne, la duché de Luxembourg, pour et au nom de la duchesse, héritiére du païs, sa belle tante, et comme mambourg d'elle : et depuis en demoura duc proprietaire par droit d'achapt, comme je donneray à entendre en mes Memoires : et, pour conclusion de ses nobles faicts, Louis dauphin de Viennois, fils du roy Charles septiéme de ce nom, se sentant en doute du roy de France son pére pour aucunes imaginations, se partit de son païs du Dauphiné, et vint devers le duc Philippe, pour estre soustenu et recueilli d'iceluy duc Philippe, non pas contre le Roy son pére, mais contre ses hayneux, qui gouvernoyent le Roy et le royaume à son regret ; et premiérement donnant à entendre que s'il n'estoit aydé, porté et soustenu en ceste vostre maison, il passeroit en Angleterre, et s'alieroit aux anciens ennemis du royaume de France, pour préserver sa personne : dont il estoit en singuliére doute.

Le bon duc, congnoissant que c'estoit l'héritier de France, et son signeur apparent, de nativité, de nom et de plusieurs signeuries, le receut en ses païs, et luy departit de ses biens largement et tant, qu'il tint bel et grand estat, et aussi madame la Dauphine, fille du duc Louis de Savoye : et tindrent leur residence à Genespe-Rommant, au païs de Brabant, où ils eurent de beaux enfans : et ainsi demourérent, aux despens soustenus de ce bon duc, l'espace de quatre ans : dont le duc fut en grand danger d'entrer en guerre contre le roy Charles, pere dudict Dauphin. Mais tout ce se passa par remonstrances de notables ambassades envoyees d'une part et d'autre : et se traina le temps sous grandes menaces, et jusques à ce que le plaisir de Dieu fut de prendre ce noble et tresvertueux roy Charles : et prestement, apres la mort de ce roy Charles, ce bon duc et son fils (dont je parleray cy-apres) accompaignerent et menérent ledict Dauphin à Reims et à Paris, où il fut sacré, couronné et receu, au plus-grand et riche triumphe que fut jamais roy : et en ce temps, et assez prochain l'un de l'autre, par le port et aide du duc Philippe vostre ayeul, le roy Edouard d'Angleterre, fils du duc d'Yorc, fut couronné roy d'Angleterre, et le roy Louis fut couronné roy de France, et tout sous le pouvoir et main dudict duc Philippe : et, à son retour d'iceluy couronnement, le bon duc renvoya de-rechef grands navires de gens-d'armes, en la conduite de messire Anthoine, bastard de Bourgongne, son fils naturel, pour servir le pape Piùs (1) contre les mécreans, à grands frais et missions (2) : mais le Pape mourut, et fut l'armee des chrestiens rompue. Iceluy bastard fit armes en Angleterre, à-lencontre du signeur d'Escalles, frere de la Royne : et luy envoya le duc bien accompaigné, et à ses grands frais : et, durant ces choses, le roy Louis de France ne recongnut pas bien les biens et honneurs qu'il avoit receus en ceste maison, mais trafiqua debats entre les serviteurs du duc, et de monsieur de Charolois son fils : dont le debat vint entre le pere et le fils, qui fort étonna ceste maison.

Mais les serviteurs furent loyaux, et le pere et le fils bons et sages : et s'apperceurent que c'estoit pour amoindrir leur pouvoir et authorité, et fut à tout sagement pourveu par l'aide de Dieu. Moult de grandes choses furent faictes par ce bon duc Philippe, sous luy, et de son regne : des quelles parleray encores. Et mesmes, luy estant en ses vieils jours et malade, les Liegeois, par l'exhortement du roy Louis, luy firent la guerre, pource que le comte de Charolois son fils faisoit la guerre au roy Louis, et estoit entré en France ; et cuiderent iceux Liegeois prendre le duc au depourveu. Mais il fit armee nouvelle, et furent par ses gens déconfits à Montenac, où les Liegeois receurent grande perte de pris et de morts. Ce bon duc Philippe fit deux choses à l'extremité : car il régna le plus large et liberal duc des Chrestiens, et si mourut le plus riche prince de son temps; et ne vous en sçauroit on assez de biens ramentevoir. Ce duc de Bourgongne augmenta ses armes de plusieurs piéces,

(1) *Pius* : Pie II. — (2) *Missions* : dépenses.

pour les signeuries qui luy succedérent de son temps : et aussi acquit la comté de Namur, la duché de Luxembourg et la comté de Chigni : et porta ecartelé de France et de Bourgongne, et de Brabant contre Lembourg : pour France, d'asur semé de fleurs de lis d'or, la bordure coponnee d'argent et de gueulles : pour Bourgongne, de six piéces en bandes d'or et d'asur, la bordure de gueulles : pour Brabant, de sables au lyon d'or : pour Lembourg, d'argent, au lyon de gueulles, armé, langhé et couronné d'or, la queue forchue, et croisee en saultour : et, comme son pére, porta de Flandres sur le tout, qui est d'or, au lyon de sables, mouflé de gris.

Ce noble duc (comme j'ay dit) se maria à madame Ysabel, fille du bon roy Jehan de Portugal, et de Philipote de Lanclastre, fille du fils du feu roy d'Angleterre : et portoit icelle duchesse Ysabel les armes de Portugal, telles que je les ay cy-devant devisees en l'article de l'Emperiére vostre grand-mere paternelle : et d'iceluy Philippe l'Asseuré, et d'Ysabel de Portugal, issit le duc Charles le Travaillant. Mais, avant que je parle de luy, je parleray qui fut le roy Jehan de Portugal, et de ses nobles faicts, et aussi de Philipote de Lanclastre, voz bisayeuls maternels, selon ce que j'en ay entamé par-avant, en parlant de l'augmentation du blason des armes de Portugal.

CHAPITRE IV.

Du roy Jean de Portugal, et de madame Philipote de Lanclastre, pere et mere de madame Ysabeau de Portugal, mere de Charles de Bourgongne, grand-pere maternel de l'archeduc Philippe d'Austriche.

Le roy Jehan de Portugal, dont je repren presentement la ramentevance, fut fils naturel et bastard du roy dom Pietre de Portugal ; et l'engendra iceluy roy en une noble femme du royaume de Sicile, nommee Marie, fille d'un chevalier banneret qui se nomma, de son propre nom, messire Gonsalvo Pardo. Ainsi donques la mere du roy Jehan de Portugal se nommoit Marie Pardo : et l'eut le roy dom Pietre du temps qu'il fut à marier, et en vefvage. Celuy roy dom Pietre eut un fils légitime qui se nomma Ferrand, et succeda au royaume. Celuy roy Ferrand fut marié à une fille du roy d'Arragon, et d'elle eut une fille, laquelle fut mariee au roy d'Espaigne. Celle royne de Portugal, fille du roy d'Arragon, mourut : dont il avint que ce roy Ferrand persévera en plusieurs vices dont il estoit entaché : comme de gaster (1) les tresors que ses predecesseurs avoyent amassés, et tyranniser le peuple, pour faire despenses sans necessité et voluptuairement, estant luxurieux publiq, sans honneste regard, et homme tenu et

---

1) *Gaster* : dépenser, consommer.

reputé sans verité, sans foy, sans honte, et menant vie dont il estoit haï par tout son royaume : et fut prince de si mauvaise vie, qu'il fut dechacé des prelats, des nobles, et communautés de son royaume : et eleurent Jehan son frere bastard, et le firent roy, par ses vertus : et dechacérent le légitime par ses vices. Ferrand fut légitime pour avoir l'héritage, et bastard quant aux vertus de ses ancestres : et Jehan nasquit bastard quant à l'héritage, et fut legitime par vertueuses œuvres; et, par sa vertu, Dieu l'appela à dignité, et retira sa main de celuy qui ne le craignoit ne doutoit : et le souffrit demettre de couronne et de siege royal : qui est exemple à vous, monsieur, que vertus soustiennent la couronne de roy, et les vices abatent avoir, honneur, gloire, puissance et signeurie : et, pour vous approuver le recit de cest article, je vous declaireray comment et pourquoy ce vertueux bastard vostre bisayeul fut élevé roy de Portugal, et debouté le légitime.

Celuy roy Ferrand s'enamoura d'une dame de Portugal, femme d'un noble chevalier, son suget et serviteur : et quand il fut vefve de la fille d'Arragon, il espousa ceste dame du vivant de son mari, sous umbre d'une fausse dispense, ou autrement : et, sans avoir regard au sainct sacrement de mariage, à la doute (1) de Dieu n'à la honte du monde, il la fit sa femme, et la maintint pour royne de Portugal : et ce tresdeshonneste poinct esclandrit de plus en plus sa mauvaise vie, et fortifia la haine que son peuple avoit contre luy : et celle deshonneste vie mainteint tant qu'il vescut : mais, apres sa mort, les Estats.

(1) *A la doute* : à la crainte.

de Portugal ne voulurent souffrir que les enfans venus de tel adultere eussent aucune part au royaume, et dechacérent celle lignee toute, hors du païs : et le roy d'Espaigne se voulut faire roy de Portugal, à cause de sa femme, fille légitime dudict roy Ferrand, et eut grande assistance des nobles du royaume; mais la plus-part ne voulurent souffrir que celle dame héritast à la signeurie, et en bailloyent trois raisons : la premiére, que fille ne doit point hériter à si-noble royaume; la seconde, qu'ils ne vouloyent point estre sugets de Castille; et la tierce, que la fille d'un mauvais roy tel que son pére portoit jugement de sa male adventure : et, pour aberger, eleurent Jehan, bastard du roy don Pietre, et frére-bastard du roy Ferrand, à leur roy et à leur signeur.

Celuy Jehan de Portugal est celuy dont j'ay parlé cy-dessus : et fut mis, en sa jeunesse, chevalier de la religion d'Avis (1) au royaume de Portugal; et fut maistre de la religion, fondee par les roys de Portugal, des chevaliers et des freres portans la verde croix, pour la deffense de la foy : comme sont Rhodes, Sainct-Jaques, Caletrave, Prusse, et autres : et fut celuy bastard maistre d'Avis, principal deffendeur en armes du royaume de Portugal, à l'encontre du roy de Castille (qui toutesfois avoit grand' partie du royaume pour luy, comme dit est); et pour sa vaillance, sens et vertus, fut élevé à roy de Portugal. Et d'iceluy vous estes issu : et encores dure la lignee des roys du païs, qui certes ont esté et sont vertueux, et ont fait de grands conquestes sur les Sarrasins, du costé de Barbarie et d'Affrique, et

(1) *D'Avis :* lisez *David.*

pris et conquesté plusieurs diverses isles : dont le royaume de Portugal a ét porte grand honneur et profit.

Mais pource que plusieurs sont qui ont reproche et dedain d'estre issus de bastards et non légitimes; et mesmes, sur toutes les nations du monde, les Germains et Alemans font petite estime de bastard et de bastardes, j'ay travaillé et entrepris, selon mon petit entendement, de vous monstrer que vostre lignee du costé de Portugal n'est pas seule issue de bastards, et que moult de lignees, de païs et de signeuries ont eu honneurs par bastards : et prend Dieu plaisir et gré aux vertus exercees, et non pas à l'entiére et légitime naissance, si vices et faute d'honneur y regnent et abondent. Je ne veuil pas toutesfois avouer que ce qui se fait par peché soit bien faict : car j'erreroye à mon donner à entendre; mais j'enten que quand de peché vient amendement, comme de personne de vertu, il ne fait pas à rebouter ne dépriser : car vertu est le fruit que Dieu demande à tout labeur.

Et (1), pour l'appreuve de mon espitre presente, j'ay pris la peine de rememorer (si vieil que je suis) ce que j'ay apris en ma jeunesse, en plusieurs et divers volumes : et me souvient de l'Escripture, qui dit que Jephté, juge et capitaine du peuple d'Israël au desert, est mis au nombre des saincts : et toutesfois il estoit fils d'une femme publique, et sans ma-

(1) Rien ne donne une idée plus juste du goût du temps que cette longue digression sur les bâtards, où l'auteur mêle le sacré et le profane, la fable et l'histoire, et fait très-mal à propos un grand étalage d'érudition.

riage. Ne coucha pas Judas, le patriarche, aveques Thamár, vefve de son fils? et en cest adultére furent engendrés Pharez et Zaram, duquel Pharez descendit Salmon, conduiseur au desert du peuple d'Israel : et d'iceluy Salmon et de Raab, femme publique, fut fils Boos, qui engendra Obed, pére de Jesse; et Jesse engendra le roy David : et David engendra en Bersabee, femme d'Urie, le sage Salomon, qui fut roy de Ierusalem : et de ceste progenie vint la tressacrée vierge Marie, mere de nostre redempteur Jesus-Christ, le roy des roys, le puissant sur les puissans, le noble des nobles, le digne sur toutes les dignités. Et si ce createur et signeur ne deprisa pas, ne n'eut en dedaing d'estre issu de generation où il y eust corruption en aucun (comme j'ay dit), pourquoy autres (qui ne sont que ses creatures) prennent ils en dedaing ce cas semblable en leur nativité, s'il leur advient? Et s'il ne suffit assez de ce que j'ay dit cydessus, nous reviendrons à monstrer du temps des payens, et de mille ans passés, des grands princes bastards qui regnérent en ce temps. Je commenceroye au grand Alexandre, pource qu'aucuns disent qu'il fut fils de Nabusardan l'enchanteur; mais la saincte Escriture, sainct Augustin et autres, parlans de luy, le nomment fils de Philippe, roy de Macedoine : parquoy je parleroye plus que je ne doy de le nommer bastard, combien que luy mesme se nomma, en un pas, fils de Jupiter. Jupiter, roy de Créte, engendrail pas hors mariage, en Sémele, fille de Cadmus roy de Thébes, ce grand conquereur Bacchus? Or ce bastard mit en sa sugettion Asie, depuis les Indes jusques à la fin d'Orient : et y regna longuement, et si vertueusement qu'il fut tenu et aouré comme un dieu entre les Payens, ainsi que racompte Diodore Sicilien, et Ovide en sa Metamorphose. Ce grand conquereur Perseùs, fils dudict Jupiter, ne fut-il pas conceu par adultére en Danae, fille d'Acrisius? et neantmoins il fut si-grand homme, qu'il conquit toute Libye et toute Afrique, jusques à la mer Æthiopique, et jusques au mont Atlas en Occident, tesmoins Ovide et Lucain. L'un des trois, et le principal juge d'enfer, selon les auteurs de poeterie, fut Minos, roy de Créte, engendré par adultére dudit Jupiter et d'Europe, fille du roy Agenor, ravie en Egipte: lequel Minos les auteurs ont en merveilleuse recommandation, pour ses vertus et vaillances. Qui fut le tresgrand et l'admirable en ses œuvres, puissances et conquestes, Hercules? Ne fut-il pas fils dudict Jupiter, et engendré par adultere en Alcmena, femme d'Amphitruon? Et selon les acteurs (tesmoing mesme ledict Diodore, qui reduit les fables des poëtes à la verité) cestuy bastard Hercules conquit depuis Gréce jusques à la fin d'Orient et d'Occident; planta ses bornes en la mer, et es extrémes parties du monde; passa et conquit Afrique et Europe: et pour les merveilles de ses faicts, les Payens l'aorérent comme dieu. Le compaignon dudit Hercules, nommé Theseus, bastard d'Ægeus roy d'Athénes, et d'Æthra fille de Pitheus, fut tant recommandé en preu-d'hommie et vaillance, et tant valut (combien qu'il fust bastard), qu'il succeda au royaume d'Athénes, et à tout l'héritage et signeurie de son pere. Themistocles, bastard de Neocles, et d'une femme de petit estat, du païs de Trace, fut si-vaillant capitaine, et de telle conduite, qu'il déconfit le roy Xerxes par mer et par terre, et le rebouta hors de Gréce, où ledict Xerxes avoit amené quatre mille navires et seize céns mille combatans, selon que racomptent les plus grands historiens de Gréce, et mesme Orose, Justin, et plusieurs autres. Romulus, premier roy des Rommains, ne l'engendra pas Mars en Ilia, nonnain, religieuse, et vouee à la deesse Vesta, comme le dit Ovide, Vergile, Titus Livius, et plusieurs auteurs antiques? Ce grand capitaine rommain Fabius Maximus fut bastard, et né d'une femme de petit estat ; et dit Plutarque qu'il fut engendré par Hercules empres le Tybre, en une femme à l'adventure rencontree : et neantmoins trouverez que ce fut le premier qui onques veinquit Hannibal en bataille.

Artus, roy d'Angleterre, ne fut il pas bastard d'Uterpandragon? et toutesfois il est nommé l'un des neuf preux, et le premier des trois preux chrestiens. Roland, si-renommé et si-vaillant, les anciennes croniques et gestes le nomment bastard de Charlemaigne. Et qui fut le derrain prince estranger qui conquit Angleterre? Ce fut Guillaume, bastard de Normandie, qui s'y fit roy, et y regna vertueusement. D'où sont descendus les roys de Castille et d'Arragon, regnans aujourd'huy? Ils sont venus de Henry le bastard, qui dechacea le roy dom Pietre son frére légitime, et le tua de sa main : et regnerent deux bastards tout en un temps : l'un Henry, roy d'Espaigne, et Jehan, roy de Portugal. Le roy de Naples, regnant au-jourdhuy et vivant, n'est il pas bastard du roy Alphonse, roy d'Arragon? Et par plusieurs fois les bastards ont succedé au marquisat de Ferrare, devant les légitimes : et, pour clorre mes alegations plus-peremptoirement, lisez le commencement de la lignee de Charles Martel (qui fut comme roy de France), et vous trouverez que tout n'est pas légitime. Ainsi, monsieur, en continuant mon propos, je vous ay bien voulu monstrer que les bastards, vivans et regnans en vertu, ne sont pas à depriser n'à rebouter : car Dieu n'est pas accepteur des hommes, mais des vertus ou des vices.

Mais tout mon recit ne suffit point, si je ne vous declaire amplement aucunes choses des grans faicts que fit ce noble et vertueux bastard, le roy Jehan vostre bisayeul, qui vescut si-bien et si-vertueusement en son royaume, qu'il est encores aujourdhuy nommé en Portugal le bon roy Jehan. Ce roy Jehan, apres avoir longuement maintenu la guerre contre le roy d'Espaigne, et defendu le royaume de Portugal devant et apres qu'il fut roy, eut si-bonne fortune, acquise de Dieu, de son sens et vaillance, qu'il déconfit en bataille le roy d'Espaigne, aidé de grande noblesse de François et de Gascons : et à celle heure le roy d'Espaigne estoit accompaigné de la puissance de son royaume, aussi grandement ou plus que paravant fut nul roy d'Espaigne ; et toutesfois le roy de Portugal n'avoit qu'une partie de ses sugets : car grand nombre des nobles de Portugal tenoyent le parti du roy d'Espaigne et sa querelle, pour les causes que j'ay dictes par-avant : et de tous estrangers n'avoit le roy Jehan de Portugal que deux cens Anglois, qu'un pirate de mer luy amena à son service. Celle bataille de Giberrot gaigna le roy Jehan de Portugal : et s'enfuit le roy d'Espaigne, qui fit moult grande perte celuy jour; et par ce moyen mit le roy Jehan son royaume en paix, justice et police : et par celle victoire se fit douter, aymer et extimer en son royaume plus-que devant.

Ce bon roy Jehan ne mecongnut ou n'ignora pas que Dieu luy avoit donné couronne de roy, et victoire de bataille contre un si grand et puissant roy que le roy d'Espaigne : car aussi tost qu'il en peut avoir le loisir, il voulut à Dieu rendre service, et sacrifice de ses bienfaicts : et fit préparer si grands navires et armee qu'il luy fut possible; passa, en sa personne, la mer; descendit en Afrique sur les mecréans, et assiegea la grande cité de Septe (qui est la meilleure vile d'Afrique); et tant il travailla, qu'il gaigna celle puissante vile, et y fit maint Sarrasin mourir et destruire. Et de celle vile fit une cité, à l'augmentation de la foy chrestienne : laquelle vile est encores tenue et gardee par les roys de Portugal, au grand honneur d'eux et de leur royaume, et au grand profit de la chrestienté.

Celluy roy se maria à Philipote de Lanclastre, fille de Jehan duc de Lanclastre, fils du roy d'Angleterre Edouard, tiers du nom, et fille aussi de Blanche, issue de la droite lignee d'Emond, duc de Lanclastre : lequel Emond estoit frére aisné du roy Edouard, premier de ce nom : et neantmoins ne succeda point à la couronne, pource qu'il estoit difforme et bossu. Dequoy je vous adverti : à cause que quand à la lignee de Portugal, dont le roy vostre pére et vous estes issus, n'estes pas ou serez, vous ou les vostres, sans querelle du royaume d'Angleterre, et principalement de la duché de Lanclastre : de laquelle duché Emond le Bossu, frére du roy d'Angleterre, dont j'ay parlé, fut contenté et party; et de sa lignee fut seule héritiere Blanche, mariee à Jehan, fils du roy Edouard le tiers: et de par icelle Blanche sa femme, ledict Jehan fut duc de Lanclastre; et de la fille d'iceux, nommee Philipote de Lanclastre, veint Edouard, roy de Portugal, pere de l'Emperiére vostre grand-mére, et madame Ysabel duchesse de Bourgongne, vostre ave; et aussi le duc de Coimbres, pére de madame de Ravastain, dont est issu monsigneur Philippe de Cléves: et ces choses je vous eclairci, afinque mieux vous entendiez les lignages et aliances de ce costé de Portugal, qui par droit vous doyvent soustenal (1), amour et service, et vous à eux. Mais quand je pense à ce quartier d'Angleterre, où par droit vous vous devez appuyer, et soustenir en voz affaires, je regrete que je n'ay l'entendement de ces grans et notables auteurs, pour vous déclairer que c'est et que ç'a esté de ce puissant royaume, et des grandes choses faictes et advenues en Angleterre, qui semblent plus merveilles qu'autrement.

C'est une isle la plus-puissante du monde, qui ja fut habitée par Albine, fille du roy Diodinas. Ce roy eut trente-deux filles (2), mariees à trente-deux roys: et par une nuict chacune d'icelles meurdrirent leurs maris en leurs licts; et dit l'histoire qu'elles estoyent trente-trois sœurs d'icelle conspiration: mais la plus jeune ne voulut, de sa part, exécuter telle cruauté: parquoy je ne raconte que des trente-deux. Icelles trente-deux roynes, exilees par leurs malefices, arri-

---

(1) *Soustenal:* soutien, appui. — (2) *Ce roy eut trente-deux filles:* Qui ne voit que cette fable est calquée sur celle des Danaïdes?

vérent, par mer, en l'isle dont nous parlons (qui lors n'estoit point habitée); et, pour Albine l'aisnee de toutes, fut nommee l'isle d'Albion, et fut premier habitee par les roynes dessusdictes, lesquelles par leurs pechés tombérent en fornication si deshonneste, que les diables habitérent aveques elles, et firent et portérent geans grans et merveilleux : et dura celle detestable lignee jusques au temps de ce vaillant prince Brutus, qui fit mourir par puissance d'armes toute icelle generation; et du nom de Brutus fut celle isle appelee Bretaigne : et là regna Brutus moult noblement, et long-temps : et sur la lignee d'iceluy fut celle grande Bretaigne conquise par les Saxons, jusques es montaignes que l'on nomme le païs de Gales. Ceux-là sont demourés de la lignee de Brutus : et vous certifie (comme celuy qui l'ay veu) que si un Anglais a debat contre un Galois, le Galois, pour villainer sa partie, l'appellera Saxon, par grand depit. Par icelle conqueste des Saxons, fut depuis celle isle nommee Angleterre, pource qu'elle est assise en un anglet(1) de terre. Celle noble isle, élevee en royaume, croissoit tousjours en pouvoir et richesse, et faisoit guerre à tous ses voisins : et y regnérent glorieusement plusieurs roys; et parle l'histoire de Brennus, roy d'Angleterre, et du different qui fut entre luy et Belgius son frére; et comment Belgius passa en Angleterre, à puissance de gens et de navires, pour combatre Brennus son frére, lequel assembla sa puissance : et la mere des deux se mit entre les deux batailles, et cria à ses deux enfans qu'ils tirassent leurs espees, et les souillassent au sang de leur douloureuse mere, avant

(1) *Anglet* : angle.

qu'elle veist de ses yeux, ou ouïst de ses oreilles, que ceux qu'elle avoit portés se defissent l'un l'autre. Ces paroles amolirent les cœurs des deux fréres, et firent paix, et passérent la mer par-ensemble, et tout d'un accord alérent contre les Rommains : et, à l'aide et à la faveur que leur firent les Alobrogiens (qui sont en ce temps nommés Bourgongnons), ils conquirent Romme, et firent moult de grandes choses en ce voyage. Mais depuis les Rommains reconquirent leurs signeuries.

Le roy Artus, comment se maintint il honnestement en ce royaume d'Angleterre? Quelles grandes et merveilleuses chevaleries furent faites et executees du temps du roy Uterpandragon son pere, et de luy! dont j'ay veu en Angleterre de grandes apparences, comme la table ronde, et autres conjectures. Et combien que ces choses soyent estranges à croire à plusieurs, toutesfois il ne faut pas ignorer que le roy Artus n'ait esté roy d'Angleterre : comme il appert par les croniques antiques d'Angleterre, par les fondations faictes par luy, et par sa sepulture en l'abaïe de Glasombery; et aussi qu'en toute la chrestienté il est figuré l'un des neuf preux du monde, et le premier des trois preux chrestiens, comme cy devant j'ay dit. Parquoy je conclu que l'on doit bien peser, devant que rebouter et contredire aux choses escrites et mises en ramentevance sous un si-noble roy et si-renommé que le roy Artus; et (qui plus est) vous trouverez grandes appreuves des choses dessusdictes, par les croniques de Belge et de Romme : et n'est à croire ny à penser que les grans et solennels volumes, faicts pour registres des choses advenues du temps du roy Artus, ayent esté publiés en vain, et que les auteurs eussent voulu perdre tant de temps pour choses frivoles trouvees, et non advenues : combien que non le croire ne charge point la conscience; et pource m'en passe, et laisse de ramentevoir les roys successans en Angleterre, jusques à Guillaume, le bastard de Normandie, qui conquesta la signeurie sur le roy Harald, et duquel Guillaume j'ay parlé cy-dessus : et treuve que depuis ce temps les roys d'Angleterre qui ont fait les plus grandes choses ont esté les Edouards et les Henris : et si les guerres civiles et partialités n'eussent regné en Angleterre depuis deux cens ans en ça, ils eussent conquis grande partie de leurs voisinages. Mais Dieu, qui limita le cours de la mer (qu'elle ne peut passer), qui separa les élemens, et qui donna à chacun son limite, par sa divine Providence met en toute chose la bride, et le frein de la fortune manie et conduit de sa digne main, et à son plaisir : comme le dieu, le signeur et le maistre de toutes choses, et à qui chacun se doit soigneusement recommander, et luy rendre service. Or vous ay je ramentu à l'abregé du faict d'Angleterre, dont vous estes yssu par Philippote de Lanclastre, mére de vostre ayeule; en donnant à entendre comme le bon duc Philippe espousa madame Ysabel de Portugal, d'où vint le duc Charles vostre grand-pére, que l'on nomme Charles le Travaillant : et combien qu'ils eurent d'autres enfans, toutesfois le duc Charles demoura leur seul héritier, et signeur de toutes ces belles signeuries dont j'ay ci-devant parlé au commencement de ce present escript.

CHAPITRE V.

Du duc Charles de Bourgongne, grand-pére maternel de l'archeduc Philippe d'Austriche.

Ce duc Charles se trouva, du vivant de son pére et mére, homme faict, sage, et de grand entendement, puissant de corps et d'amis, aimé et quis (1) de ses sugets. Il estoit puissant jousteur, puissant archer, et puissant joueur de barres. Il estoit pompeux d'habillemens, et curieux d'estre accompaigné, et tenoit grand estat et grande noblesse en sa maison. Il aimoit la chace sur toutes choses, et voulontiers combatoit le sanglier, et en tua plusieurs. Il aimoit le vol du heron. Il aimoit la musique, combien qu'il eust mauvaise voix : mais toutesfois il avoit l'art, et fit le chant de plusieurs chansons, bien faictes et bien notees.

Il estoit large, et donnoit voulontiers, et vouloit sçavoir où et à qui. Tout jeune, il vouloit congnoistre ses affaires. Il servoit Dieu, et fut grand aumonnier. Il aimoit la guerre, et n'eust point voulu ne souffert estre foulé de ses voisins : et pourra-l'on dire cy-apres que je le loue beaucoup en mes escrits, pource que c'estoit mon maistre ; et à ce je respon que je dy verité, et que tel l'ay congnu : car vices apparens de luy ne viendrent oncques à ma congnoissance : et si faute y a qu'il fale que je congnoisse, ce fut de trop valoir et de trop entreprendre. A quoy vous, mon-

(1) *Quis :* de l'espagnol *querido*, chéri.

sieur, devez avoir exemple et regard : car en toutes choses où trop y a, il passe la raison : et où raison n'est, communément perdition est preste.

Ce duc Charles, et la plus-part des signeurs nourris avecques luy et de son aage, porta armes aveques le duc Philippe son pére, à sa grande poursuite (1) et requeste, es guerres de Flandres, commencees l'an mille quatre cens cinquante deux : et fut en deux batailles, et en plusieurs rencontres et siéges, accompaignant son pére. Et desja se monstra fier et courageux, et principalement à tenir ordre : où il se delectoit aigrement, monstrant qu'il estoit prince et signeur apparent, et se faisoit craindre : et de ses faicts de lors et d'apres ne vous puis guéres icy monstrer, sinon à l'abregé, pource que je les declaireray en la seconde partie de mes Memoires; et aussi en cet escrit ne servent guéres à ma matiére : mais vous le trouverez de son temps avoir tenu en temps de paix estat grand et reglé; et ses gens, de quelque estat qu'ils fussent, en tresgrande cremeur (2) et obeïssance. Et quant au faict de la guerre, il est notoire que luy, comte de Charolois, sachant que le roy Louis l'avoit voulu brouiller et mesler avec son pére, se mit en l'aliance de monsieur de Berry, frére du roy de France : et alors monsieur François, duc de Bretaigne, monsieur Jehan d'Anjou, duc de Calabre, les ducs de Bourbon et de Nemours, les comtes d'Armignac, de Dunois, de Dammartin, et autres grans personnages de France, mal-contens du Roy, et sous ombre du bien-public du royaume de France, s'éle-

---

(1) *A sa grande poursuite* : amphibologie; c'étoit le duc Charles qui excitoit son père à la guerre. — (2) *Cremeur :* crainte, appréhension.

vérent contre iceluy roy, et se devoyent tous trouver en un jour à Sainct-Denis : et ledict comte de Charolois vostre grand-pére s'y trouva au jour nommé, accompaigné de monsieur Jaques de Bourbon, de monsieur Adolf de Cléves, signeur de Ravastain; du comte Louis de Sainct-Pol, de messire Anthoine, bastard de Bourgongne, et de grande noblesse et sugets du duc son pére, et par l'adveu et consentement de sondict pére; et rencontra le roy de France à Mont-lhery, et gaigna la journee, et demoura sur la place : et s'en ala le Roy à Corbeil : et fut vostre grand-pére blessé, aresté, et en danger d'estre pris. Mais il fut recous, à son grand honneur et recommandation : et depuis celle bataille s'assembla aveques les autres princes de son aliance, et revindrent tous ensemble devant Paris, et le roy de France se retira audict Paris : et là, d'une part et d'autre, furent faictes plusieurs apertises d'armes : et tant dura, qu'apointement fut trouvé et faict entre le Roy et les signeurs dessusdicts. Et fut, par ce traitté, monsieur de Berry duc de Normandie : et ledict comte de Charolois eut pour luy les terres de la riviére de Somme (à savoir est Amiens, Sainct-Quentin, Abeville, le Crotoy, et toute la comté de Pontieu, que le roy Louis avoit racheptees du bon duc Philippe quatre cens mille escus). Mais de tout ce ne tint rien le roy de France, comme vous orrez cy-apres, à la poursuite de mes Memoires.

Toutesfois le traitté et appointement fut faict entre le Roy et les princes : et devoyent estre trente-six hommes choisis au royaume, par qui les deffautes du bien-public du royaume de France devoyent estre corrigees et amendees : et sur ce se départit icelle noble assemblee, et se retira chacun à son affaire. Le comte Charles de Charolois, vostre grand-pére, fut adverti que les Liegeois avoyent envahi le duc son pére : et pourtant tira celle part, traversa le royaume, et par la Terrache ala au Liége, sans aler es païs de son pere : et tellement exploita, qu'il eut appointement aux Liegeois, au grand honneur de son pere et de luy. Et puis s'en retourna en Brabant devers le duc son pere, où il fut recueilly à grand honneur et joye, et fit rompre son armee. Et assez tost apres le comte se retira à Abeville, à Amiens, et à Sainct-Quentin; et là remit en son obeïssance les terres de la riviére de Somme, engagees par le traité d'Arras : lesquelles le roy Louis de France avoit racheptees du duc Philippe son pere, comme dict est : et par le traité de Conflans, faict entre le Roy, et les princes, et luy, furent de-rechef rendues, comme j'ay dit cy-dessus.

Ce faict, il retourna à Brucelles devers le duc son pere : et en ce temps ceux de Dinan (qui avoyent fait appointement avec le comte, au nom de son pere, par la main d'un notable homme de ladicte yile, nommé Jehan Le Carpentier) ne voulurent rien tenir de cet appointement : mais livrérent ledict Jehan Le Carpentier à la mort, et firent moult d'injures au bon duc Philippe par œuvres et par paroles, et autrement; et tant, qu'ils provoquérent et emeurent ce bon duc de leur courre sus, et de soy venger de leurs malefices. Et en sa personne, tout viel et debile, prit les armes, et se tira en Namur, et fut conseillé de faire executer celle guerre par le comte son fils :

dont ledict comte assiegea Dinan, et tant fit, par batures de bombardes et autres exploits, qu'il gaigna la vile de force : laquelle vile fut pillee, demolie et arse, tellement qu'il sembloit, dés la premiére saison, que ce fust une vile arruinee de mille ans. Le duc s'en retourna en Brabant, et le comte entra au païs du Liége, et y renouvela les traités par luy faicts : et de ce je parleray plus-à-plain par mon second volume.

Le duc Philippe vostre ave devint vieil et maladif; et se conduisoyent tous les grans affaires par le comte son fils, et sous sa main : et neantmoins luy portoit tousjours grand honneur et réverence. Et, depuis ces choses advenues, ne vescut guéres le bon duc Philippe : et fut vostre grand-pere, le comte Charles, duc, et receu par toutes les signeuries delaissees par son noble pere. Ce duc Charles se trouva au danger de ceux de Gand, en armes, sur le marché, où il estoit en personne : mais depuis il les fit venir à la raison en la vile de Brucelles, où ils luy criérent mercy de celle offense, et luy rendirent leur banniére; et furent cassés et coupés devant eux aucuns de leurs priviléges, et demourérent au traité de Gavre, tel que le fit le bon duc Philippe son pere, quand il les eut déconfits et subjugués. Tantost apres que le bon duc fut trépassé, les Liegeois se rebelérent : mais le duc Charles fit prestement une grosse armee, et assiegea la vile de Saintron, que lesdicts Liegeois avoyent prise sur luy; et lesdicts Liegeois, conduicts par aucuns des gens du roy de France, veindrent pour lever ledict siége. Mais le duc leur vint au-devant, entre Saintron et un vilage que l'on nomme Brustan : et par son avant-garde, en grande et puissante compaignie, furent iceux Liegeois déconfits et morts; et ne se bougea le duc, ne sa bataille, pour chose qu'ils veissent : car l'on disoit que les François devoyent aider les Liegeois à puissance. Parquoy la bataille se tenoit serree et entiére : et fut deux heures de nuict, quand la chace de la bataille fut finie ; et retourna le duc en son logis et siége devant Saintron, et prit la vile par composition, apres la bataille gaignee : car il la voulut retenir pour luy, pour la seureté de son païs de Brabant.

Puis tantost marcha contre la cité de Liége, et de ce train prit Tongres et entra en Liége, et fit abatre les murailles et les portes d'icelle cité, et fit plusieurs gens décoler et noyer par justice : et remit l'évesché et le païs en l'obeïssance de monsieur Louis de Bourbon son cousin germain, lors evesque du Liége : à la querelle duquel il faisoit celle guerre, par le commandement et ordonnance du Pape, comme à desobeïssans au Sainct Siége apostolic, et à leur prince et evesque du Liége. De là revint à Huy, qui lui fut obeïssant : et pource ne furent point les murailles abatues.

Le duc Charles revint en son païs de Brabant : et par moyen paix et union fut entretenue entre le roy de France et le duc de Bourgogne : et prospera le duc Charles, en tenant grande et triomphale court sur toús les ducs du monde. Il donnoit audience deux fois la sepmaine à tous, pauvres et riches. Il entendoit à ses affaires soigneusement, et faisoit de grandes et charitables aumosnes. En ce temps il se maria, pour la tierce fois, à madame Marguerite d'Angleterre, sœur du beau roy Edouard d'Angleterre, et fit les plus triomphales noces et de la plus-grande despense que de long temps en eussent esté faictes : et de tout ce je parleray plus-à-plain à la poursuite de mes Memoires. Et de ce mariage je parleray peu pour le present, tant pource que de celle noble dame il n'eut nuls enfans (1), comme aussi pource que vous avez congnu et congnoissez les nobles mœurs et vertueuses bontés d'elle en son vefvage : et sçavez qu'elle vous a levé es saincts fonts de baptesme, et est vostre marraine, et qu'elle vous a soustenu et porté en voz adversités ; et vous a esté si-bonne mere que vous estes tenu à elle, et ne la devez jamais oublier.

Apres les noces du duc Charles, par le moyen du roy de France les Liegeois se rebellerent derechef contre luy, et les François luy tenoyent plus termes d'ennemis que d'amis : et se remit le duc aux champs à grande puissance, et mit son camp à Lihons en Santers, contre les François : et le roy de France trouva façon de rompre celle armee ; et par moyens et à sa requeste vint à Peronne, où les matiéres d'une part et d'autre furent fort debatues, et dont je parleray plus-amplement ailleurs : et finalement fut la paix entre eux deux renouvelee et juree de-rechef; et promit le Roy d'aler en sa personne, avec le duc, pour subjuguer lesdicts Liegeois, qui nouvellement estoyent rebelles, et d'une emblee avoyent pris Tongres par nuict, et pris leur evesque, et le signeur d'Imbercourt, en icelle vile : dont le duc fut moult déplaisant. Et finalement le roy de France porta la croix sainct Andrieu en ce voyage du Liége : et fut la cité du Liége

---

(1) *N'eut nuls enfans* : Marie de Bourgogne étoit née d'Isabelle de Bourbon, seconde femme du duc Charles.

assiegee de toutes parts; et par un dimenche matin, au son d'une bombarde, fut icelle cité assaillie et gaignee d'assaut, pillee, arse et brulee toute, fors les eglises seulement. Et de là le roy de France se tira en son royaume, et le duc poursuyvit ses ennemis au païs de Franchemont, où luy et son armee eurent de grandes froidures et souffrettes. Mais il brula tout le païs, qui toutesfois est terre de montaignes, valees et bois : et sont les hommes forts et robustes, villains, et gens dangereux à conquerre.

Apres celle conqueste, le duc s'en retourna en son païs de Brabant et de Flandres, et demoura assez bon espace sans guerre : et en ce temps le roy Edouard d'Angleterre son beau-frére fut dechacé d'Angleterre, et se retira en Hollande, où le duc le recueillit, et l'aida tellement qu'il retourna en son royaume, où il vescut et regna depuis, en grande prosperité et honneur. En ce temps le roy de France (qui tousjours queroit subtils moyens pour surprendre le duc) pratiqua tellement, que la vile de Sainct-Quentin et la cité d'Amiens se rebellérent contre luy : mais le duc Charles hastivement se mit sus, et aux champs : et mit sa puissance devant Amiens, du costé de Sainct-Acheu : et batit la vile d'artillerie à poudre : et là presenta la bataille, où furent plusieurs fois faictes plusieurs appertises d'armes, tant au mestier de la guerre comme en faict-d'armes de corps à corps : dont je parleray plus amplement au second livre de mes Memoires.

Dedans la vile estoyent le comte Louis de Sainct-Pol, connestable de France, et quatorze cens lances des ordonnances de France; et là fut traittee une tréve entre le roy Louis et le duc de Bourgongne, laquelle tréve fut assez bien entretenue : et durant ce temps le duc vostre grand-pere mit sus douze cens lances, chacune fournie de huict combatans à cheval et à pié : et pratiqua par tous ses païs tellement, que cinq cens mille escus luy furent accordés d'aide : dont il entretint lesdictes douze cens lances. Et combien que ses païs en murmurassent assez, disans qu'ils estoyent fort foulés de celle grande taille, toutesfois il leur tournoit à grand profit, comme depuis ils ont bien congnu : car le duc Charles estoit si-puissant, qu'il pouvoit exécuter et faire forte et roide justice. Il tenoit ses païs en crainte et en paix ; il faisoit la guerre, et tenoit les gens d'armes hors de ses païs ; il vivoit l'espee au poing, et avec tous ses voisins : et ce qu'il ne pouvoit faire par amour, il le faisoit par crainte : et tant qu'il vescut, ses païs florirent et prosperérent.

En ce temps le duc Charles mit sus un parlement qui residoit à Malines, où respondoyent tous ses païs de dela la Champaigne : et de ce parlement n'avoit ailleurs n'appel ne ressort, et me pourroit estre demandé comment il y pouvoit contraindre ses sugets, qui souloyent ressortir en France : comme Artois, Flandres, Boulennois, et les terres engagees, qui sont signeuries tenues de France de toute ancienneté. A ce je respon que par appointement faict, et par paix juree entre le roy de France et luy, fut accordé par le Roy qu'au cas qu'il rompist, allast ou contrevinst à la paix de Peronne, il quittoit le duc de toute fidelité et hommage qui luy pouvoyent appartenir, pour luy et pour ses hoirs roys de France, au profit du duc et de ses hoirs : et de ce je parleray plus-à-plain. Laquelle paix fut rompue et contrevenue par iceluy roy de France, comme maintenoit le duc vostre grand-pere. Parquoy il se disoit souverain en icelles signeuries, et en jouist, comme souverain jusques à sa mort. Mais, luy trepassé, les païs se mutinérent contre madame vostre mere, leur princesse, et voulurent r'avoir vieils priviléges et nouveaux, à leur plaisir : parquoy ledict parlement fut rompu et aboli.

La tréve rompue, la guerre recommença : et se tira le duc devant Roye et Nesle, et les gaigna par force, et y fit grande exécution de François; puis mit le siége devant Beauvois, où grande puissance de François se boutérent pour garder la cité, qui puissamment fut par le duc assaillie, et puissamment défendue par les François : et durant ce siége ceux de la garnison d'Abeville, ses serviteurs, prirent Gamaches et Sainct-Walery : et se partit le duc, et leva son siége, et se tira plus-avant en France, presentant la bataille. Il prit et conquesta la vile et comté d'Eu, et par ses gens fit gaigner Neuf-Chastel en Normandie, et le fit ardre et destruire. Il ala devant Rouen, où luy et ses gens-d'armes eurent moult à souffrir : car les François, et nommément le connestable de France, le costoyoient, et luy coupoyent les vivres à leur pouvoir : mais luy, courageux, marcha tousjours, et presenta aux François la bataille à toutes heures : puis reprit son chemin contre la cité d'Amiens, et rembarra la garnison lourdement dedans la cité. Il prit Beaurevoir, le Catelet, La Fére, Vandeul, et autres places appartenantes audict connestable de France. Il prit Chauny, Ribemont, Janly et Mouy, et brula et exila (1) moult le païs, toujours pour cuider parvenir à la bataille qu'il desiroit sur toutes choses : et s'arresta devant Bohain, sans y mettre siége. Et venoit desja à l'arriéresaison, et lors se pratiqua une tréve assez courte : de laquelle tréve fut pratiquee la tréve de neuf ans entre le roy de France, et le duc Charles vostre grand-pere : laquelle tréve fut solennellement juree, et prise pour eux, leurs païs, leurs hoirs, et nommément pour monsieur Charles de France, à present roy de France, et lors Dauphin; et pour madamoiselle Marie de Bourgongne, fille du duc, qui depuis fut seule héritiére de la maison de Bourgongne, duchesse d'Austriche, et vostre mere, qui garda son serment en cette partie.

Dieu en est le juge, à qui les choses occultes ne peuvent estre mucées n'absconses (2). Apres le retour de la chevauchee que fit le duc Charles vostre grandpere en Normandie, il assit ses garnisons du long de la costiére de France, et r'entra en son païs de Hainaut, et vint à Vallenciennes en moult grand triomphe : et là avoit fait préparer pour tenir la feste de l'ordre de la Toison d'or, où il fit deux augmentations. Pour la premiére, il fit changer les robes et manteaux des chevaliers de l'ordre (qui estoyent d'escarlate vermeille) à veloux cramoisi : et si ordonna, pour le troisiéme jour, vespres et messe, au nom de la vierge Marie : et que les chevaliers seroyent, audict service, vestus de robe de drap de damas blanc. Ce qui fut moult bel à veoir : et apres celle solennité tenue, le duc se partit, et se tira

(1) *Exila* ou *essilla* : ravagea. — (2) *Mucées n'absconses* : cachées ni dissimulées.

contre la duché de Gueldres (laquelle il quereloit); et à l'entrer au païs, prit par force et par siége deux puissans chasteaux, l'un nommé Montfort, et l'autre Brughe : et mit le siége devant la vile de Niemeghe, laquelle il prit : et par ce moyen subjuga tout le païs, et gaigna la duché de Gueldres et comté de Zutphen : et mit tous les voisins, et mesmes les Frisons, en tel effroy et doute, que s'il eust marché contre Desventel, Camp et Zole (1), ils luy eussent faict obeïssance, et eust de celuy jour esté subjugué le royaume de Frise. Ce qu'il laissa, pour le desir qu'il avoit de veoir l'Empereur, aussi vostre grand-pere, pour certaines hautes et courageuses fins à quoy il beoÿt (2), et principalement desirant de venir au mariage du Roy vostre pere et de madame vostre mere, sa fille; qui lors ne se peut accorder, et depuis a esté faict et consommé par la grâce de Dieu.

En ce temps fut pratiqué que l'empereur Federic vostre grand-pere paternel, et le duc Charles, pareillement vostre grand-pere maternel, se peussent veoir, tendans au mariage et à l'aliance de monsieur Maximilian vostre pére, et de madame vostre mere : et se trouvérent en la cité de Treves, à grand triomphe et signeurie d'une part et d'autre; et fut festeyé l'Empereur par le duc à moult grand' richesse et appareil : et combien que lors ne fust parfaict ny acordé icelluy mariage, et que depuis grand accident de guerre meust entre eux deux (comme je diray de brief), toutesfois fut icelle communication le motif dont depuis a esté faict le mariage duquel vous estes

---

(1) *Desventel, Camp et Zole* : Deventer, Cempen et Zwol. L. —
(2) *Beoÿt* : aspiroit.

venu, par le divin plaisir : et se departit icelle assemblee, plus en diffidence l'un de l'autre qu'en apparence d'amour, et ce par trafiqueurs et rapporteurs d'une part et d'autre : dont tous sages princes se doyvent bien garder sus toutes choses.

Durant iceluy temps, le duc Charles visita tous ses païs de Bourgongne et de Ferrate : et fit transporter le corps du duc Philippe son pere, gisant à Sainct-Donat de Bruges, et celuy de madame Ysabel de Portugal sa mére (dont le corps gisoit aux Chartreux de Gouain en Artois), et les fit amener solennellement jusques à Digeon en Bourgongne : où il fut à l'enterrement, et les fit mettre en leur sepulture es Chartreux, hors dudict Digeon, à si-grande devotion et triomphe qu'il est possible (et de ce je parleray amplement en mon second volume); puis se retira en son païs de Luxembourg.

En ce temps fut le duc vostre grand-pere requis d'aide par messire Bernard de Baviére, lors archevesque de Coulongne son cousin, et frére du comte palatin, pource que le chapitre et doyen de Coulongne le travailloyent de proces, de guerre et desobeïssance : et à ceste cause emprit le duc la queréle dudit archevesque, et entra à puissance au païs de Coulongne : et pource que la vile de Nuz estoit desobeïssante à son signeur et archevesque, il mit le siége de toutes pars ; et là fit de grandes choses, et dignes de memoire : car il tint le siége devant ladiote ville un an entier. Il détourna rivieres de leurs cours, il digua un bras du Rin, il gaigna une isle, et par les digues y aloit à pié sec. Il fit faire ohas, grues, et autres engins, comme trenchis, roullans, bastillons, et toutes maniéres dont l'on peut villes aprocher. Grandes batures y furent faictes, grands essays et assaux, et jusques à faire essay de nager le Rin à cheval, la lance sur la cuisse, pour gaigner ladicte isle, du commencement : et ne suis pas digne d'escrire ramentevence, devant que je ne die verité. Mais si la vile de Nuz fut par vostre grand pére vaillamment aprochee, assaillie et requise, elle fut par les Alemans courageusement deffendue : et y mangérent leurs chevaux, et endurérent merveilleuses doutes, peine, pauvreté et mesaise : et le duc tenoit son siége en telle justice et police, que vivres y venoyent en grande abondance : et, d'autre part, l'empereur Frederic, vostre grand pére paternel, assembla les électeurs, les princes et les grands de la Germanié : et vindrent à moult noble puissance pour secourir la vile de Nuz, qui plus ne pouvoit longuement tenir sans estre perdue et prise. Ainsi voz deux grands-péres se trouvérent en guerre mortelle l'un contre l'autre, pour le faict de la vile de Nuz : et s'aprochérent si-pres l'un de l'autre que chacun d'eux pouvoit veoir, de son pavillon, et le logis et l'ost de son ennemy; et ne faut pas douter que tant de gens-de-bien d'une part et d'autre, si pres logés les uns des autres, ne vouloyent point perdre le temps. Tellement que, durant dix jours que les deux osts furent ainsi aprochés, maintes écarmouches et maintes appertises d'armes y furent faictes, et tant que ce fut une escole d'honneur, et pour apprendre le mestier de la guerre : car en ce peu de temps fut la bataille presentee, grosses rencontres et grans meurdres de chacun party. Mais de ce qui en advint, et comment, je n'en parle plus-avant en ce present escript : et y reviendray cy-apres, si Dieu plaist.

Quant au partement de celle noble assemblee, apres avoir durement essayé les uns les autres, ils se departirent par apointement de paix : et, tout à un jour et à une heure, l'Empereur et son armee prit le chemin pour retourner en Alemaigne, et le duc de Bourgongne prit le chemin pour retourner en son païs. Et ainsi se separérent voz deux grands-péres, et fut la chose pacifiee : et durant iceluy siége il fit ravitailler la vile de Lins, où grande puissance de l'Empire tenoit le siége. Il festoya, luy tenant son siége, le roy de Damnemarch et plusieurs princes d'Alemagne, en moult grand triomphe. Ambassadeurs le suyvoyent de toutes pars, et tout estoit en son camp bien logé et bien receu : et ne croy pas que cent ans devant ait esté siége de telle magnificence : et est leger à entendre que de grande valeur fut le prince qui soustint si grand fais. Ainsi donques se separérent iceux deux grands princes, voz grands-péres : et tira chacun son chemin.

Mais le roy de France (qui tousjours avoit la dent sur le duc de Bourgongne) le guerroyoit : et ce qu'il ne faisoit apparemment, il le faisoit secrétement, et enhortoit les princes voisins à guerroyer le duc de Bourgongne ; et, sous umbre qu'il se tenoit prince de l'Empire, fit émouvoir avec l'Empereur le duc René de Lorraine contre le duc de Bourgongne (combien qu'il fust son alié); dont moult de maux sont depuis advenus : et pleust à Dieu que le tout fust passé et esteinct !

En ce temps le beau roy Edouard d'Angleterre,

frére de madame Marguerite, duchesse de Bourgongne, descendit en France pour sa propre querelle, avec aucun entendement qu'il avoit avec le duc son beau-frére : et avoit moult belle et puissante armee. Mais il ne passa guéres la riviére de Somme, quand luy et ses gens furent pratiqués de soixante mille escus par an, que le roy de France promit de pension au roy d'Angleterre, avec autres dons secrets donnés aux gouverneurs du roy d'Angleterre. Et en effect le roy d'Angleterre et sa puissance s'en retournérent, et repassérent en Angleterre, sans faire autre exploit : et combien que le duc de Bourgongne vostre grand-pére se trouvast, par ce moyen, frustré de l'ayde qu'il entendoit avoir des Anglois, toutesfois il tint son propos et emprise plus-ferme que devant, et entra en Lorraine, et conquit le païs entiérement : et de là s'en ala aider à la duchesse de Savoye, sœur du roy de France, laquelle avoit un fils de dix ans, nommé Philebert, duc et héritier de Savoye, auquel les Suisses faisoyent la guerre : et, pour secourir les Savoyens, le duc de Bourgongne y alla en personne, et mit le siége devant Grantson, gaigna la vile et le chastel, et fit tresdure execution de ceux qui furent pris dedans. Mais depuis lesdicts Suisses se mirent sus, et surprirent le duc Charles, encores estant devant Grantson, en telle maniere qu'ils le deconfirent : et fit le duc moult de grandes pertes d'avoir et de gens, et se retira à Noseret en Bourgongræ ; et ses gens-d'armes repassérent les montaignes, et se sauvérent en Bourgongne : et de ceste journee et deconfiture je deviseray plus-à-plain en mon second volume.

Mais je recommenceray à dire ici en brief les aventures d'icelluy noble prince, et comment, nonobstant sa perte et deconfiture, il se ralia, et remit ses gens ensemble par grand courage : car, avant le dixiéme jour d'apres sa deconfiture, il repassa les montaignes, et vint à Lozane ; et devant la vile leva ses pavillons, et ralia ses gens en telle maniére qu'en peu de temps il marcha en païs, et assiegea la ville de Morat en la comté de Rommont (que les Suisses avoyent prise sur monsieur Amé de Savoye, comte de Rommont), et là fit de grandes approches et batures, et moult fort opressa ladicte vile. Mais les Suisses, acompaignés du duc de Lorraine et d'autres leurs aliés, vindrent en si-grand nombre que le duc Charles ne peut porter le faiz, et fut pour la seconde fois déconfit, et en grand danger de sa vie. Mais par la grâce de Dieu (qui toutes choses conduit et gouverne à son plaisir et vouloir) il fut préservé pour celle fois, et se retira en sa ville de Jayes, où il sejourna certains jours avec madame Yoland de France, duchesse de Savoye : et ses gens passérent les montaignes sans ordre ne mesure, et entrérent en Bourgongne, où ils taillérent et endommagérent le païs de vivres et de rançonnemens : car la pluspart estoyent estrangers, et non de la nation, qui en prenoyent où ils en pouvoyent avoir. Comme il est leger à entendre qu'apres deux batailles perdues, et telles rompures, le prince ne peut avoir que petite obeïssance : et de tout ce je parleray plus-avant en mon second volume.

Ainsi fut le duc Charles pour la seconde fois rompu, à sa grande perte : et n'aresta guéres qu'il ne retournast en Bourgongne, où il assembla les Estas en sa vile de Salins, et remit ses gens-de-guerre en ordre et en discipline de guerre, comme devant : et se tira à La Riviere, une petite ville de la comté de Bourgongne qui costoye les montaignes et les Alemaignes ; et là fit reveue de ses gens-d'armes, et manda de-rechef gens en Brabant, Flandres, Hainaut et Picardie, Namur, et par tous ses païs : et fut adverty que par l'aide du roy de France (qui tousjours luy faisoit sourde guerre) le duc de Lorraine estoit rentré en son païs de Lorraine, et avoit legérement reconquis tout le païs, exceptee la vile de Nanci, où estoit messire Jehan de Rubempré, signeur de Biévres, pour le duc de Bourgongne, avec bon nombre d'Anglois et d'autres nations, qui ne furent pas si obeïssans qu'ils devoyent : car combien que le duc Charles marchast prestement pour lever le siége et les secourir, toutesfois lesdicts gens-d'armes murmurérent, et malgré leur capitaine rendirent la vile de Nanci au duc de Lorraine. Mais ce noble et chevaleureux duc Charles vostre grand-pére, par grand courage marcha sur ses ennemis, et par deux fois délogea le duc de Lorraine et sa puissance hors de leurs logis, et fit partir le duc de Lorraine hors du païs, et aller soy retirer en Alemaigne ; et remit le siége de nouvel devant Nanci, où le duc de Lorraine avoit laissé bon nombre de bonnes gens-de-guerre, qui bien gardérent ladicte vile, combien que le duc de Bourgongne la fist puissamment batre et aprocher : et durant iceluy siége le vint veoir le roy de Portugal son oncle, lequel il festoya grandement ; et advint que le duc de Lorraine pratiqua tellement, durant

Mais je recommenceray à dire ici en brief les aventures d'icelluy noble prince, et comment, nonobstant sa perte et deconfiture, il se ralia, et remit ses gens ensemble par grand courage : car, avant le dixiéme jour d'apres sa deconfiture, il repassa les montaignes, et vint à Lozane ; et devant la vile leva ses pavillons, et ralia ses gens en telle maniére qu'en peu de temps il marcha en païs, et assiegea la ville de Morat en la comté de Rommont (que les Suisses avoyent prise sur monsieur Amé de Savoye, comte de Rommont), et là fit de grandes approches et batures, et moult fort opressa ladicte vile. Mais les Suisses, acompaignés du duc de Lorraine et d'autres leurs aliés, vindrent en si-grand nombre que le duc Charles ne peut porter le faiz, et fut pour la seconde fois déconfit, et en grand danger de sa vie. Mais par la grâce de Dieu (qui toutes choses conduit et gouverne à son plaisir et vouloir) il fut préservé pour celle fois, et se retira en sa ville de Jayes, où il sejourna certains jours avec madame Yoland de France, duchesse de Savoye : et ses gens passérent les montaignes sans ordre ne mesure, et entrérent en Bourgongne, où ils taillérent et endommagérent le païs de vivres et de rançonnemens : car la pluspart estoyent estrangers, et non de la nation, qui en prenoyent où ils en pouvoyent avoir. Comme il est leger à entendre qu'apres deux batailles perdues, et telles rompures, le prince ne peut avoir que petite obeïssance : et de tout ce je parleray plus-avant en mon second volume.

Ainsi fut le duc Charles pour la seconde fois rompu, à sa grande perte : et n'aresta guéres qu'il ne retournast en Bourgongne, où il assembla les Estas en sa vile de Salins, et remit ses gens-de-guerre en ordre et en discipline de guerre, comme devant : et se tira à La Riviere, une petite ville de la comté de Bourgongne qui costoye les montaignes et les Alemaignes; et là fit reveue de ses gens-d'armes, et manda de-rechef gens en Brabant, Flandres, Hainaut et Picardie, Namur, et par tous ses païs : et fut adverty que par l'aide du roy de France (qui tousjours luy faisoit sourde guerre) le duc de Lorraine estoit rentré en son païs de Lorraine, et avoit legérement reconquis tout le païs, exceptee la vile de Nanci, où estoit messire Jehan de Rubempré, signeur de Biévres, pour le duc de Bourgongne, avec bon nombre d'Anglois et d'autres nations, qui ne furent pas si obeïssans qu'ils devoyent : car combien que le duc Charles marchast prestement pour lever le siége et les secourir, toutesfois lesdicts gens-d'armes murmurérent, et malgré leur capitaine rendirent la vile de Nanci au duc de Lorraine. Mais ce noble et chevaleureux duc Charles vostre grand-pére, par grand courage marcha sur ses ennemis, et par deux fois délogea le duc de Lorraine et sa puissance hors de leurs logis, et fit partir le duc de Lorraine hors du païs, et aller soy retirer en Alemaigne; et remit le siége de nouvel devant Nanci, où le duc de Lorraine avoit laissé bon nombre de bonnes gens-de-guerre, qui bien gardérent ladicte vile, combien que le duc de Bourgongne la fist puissamment batre et aprocher : et durant iceluy siége le vint veoir le roy de Portugal son oncle, lequel il festoya grandement; et advint que le duc de Lorraine pratiqua tellement, durant ledict siége, qu'il éleva dix ou douze mille Suisses, et autres Alemans ses aliés; et le roy de France tacitement luy assistoit, et l'aydoit de gens et d'argent : et fit aprocher huit cens lances de ses ordonnances pour enclorre le duc de Bourgongne, lequel il sçavoit estre diminué de gens et de pouvoir, pour les causes avant-dictes, et qui assez sont à considerer.

Or donc la veille des Rois 1476, le cinquiéme jour de janvier, lesdicts Alemans luy coururent sus : et le duc courageusement vint, en sa personne, à l'encontre d'eux, sans lever son siége : et je certifie que la compaignie, qu'il mena pour la bataille avec luy, ne fut que de trois mille combatans en toutes gens : et de ces choses je parleray plus-amplement ailleurs. Le vaillant duc assembla courageusement avec ses ennemis, et fut déconfit et mort au champ de la bataille, et plusieurs de ses nobles hommes morts ou pris; et fut ceste douloureuse journee la destruction evidente de la maison de Bourgongne, et l'amoindrissement de vostre hauteur et signeurie : car le duc Charles ne laissa pour tous héritiers que madame vostre mére, qui demoura jeune orphenine, en danger et peril de ses ennemis, et en petite obeissance de ses sugets, enviee et en debat de moult de princes pour l'avoir en mariage : et, d'autre part, tous ou la meilleure part de ses nobles estoyent morts ou prisonniers. Toutesfois elle fut gardee et servie d'aucuns nobles personnages et d'autres, dont cy-apres serez adverty, à la poursuite de mes Memoires : et dont vous devez rendre grâces à Dieu et à eux, et recongnoistre leurs bénefices et services.

Or, monsigneur, ce pas fait bien à noter, gouster

et remordre (¹) en vostre entendement, en considerant comment ce grand, puissant et courageux prince cheut et tresbucha en si-grand inconvenient et perdition, qu'il perdit, tout à une fois, vie et grande signeurie, ne luy demourant que l'ame et l'honneur; et que trois fois en si peu de temps il fut déconfit, et perdit trois batailles : et à ce ne peut résister son pouvoir, son sens et sa vaillance, et devez congnoistre que ce grand Dieu en fit à son plaisir et voulonté. A quoy vous et autres princes estes plus-sugets, et plus à la veue et regard de son œil, que ne sont les autres simples et petites personnes mondaines, qui sont secondairement en la sugettion et sous la voulonté de vous autres princes, et sous messieurs les regens, ordonnés à gouverner les monarchies chacun en son endroit. Mais vous, les grands, estes regardés de Dieu, et sous sa correction : qui fait trop plus à craindre de vous que nous à douter de vous, qui, combien que soyez noz princes et regens, ne nous pouvez oster que l'avoir et la vie; et ce grand Dieu peut à son bon plaisir rompre voz trop hautes et élevees emprises, et diminuer voz gloires et renommees. Or, monsieur, ce grand trebuchement avenu à la fin de vostre grand-pére le duc Charles, ne le prenez ou reputez à ses defautes ou pechés : car le vouloir ou permission de Dieu nous est chose incongnue : mais, pour sagement vostre profit en faire, pensez et entendez que ce coup, et divine bature, vous est advenue en la personne d'iceluy, afin que vous congnoissiez le pouvoir de Dieu, et que l'ayez

---

(¹) *Gouster et remordre* : sentir et blâmer.

en crainte et doute; et aussi peut estre que si la signeurie et la grandeur de ceste maison de Bourgongne vous fust demouree, echeue et avenue, Dieu prevoyoit que vous eussiez esté prince elevé en orgueil ou autre vice, à vostre dommage et mecongnoissance, contre son plaisir : et il veut vostre sauvement, et que vous congnoissiez qu'il vous peut donner et tollir à son plaisir, et que rien ne pouvez conquerre, possesser, n'avoir, que tout ne soit suget à sa disposition. Mirez-vous, monsigneur, en ceste reverence : car le Toutpuissant vous peut tout rendre et restituer, si vous le servez de bon cueur, et mettez peine d'aquerir sa saincte grâce.

Je ne fay nulle doute que plusieurs, parlans du duc Charles, murmureront, et diront : Que faloit il à ce grand duc, qui tant avoit de signeuries, de païs et de richesses? Que demandoit-il, d'emprendre sus ses voisins, et de vouloir conquerir le monde sur autruy? Et plusieurs autres langages se diront contre luy. A ce je respon que la voulonté et extréme zele qu'il avoit au service de la foy chrestienne, et à l'augmentation de l'Eglise, luy faisoit emprendre et faire ce qu'il faisoit : car son desir et affection estoit d'aller contre les Infidéles, en sa personne : et desiroit de se faire si-grand et si-puissant, qu'il peust estre conducteur et meneur des autres (car à nully vouloit estre suget); et si Dieu luy eust donné vie et prospérité, il eust monstré par effect que mon recit, en ceste partie, est véritable : car je le sçay par luy-mesme, et non pas par ouir dire à autruy. Ainsi, monsigneur, je vous ay rendu compte des hauts faicts et prospérités de voz ancestres jusques à-present, et ne vous ay pas celé les adversités advenues, afin que vous congnoissiez le pouvoir de Dieu, et comment il peut donner et tollir à son vouloir les biens de fortune : en exemple que soyez si-sage que de douter Dieu et ses permissions, afin qu'il vous garde de toute adversité, et vous veuille élever en prospérité pour le pouvoir honnorer et servir, à la deffense de la saincte foy catholique, à l'augmentation de saincte Eglise, et du bien universel de la chrestienté.

Cestuy duc Charles fut marié trois fois : la premiere fois à madame Katherine de France, fille du roy Charles septieme (dont j'ay parlé en ce present escript); et mourut icelle dame sans consommation du mariage, à cause du jeune aage dudict duc, lors comte de Charolois. La seconde fois fut à madame Ysabel de Bourbon, fille du duc Charles de Bourbon et de madame Anne de Bourgongne, tante dudict comte de Charolois : et furent par dispense les deux germains mariés ensemble, et de ces deux vint madame Marie de Bourgongne, vostre mére : et n'eurent autres enfans, et mourut ladicte comtesse à Anvers, et est enterree audict lieu, en l'eglise Sainct Michel : et apres la mort de celle noble princesse, le duc Charles, apres qu'il fut duc, se maria, pour la troisiéme fois, à madame Marguerite d'Yorch, fille du duc d'Yorch, et sœur du beau roy Edouard d'Angleterre : et combien que je la surnomme d'Yorch en surnom, elle se doit surnommer d'Angleterre : car elle est venue de la ligne royale : mais pource que son grand-pére et pére furent ducs d'Yorch, les enfans se sont surnommés de lao signeurie, par telle et semblable raison que font les princes issus des roys de France, et dont j'ay cy-devant touché : et de celle noble princesse, encores vivant à l'heure que ma plume laboure en ceste matiere, n'eut il nuls enfans : et combien que j'aye cy-devant parlé d'elle, et plustost que des deux autres nobles princesses paravant mariees à vostre grand-pére, ça esté pource qu'en recitant les grands honneurs du dict duc Charles par ordre, il faloit que je touchasse aucunement du triomphe des nopçs d'iceux deux, qui fut moult grand, et dont je donneray plaisir aux lisans, en recitant au long celle haute feste en mon second volume : et me soit pardonné si je suis trop prolix à escrire du duc Charles vostre grand-pére : car de luy je ne parle pas par ouir dire, mais par l'avoir veu et sceu. Et sera trouvé vray le recit que je fay : et tant en dy que ce fut la nourrice des gens-d'armes, et de la guerre : et que pour riens n'a pas esté nommé Charles le Travaillant : car du temps qu'il regna, autre homme ne travailla tant en sa personne qu'il feit : et si travailla amis et ennemis, et porta telles armes que le duc Philippe son pére. Ainsi donques je vous ay monstré comment de monsigneur Charles, duc de Bourgongne, lors comte de Charolois, et de madame Ysabel de Bourbon, vint madame Marie de Bourgongne, vostre mére.

Mais il faut, pour moy aquiter, que je parle de la noble maison de Bourbon, afin que vous entendiez mieux la noblesse de vostre descente d'icelle lignee : car c'est un de voz plus prochains costés maternels ; et est vray que ceste maison de Bourbon vient de la maison royale, et de fils qui se nommoit de France (1), fils de sainct Louis de France. Mais pource que le nom est de Bourbon, je declaireray premier ce que j'ay apris, dont vient que le fils de France prit le nom de Bourbon; et aussi comment et pourquoy ceux de Bourbon se dient et maintiennent estre plus prochains de la lignee de sainct Louis que ceux de Valois, qui à-present sont, toutesfois, vrais roys et successeurs de la couronne de France : et commenceray premier au nom de Bourbon, pour mieux entresuyvir ma matiére. Je trouve que deux baronnies furent de pieça (2) : dont l'une fut au païs que l'on dit Bourbonois, et l'autre en la duché et païs de Bourgongne : et comme toutes choses ont commencement, pource qu'en tous les deux lieux que l'on nomme Bourbon, à bains chaux (que l'on dit medecinables : et s'y vont plusieurs gens baigner pour se medeciner, et pour recouvrer santé d'aucunes maladies) : à ceste cause, et pource que plusieurs gens y hantoyent et conversoyent, hosteliers, taverniers, marchans et ouvriers mecaniques se logerent celle part, pour gaigner et avoir profit : tellement qu'assez tost apres se fit, en iceux lieux, gros et puissans bourgs; et augmentérent tellement, qu'entre les autres bourgs on disoit d'un chacun d'iceux voisins, *C'est un bon bourg* : et à le prendre au rebours, peut on dire, *C'est un bourg bon*; et de ce nom *bourg bon*, en continuation de languaige, sont encores appellés ces deux lieux Bourbon, et par succession de temps devindrent deux grandes et puissantes baronnies, chascune en son païs : et en

---

(1) Robert, comte de Clermont, dont sont sortis les Bourbons. —
(2) *De pieça* : depuis long-temps.

furent signeurs deux nobles barons qui par mariage s'aliérent ensemble : et ainsi advint que toutes ces deux baronnies demourérent, par succession, à un nommé Geufroy de Bourbon, lequel Geufroy eut deux fils : dont l'aisné fut nommé Archembaut, et le second fut nommé Anseau. Le pére mort, l'aisné eut en partage la baronnie de Bourbon (qui est en Bourbonnois), et à ceste cause se nomme encores Bourbon-l'Archembaut ; et le second frere eut en partage la baronnie de Bourbon en Bourgongne. Et pource que le second frére avoit à nom Anseau, celuy Bourbon fut nommé Bourbon-l'Anseau : et encores se nomme Bourbon-l'Ansy, par mutation d'une silabe : mais il aproche de la cause dessusdicte. Et ainsi de-rechef furent séparees icelles signeuries et baronnies : et plus ne parlerons de Bourbon-l'Ansy, pource qu'il ne sert plus à nostre matiére.

Si retournerons à parler de la baronnie de Bourbon-l'Archembaut, qui tousjours fut plus grande chose que l'autre. Et commença le baron Archembaut à soy élever hautement : et luy et ses hoirs montérent et multipliérent en mariage, aliance et successions : tellement que l'on pouvoit icelle signeurie nommer et tenir des premieres baronnies et des plus-grandes du royaume de France : et avint que celle grande baronnie vint, par succession, à une noble dame nommee Louise, qui en fut héritiére. Et en ce temps regna sainct Louis, roy de France, qui de Marguerite, fille du comte de Provence, eut cinq fils, dont le cinquiéme et maisné fut nommé Robert, et fut comte de Clermont, pour son partage de

France; et le maria le Roy son pére à l'héritiére de Bourbon, dessus-nommee : et pource qu'il estoit fils du roy de France, en l'augmentation de sa signeurie, le roy sainct Louis, accompaigné comme il apartenoit, le fit duc (1) de celle baronnie, laquelle s'appelle à-present la duché de Bourbon. Laquelle maison et signeurie, par la grâce de Dieu, et par les vertus et bons gouvernemens des princes et signeurs qui ont succedé en icelle, est tousjours augmentee de bien en mieux, en grandes successions et aliances de mariage, et dont vous estes si-prochainement issu, que vostre grand-mere fut fille du duc Charles de Bourbon, comme j'ay dit dessus.

Or, pource que j'ay dit que je declaireroye pourquoy ceux de Bourbon se disent estre plus-prochains de la droite ligne de sainct Louis, roy de France, que ceux de Valois, qui sont à-present roys de France : certes messieurs de Bourbon dient vérité quant à sainct Louis, mais non pas du droit de la couronne : et voycy comment. Sainct Louis eut cinq fils (comme j'ay dit), dont nous ne parlerons que de l'aisné et du maisné, pource que le surplus ne nous sert de rien en ceste partie. L'aisné fils de sainct Louis fut Philippe, et fut roy de France apres sainct Louis son pére. Celuy roy Philippe se maria deux fois : et du second mariage je ne feray nulle mention (car la lignee faillit, et ne sert de rien à nostre matiere); mais de la premiére femme, nommee Ysabel d'Arragon, issirent trois fils. Le premier fut Louis, qui mourut jeune ; le second fut Philippe, surnommé le

(1) *Le fit duc* : D'autres historiens disent que la baronnie de Bourbon ne fut érigée en duché que sous Philippe de Valois.

Bel (qui fut roy de France apres son pére); et le tiers fut Charles, comte de Valois, d'Alençon et du Perche. Philippe le Bel eut trois fils : c'est assavoir Louis, surnommé Hutin; Philippe, surnommé le Long; et Charles, aussi surnommé le Bel. Louis Hutin fut roy apres son pére, et en mourant laissa sa femme grosse d'un fils, qui fut nommé Jehan : mais il mourut au berceau, et luy succeda son oncle Philippe le Long : auquel, mourant sans enfans masles, succeda semblablement Charles le Bel son frére, qui mourut encores sans hoirs masles. Tellement que Philippe de Valois son cousin germain, et fils de Charles comte de Valois, fut couronné roi de France : et de luy vient et est issue toute ceste noble maison de Valois, roys et autres de ce lignage, qui à-present regnent en ces grandes signeuries de France : et en estes yssu comme les autres. Et de ce couronnement de Philippe de Valois recommença la grande guerre de France et d'Angleterre, pource que le roy d'Angleterre avoit espousé Ysabel, fille du roy Philippe le Bel, fils de ce roy Philippe dont le roy sainct Louis fut pére : et maintenoyent les Anglois qu'elle, qui vivoit au temps dudict couronnement, estoit plus-prochaine de la droite ligne de sainct Louis, que son cousin Philippe de Valois.

Mais celle matiére ne me sert de rien : et pourtant reviendray à éclaircir pourquoy la maison de Bourbon se dit plus prochaine de la droite ligne de sainct Louis que celle de Valois. Il est vray (comme j'ay dit) que le comte de Clermont, premier duc de Bourbon, fut fils maisné de sainct Louis : et de celle lignee sont issus les ducs de Bourbon, et leur lignee succedante : et de Philippe, roy de France, fils de sainct Louis, sont issus ceux de Valois, qui sont à-present roys de France. Et faut entendre que le fils de Charles de Valois descendit d'une lignée plus-bas que son pére, et que celuy fut roy de France, et non pas son pére : et pource est apparent que la maison de Bourbon, descendue de sainct Louis proprement, est plus prochaine dudict sainct Louis que celle de Valois, mais non pas de la couronne de France : car Robert, comte de Clermont, fut le cinquiéme fils et loing de la couronne; et Charles de Valois fut tiers fils du roy Philippe, fils de sainct Louis de France. Et de tous ces deux costés vous estes yssu, comme l'on peut entendre par les lignees avant-declairees : mais toutefois tout est un sang et une mesme lignee, venans de sainct Louis et des roys de France.

Or, pource que (comme j'ay dit) les ducs de Bourbon portent d'asur à trois fleurs de lis d'or, à un batton de gueulles en bande (ce que ne portent nuls des fils, issus de France), j'ay de ceste matiére fait plusieurs enquestes, et en divers lieux; et trouve, par l'opinion d'aucuns, que ce batton en bande auroit esté pris et tiré hors des armes anciennes de Bourbon, ou de celles de Clermont; et mis en l'escu de France, pour difference du maisné, et pour recongnoissance des signeuries dessus dictes. Mais, le tout bien entendu, il n'est pas ainsi : ains avint cela par un grand debat avenu entre ceux de Valois (qui furent et sont roys de France) et ceux de Bourbon, pource que ledict Robert, premier duc de Bourbon, porta l'escu à trois fleurs de lis, comme fils du roy de France : et ceux de Valois disoyent qu'il devoit porter seulement semé, comme les autres yssus de la couronne; ou rompre l'escu par telle manière que différence y fust, comme entre le Roy et ses parens. Et à ceste cause, sans abandonner les trois fleurs de lis, il mit le batton de gueulles en bande, que portent encores aujourdhuy les ducs et princes de Bourbon. Et certes, monsigneur, de ce costé de Bourbon vous estes noblement yssu, et trouve que voz ancesseurs d'iceluy costé se sont tousjours hautement aliés par mariage. Le duc Pierre espousa Ysabel de Valois, sœur du roy Philippe de Valois, fille du comte Charles; Louis, duc de Bourbon, eut à femme Anne, comtesse d'Armignac; le duc Jehan eut Marie, fille du duc de Berry; le duc Charles de Bourbon espousa Anne de Bourgongne, fille du duc Jehan : et de toutes ces nobles lignees vous estes prochainement yssu.

CHAPITRE VI.

De madame Marie de Bourgongne, fille du duc Charles, et mére de l'archeduc Philippe d'Austriche. Et comment Maximilian, roy des Rommains, son mari, gouverna ses païs apres la mort d'icelle.

Ainsi j'ai devisé des armes que portoit madame Ysabel de Bourbon, comtesse de Charolois, vostre grand-mére, et de celle maison ce que j'en ay peu apprendre et sçavoir; et de ces deux comte et comtesse de Charolois (dont depuis iceluy comte Charles, par succession de son pere, fut duc de Bourgongne, comme j'ai dit dessus), issit madame Marie de Bourgongne, leur seule fille et héritiére : laquelle, apres la mort de ce grand et redouté duc son pere, se trouva jeune orpheline, chargee de guerres si-dures et pesantes, et d'affaires et rebellions si-largement, que le faix estoit mirable (1) à porter, voire mesmes à un grand, puissant et valeureux prince : car le roy de France ne tint rien de la tréve de neuf ans, faicte aveques le duc Charles. Mais prestement, sous feinte de vouloir estre protecteur et garde des biens de ladicte Marie sa parente et filleule, sous umbre d'amitié, et à main forte, il prit en sa main tous les païs de Bourgongne, duché, comté, vicomté d'Aussonne, la signeurie de Salins, les comtés de Masconnois, de Charolois et d'Auxerrois, et les signeuries de Noyers et de Bar sur Seine, et mesmes la signeurie de Chasteau Chinon, donnee par le duc Charles de Bourbon, en mariage, à madame Ysabel de Bourbon sa fille, lors qu'il la maria au comte de Charolois : et d'autre part il reprit toutes les terres engagees par le traitté d'Arras, comme Amiens, Sainct-Quentin, Abeville, la comté de Ponthieu, la comté de Boulongne et la comté d'Artois, Peronne, Montdidier et Roye, et tant qu'il peut par puissance d'armes conquerir et avoir. Et ainsi cette grande et noble duchesse se trouva guerroyee par ce tresgrand et puissant roy de France : et quand elle cuida avoir secours et aide de ses sugets de Brabant et de Flandres, chacune vile voulut avoir priviléges vieux et nouveaux. Et en lieu de guerroyer les ennemis de leur princesse, ils luy

---

(1) *Mirable :* admirable, étonnant, extraordinaire.

prirent ses officiers et serviteurs, et plusieurs en firent piteusement mourir : et par force eurent d'elle pardon et priviléges tels qu'ils les voulurent avoir. Et ainsi fut celle duchesse gouvernee, que la plus-part de ses parens et gouverneurs la voulurent marier chacun à son plaisir : et principalement le roy de France luy vouloit donner son seul fils, monsieur le Dauphin (qui de present est roy de France). Mais il estoit si-jeune d'aage, estant la duchesse preste à marier, que le mariage n'estoit ny ne sembloit de raisonnable effect.

D'autre part, grans parlemens et traittés avoyent pieça esté (comme j'ay dit dessus) entre voz deux grands-péres, l'empereur Federic et le duc Charles, du mariage et aliance de monsieur Maximilian, archeduc d'Austrice, à-present roy des Rommains, et de madamoyselle Marie de Bourgongne, l'un seul fils et l'autre seule fille, et dont les aages estoyent sortissables et de bonne sorte : et auquel mariage madame Marguerite, sœur du roy d'Angleterre, douagére de Bourgongne, tint fort la main : et furent les Estats depuis tous en ceste opinion, et principalement les Gandois. En ce temps envoya l'Empereur ses ambassadeurs pardeça, pour iceluy mariage : ausquels fut faicte si bonne response, que l'archeduc vint pardeça : et y fut faict le mariage, et eurent trois enfans en moins de quatre ans : vous le premier, madame Marguerite vostre sœur, à-present royne de France, et apres François Monsieur, qui mourut enfant au bers : et depuis ne vescut guéres celle noble princesse vostre mere, et trépassa à Bruges d'une fiévre cotinue :

et mourut princesse pleine de toutes les bonnes vertus et grâces que dame peut avoir en ce monde.

Et pour faire apparoir quelles armes porta le duc Charles, il les porta telles que le duc Philippe son pére : et ceste noble dame vostre mere porta les armes telles que les portent les ducs de Bourbon, et que je les ay blasonnees cy-dessus : et d'elle nous nous tairons à tant, et retournerons à parler de ce noble archeduc vostre pere, et de ses grans affaires, et de ce qui luy est advenu pardeça jusques à present.

Ce noble archeduc Maximilian d'Austriche vint pardeça, et fut envoyé par l'Empereur son pére, non pas à grande puissance, pour faire la guerre, mais à noble compaignie, comme ailleurs sera declairé, et comment les Estats de par-deça mandérent sa personne seulement, et l'envoyérent querre en Austriche, et nommément les Gandois : et n'avoit lors ce noble archeduc que dixneuf ans d'aage, et fut le personnage si-agreable à tous en generalité, et estoit l'aliance et le traité du mariage si-avancé, que le jour qu'il arriva à Gand il fiança ladite princesse, et le lendemain il l'espousa : et furent les noces solennélement faictes à Gand au mois d'aoust 1477. Et qui plus fort tint la main à cette aliance, ce fut madame Marguerite d'Angleterre, douagére (comme il est dessus escrit); en laquelle madicte damoiselle nostre princesse avoit singuliére amour et fiance.

Ce jeune prince se trouva pardeça, pour ce commencement, en merveilleux temps et diverse saison : car le roy de France avoit pris et saisi tous les païs qu'il peut avoir et prendre, comme il est dict dessus;

et desja s'estoyent tournés contre ceste maison plusieurs grans personnages et sugets, et des principaux, où la duchesse avoit fiance, et dont je parleray et declaireray plus-à-plain en mon second volume. Et de ses grandes pertes j'ay desja aucunement parlé, en devisant des adversités de madicte damoiselle nostre princesse, et de l'amoindrissement de ceste vostre maison : mais quand j'escriray d'elle d'ores-en-avant, je ne parleray plus de nostre princesse en la nommant Madamoiselle : ains je la nommeray madame l'archeduchesse d'Austriche, comme c'est raison. Ce roy Louis continua la guerre de plus en plus : et se trouva le païs si-divisé, que ce noble prince fut moult travaillé et occupé pour appaiser les viles et les peuples, émeus à cause de leurs priviléges, qu'ils voulurent avoir renouvelés, et de nouveaux articles, et tout à leur avantage. Et d'autre part aucuns des grans signeurs et personnages se trouvérent en pique et en pointe les uns contre les autres : qui donna grand détourbier à la defense du païs et à l'execution de la guerre : et de tout ce mon second volume fera mention.

Toutesfois ce jeune noble prince laboura tellement, que, depuis sa venue de-pardeça, le roy de France fit petite conqueste. Ce noble prince releva l'ordre de la Toison d'or, à grande et noble cérémonie : et là fut faict chevalier pour ce faire; et le troisiéme jour de sa chevalerie, pour gaigner ses esperons dorés, il se tira aux champs, pource que le roy de France avoit pris en Hainaut le Quesnoy, Bouchain, Condé, Avennes, Landrechies, et le chasteau de Bossut : et estoit entré, à grand'puissance, audit païs, et en sa personne. Mais quand il sentit venir le duc d'Austriche, et qu'il fit camp et tint les champs, il se retira, et fit bruler Condé, Lens en Artois, et mesmes Mortaignes, son propre heritage : et quist (1) de parlementer. Et le duc gaigna Bossut, Sores, Trelon, et autres places : et en ce temps messire Philippe de Crouy, comte de Cymay, premier chambelan de monsieur d'Austriche, parlementa d'une abstinence briéve : et par ce moyen le roy de France rendit le Quesnoy, et le remit es mains du duc vostre pere, qui tousjours marcha avant contre la vile et cité d'Arras, où s'estoit retiré le roy de France; et passa le duc le Pont-à-vendin : et fit son camp pour presenter la bataille (car la tréve estoit faillie); et estoit le duc fort accompaigné, et principalement de la commune de Flandres. Mais une tréve fut pratiquee, à la requeste du roy de France, qui dura un an : et pendant ce temps furent plusieurs parlemens tenus pour parvenir à la paix. Mais nulle perfection de bien n'y peut estre trouvee : et en ce temps, par la grâce de Dieu, vous fustes né et baptisé en vostre vile de Bruges, à grande devotion et solennité : et en vindrent les nouvelles à mondict signeur vostre pere, en son camp au Pont-à-lesancx, la veille de Sainct Jehan-Baptiste l'an 1478 : dont toute la compaignie eut moult grande joye, et tous voz bons sugets. Et devez bien avoir le cœur et la voulonté d'estre si bon, si loyal et si juste prince, que voz sugets ne se repentent point de la liesse (2) et plaisir de cueur qu'ils ont eu de vostre noble naissance.

(1) *Quist* : chercha. — (2) *Liesse* : joie.

Celle tréve ne se parfournit point sans recommencer le debat : car le roy de France avoit baillé, par-avant, une abstinence de guerre pour recueillir les blés en Hainaut et en Cambresis : mais quand il veit qu'on s'asseuroit en son asseurement, et que les moissonneurs, sous seureté de l'abstinence, faisoyent leur labeur, il les fit par un matin tous prendre, et amener prisonniers es prochaines frontiéres du royaume, et en tirerent les gens-d'armes françois grand avoir ; et pareillement, sus la fin de la tréve d'un an, les garnisons françoises coururent, et les gens-d'armes de-pardeça se hastérent de faire leur profit. Et fut celle tréve rompue, d'une part et d'autre, assez plustost qu'elle ne devoit : durant lequel temps fut tenue une journee à Cambray, qui ne fut qu'un abus faict par les François, et ne profita de rien à nostre prince. Mais, sous ombre de celle tréve, le roy de France reconquit plusieurs viles et chasteaux en Bourgongne, qui estoyent retournés en leur nature, et au parti du Roy vostre pere, lors archeduc, et de madame vostre mére : et, à la fin de celle tréve, la cité de Cambray et le chastel d'icelle, mis es mains des François de ceux de nostre parti, fut si bien pratiqué, que les François furent mis dehors : et demoura ladicte cité et ledict chastel es mains du Roy vostre pere, où fut prestement mise bonne et grosse garnison, qui moult alegea le païs de Hainaut.

En ce temps, le Roy vostre pere fit en sa personne une chevauchee devant la cité de Tournay, en laquelle avoit grosse garnison de François : et combien que celle chevauchee fust de petit profit, toutesfois le Roy vostre pere rebouta lourdement ladicte garnison, et à son grand honneur : et fut, à celuy voyage, bien accompaigné et obeï de la commune de Flandres. Et en ce temps mit ce noble archeduc vostre pére le siége devant la cité de Térouenne, et fort batit ladicte cité, et aprocha : mais les François, conduits par le signeur des Cordes, s'assemblérent à grand nombre d'hommes d'armes et d'archers des ordonnances, et aussi des francs-archers du royaume de France : et marchérent pour lever ledict siége de Terouenne. L'archeduc leva son siége, et marcha au-devant de ses ennemis courageusement : et certes les Flamans le servirent à grand'puissance iceluy voiage ; et furent ordonnés avec eux bien cinq cens nobles hommes à pié, qui tous avoyent chacun un bras découvert : et fut tenu, par les Flamans, bon et asseuré ordre et contenance celuy jour. Le choq de la bataille fut sur la bataille des gens-de-cheval que conduisoit ce noble archeduc, qui n'avoit que vingt ans d'aage. Rompure y eut d'une part et d'autre : mais le champ demoura à vostre noble pere, et furent les francs-archers françois tués, et les gens-de-cheval se retirérent, et furent leurs tentes et pavillons gaignés : et de leurs vivres soupérent ceux de vostre parti. Et si les Flamans (qui estoyent la plus grosse puissance) eussent obeï et tiré devant Térouenne, certes ils estoyent prests d'eux rendre : mais la commune (qui estoit pres du païs) desira de retourner : et fut celle armee rompue pour celle fois : et de ceste bataille gaignee par vostre pere, je parleray plus-amplement en mon second volume : et combien que le Roy vostre pére eust grand faix à porter en iceluy temps, par la guerre que luy faisoit ce puissant roy de France, toutesfois faisoit-il faire la guerre à l'encontre de ceux de Gueldres, qui se rebellérent prestement apres la mort du duc Charles; et à grans fraiz de deniers et à puissance d'armes remit le païs en son obéïssance.

Ce noble prince vostre pere eut grande assemblee de sa noblesse et de la commune de Flandres, et entra en Artois, et conquit Waurin, Malenvoy, et autres places : et fit icelles viles et chasteaux démolir et abatre, et execution de ceux qui furent pris dedans : et marcha devant Sainct Pol, Hedin et autres viles, presentant la bataille en sa personne courageusement : et si ne fust l'hiver qui approchoit, et les grandes pluyes qui survindrent (parquoy l'on ne pouvoit tenir les champs, mener l'artillerie, ne les gens-de-pied), certes il estoit apparent qu'il eust recouvré grande partie de la comté d'Artois. Parquoy ce noble prince se retira en ses païs, par la necessité du temps : et pour non perdre temps fit une chevauchee en la duché de Luxembourg, pour reduire aucuns sugets rebelles : et puis s'en retourna en son païs de Flandres. En ce temps fut vostre noble pere conseillé de soy fier et gouverner par les membres de Flandres, et nommément de ceux de Gand : qui fut si-mauvais conseil, qu'il s'en repentit legérement. Car la commune s'enorgueillit tellement qu'ils le voulurent tenir en tutéle, et s'élevérent contre luy, et se mirent hors de son obeïssance :

dont il a eu moult à souffrir. Et, pour vous donner à entendre verité, j'escry cet acte, afin que vous preniez exemple de jamais ne donner authorité sur vous à ceux qui doyvent vivre et regner sous vostre main. Mais je conseille bien que vous leur devez demander conseil et aide, pour voz grans affaires conduire et soustenir.

Ce bon prince, sous bon espoir et fiance qu'il deust avoir grande aide de pecune d'iceux, leur permit et souffrit rompre et refaire son estat, oster, mettre et demettre les officiers domestiques de sa maison. Mais assez il congnut leur vindication et opinion : et toutesfois le bon prince en endura moult longuement, et tellement qu'ils gouvernérent la pluspart de Flandres, par le nom des membres de Flandres : et se portérent du roy de France, et tant luy compleurent qu'ils contraignirent leur prince à marier madame vostre sœur à monsieur le Dauphin, à-present roy de France : et luy donnérent en mariage tant de belles parties et tant de grandes signeuries, qu'il sembloit mieux qu'ils vouloyent affoiblir leur prince que le faire puissant : et si tost que feüe de noble memoire madame vostre mere fut trépassee, ils voulurent gouverner tous les païs à vous appartenans, sous tiltre et couleur d'aucuns priviléges qu'ils dient avoir : et se mirent hors de toute l'obeïssance de vostre pere, et refusérent tous deniers, et rentes, et aides : et avoyent en leurs mains vostre noble personne, et, sous ombre de vous, faisoyent guerre à vostre noble pere, et en vostre nom.

En ceste dissimulation de temps, et en ceste patience, dommageuse à ce noble prince vostre pere et à vous, combien que ce fust lors un jeune prince qui voulontiers et moult bien joustoit et tournoyoit, et aimoit le deduit des chiens et d'oiseaux sur tous autres princes du monde, toutesfois il élongna vertueusement toutes ces plaisances. Et pource que ceux de la cité d'Utrecht, favorisés du duc de Cléves et du signeur de Montfort, avoyent dechacé et pris prisonnier messire David, bastard de Bourgongne, evesque d'Utrecht, pour y vouloir mettre et faire leur evesque du frére dudict duc de Cléves, ce noble prince vostre pere, par l'aide des Cabillaux, Holandois, et d'autre noblesse de ses païs, mit le siége devant celle puissante cité : et tellement la pressa d'engins et de bature, qu'ils vindrent à parlementer pour eux rendre : et leur faisoit ce bon prince utile et profitable traité. Mais le signeur de Montfort (qui estoit parti hors de la cité avec le fils de Cleves, ostager, pour tenir le traité acordé d'une part et d'autre), sous ombre de faire passer aucuns points qui estoyent en debat, retourna en la cité, et laissa le fils de Cleves ostager pour eux deux : et recommença la guerre comme devant, et tirérent de leur artillerie les assiegés sur ceux du siége. Mais le noble archeduc vostre pere ne fut guéres de ce ébahi : mais s'en reveint en son siége, et fit ses aproches et batures plus-fortes que devant, et batit si-fort un pan de muraille en peu de jours, que ceux de la cité se veirent pris et perdus du premier assaut, et furent tous joyeux de tenir le premier traité, et se rendirent : et

entra ce noble archeduc en celle puissante cité d'U-
trecht, par la muraille qu'il avoit abatue : et ainsi
conquit vostre pere la cité d'Utrecht deux fois en
un mesme temps et siége, pour les causes cy-dessus
déclairees.

En ce temps mourut le roy Louis de France : et
succeda à la couronne Charles, son seul fils, qui fut
roy de France en bien jeune aage. Mais les gouverneurs, qui avoyent audivit (1) du temps du roy
Louis, ne moururent pas avec leur maistre : ains
demourérent en gouvernement, et tindrent main que
les ennemis du Roy vostre pére fussent entretenus et
favorisés, pour tousjours affoiblir et diminuer vostre
maison, et mesmement les Gandois et les Flamans
rebelles : lesquels faisoyent leur dongeon de vous,
qui estiez à Gand, enfant, en leurs mains : et quand
vostre noble pere veit qu'il faloit mettre main à
l'œuvre, et obvier à leurs cauteles et malices en sa
personne, accompaigné de plusieurs nobles hommes, par hardement et sage moyen gaigna la vile de
Tenremonde en plain jour, et la garda de pillage
et de meurdre moult debonnairement : et puis se
retira en sa vile de Brucelles. Et assez tost apres
le comte de Rommont, accompaigné des Gandois et
autres Flamans rebelles, se mit aux champs, et tira
contre Brucelles : et à celle heure se trouva le Roy
vostre pere petitement accompaigné : car tous ses
gens-d'armes s'estoyent retirés, les uns es frontiéres, et
les autres en leurs maisons : et ceux de Brucelles ne

---

(1) *Audivit :* puissance, crédit.

faisoyent pas grande faveur à vostre pere. Toutesfois il manda secrettement ses amis, sugets et gens-d'armes de toutes parts, et en peu de temps il fit armee pour combatre ses ennemis.

Mais quand le comte de Rommont sentit la venue de vostre noble pere et l'aprochement des gens-d'armes, il se retira, et sa puissance, contre Gand : et avant que les Flamans fussent rentrés en leur vile, ce vaillant et courageux prince prit et conquesta sur eux la vile d'Audenarde, par subtil moyen qu'il conduisit en sa personne : et en poursuyvant son emprise, assez tost apres, à deux mille combatans seulement, il entra en Flandres, et marcha jusques devant Bruges, cuidant y avoir entendement et entree : et se présenta devant les portes, pour y vouloir entrer amiablement. Ce que plusieurs bons et notables bourgeois eussent bien voulu : mais les mauvais estoyent les plus-puissans, et ne souffrirent l'ouverture, mais luy refusérent : et dirent qu'ils estoyent à vous, et ne congnoissoyent autre prince. Et ainsi retourna vostre pere, par Hainaut, en Brabant : et ceux de Bruges, continuans leur obstination, firent mourir et decapiter tous ceux qu'ils pensérent ou cuidérent estre bons du parti de vostre noble pere, et qu'ils peurent trouver et prendre. Ce qui vous sera declairé plus-amplement en mon second volume, comme c'est raison : car je procede seulement en brief, pour monstrer par ce present escript les grands affaires portés et soustenus par vostre noble pere : comme j'ay fait de ses ancesseurs, et mesmement des ducs de Bourgongne.

Moult souffrit et endura ce noble prince de voz sugets, sous ombre de vous, qui estiez en leurs mains et pouvoir en la vile de Gand : et les gouverneurs de France entretenoyent le jeune roy françois en la haine de ceste maison ; et feignans de vouloir apaiser le different d'entre le Roy vostre pere et ses rebelles sugets, envoyérent notables ambassades, qui rien ne profitérent ; et furent plusieurs journees tenues sans fruit et sans exploit. Et s'en retournérent lesdicts ambassadeurs en France, et tousjours de plus en plus furent lesdicts rebelles favorisés par les François. Mais ce noble et vertueux prince demoura en force de courage : et pource que le comte de Rommont avoit marché pres d'Audenarde, acompaigné des Flamans et des François, qui vindrent recevoir soulde des Flamans, vostre bon pere assembla gens, et vint entrer en Audenarde : et pource que le signeur des Cordes, à grosse compaignie de François, estoit entré en Flandres pour aider les rebelles, cestuy vostre pere se travailla, à son pouvoir, de le rencontrer et combatre, et pareillement le comte de Rommont et sa puissance. Mais trouver ne peut ne l'un ne l'autre : car ledict comte de Rommont se tenoit clos en un fort avantageux lieu ; et le signeur des Cordes entra, et sa compaignie, en la vile de Gand. Parquoy ne se peurent trouver en bataille n'en lieu convenable : et toutesfois le quist vostre pere jusques devant les portes de Gand : et si fit emprise vostre pere, en sa personne, pour prendre la vile de Gand, moitié d'assaut, moitié d'emblee. Et s'il eust esté servy de chacun comme d'aucuns, il en eust essayé la fortune, qui estoit chose conduisable.

Or ay-je dit comment fut pour celle fois demenée et conduite celle guerre : et se peut on merveiller comment ces deux grosses bandes de François et de Flamans, et l'armee et puissance de vostre pére, pleine de noblesse et de bons gens-d'armes, se peurent departir sans eux lourdement rencontrer, et sans la bataille : veu que chacun parti fut puissant assez pour combatre. Monsigneur, il est bon que vous entendiez comme Dieu meine et conduit les grandes choses et petites à son plaisir, afin de prendre tousjours, et en tous faicts, recours, espoir et confort en luy, qui jamais ne laisse les bons sans resourse ne les mauvais sans punition, en ce monde ou en l'autre. Il advint qu'aucuns Flamans, de la compaignie du signeur de Racheguyen, vindrent courre devant Audenarde; cuidans estre soustenus par les François qui estoyent en leur compaignie, au fort que tenoit le comte de Rommont en la voye de Hainaut. Les gens de vostre pére saillirent d'Audenarde sur iceux Flamans; et en tuérent et en prirent assez largement : et pource que lesdicts François les secoururent trop tard, le murmure se leva par le peuple de Flandres : et disoyent que les François les trahissoyent, et falut les François partir de la compaignie des Flamans, et les Flamans se retirérent par-devers Gand. Et quand le signeur des Cordes (qui avoit la grosse bande des François) seut et entendit que les Flamans prenoyent debat aux François, il ne s'osa plus fier au peuple de Gand n'au païs : et s'en retourna, par le Tournaisis, au païs d'Artois, sans autre exploit faire. Et pareillement le Roy vostre pére r'envoya grande partie de ses gens-d'armes aux frontiéres nécessaires : et se partit avec un nombre de gens-de-pié, Alemans et autres, et traversa entre Gand, Bruges et L'Escluse, et pilla tout le païs de Vaux (1) et des Quatre-mestiers : et fit emmener vaches, chevaux et bagues, en grand nombre, en la vile d'Anvers, où il departit le butin, et de là tira en Holande et Zelande : et en sa personne se mit en mer à plusieurs gens-d'armes, et ne laissa, pour le rude temps de la mer, ne pour doute de la fortune, qu'il ne visitast ses ennemis, et fit descente sur eux en plusieurs lieux, l'une fois du costé d'Ostende, l'autre devant Brevillier (2), et en plusieurs autres lieux : qui moult travailla et ebahit les rebelles, et ses ennemis. Et advint qu'en ce temps fut prise la vile de Grammont, où fut faicte bonne execution de François et de Flamans : et telles pertes sus pertes, receues par les Flamans rebelles, changérent beaucoup de courages, les uns, et le plus, par crainte; et les autres, par ce qu'ils estoyent bons, et par crainte, vivoyent aveques les mauvais.

Si commencérent à murmurer à Bruges et à Gand, et disoyent, par plusieurs opinions, et principalement à Gand, que les François n'estoyent point venus pour faire la guerre pour eux; et bien y paroissoit : car ils s'en estoyent retournés sans faire nul exploit, mais estoyent venus seulement pour cuider avoir et emmener leur jeune prince, s'ils eussent peu : et en demandoyent au signeur de Raceguyen, à Guillaume Rin, à Coppenole, et à quelques autres, qui les avoyent

---

(1) *Vaux* : Waz. L. — (2) *Brevillier* : Biervliet.

fait venir de France. Et de ce murmure s'eleverent contre les gouverneurs : et fut pris le signeur de Raceguyen par les uns, et mis hors de prison par les autres. Guillaume Rin et Daniel Oudtredenc, premier eschevin, furent decapités : et Coppenole et autres s'enfuirent, les uns à Tournay, les autres en France, où ils furent recueillis. Pareillement les notables de Bruges mirent le comte de Nassau et le signeur de Beures à Bruges : et fut le signeur de La Gruthuse pris, du consentement de ceux de Bruges : et fut la loy renouvelee à Gand et à Bruges, de-par le Roy vostre pére : et furent, en toutes les deux villes, les bons maistres, et s'y faisoyent tous exploits de justice de par vostre pére et de par vous. Et se tira le Roy vostre pére en sa ville de Bruges, aussi paisiblement qu'il y avoit jamais esté : et fit faire justice, et decapiter plusieurs rebelles, et mit officiers nouveaux à son vouloir. Et fut pratiqué legérement que le Roy vostre pére, nostre sire, entreroit en sa ville de Gand fort et foible, et que là vous luy seriez remis en ses mains par monsieur Adolf de Cléves, signeur de Ravastain, qui lors vous avoit en gouvernement. Ce qui fut faict et executé à la grand'joye de voz loyaux sugets, et au grand déplaisir de voz ennemis et rebelles : et en mon second volume je declaireray le jour et la maniere de l'entree (qui fut à l'honneur de vostre bon pére et de ceste maison grandement), et declaireray comment et par qui ces choses ont esté faictes et exécutees, et ceste guerre, pour ceste fois, menee à fin : car en ceste partie je ne veuil parler n'escrire, si-non en brief, des grandes choses advenues à cestuy noble prince vostre pére, comme j'ay dit et parlé par abregé de voz autres nobles ancesseurs, selon que dessus peut estre dict et escript.

Ainsi donques cestuy vostre noble pére entra en sa vile de Gand, à telle puissance qu'il luy pleut d'y mener : et audevant de luy, une grande lieue, luy fustes amené à cheval par le signeur de Ravastain, et autre grand nombre de gens. Qui fut une joye si piteuse, que chacun pleuroit, de la liesse qu'ils avoyent de vous veoir en la puissance de vostre pére, et à son commandement; et que Dieu permit à la raison que de vous deux (qui n'estoit qu'une chair et un sang) fust et demourast un pouvoir, en luy comme pere, et en vous comme fils, et venu de luy et de son essence. Si fustes et estiez separés, par rebelles sugets, d'unie puissance : et, contre vostre voulonté, fustes tenu séparé de vostre pére, et hors, par puissance violente, de la mambournie (1) et tutéle que pere doit avoir de son enfant, par tout droit et bonne coustume. Laquelle chose fut remise en son droit : et fustes remis es mains de vostre bon pére, et en son autorité, pouvoir et obeissance : et puis la bienvenue de vous deux faicte, marcha vostre noble pére, et vous à son senestre costé, en la vile de Gand : et entrérent à pié premiers, la pique sur le col, monsieur de Gueldres, monsieur Philippe de Cléves, messire Inglebert, comte de Nassau, et plusieurs autres, comtes, barons, chevaliers et escuiers, que je nommeray plus-amplement ailleurs, avec grande foi-

---

(1) *Mambournie :* surveillance.

son d'Allemans et autres, pour accompaigner le Roy vostre noble pére et vous, comme je diray ailleurs, quand temps et lieu sera. Et apres iceux gens-de-pié marcha le Roy vostre pére, et vous auprés de luy, et toute la signeurie, et les gens-d'armes à cheval : et fut vostre pére maistre et signeur de la vile de Gand à celle fois, pour en faire à son bon plaisir et vouloir; et alla loger en son hostel à Gand, et vous avec luy: et furent les gens-d'armes, tant de pié que de cheval, logés par la vile, en plusieurs rues et maisons : et fut celle journee toute paisible, sans apparence de nulle mutation.

Mais quand vint sur le soir, et que ceux de Gand se virent logés avec gens estranges en leurs maisons, contre leur gré ils coururent au marché, et s'assemblérent le plus qu'ils peurent : et le Roy vostre pére fit mettre gens-d'armes au devant d'eux, pour sçavoir qu'ils vouloyent faire : et furent toute la nuict sus bout, et ceux de Gand, et ceux de nostre parti, combien que les Gandois estoyent merveilleusement effrayés, et ne sçavoyent où bien estre ; et vouloyent aucuns des signeurs et des capitaines que sur le poinct du jour l'on leur courust sus, et que jamais à plus juste tiltre n'à plus grande puissance ne pourroit Gand estre subjuguee. Mais autres des signeurs et des capitaines estoyent pour ceux de Gand : et mesmement vostre noble pére avoit ce regard, qu'il estoit entré par amitié en la vile, et ne vouloit souffrir que, pour la folie d'aucuns mauvais garsons, si puissante vile fust destruite. Et toutesfois marcha le duc sur le marché au Poisson, et jusques au devant de l'hostel de la vile : car les signeurs de la vile estoyent bons pour luy ; et n'est point à douter que ce populaire, malconduit, sans sens et raison, estoit defaict et tout mort, si ce bon prince vostre pére leur eust couru sus : car il estoit fort accompaigné d'Alemans et de Wallons, nobles et autres, tous en bonne voulonté de faire telle execution. Mais le Roy vostre pére leur manda que s'ils se vouloyent retirer en leurs maisons, il feroit retirer ses gens-d'armes, sans leur porter autre dommage. Ce peuple promit d'ainsi le faire, mais ils n'en firent rien : et dura tout le jour et toute la nuict, que tous furent sur bout et en armes ; et le comte de Nassau, et autres nobles hommes en sa compaignie, soustindrent toute la nuict toute la puissance d'iceux Gandois, afin qu'ils ne veinssent surprendre la compaignie de Monsieur.

Mais iceux Gandois estoyent si-effrayés, qu'ils abandonnérent le grand marché, et se boutérent au petit marché (qui est entre le chasteau et Saincte Verle) ; et sur le jour fut pratiqué que le Roy vostre noble pére les lairoit retourner paisiblement en leurs maisons. Ce qui fut faict : et ce mesme jour le Roy, acompaigné de ses gens, vous emmena hors de la vile de Gand : et là vous pristes congé de luy, et en la conduite de monsieur de Ravastain fustes mené à Teuremonde, où vous demourastes certains jours : et le Roy retourna à Gand, où il fut paisiblement receu, et y fit faire justice de ceux qui avoyent emeu ceste assemblée, et mis en danger la puissante vile de Gand d'estre destruite ; et mesmement leur cassa et rompit plusieurs priviléges, et luy pria le peuple mercy : et mit en police et en loy, en paix et union, la vile de Gand, et puis s'en revint à Brucelles, là où il avoit ordonné de vous mener. Et à tant je fay fin et conclusion de la maniére comme vous fustes tiré hors de la main des Gandois par vostre noble pére.

Ces choses ainsi advenues, les Liegeois se mirent contre leur evesque ; et avoyent à capitaine, sous messire Robert de La Marche, un nommé Guy de Camp, et un autre nommé Rocca. Ces deux avoyent si-grande puissance en la cité du Liége, qu'ils voulurent entreprendre de livrer la cité es mains de vostre noble pére, par condition qu'ils s'en feroyent maistres et signeurs, en deboutant leur evesque du Liége. Mais ce noble archeduc vostre pere (qui encores n'estoit pas roy des Rommains) se monstra si-bon et si-loyal à l'evesque du Liége, que jamais il ne le voulut souffrir n'entreprendre, mais le refusa plainement. Et en ce temps les electeurs et princes d'Alemaigne mandérent ce noble archeduc vostre pére : et, deuement informés des nobles meurs, vertus et vaillances de sa noble personne, en la presence et du consentement de l'empereur Frederic, son pére et vostre grand pére, il fut eleu roy des Rommains, par la clemence de Dieu : et n'est pas venu à ceste dignité par estre tiran, par force ne violence, mais par vraye election, digne, saincte et canonique, et par raport, de vive voix, des grandes vertus qui sont en sa noble personne.

Mon souverain signeur, ce vous est miroir et exemple de bien vivre, de bien regner, et d'estre loyal en voz faicts : car Dieu, le pardessus de toutes choses, guerdonne les bons, et leur rend le merite de leurs bonnes œuvres; et ainsi, monsieur, je vous ay monstré, selon que je l'ay peu comprendre, comme les princes qui ont regné en ceste maison, voz ancesseurs, et dont vous estes issu, se sont conduits et gouvernés, les noms et les causes qui leur ont esté donnés : et me tairáy, en ce present escript, du surplus des hauts faicts du roy des Rommains, vostre noble pére : et mettray ses faicts par escript, plus au long, en mon second volume : et le nommeray d'oresenavant roy, et, à nom donné, Maximilian Cueur-d'acier. Et me suffit, par ce present escript, que je l'aye mené jusques à estre roy des Rommains, et par la clemence de Dieu heritier de l'Empire, sans contredict : et porta le roy des Rommains, comme roy, l'aigle de sable à une teste; et, comme empereur, l'aigle impérial à deux testes : et madame vostre mére, sa compaigne, porta les armes de Bourgongne comme héritiere, et comme faisoit le duc Charles son pére.

Or, monsigneur, mon prince et mon maistre, pour mettre conclusion à cet escript précedant mes Memoires, je vous en fay humble present : mais il est besoing, en ceste conclusion, que je tienne l'ancienne regle et coustume qu'ont tenu les saincts docteurs en leurs espitres : comme sainct Augustin, sainct Hierosme, sainct Pol, sainct Tomas d'Aquin, Bonaventure, et plusieurs autres notables docteurs qui tousjours ont fini et conclu leurs livres et epistres en doctrines et vrais exemples, pour tenir leurs disciples, et ceux à qui ils ont adrecé leurs escritures, en la crainte de Dieu singuliérement : car crainte et amour ne sont pas loin de la condition l'un de l'autre. Pource donques que je desire que ces deux poincts, d'amour et de crainte de Dieu, vous demourent en l'entendement et en ferme propos, je vous donneray aucuns exemples de princes plus grands de vous, pareils de vous, et moindres de vous, à qui la fortune n'a pas laissé, pour noblesse de sang, pour grandeur de lignage, ne pour puissance terrienne, que, sous la permission divine, ils n'ayent esté flagelés et batus de diverses maladies, et bien souvent plus-grandes, plus-horribles et plus-abhominables que n'ont les laboureurs et pauvres gens champestres, qui vivent miserablement, au contraire de vous messieurs les princes, qui vivez delicieusement, et ne vous peut l'on assouvir de bons vins et delicieuses viandes; et dont bien souvent il advient que les corps, par trop de repletion, tombent en inconvenient, ou de langueus, ou d'abrégement de vie. Et commencerons noz exemples et remonstrances, et entrerons au faict de la Bible, et dirons de Saul, premier roy d'Israël, lequel fut en ses plus beaux jours, et jusques à sa mort, travaillé et passionné du mal caduc. Hercules le Grand fut pareillement passionné dudict mal caduc, comme l'aprouve Aristote en ses problémes. Philote (1), grand prince, et page dudict Hercules, en maniant une des fléches de son maistre (laquelle estoit envenimee du venim d'un serpent merveilleux que

---

(1) *Philote :* Philoctète.

ledict Hercules avoit tué, et laquelle fléche tomba sur le pié dudict Philotes), en demoura boiteux et affolé, sans trouver guarison : et combien qu'il fut prince valeureux et de grand courage, il vescut le demourant de ses jours en douleur intolérable. Sertorius, le grand capitaine des Espaignes (qui longuement mena la guerre contre Pompee le Grand); Philippe de Macédoine, pere du grand Alexandre; Annibal de Cartage, prince si-renommé : ces trois capitaines, les plus grans dont il soit memoire, ont tous trois perdu chacun un œil, de blesseure ou autrement. Anthiochus, roy de Sirie, puissant, courageux et renommé, fut mangé de vers en sa pleine vie, sans ce que medecins n'art de medecine y peussent jamais remedier, pour tresor ne avoir. Lucius Sylla, un grand dictateur entre les Rommains, fut mangé de poux, à grand honte et detresse, et sans ce que sens d'homme y peust jamais pourvoir, comme tesmoigne Pline. Julius Cesar, si-renommé, fut travaillé du mal caduc, comme tesmoignent plusieurs anciens médecins. Octavien Auguste, à qui Dieu donna si grande prosperité que la monarchie du monde fut toute en paix et sans guerre de son temps, et que sous son regne d'empereur nasquit Nostre Signeur Jesus-Christ, fut travaillé de gravelle, et d'autres dangereuses maladies, toute sa vie. L'empereur Caligula, moult renommé prince, fut tourmenté par poison que sa femme luy donna, cuidant estre de luy mieux aymee : dont il mourut forsené, et hors du sens. Constantin, fils de saincte Helaine, empereur, et si-devot qu'il n'est pas trouvé que jamais homme fist tant de bien à l'Eglise comme il fit, fut lepreux jusques à sa mort : et en celle piteuse maladie le garda et nourrit la bonne saincte dame sa mére, tant qu'elle vescut. Sigismond, duc d'Austriche, mourut paralitique. Le duc Louis de Bourbon fut impotent de goutes. Charles, roy de France, sixiéme de ce nom, fut furieux et forsené. Le roy Louis, fils de son fils, si-sage et si-subtil, et tant puissant, et qui achetoit la grâce de Dieu et de la vierge Marie à plus grands deniers qu'onques ne fit roy, fut tourmenté, jusques à sa mort, de plusieurs diverses et piteuses maladies. Edouard, prince de Galles, mourut idropique. Henry d'Erby, roy d'Angleterre, ladre, de terrible et infecte ladrerie. Henry le Quint fut malade d'alopisie, qui est ladrerie au cueur et à la teste. Quant à Frederic, ce noble empereur vostre grand-pére (qui fut si-grand qu'il regna toute sa vie sans estre decliné de son imperiale puissance), par un feu qui luy prit en la jambe, il luy convint la jambe couper : dont il mourut en la fin de l'an. Le roy Charles, huictiéme de ce nom, en ses plus beaux jours, ayant fait grandes conquestes, et en brief terme, mourut soudainement, et en peu d'heure : comme eust fait le moindre berger ou porcher de son royaume. Mon souverain signeur, vous voyez par exemples vrais, vieux et nouveaux, tant de plus grands de vous que de moyens et de semblables, que pour leur noble sang, lignage et pouvoir, Dieu n'a fait compte de dissimuler aveques eux, comme il ne fera aveques vous. Pourquoy il est necessité, pour échever [1] tels inconveniens, de recou-

---

(1) *Echever :* éviter.

rir à sa bonne grâce, par le merite de Jesus-Christ son fils : auquel je prie et requier devotement qu'il vous preserve de tous inconveniens, et vous doint grace de vivre et de prosperer en ce monde, à la louenge de Dieu, au salut de vostre ame, et à la prosperité de voz païs et signeuries : et ainsi finit le present escript, pour Introduction de la lecture des Memoires de La Marche, dont il vous fait humble present, se recommandant à vostre noble grâce.

TANT A SOUFFERT LA MARCHE.

LE PREMIER LIVRE

DES

MEMOIRES

DE

MESSIRE OLIVIER DE LA MARCHE.

PREFACE.

Ayant de-present souvenance de ce que dit le sage Socrates, qu'oisiveté est le delicieux lict et la couche où toutes vertus s'oublient et s'endorment, et, par le contraire, que labeur et exercice sont le repos [1], l'abisme et la prison où sont les vices abscons et mucés, et qu'ils ne se peuvent réveiller ne ressourdre sinon que par ladicte oisiveté, mere de tous maux; à cette cause, me trouvant tanné [2] et ennuyé de la compaignie de mes vices, et desireux de réveiller vertus lentes et endormies, ay empris le fais et labeur de faire et compiler aucuns volumes, par maniére de Memoires, où sera contenu tout ce que j'ay veu, de

---

[1] *Repos* est ici pris pour *repositoire*, qui veut dire *coffre*, *armoire*.
— [2] *Tanné* : fatigué.

mon temps, digne d'estre escript et ramenteu; et n'enten pas d'escrire ou toucher de nulles matieres par ouir dire, ou par raport d'autruy, mais seulement toucheray de ce que j'ay veu, sceu et experimenté : sauf toutevoyes que pour mieux donner à entendre aux lisans et oyans mon escript, je pourray à la fois toucher pourquoy et par quelle maniére les choses advindrent et sont advenues, et par quelles voyes elles sont venues à ma congnoissance, afin qu'en eclaircissant le paravant advenu, l'on puist mieux entendre et congnoistre la verité de mon escript.

Mais je n'enten pas que ce mien petit et mal-acoustré labeur se doyve appeler ou mettre du nombre des croniques, histoires ou escritures faictes et composees par tant de nobles esprits qui aujourd'huy, et en cestuy temps de ma vie, ont si soulennellement labouré, enquis et mis par escript (comme principalement ce tresvertueux escuyer George Chastelain, mon pére en doctrine, mon maistre en science, et mon singulier amy : lequel seul je puis à ce jour nommer et escrire la perle et l'estoile de tous les historiografes qui de mon temps, ny de pieça, ayent mis plume, encre ne papier en labeur ou en œuvre); ains seulement est mon entendement, pource que coustumiérement je vois et chemine en divers lieux et en maintes places, et qu'il est occupé en songneux labeur et estude; et qu'au secret de sa chambre il amasse et assemble divers raports, opinions, advis et ramentevances à luy raportees, dictes et envoyees de toutes pars; et dont de tout, et de toutes parties, il fait si-notablement le profit de sa matiére, qu'il n'en fait pas seulement à louer, mais à glorifier, priser et aimer de tous les nobles cueurs du monde. A ceste fin, et pour faire mon devoir, et moy aquiter de la vérité des choses advenues devant mes yeux, me suis deliberé de mettre par Memoire ce que j'ay veu et retenu au passé temps de ma vie : tendant à fin que s'il y a chose dont ledict George ou autre, en leurs hautes œuvres, se puissent aider ou servir, ils prennent et tirent (s'ils me survivent) hors des ronses et espines de mes rudes et vains labeurs, pour les coucher au noble lict paré et embausmé de leurs nobles et riches termes, inventions et fruicts : dont le goust et l'entendement ne peut jamais empirer ne mourir.

Je donques Olivier, signeur de La Marche, chevalier, conseiller, maistre d'hostel, et capitaine de la garde de treshaut, vertueux et victorieux prince Charles, premier de ce nom, par la grâce de Dieu duc de Bourgongne, de Lotrich, de Brabant, de Lembourg, de Luxembourg et de Gueldres, comte de Flandres, d'Artois et de Bourgongne; palatin de Hainaut, de Holande, de Zélande et de Namur, marquis du Sainct Empire, signeur de Frise, de Salins et de Malines, leur aideray à mon pouvoir, louant et graciant mon redempteur Jesus-Christ, fils de la glorieuse Vierge, en ce qu'il luy a pleu me donner et impartir grâce, et especiale misericorde, d'estre venu jusques au milieu de la voye et du chemin, terminé par le tour de nature, selon le cours de la vie presente : car, à l'heure que j'ay ceste matiere encommencee, j'aproche quarante cinq ans (1), et ressemble le cerf ou

(1) *J'approche quarante cinq ans :* Il résulte de ce que dit ici Olivier de La Marche, qu'il avoit commencé ses Mémoires long-temps avant de faire son Introduction.

le noble chevreul, lequel, ayant tout le jour brouté et pasturé diverses fueilles, herbes et herbettes, les unes cueillies et prises sur les hauts arbres, entre les fleurs et pres des fruits, et les autres tirees et cueillies bas, à la terre, parmi les orties et les ronses agues, ainsi que l'appetit le desiroit et l'adventure le donnoit : apres qu'iceluy se trouve refectionné, se couche sur l'herbe fresche, et là ronge et rumine, à goust et à saveur, toute sa cueillette : et ainsi, sur ce my-chemin ou plus avant de mon aage, je me repose et rassouage (1) sous l'arbre de congnoissance : et ronge et assaveure (2) la pasture de mon temps passé, où je trouve le goust si-divers et la viande si-amére, que je pren plus de plaisir à parachever le chemin non congnu par moy, sous l'espoir et fiance de Dieu tout-puissant, que je ne feroye (et fust il possible) de retourner le premier chemin et la voye dont j'ay desja achevé le voyage. Et toutesfois, entre mes amers gousts, je trouve un assouagement et une sustance à merveilles grande, en une herbe appelee memoire : qui est celle seule qui me fait oublier peines, travaux, miséres et afflictions, et prendre plume, et employer ancre, papier et temps, tant pour moy desennuyer, comme pour acomplir et achever (si Dieu plaist) mon emprise : esperant que les lisans et oyans suppleront mes fautes, agreront mon bon vouloir, et prendront plaisir et delectation d'ouyr et sçavoir plusieurs belles, nobles et solennelles choses advenues de mon temps, et dont je parle par veoir, non pas par ouyr dire.

(1) *Rassouage* : délasse, réjouis. — (2) *Assaveure* : savoure.

CHAPITRE PREMIER.

Comment messire Jaques de Bourbon, comte de La Marche, mari de la derniére royne Jehanne de Naples, se rendit cordelier à Besançon.

POURCE que Dieu et ses glorieux faicts doyvent estre commencement de toutes bonnes œuvres, de tant je le loue et gracie qu'au commencement de mon aage, et du premier temps que je puis entrer en matiére, et bailler ramentevance digne d'escrire, la premiére chose dont je puis parler est devote et de saincte memoire : et combien que je ne veisse reellement que l'effect de cest aventure, toutesfois il m'est force de deviser dont proceda le par avant. Et n'est pas à entendre pourtant que je corrompe ce que j'ay dit, de non parler que de ce que j'ay veu : car (comme dict est) par les commencemens s'eclaircira et sera donnee à congnoistre chacune matiére, où je n'enten de déclairer et descrire que toute verité. En ce temps, où je commence par l'an 35 [1], estoit duc de Bourgongne le bon duc Philippe, fils et successeur du duc Jehan occis à Montereau, et pére du duc Charles, mon souverain signeur et maistre : du temps duquel Charles j'ay commencé à escrire ces presens Memoires. Pour lors de l'an dessusdict vivoit en Bourgongne un noble et puissant signeur, le signeur de Sainct-George le Sage; et vrayement bien

---

[1]. *L'an* 35 : l'an 1435.

se devoit sage nommer : car il augmenta sa maison d'avoir et d'aliances, et fut chevalier de la Toison d'or, et se maria en grande et signeurieuse maison ; et se maintient si hautement, tant à la court du duc Jehan de Bourgongne, comme à celle du bon duc Philippe, mesme au païs de Bourgongne et en toutes pars, qu'il estoit tenu et appelé du nombre des sages et des grands ; et apres luy vint messire Guillaume de Vienne, son fils, qui vendit et engagea toutes ses belles signeuries, par faute de sens et de conduitte : et mourut à Tours en Touraine, et laissa son fils héritier, Jehan de Vienne, qui encore valut moins de vertu et de personnage. Ainsi par ces deux a esté la noble maison de Sainct-George destruitte et mancipee (1), mais non pas celle de Vienne : car encores, Dieu merci, en y a qui honnorablement se conduisent.

Deux choses me font toucher de celle maison de Sainct-George : l'une est regret en amour, et l'autre est pour donner à entendre comment ne par quelle maniére je vein premiérement au lieu où je vei ma premiére ramentevance. Et est vray qu'en l'an de Nostre Signeur, courant 1434, se meut une guerre et une question entre aucuns signeurs d'Alemaigne et ledict signeur de Sainct-George le Sage, dessusdict, pour la terre et signeurie de Jou en Bourgongne, que tenoit et possessoit ledict signeur : et pour ceste cause fut envoyé mon pére (qui se nommoit Philippe de La Marche), à tout certain nombre de gens-de-guerre, audict chastel de Jou, de par ledict signeur de Sainct-George, pource que ladicte place

---

(1) *Mancipee* : rendue esclave, asservie.

est sus la fin de la comté de Bourgongne; et marchit aux Alemaignes, et principalement à la comté de Neuf-chastel, dont le comte estoit un des principaux demandeurs.

Or, pource que mon pére pensoit que la guerre et sa commission fust chose de longue duree, il mena tout son menage celle part : et quant à moy, je fu mis à l'escole, en une petite bonne vile à une lieue dudict Jou (laquelle vile se nomme Pontarli); et fu mis en la maison d'un gentilhomme nommé Pierre de Sainct-Moris, qui avoit plusieurs enfans et neveux qui pareillement aloyent à l'escole, et dont depuis nous sommes retrouvés de celle nourriture à l'hostel du prince, et ses serviteurs domestiques, et principalement Jaques de Fallerans et Estienne de Sainct-Moris, qui ont esté tenus et réputés deux tresvaillans escuyers de leurs personnes.

Si pouvoye pour lors avoir l'aage de huict à neuf ans : et en celuy temps vint audict lieu de Pontarli le comte de La Marche, Jaques de Bourbon, qui avoit esté roy de Naples, et avoit renoncé au royaume, à la couronne et au monde, pour prendre l'habit de sainct François, et devenir cordelier de l'observance; et tiroit à Besanson, auquel lieu il vescut depuis longuement cordelier : et de son cas et de son estat je deviseray cy-apres, qui fut tel qu'il s'ensuit. Peu de temps avant trépassa de ce siecle le roy Lancelot de Naples, et ne laissa nuls enfans de son corps : mais demoura royne et héritière du royaume de Naples et de Sicile une sienne sœur, nommee madame Jovenelle (1). Celle royne se maria à un moult bel et

(1) *Madame Jovenelle* : Jeanne II, reine de Naples.

vertueux chevalier, du sang royal de France et de la maison de Bourbon, de nom et d'armes : et se nommoit messire Jaques de Bourbon, comte de La Marche : et par iceluy mariage fut celuy de Bourbon roy de Sicile et de Naples.

Ceste royne Jovenelle fut de tresgrand esprit, et dame qui sçavoit et valoit beaucoup, et dont le royaume, en generalité, se tenoit fort-content. Et par aucun temps le roy Jaques et elle regnérent à Naples en grande prosperité, amour et union : mais, par succession de temps, celle union se changea et mua, entre eux deux, en soupson et defidence : dont j'ay ouy recorder diversement. Les uns disoyent que le roy Jaques vouloit trop maistrisamment vivre avec elle, tant sur le gouvernement du royaume comme sur ses plaisances et passe-temps. Autres disoyent que la Royne ne prit pas bien en gré aucunes assemblees de dames, par maniére de festimens que journélement faisoit le Roy : dont elle conceut aucune jalousie, qui moult empira le repos des courages de chacune partie.

Fust par l'une ou par l'autre voye, il advint que, par succession de temps, elle, se voyant royne et dame de la terre, aimee et obeïe de tous, et congnoissant que son mari estoit estranger, non roy ne signeur en celle signeurie que par elle, soubtivement (1) et par grande malice se feit forte de ses gens et sugets, et prit et emprisonna le roy Jaques son mari, et le mit en l'une des plus fortes tours du chastel de Constans (2), en Naples : auquel chastel il

(1) *Soubtivement* : subtilement. — (2) *Chastel de Constans* : les historiens disent que Jacques de Bourbon fut enfermé au château de l'OEuf.

demoura long-temps prisonnier et enfermé : et toutesfois luy monstra ladicte Royne telle amour et affection par longue espace, qu'elle mesme luy portoit et bailloit les mets de son boire et de son manger, doutant qu'autre non sachant l'amour qu'elle luy portoit, et cuidant complaire à elle, ne l'empoisonnast. Tant dura celle estrange amour et ceste seureté, sous main fermee et close, qu'elle élongna privauté, et par fois se tenoit la Royne en autres de ses palais et de ses chasteaux : et le roy Jaques (qui moult bel chevalier estoit, et en fleur d'aage) s'ennuyoit de celle prison, et avoit regret d'user sa vie en telle captivité.

Si s'appensa que la mer flotoit assez pres d'iceluy chastel : et tant soubtiva (1) aveques aucuns de sa fiance, qu'un petit battel luy fut amené, où il entra secretement, et se tira jusques hors du royaume, où il demoura certain temps : et disent les aucuns qu'il échapa par soubtiveté, et par aide de serviteurs et d'amis : et autres disent, et me semble assez vray-semblable, que la Royne (qui ne vouloit ne sa mort ne sa compaignie) avoit fait jouer et consentir le personnage de son echapement et de sa delivrance.

Longuement demoura le roy Jaques en Italie en grand regret et à peu de plaisance, toutesfois menant moult belle et honneste vie de sa personne : et, en lieu des pompes et grandes cheres passees, il prit le ply et la devotion de mener vie contemplative et tresdevote. En celuy temps regnoit une moult saincte et devote femme, religieuse de Saincte Claire, au païs de Bourgongne, nommee sœur Colette (2). Celle

(1) *Soubtiva* : intrigua. — (2) *Sœur Colette* : cette religieuse réforma l'ordre de sainte Claire. Elle mourut en 1447.

femme aloit par toute la chrestienté, menant moult saincte vie, et edifiant maisons et eglises de la religion Sainct François et de Saincte Claire : et ay esté acertené que par son pourchas (1) et par sa peine elle avoit edifié de son temps trois cens quatre vingt eglises de femmes, encloses et enfermees : dont il advint que celle sœur Colette fut advertie du cas du roy Jaques, ou par la voulonté de Dieu, ou par raport, ou autrement : et pourtant se trouva devers luy, et tant luy monstra des variances du monde, et des tours et retours de fortune, ensemble de la brièveté de ceste mortelle vie, qu'il prit confort en son adversité, advis sur les dangers à venir, et résolution d'attendre la mort asseuree, au chemin et en la voye de religieuse penitence : et se delibera de prendre l'habit de sainct François, et de se rendre en l'observance en la tierce ordre (car encores vivoit la Royne sa femme); et choisit le lieu de sa demoure à Besanson, en la comté de Bourgongne. Ce qu'il fit et exécuta : et de present je me tay de parler et d'escrire de tels commencemens par moyens non veus, pour deviser ce que j'ay veu de ceste matiére, et comment ne par quelle maniére il entra au lieu de Pontarli, où je fu present.

Comme dessus est dit, le roy Jaques de Naples se tira des Italies au païs de Bourgongne, au lieu de Besanson : et me souvient que les gens-d'Eglise de la vile de Pontarli, ensemble les nobles, les bourgeois et marchans, firent une congregation et une assemblee, par procession, pour aler au-devant du roy Jaques, qui venoit en ladicte vile : et y mena le maistre de l'escole ses

---

(1) *Son pourchas* : ses efforts.

escoliers, duquel nombre j'estoye : et ay bien memoire que le Roy se faisoit porter, par hommes, en une civiére telle, sans autre different, que les civiéres en quoy l'on porte les fiens et les ordures communément : et estoit le Roy demy-couché, demy-levé, et appuyé à l'encontre d'un pauvre mechant derompu oreiller de plume. Il avoit vestu, pour toute parure, une longue robe d'un gris de trespetit pris, et estoit ceint d'une corde nouee, à façon de cordelier : et en son chef avoit un gros blanc bonnet (que l'on appelle une cale) nouee par dessous le menton, et de sa personne il estoit grand chevalier, moult beau, et moult bien formé de tous membres. Il avoit le visage blond et agreable, et portoit une chere joyeuse, en sa recueillette (1), vers chacun : et pouvoit avoir environ quarante ans d'aage ; et apres luy venoyent quatre cordeliers de l'observance, que l'on disoit moult grans clercs et de saincte vie : et apres iceux, un peu sur le loing, venoit son estat, où il pouvoit avoir deux cens chevaux : dont il y avoit litiére, chariot couvert, haquenees, mules et mulets, dorés et enharnachés honnorablement.

Il avoit sommiers couverts de ses armes, et nobles hommes et serviteurs tresbien vestus et en bon poinct : et en celle pompe humble, et devote ordonnance, entra le roy Jaques en la vile de Pontarli ; et ouy racompter et dire qu'en toutes viles où il venoit il faisoit semblables entrees par humilité. Et en cest estat fut conduit en son logis, et de là tira à Besanson, où je le vei depuis cordelier rendu, et voué en la religion (car sa femme estoit trépassée); et fut là

(1) *Recueillette* : accueil.

venue du roy Jaques en Bourgongne, environ la Magdaleine 1435 : et combien qu'en ce jeune aage où j'estoye je feisse de ceste chose plus tost une grande merveille qu'un grand extime, certes depuis, en croissement de jours et d'aage, à rememorer ceste matiére, j'en fay et extime et merveille. Quant à la merveille, ne fait-il pas à emerveiller de veoir un roy, né et issu de royal sang, fugitif de son royaume, et issant (1) freschement de la prison de sa femme, et de la servitude de celle qui, par raison du serment de mariage, luy devoit estre sugette? Touchant l'estime, quand depuis j'ay pensé et mis devant mes yeux l'autorité royale, les pompes signeurieuses, les delices et aises corporéles et mondaines, lesquelles en si peu de temps furent par cestuy Roy mises en oubli et nonchaloir, certes, selon mon petit sens, j'en fay une extime pleine de merveille. Et à tant me tay, et fay fin à ma premiere aventure.

CHAPITRE II.

Briéve narration de la mort du duc Jehan de Bourgongne; et des guerres continuees à cette occasion jusques à la paix d'Arras, faicte entre le roy Charles septiéme et le bon duc Philippe de Bourgongne.

En celle mesme saison et annee, j'ay souvenance que je vey venir audict lieu de Pontarli un heraut

---

(1) *Issant :* sortant.

à qui l'on fit moult grande feste et moult grande chére : car il avoit apporté cause de joye, de repos et de soulas. Celuy heraut se nommoit Franche-Comté, et aporta les nouvelles de la paix faicte à Arras en Artois, entre le roy Charles le septiéme de ce nom, roy de France, et le bon duc Philippe de Bourgongne, dessusdict. Pour celle paix et pour celle joye se feirent les feux, les danses, les caroles (1), parmy la vile : et par les eglises l'on chantoit *Te Deum laudamus*, et rendoit-on graces à Dieu de celle bonne œuvre : et me sera force de mettre par escript aucune chose hors de ce que je vey, et de deviser d'où ne par quelle raison meut la guerre dont fut faicte la paix pour quoy je vey lesdicts feux, et dont j'escry presentement.

Si ce ne fust pour aquiter et parfaire ce que j'ay mis avant au prologue de ces Memoires, il ne fust ja besoing de travailler ma personne, ne de tanner ou ennuyer tant les lisans comme les escoutans en ceste matiére : car je sçay bien que toutes les escriptures sont pleines et remplies, et les royaumes loingtains et voisins tous apris et acertenés de ce que de present me faut escrire et mettre avant, et dont je me passeray le plus brief qu'il me sera possible : c'est de la mort du trespreux, hardi et vaillant prince le duc Jehan de Bourgongne, occis et meurdry, par ennemis reconciliés, au lieu de Montereau, en la presence et sous le pouvoir de monsieur Charles de France, dauphin de Viennois, et dont tant de maux, tant de miseres, de pauvretés, de meurdres, d'efforcemens, d'extorsions et de griefs

(1) *Caroles* : assemblées, divertissemens.

sont advenus au royaume de France, qu'un million
d'hommes en sont morts, deux millions de mesnages
perdus, et tant de terres demourees sans fruit et
sans labeur, qu'elles, assemblees, suffiroyent pour
faire un bon royaume de grand et fertil revenu :
et (qui pis est) celle doulente et douloureuse playe
ne peut ou ne se sçait guerir, qu'elle ne soit, d'an à
autre et de saison en saison, renouvelee et mise à
sang frais par les courages d'un chacun parti, en-
flés, dépités, et non saoulés de vengeance et d'estrif (1) : où je ne voy ny ne congnoy aucun reméde,
apaisement ne guerison aucune, fors de supplier le
pardonneur de noz meffaits qu'il veuille, par sa benigne grâce et especiale misericorde, mettre par
divine inspiration, de chacune part, en oubliance
et en nonchaloir, l'œuvre commise par violente
et cruelle main, et au contempt (2) d'honneur et de
justice.

Puis-que verité me contraint doncques, en mon
acquit, de déclairer le procedement de ceste guerre,
je m'en acquiteray au moins mal et le plus brief que
je le pourray mettre : et fut vray que, l'an 1419,
fut une journee prise, sous ombre de rapaisement
des princes et du royaume de France, au lieu de
Montereau; et se devoit icelle journee tenir devant
la personne de monsieur Charles de France, dauphin
de Viennois (lequel pouvoit avoir quatorze ans
d'aage); et à celle journee vint le duc Jehan de Bourgongne dessusdict, grandement accompaigné : et l'a-
voit à conduire de ses païs messire Tanneguy Du Chastel, un moult renommé chevalier natif de Bretaigne,

(1) *Estrif* : querelle, combat. — (2) *Au contempt* : au mépris.

bretonnant, lequel avoit grande autorité devers le Dauphin : et acertenoit ledict Tanneguy grandement le duc Jehan de grand recueil et de grand amour trouver envers ledict Dauphin, et luy fit le duc Jehan de grans dons et de grans biens. Et, le jour de l'assemblee, le duc Jehan passa le pont de Montereau à peu de ses serviteurs; et laissa hors de la vile toute sa compaignie, mit pié à terre, et trouva le Dauphin à la porte du chastel, acompaigné dudict Tanneguy, de messire Guillaume Bataillier (1), et autres ennemis dudict duc, à l'occasion de la mort du duc d'Orleans, à qui ils furent serviteurs, et la mort duquel ledict duc Jehan avoua à Paris, devant les plus-prochains de son lignage.

Or avint (fust par machination, deliberation, ou autrement) qu'en la presence dudict Dauphin, luy estant à genoux devant l'héritier de France, en faisant son devoir, les dessusdicts le meurdrirent de haches et d'espees : dont grand'charge d'honneur demoura audict Tanneguy toute sa vie, combien que, par plusieurs fois et par plusieurs moyens, se voulust excuser. Là fut la pitié et la perte grande, et le desarroy merveilleux : et sur le corps dudict duc de Bourgongne fut occis un chevalier de son hostel, gascon, frére germain du comte de Foix, nommé le signeur de Noelles (2); et pris le signeur de Sainct-George le Sage, dessus-nommé, et autres notables gens, bien désolés et déconfortés.

Toute son armee se dérompit et s'egara, chacun tirant et alant, sans ordre ne mesure, là où Dieu le conseilla; et de celle mort l'on parle encores diver-

---

(1) *Bataillier* : Bataille. — (2) *De Noelles* : de Noailles.

sement, touchant le consentement du Dauphin dessusdict : car aucuns disent qu'il avoit consenti et sceu la conspiration du meurdre, et autres disent qu'à l'occasion du raport que l'on luy avoit faict de certaines aliances que l'on disoit avoir esté faites entre ledict duc et les Anglois, ledict Dauphin avoit consenti que ledict duc Jehan fust pris, et constitué prisonnier; et qu'à l'occasion de sa jeunesse il ne peut estre maistre de ceux qui avoyent gouvernement à l'entour de luy : parquoy l'homicide fut faict en sa presence, sous la couleur de ladicte prise.

Or est bien besoing que je recorde, en brief, les grans faicts que madame Fortune souffrit retourner de sa roue, par la mort accidentale de cestuy noble prince. Ce fut cesluy qui en ses jeunes jours osa personnellement emprendre et faire le voyage, pour la queréle de la foy chrestienne, à l'encontre du trespuissant et redouté Turc nommé Lamoratbay [1], qui par sa force et prouesse marchoit au royaume de Hongrie. Et combien que la fortune tournast contre luy, ce ne fut par faute d'emprendre ne de faire : et osa accomplir en sa personne ce que tant de princes abayent et menacent, et dont les uns demourent en negligence de la foy, pour leurs aises et delices mondaines, et autres pour leurs aguets diaboliques, querans les pertuis et les voyes pour surprendre leurs voisins à la demarche, pour les destruire et grever souvent de leurs vindications, en oubliant Dieu et son sainct service; et autres (si je l'osoye dire) valent mieux, et sont plus idoines à menacer les ennemis sous la chaude cheminee, et en

---

[1] *Lamoratbay* : Amurat I.

leurs chambres et sales dorees et peintes d'oysivetés, qu'ils ne sont bons, dignes n'idoines pour augmenter la foy, croistre leurs noms, ne sauver leurs ames.

Mais, pour revenir aux faicts de ce noble duc, tantost apres son retour de la prison du Turc dessusdict, il prit la queréle du frére de sa femme (qui fut de Baviére), livra la bataille à l'encontre des Liégeois (qui se trouvérent en nombre infini, avec leur eleu de Pernez), les déconfit, et en occit pour un jour plus de quinze mille, et mit le païs en totale sugettion. Tiercement, il s'accompaigna d'environ six mille chevaux, vint à l'Arbre sec devant Paris, entra en la cité, et prit le gouvernement du Roy et du royaume, qui que le vousist ou non. Quartement (ce que j'appelle plus-grande chose que grand bien), il fit tuer le duc Louis d'Orleans, frére du Roy, en la maistresse cité du royaume (c'est Paris); l'advoua en plain conseil (comme est dict dessus), et se partit de Paris sans autre détourbier. Il soustint le siége d'Arras, où fut le roy de France en personne contre luy. Il assiegea le roy de France en la cité de Bourges en Berry : et pour le dernier de ses faicts, cuidant faire le profit, le bien et l'utilité du royaume de France, bien adverty des haines et rancunes que luy portoit monsieur le Dauphin et ceux qui le gouvernoyent, en intention qu'il n'eust la note et le reproche qu'à luy eust tenu le rapaisement du royaume, il osa venir à sa mort : et mourut la dague au poing, et l'un des hardis chevaliers qui onques issit du sang ne de la lignee de France. Si prie à Nostre Sauveur Jesus-Christ qu'il en veuille avoir l'ame.

De ceste mort fut le deuil, le pleur et le cry si-grand et si-uni, par Bourgongne, Flandres et Artois, que c'estoit pitié et douleur de l'ouir et sçavoir : et principalement en voyant madame Marguerite de Baviére, duchesse de Bourgongne, sa femme, et monsieur le duc Philippe son seul fils et héritier, qui pouvoit avoir environ vingt-deux ans d'aage; et pour lors sentit ces dures nouvelles si-aspreinent, et par telle emprinte au cueur et aux entrailles, qu'il en cuida soudainement mourir : et toutesfois il prit cueur de prince chevaleureux, et exercice de chevalier de vertu : et incontinent manda les Estats de ses païs, qui tous avecques luy queroyent et demandoyent vengence de ceste offense et outrage desordonnee. Si trouva en conseil de prendre aliances et amitiés de toutes pars, et querir l'aide et assistance de tous voisins, et où il en pouvoit finer (1). Ce qui fut faict : et en trouva assez et largement : et peut-on legérement croire que les Anglois, anciens ennemis du royaume de France, ne furent pas déplaisans de l'inconvenient avenu : ains tantost et diligemment eurent moyens sur les chemins pour avoir l'aliance du nouvel duc Philippe de Bourgongne offensé, à l'intention de partir à la despouille du noble royaume de France : et, d'autre part, furent les moyens trouvés que le roy Charles sixiéme, pere du dessusnommé Dauphin, fut mis es mains dudict duc de Bourgongne ; et teint parti et opinion contraire de son fils, et le fils contre le pere : et par ces aliances fut faict le mariage du roy Henry le quint, roy d'Angleterre, et de madame Katerine de France, fille du roy dessusdict, et sœur dudict

---

(1) *Finer :* trouver.

Dauphin. Et fit le roy de France grans traittés et desheritemens au profit de sa fille la royne d'Angleterre, et des hoirs issans du roy anglois et d'elle : et, de l'autre part, le Dauphin s'alia aux Espaignols et aux Escos (1); et commença la guerre de toutes pars, où tous les maux que guerre sceut ou peut permettre ne trouver se sont faicts, exécutés et accomplis. Moult de batailles, de rencontres, d'assaux, de siéges de viles et de chasteaux, moult de belles et chevaleureuses executions et emprises, et maintes apertises d'armes, furent faictes d'une part et d'autre : dont je me tay, tant pour le laisser racompter et escrire aux plus sages, comme aussi pour revenir à ma matiére, laquelle je quier continuer par sa premiére forme. Mais force m'estoit de déclarer le motif de la guerre, pour monstrer comment et par quelle maniére se trouva paix et apointement en matiére si diverse et ague (2).

CHAPITRE III.

De la paix d'Arras, et de la copie du traitté faict entre le roy Charles septiéme et le bon duc Philippe de Bourgongne.

Tant dura cette guerre, que le roy Charles sixiéme mourut; et fut roy le roy Charles septiéme, son fils, qui fut le Dauphin dont nous avons parlé : lequel tant

(1) *Escos* : Ecossais. — (2) *Si diverse et ague* : si compliquée et si difficile.

souffrit, porta, endura et soustint de peines, pauvretés et souffrettes en ceste guerre, que, sous le port du duc de Bourgongne dessusdict, les Anglois signeurisoyent et possessoyent la cité de Paris, et le plus-beau du royaume de France : et se retraït le Roy en la cité de Bourges en Berry, par-dela la riviére de Loire : laquelle cité un pauvre soudoyer bourgongnon, nommé Pernet Grasset, tenoit en apatis [1], le Roy estant dedans.

Pareillement durant icelle guerre mourut le roy Henry d'Angleterre, au bois de Vincennes : lequel à la verité mourut bien-à-poinct pour son adversaire le roy françois. Or ainsi termina cest accident et ceste pestilence, qu'apres avoir guerroyé environ vingt-deux ans, le pape Martin envoya en France ses legats et ses ambassadeurs, et principalement le cardinal de Saincte-Croix : qui tellement labourérent et profitérent en ceste matiére, qu'une journee fut prise et acceptee de toutes les parties, au lieu d'Arras en Artois : à laquelle journee, par la grâce de Dieu, fut trouvee la paix, le traité et l'apointement qui me font les choses dessusdictes declairer et escrire. A celle convention et assemblee faicte à Arras, pour le Pape et le sainct concile de Basle furent les cardinaux de Saincte-Croix et de Cypre, et autres; de la part du roy de France, le duc Charles de Bourbon et d'Auvergne, monsieur Artus, comte de Richemont, connestable de France; le comte de Vendosme, l'archevesque de Reims, et plusieurs autres grans personnages nommés audit traité; de la part du roy d'Angleterre,

---

[1] *Tenoit en apatis* : gouvernoit en vertu d'un traité.

le cardinal de Wicestre (qui estoit du sang de Lanclastre), le comte d'Arondel, et autres grans personnages : et de la part de monsieur de Bourgongne, il y fut en personne, y estant accompaigné du duc Arnoul de Guerles, de l'evesque du Liége, du duc de Buillon (qui se nommoit de Huissebergues), de Jehan Monsieur, héritier du duc de Cléves; de Charles de Bourgongne, comte de Nevers et de Retel; de Louis, comte de Sainct-Pol; de Jehan de Bourgongne, comte d'Estampes et signeur de Dourdan; de messire Jehan de Luxembourg, comte de Ligny; et de plusieurs grans personnages de son sang, et autres : et les principaux de son conseil et d'empres luy furent messire Nicolas Raoulin, signeur d'Authune, son chancelier; messire Antoine, signeur de Crouy, son premier chambelan; messire Pierre de Beaufremont, signeur de Charny; le signeur de Ternant, de Haubourdin, et autres.

Grandes questions et debats furent entre le conseil de chacune partie par plusieurs-fois, et le plus-souvent grandes cheres et grans festimens : et là se firent armes à pié et à cheval, joustes, luittes, et plusieurs essais et appertises des uns partis contre les autres; et dura cestuy parlement trois mois entiers, c'est-asçavoir du commencement de juillet jusques à la fin de septembre, que lors fut la paix jurée, close et seelee par tous les partis, et fut publiee et portee par escrit par tout le royaume de France, par les païs de monsigneur de Bourgongne, et ailleurs : tellement que lesdicts traités vindrent au lieu de Pontarli. Ce que je vey : et en reteint le double Pierre de Sainct-Moris, escuyer; et l'envoya à mon pere, au chastel de Jou : dont il advint que, plus de vingt ans apres, je le recueilly : et me vient si à point à ceste heure, qu'en ces presens Memoires j'ay ceste paix enregistree, dont la teneur de mot à mot s'ensuit.

« Charles, par la grâce de Dieu roy de France. Le tresglorieux roy des roys, Dieu nostre createur (par lequel nous vivons et regnons, et duquel seulement nous tenons nostre royaume), nous enseigne et donne exemple par soy mesme à querir, comme vray pasteur, le salut et repos de nostre peuple, et le préserver des tresgrans et innumerables maux et dommages de guerre. Laquelle chose nous avons tousjours desiree de tout nostre cueur, et procuree à tressongneuse diligence, congnoissans que par le bien de paix est élevee et exercee justice par laquelle les roys regnent, en ayant nostre royaume esté exaucé et conservé par les temps passés.

« Comme donc nous, tousjours portans à tresamere déplaisance les divisions et guerres de nostre royaume (lesquelles par-avant nostre avénement à la royale magesté estoyent encommencees, et jusques à ores ont duré, à la tresgrande affliction, oppression et destruction de nostredict peuple), ayons, dés qu'il a pleu à Dieu nous donner aage et temps de discretion, vaqué, entendu, et travaillé et faict, par plusieurs de noz parens, gens et officiers, vaquer, entendre et travailler, à trouver l'appaisement desdictes divisions et guerres, et mettre paix et union en nostre royaume, et réconcilier et reunir avec nous nostre trescher et tresaimé frére et cousin Philippe, duc de Bourgongne : sur quoy ayent esté tenues plusieurs conventions et journees en divers lieux de nostredict royaume avec les Anglois noz anciens ennemis, et nostredict frére et cousin; et entre autres en la vile de Nevers, en laquelle ait esté prise, accordee et acceptee autre journee et convention en la vile d'Arras : auquel lieu et journee d'Arras avons envoyé pour nous nos treschers et tresaimés cousins le duc de Bourbon, le comte de Richemont, connestable; le comte de Vendosme, grand maistre de nostre hostel; et noz aimés et feaux l'archevesque de Reims, nostre chancelier; Christofle de Harcourt, nostre cousin ; et le sire de La Fayette, mareschal de France ; maistre Adam de Cambray, premier president en nostre parlement; maistre Jehan Tudert, maistre des requestes de nostre hostel; maistre Guillaume Chartier, docteur en droict canon et civil; Estienne Bernard, dict Moireau, noz conseillers; et maistre Jehan Chastegnier et Robert Maliére, noz secretaires, et tous noz ambassadeurs : et qu'en ce lieu et convention d'Arras se soyent trouvés, de-par nostre sainct-pere le Pape, nostre trescher et espécial amy le cardinal de Saincte-Croix; et de-par le sainct concile de Basle, nostre trescher cousin le cardinal de Cipre, et autres plusieurs prelats, et gens-d'Eglise notables : par le moyen desquels cardinaux et gens-d'Eglise ayent esté pourparlees et traitees plusieurs voyes et ouvertures de paix generale et particuliére, tant avec lesdicts Anglois comme avec nostre-dict frére et cousin de Bourgongne : et finalement, par le moyen d'iceux cardinaux et autres gens-d'Eglise, ayt esté conclue et fermee, par nosdicts cousins et ambassadeurs, pour et au nom de nous, avec iceluy nostre frére et cousin, bonne paix, concorde et réunion de luy avec nous, et faictes, consenties, promises et accordees les choses déclairees et contenues es articles qui de mot à mot ensuyvent.

« Ce sont les offres que nous Charles, duc de Bourbonnois et d'Auvergne; Artus, comte de Richemont, connestable de France; Louis de Bourbon, comte de Vendosme; Regnaut, archevesque et duc de Reims, chancelier de France; Christofle de Harcourt, Guillebert, signeur de La Fayette, mareschal de France; Adam de Cambray, president en parlement; Jehan Tudert, doyen de Paris, et maistre des requestes; Guillaume Charetier, Estienne Moireau, conseillers; Jehan Chastegnier et Robert Maliére, secretaires; et tous ambassadeurs de Charles, roy de France, nostre souverain signeur, estans presentement en la vile d'Arras; faisons, pour et au nom du Roy, à monsieur le duc de Bourgongne et de Brabant, pour l'interest et querelle qu'il a et peut avoir à l'encontre du Roy, tant à cause de la mort de feu monsieur le duc Jehan de Bourgongne son peré, comme autrement, à fin de parvenir avec luy à traité de paix et concorde.

« *Premier*, que le Roy dira, ou, par ses gens notables suffisamment fondés, fera dire à monsieur de Bourgongne que la mort de feu monsieur le duc Jehan de Bourgongne son pere (que Dieu absolve) fut iniquement et mauvaisement faicte par ceux qui perpetrérent ledict cas, et par mauvais conseil; et luy en a toudis [1] depleu, et de present deplaist de tout son cueur. Et que s'il eust sceu ledict cas, et eu tel aage et entendement qu'il a de present, il y eust obvié à son pouvoir. Mais il estoit bien jeune,

---

[1] *Toudis* : toujours.

et avoit pour lors petite congnoissance, et ne fut point si advisé que d'y pourvoir. Et priera à mondict signeur de Bourgongne que toute rancune ou haine qu'il peut avoir à-l'encontre de luy à cause de ce, il oste de son cueur, et qu'entre eux ayt bonne paix et amour : et se fera de ce mention expresse es lettres qui seront faictes de l'accord et traité d'entre eux.

« *Item*, que tous ceux qui perpetrérent ledict mauvais cas, et qui en furent consentans, le Roy abandonnera, et fera toute diligence possible de les faire prendre et apprehender (quelque part que trouvés pourront estre), pour estre punis en corps et en biens : et si apprehendés ne peuvent estre, les bannira et fera bannir à tousjours, sans grâce ne r'appel, hors du royaume et du Dauphiné, avec confiscation de tous leurs biens : et seront hors de tous traités.

« *Item*, ne souffrira le Roy aucuns d'eux estre receptés ou favorisés en aucun lieu de son obeïssance et puissance : et fera crier et publier par tous les lieux desdicts royaume et Dauphiné, accoustumés à faire cris et publications, qu'aucun ne les recepte ou favorise, sus peine de confiscation de corps et de biens.

« *Item*, que monsieur de Bourgongne, le plus-tost qu'il pourra bonnement après ledict accord passé (1), nommera ceux dont il est ou sera lors informé, qui perpetrérent ledict mauvais cas, ou en furent consen-

---

(1) En marge du manuscrit est écrit : « *Nota*, que monsieur le duc
« a nommé Tanneguy Du Chastel, Jehan Louvet, president de Pro-
« vence, chevaliers ; Pierre Frotier, escuyer ; maistre Jehan Cadart,
« phisicien. »

tans : afin qu'incontinent et diligemment soit procedé à l'encontre d'eux de la part du Roy, comme dessus est dict. Et en-outre, pource que mondict signeur de Bourgongne ne pourroit encores avoir vraye congnoissance ne deue information de tous ceux qui perpetrérent ledict mauvais cas, ou en furent consentans, toutes les fois qu'il sera deuement informé d'aucuns autres, il les pourra nommer et les signifier par ses lettres patentes, ou autrement, suffisamment au Roy : lequel en ce cas sera tenu de faire proceder tantost et diligemment, à l'encontre d'eux, par la maniére dessudicte.

« *Item*, que pour l'ame dudict feu monsieur le duc Jehan de Bourgongne, de feu messire Archembaut de Foix, signeur de Noailles (qui fut mort avec luy), et de tous autres, trépassés à cause des divisions et guerres de ce royaume, seront faictes les fondations et édifices qui s'ensuyvent : c'est-à-sçavoir en l'eglise de Montereau (en laquelle fut premierement enterré le corps dudict feu monsieur le duc Jehan) sera fondee une chapelle et chapelenie perpetuéle, d'une messe basse de *Requiem*, chacun jour, perpetuélement : laquelle sera douee convenablement de rentes amorties, jusques à la somme de soixante livres parisis par an : et aussi sera garnie de calice et aornemens d'eglise bien et suffisamment, et tout aux despens du Roy. Laquelle chapelle sera à la colation de mondict signeur, et de ses successeurs ducs de Bourgongne, à tousjours.

« *Item*, avec ce, en ladicte ville de Montereau, ou au plus pres d'icelle que faire se pourra bonnement, sera faict, construict et edifié par le Roy, et à ses fraiz et despens, une eglise, convent et monastére de chartreux : c'est-à-sçavoir pour un prieur et douze religieux, avec les cloistres, celles, refectoirs, granges, et autres edifices qui y seront nécessaires et convenables : et lesquels chartreux (c'est-à-sçavoir un prieur et douze religieux) seront fondés, par le Roy, de bonnes rentes, et revenuz annuels et perpetuels, bien amortis suffisamment et convenablement, tant pour le vivre des religieux, et entretenement du divin service, comme pour le soustenement des edifices du monastére et autrement, jusques à la somme de huict cens livres parisis de revenu par an, à l'ordonnance et par l'advis de tresreverend pére en Dieu monsieur le cardinal de Saincte-Croix, ou de celuy ou ceux qu'il voudra à ce commettre.

« *Item*, que sur le pont de Montereau, au lieu où fut perpetré ledict mauvais cas, sera faicte, edifiee et bien entaillee, et entretenue à tousjours, une belle croix, aux despens du Roy : de telle façon et ainsi qu'il sera avisé par ledict monsieur le cardinal et ses commis.

« *Item*, qu'en l'eglise des Chartreux lés Digeon (en laquelle gist et repose à-present le corps dudict feu monsieur le duc Jehan) sera fondee par le Roy, et à ses despens, une haute messe de *Requiem*, qui se dira chacun jour perpetuellement, au grand autel de ladicte eglise, à telle heure qu'il sera advisé : laquelle fondation sera douee de bonnes rentes amorties, jusques à la somme de cent livres parisis de revenu par an ; et aussi garnie de calice et aornemens d'eglise, comme dessus.

« *Item*, que lesdictes fondations et edifices seront encommencés à faire le plustost que faire se pourra bonnement ; en espécial commencera l'on à dire et célebrer lesdictes messes incontinent ledict acord passé : et, au regard des edifices qui se doyvent faire en ladicte vile de Montereau, ou au plus pres d'icelle, l'on y commencera à ouvrer dedans trois mois, apres ce que ladicte vile de Montereau sera reducte en l'obeïssance du Roy ; et y commencera l'on diligemment, et sans interruption : télement que tous iceux edifices seront assouvis et parfaicts dedans cinq ans apres ensuyvans ; et quant auxdictes fondations, l'on y besongnera sans delay, le plus-tost que faire se pourra bonnement : et pour ces causes, tantost apres l'accord passé, sera faicte et assouvie la fondation de la haute messe es Chartreux lés Digeon, dont dessus est faicte mention, avec ce qui en depend : c'est-à-sçavoir de livres, calices, et autres choses à ce necessaires. Et aussi y sera dicte et célebree, aux despens du Roy, la basse messe quotidienne qui doit estre fondee en l'eglise de Montereau, jusques à ce que la vile dudict Montereau soit reduite en l'obeïssance du Roy. Et au-surplus, touchant les edifices et fondations qui se doyvent faire en ladicte vile de Montereau ou au plus pres d'icelle, de la part du Roy sera mise, dedans lesdicts trois mois apres qu'icelle vile de Montereau sera reducte en l'obeïssance du Roy, es mains de celuy ou ceux qu'y voudra ordonner et commettre mondict signeur le cardinal de Saincte-Croix, certaine somme d'argent suffisant pour commencer à faire lesdicts édifices ; et aussi aucunes bonnes receptes suffisantes pour acomplir et parfaire iceux edifices, et achepter les calices, livres, aornemens et autres choses à ce nécessaires et convenables. Et d'autre part seront aussi lors advisees, assises et delivrees les rentes dessus-declairees, montans pour ledict lieu de Montereau à huict cens soixante livres parisis par an, bien revenans et seurement amorties, et assises au plus pres que bonnement faire se pourra dudict lieu de Montereau, sans y comprendre les cent livres parisis de rente qui tantost doyvent estre assises, pour la fondation de ladicte haute messe, es Chartreux lés Digeon.

« *Item*, que pour, et en recompensation des joyaux et autres biens meubles qu'avoit monsigneur le duc Jehan au temps de son deces, et qui furent pris et perdus, et pour en avoir et achepter des autres en lieu d'iceux, le Roy payera et fera bailler reellement et de faict, à mondict signeur de Bourgongne, la somme de cinquante mille vieils escus d'or, du prix de soixante quatre au marc de Troyes, huict onces pour le marc, et à vingt et quatre carats, un quart de carat de remede d'aloy, ou d'autre monnoye d'or, courant, à la valeur, aux termes qui s'ensuyvent : c'est-à-sçavoir quinze mille de Pasques prochain en un an (qui commencea l'an 1437), et quinze mille à Pasques ensuyvant 1438; et les vingt mille qui resteront, aux autres Pasques ensuyvans, esquelles commencera l'an 1439 : et avec ce est et sera sauvee et reservee à mondict signeur de Bourgongne son action et poursuite; au regard du bel colier de feu mondict signeur son pére, à l'encontre de tous ceux qui l'ont eu ou ont, pour l'avoir et recouvrer, pour ledict colier et joyau avoir à son profit, en-outre et par-dessus lesdicts cinquante mille escus.

Item, que, de la part du Roy, à mondict signeur de Bourgongne, pour partie de son interest, seront delaissees, et avec ce baillees et transportees de nouvel, pour luy et ses hoirs, procreés de son corps, et les hoirs de ses hoirs, en descendant tousjours en droicte ligne (soyent masles ou femelles), les terres et signeuries qui s'ensuyvent : c'est-à-sçavoir la cité et comté de Mascon, ensemble toutes les viles, vilages, terres, censes, rentes et revenus quelconques qui sont ou appartiennent, ou doyvent competer et appartenir en dommaine, au Roy et à la couronne de France, en et par tous les vilages royaux de Mascon et de Sainct-Jangon, et es mettes (1) d'iceux, avec toutes les appartenances et appendances d'icelles comté de Mascon, et autres signeuries que tient et doit tenir le Roy en dommaine et de dommaine, en et par tous lesdicts villages de Mascon et de Sainct-Jangon, tant en fiefs, arrierefiefs, confiscations, patronnages d'eglises, collations de bénefices, comme en autres droits et profits quelconques, sans y rien retenir, de la part du Roy, de ce qui touche ou peut toucher le dommaine, signeurie et jurisdiction ordinaire des comté et lieux dessusdicts. Et est sauvé et reservé au Roy tant-seulement le fief et hommage des choses dessusdictes, et le ressort et souveraineté; ensemble la garde et souveraineté des eglises et sugets d'icelles de fondation royale, estans es mettes desdicts baliages, ou enclavés en iceux; et le droit de regale là où il a lieu, et autres droits

---

(1) *Mettes* : bornes, limites.

royaux appartenans d'ancieneté à la couronne de France, es baliages dessusdicts, pour de ladicte cité et comté de Mascon, ensemble des viles, vilages, terres et dommaine dessusdict, jouyr et user par mondict signeur de Bourgongne et ses hoirs à tousjours, et les tenir en foy et hommage du Roy et de la couronne de France, et en perrie, sous le ressort du Roy et de sa court de parlement, sans moyen, pareillement et en telles franchises, droits et prerogatives, comme les autres pers de France.

« *Item*, et avec ce, de la part du Roy seront transportés et baillés à mondict signeur de Bourgongne, et à celuy de sesdicts hoirs légitimes procreés de son corps, auquel il delaissera, apres son deces, ladicte comté de Mascon, tous les profits et emolumens quelconques qui echerront esdicts baliages royaux de Mascon et de Sainct-Jangon, à cause des droits royaux et de souveraineté appartenant au Roy en iceux baliages : soit par le moyen de la garde des eglises qui sont de fondation royale, et des sugets d'icelle, ou par droits de regale ou autrement : et tant en confiscations (pour quelque cas que ce soit), amendes, exploits de justice, profit et emolument de la monnoye, comme en autres profits quelconques, pour en jouyr par mondict signeur de Bourgongne, et sondict hoir apres luy, durant leurs vies, et au survivant d'eux tant-seulement, en et par la maniére qui s'ensuit. C'est-à-sçavoir qu'à la nomination de mondict signeur de Bourgongne, et de sondict hoir apres luy, le Roy commettra et ordonnera celuy qui sera bailly de Mascon pour mondict signeur de Bourgongne, juge royal, et commis de par luy à congnoistre de tous cas royaux, et autres choses procedans des bailliages, païs, lieux et enclavemens dessusdicts, aussi-avant, et tout en la forme et manière que l'ont fait et acoustumé de faire par cy devant les baillis royaux de Mascon et de Sainct-Jangon, qui y ont esté le temps passé : lequel bailliage de Sainct-Jangon est et sera aboli de-present, par ce moyen. Et semblablement seront commis de par le Roy, à la nomination de mondict signeur de Bourgongne et de sondict hoir, tous autres officiers nécessaires pour l'exercice de ladicte jurisdiction et droits royaux, tant chastelains, capitaines, prevosts, sergens, comme receveurs et autres, qui exerceront leurs offices, au nom du Roy, au profit de mondict signeur de Bourgongne et de sondict hoir apres luy, comme dict est.

« *Item*, et semblablement de la part du Roy, seront transportés et baillés à mondict signeur de Bourgongne, et à sondict hoir apres luy, tous les profits des aides (c'est-asçavoir des greniers à sel, quatriémes des vins vendus à detail, impositions de toutes denrees, tailles, fouages, aides et subventions quelconques qui ont ou auront cours, et qui sont ou seront imposés és elections de Mascon, Chalon, Authun et Langres, si avant qu'icelles elections s'estendent, en et par toute la duché de Bourgongne, comté de Charolois, ladicte comté de Mascon, tout le païs de Masconnois, et és viles et terres quelconques, enclavees en icelles comtés, duché et païs susdicts), pour jouir, de la part de mondict signeur de Bourgongne, et sondict hoir apres luy, de toutes lesdictes aides, tailles et autres subventions, et en avoir les profits

durant le cours de leurs vies, et du survivant d'eux :
auquel monsieur de Bourgongne, et à sondict hoir
apres luy, appartiendra la nomination de tous les
offices à ce nécessaires, soyent eleus, clercs, receveurs, sergens, ou autres; et au Roy la commission
et institution que dessus.

« *Item*, et aussi sera par le Roy transportee et
baillee à mondict signeur de Bourgongne, à tousjours, pour luy et pour ses hoirs legitimes, procreés
de son corps, et les hoirs de ses hoirs (soyent masles
ou femeles), descendans en directe ligne, en héritage
perpetuel, la cité et comté d'Auxerre, avec toutes ses
appartenances quelconques, tant en justice, dommaine, fiefs, arriérefiefs, patronnages d'eglises, collations de bénefices, comme autrement, à les tenir
du Roy et de la couronne de France, en foy et
hommage, et en perrie de France, sous le ressort et
souveraineté du Roy et de sa court de parlement,
sans moyen, pareillement et en telles franchises,
droits et prerogatives, comme les autres pers de
France.

« *Item*, et avec ce, seront transportés et baillés
par le Roy, à mondict signeur de Bourgongne, et à
celuy de ses hoirs auquel il delaissera, apres son
deces, ladicte comté d'Auxerre, tous les profits et
emolumens quelconques qui echerront en ladicte
comté et cité d'Auxerre, et en toutes les viles et
terres enclavees en icelle comté, et qui ne sont point
de la comté (soyent à eglises ou à autres), à cause
des droits royaux, en quelque maniére que ce soit,
tant en regales, confiscations, amendes, exploits de
justice, profits et emolumens de la monnoye, qu'au-

tremènt, pour en jouir par mondict signeur de Bourgongne et sondict hoir, apres luy, durant leurs vies, et du survivant d'eux tant-seulement, en et par la maniére dessus-declairee. C'est-asçavoir qu'à la nomination de mondict signeur de Bourgongne et de sondict hoir apres luy, le Roy commettra et ordonnera celuy qui sera bailly d'Auxerre pour mondict signeur de Bourgongne, juge royal et commis de par luy à congnoistre de tous cas royaux, et autres choses, es mettes de ladicte comté d'Auxerre et des enclavemens d'icelle, aussi-avant, et tout par la maniére qu'ont fait et acoustumé de faire par-cy-devant les baillis de Sens audict lieu d'Auxerre : lequel bailly de Sens ne s'en entremettra aucunement durant la vie de mondict signeur de Bourgongne et de son hoir, mais en laissera convenir le bailly d'Auxerre, qui sera juge commis de par le Roy à ce faire. Et semblablement seront commis de-par le Roy, à la nomination de mondict signeur de Bourgongne et de sondict hoir, tous autres officiers nécessaires pour l'exercice de ladicte jurisdiction des droits royaux en la comté d'Auxerre, tant chastelains, capitaines, prevosts, sergens, comme receveurs et autres, qui exerceront leurs offices au nom du Roy, au profit de mondict signeur de Bourgongne et de sondict hoir apres luy, comme dict est.

« *Item*, en-oùtre seront transportés et baillés à mondict signeur de Bourgongne, et à son dict hoir apres luy, tous les profits des aides (c'est-asçavoir des greniers à sel, quatriémes de vins vendus à detail, impositions de toutes denrees ; tailles, fouages, et autres aides et subventions quelconques qui ont ou auront cours, et qui sont ou seront imposees en ladicte comté, cité et election d'Auxerre, si-avant qu'icelle election s'estend en ladicte comté, et au païs d'Auxerre, et és viles et vilages enclavés en iceux), pour en jouir par mondict signeur de Bourgongne, et sondict hoir apres luy, et en avoir le profit durant le cours de leurs vies, et du survivant d'eux tant-seulement. Auquel mondict signeur de Bourgongne, et à sondict hoir apres luy, appartiendra la nomination de tous les officiers à ce nécessaires, soyent eleus, clercs, receveurs, sergens, ou autres; et au Roy la commission et institution, comme dessus.

« *Item*, et aussi seront par le Roy transportés et baillés à mondict signeur de Bourgongne, pour luy et ses hoirs legitimes procreés de son corps, et les hoirs de ses hoirs (soyent masles ou femelles) descendans en ligne directe, à tousjours, et en héritage perpétuel, les chastel, viles et chastellenie de Bar-sur-Seine; ensemble toutes les appartenances et appendances d'icelle chastellenie, tant en dommaine, justice, jurisdiction, fiefs, arrierefiefs, patronnages d'eglises, collations de bénefices, comme autres profits et emolumens quelconques, à les tenir du Roy en foy et hommage, et en perrie de France, sous le ressort et souveraineté du Roy et de sa court de parlement, sans moyen.

« *Item*, et avec ce appartiendront à mondict signeur de Bourgongne, et de la part du Roy luy seront baillés et transportés, pour luy et celuy de sesdicts hoirs auquel il delaissera, apres son deces et trepas, la signeurie dudict Bar-sur-Seine, tous les profits dés aides, tant du grenier à sel (si grenier y a acoustumé d'avoir), quatriémes de vins vendus à detail, impositions de toutes denrees, tailles et fouages, que des autres aides et subventions quelconques qui ont et auront cours, et seront et sont imposees, en ladicte vile et chastellenie de Bar-sur-Seine, et es viles et vilages sugets et ressortissans à icelle chastellenie, pour jouir de la part de mondict signeur de Bourgongne, et de son hoir apres luy, d'iceux aides, tailles et subventions, et en avoir les profits, par la main des grenetiers et receveurs royaux qui seront à ce commis par le Roy, à la nomination de mondict signeur de Bourgongne, durant les vies de luy et de sondict hoir apres luy, et du survivant d'eux.

« *Item*, et aussi de la part du Roy sera transporté et baillé à mondict signeur de Bourgongne, pour luy et ses hoirs, comtes de Bourgongne, à tousjours et en héritage perpetuel, la garde de l'eglise et abbaïe de Lixeul; ensemble tous les droits, profits et emolumens quelconques appartenans à ladicte garde: laquelle le Roy, comme comte, et à cause de la comté de Champaigne, dit et maintient à luy appartenir: combien que les comtes de Bourgongne, predécesseurs de mondict signeur, ayent parcy-devant pretendu et querelé au contraire, disans et maintenans icelle abbaïe de Lixeul (qui est hors du royaume, et es mettes de la comté de Bourgongne) devoir estre de leur garde : et pource, pour bien de paix et obvier à leurs debats, sera delaissee par le Roy, et demourera ladicte garde entiérement à mondict signeur, pour luy et ses hoirs successeurs, comtes de Bourgongne.

« *Item*, et aussi seront par le Roy transportés et

baillés à mondict signeur de Bourgongne, pour luy et ses hoirs masles, légitimes, procreés de son corps, et les hoirs de ses° hoirs masles tant-seulement, procreés de leurs corps, descendans d'eux en ligne directe, à tousjours et en héritage perpetuel, les chasteaux, viles, chastellenies et prevostés foraines de Peronne, Mondidier et Roye, avec toutes leurs appartenances et appendances quelconques, tant en dommaines, justice, jurisdiction, fiefs, arriérefiefs, patronnages d'eglises, collations de bénefices, comme autres droits, profits et emolumens quelconques, à les tenir du Roy et de la couronne de France en foy et hommage, et en perrie de France, sous ressort et souveraineté du Roy et de sa court du parlement, sans moyen.

« *Item*, avec ce baillera et transportera le Roy, à mondict signeur de Bourgongne, et à celuy de sesdicts hoirs masles auquel il delaissera, apres son trepas, lesdictes viles et chastellenies de Peronne, Mondidier et Roye, tous les profits et emolumens quelconques qui echerront en icelles viles, chastellenies, prevostés foraines, et és viles et terres sugettes, et ressortissans à icelles viles, chastellenies et prevostez foraines, à cause des droits royaux, en quelque maniére que ce soit, tant en regales, confiscations, amendes et exploits de justice, comme autrement, pour en jouir par mondict signeur de Bourgongne et sondict hoir masle apres luy, durant leurs vies, et du survivant d'eux tant-seulement, en et par la maniere dessus declairee : c'est-à-sçavoir qu'à la nomination de mondict signeur de Bourgongne et de sondict hoir masle apres luy, le Roy commettra et ordonnera celuy qui sera gouverneur ou bailly desdictes viles ou chastellenies pour mondict signeur de Bourgongne, juge royal, et commis de-par luy à congnoistre de tous cas royaux, et autres choses procedans desdictes viles, chastellenies et prevostés foraines, et des viles et terres sugettes et ressortissans à icelles, aussi-avant et par la forme et maniére que l'ont fait et accoustumé de faire par cy-devant les baillis royaux de Vermandois et d'Amiens. Et en-outre seront commis (si mestier est) par le Roy, à la nomination de mondict signeur de Bourgongne et sondict hoir masle, tous autres officiers nécessaires pour l'exercice de ladicte jurisdiction et droits royaux : comme chastellains, capitaines, prevosts, sergens, receveurs et autres, qui exerceront leurs offices au nom du Roy, au profit de mondict signeur de Bourgongne et de sondict hoir masle apres luy, comme dict est.

« *Item*, et semblablement de la part du Roy, seront transportés et baillés à mondict signeur de Bourgongne, et à sondict hoir masle apres luy, tous les profits des aides : c'est-asçavoir les greniers à sel, quatriémes de vins vendus à detail, impositions de toutes denrees, tailles, fouages, et autres aides et subventions quelconques qui ont et auront cours, et qui sont ou seront imposees es dictes viles, chastellenies et prevostés foraines de Peronne, Mondidier et Roye, et es viles et terres sugettes et ressortissans à icelles viles, chastellenies et prevostés foraines, pour en jouir par mondict signeur de Bourgongne, et sondict hoir masle apres luy, durant le cours de leurs vies, et du survivant d'eux : auquel monsieur de Bourgongne, et sondict hoir masle apres luy, appartiendra la nomination de tous les officiers à ce nécessaires (soyent eleuz, clercs, receveurs, sergens, ou autres); et au Roy la commission et institution, comme dessus.

« *Item*, et en-outre de la part du Roy sera delaissee à mondict signeur de Bourgongne, et à celuy de ses héritiers auquel apres son deces il delaissera la comté d'Artois, la composition des aides audict comté d'Artois, ressorts et enclavemens d'iceluy, montant à present icelles compositions à quatorze mille francs par an ou environ, sans ce que mondict signeur, ne son hoir apres luy, durant leurs vies, soyent abstraints d'en avoir autre don ou octroy du Roy, ne de ses successeurs : et nommeront mondict signeur, et sondict hoir apres luy, tels officiers que bon leur semblera, pour le faict de ladicte composition, tant eleuz, receveurs, sergens, comme autres : lesquels ainsi nommés, le Roy sera tenu d'instituer et commettre esdicts offices, et leur en fera bailler ses lettres.

Item, et que le Roy baillera et transportera à mondict signeur de Bourgongne, pour luy et ses hoirs et ayans cause, à tousjours, les cités, viles, fortresses, terres et signeuries appartenans à la couronne de France, sur la riviére de Somme, d'un costé et d'autre (comme Sainct-Quentin, Corbie, Amiens, Abbeville, et autres) : ensemble toute la comté de Ponthieu, deça et de là ladicte riviére de Somme, Dorlens, Sainct-Riquier, Crevecueur, Alleux, Mortaigne, avec leurs appartenances et appendances quelconques, et toutes autres terres qui peuvent appartenir à ladicte couronne de France, depuis ladicte riviére de

Somme inclusivement, en tirant du costé d'Artois, de Flandres et de Hainaut, tant du royaume que de l'Empire; en y comprenant aussi, au regard des viles seans sur ladicte riviére de Somme, du costé de France, les banlieues et echevinages d'icelles viles, pour jouir par mondict signeur de Bourgongne, sesdicts hoirs et ayans cause, à tousjours, desdictes cités, viles, fortresses, terres et signeuries, en tous profits et revenus, tant de dommaine, comme des aides ordonnés pour la guerre; et aussi tailles et autres emolumens quelconques, sans y retenir, de la part du Roy, fors les foy et hommage, ressort et souveraineté : et lequel transport et bail se fera, comme dict est, par le Roy, au rachapt de la somme de quatre cens mille escus d'or, viels, de soixante quatre au marc de Troyes, huict onces pour le marc, et d'aloy à vingt quatre karas, un quart de remede, ou autre monnoye d'or courant, à la valeur. Duquel rachapt, de la part de mondict signeur de Bourgongne seront baillees lettres bonnes et suffisantes : par lesquelles il promettra, pour luy et les siens, que toutes et quantes fois qu'il plaira au Roy ou aux siens faire ledict rachapt, mondict signeur de Bourgongne ou les siens seront tenus, en reprenant ladicte somme d'or, de rendre et delaisser au Roy et aux siens toutes lesdictes cités, viles et fortresses, terres et signeuries comprises en ce present article tant-seulement, et sans toucher aux autres, dont dessus est faicte mention : et sera content, en outre, mondict signeur de Bourgongne, de recevoir le payement desdicts quatre cens mille escus à deux fois, c'est-asçavoir à chacune fois la moitié : pourveu qu'il ne sera tenu de rendre lesdictes cités, viles, fortresses, terres et signeuries, n'aucunes d'icelles, jusques à tant que tout ledict payement soit accompli, et qu'il ait receu le dernier denier desdicts quatre cens mille escus : et cependant fera mondict signeur de Bourgongne les fruicts siens, de toutes lesdictes cités, viles et fortresses, terres et signeuries, tant de dommaines, comme des aides et autrement, sans en rien deduire ne rabatre du principal : et est à entendre qu'audict transport et bail que fera le Roy, comme dict est, ne seront point compris la cité de Tournay, et bailliage de Tournaisis et Sainct-Amand : mais demoureront icelle cité et bailliage de Tournay, Tournaisis et Sainct-Amand, es mains du Roy, reservé Mortaigne, qui y est compris, et demourera à mondict signeur de Bourgongne, ainsi que dessus est dict : et combien que ladicte cité de Tournay ne doyve point estre baillee à mondict signeur de Bourgongne, ce nonobstant est reservé, à iceluy signeur monsieur de Bourgongne, l'argent à luy accordé par ceux de ladicte vile de Tournay, par certain traité qu'il a avec eux, durant jusques à certain temps et annees à venir : et lequel argent lesdicts de Tournay payeront entiérement à mondict signeur de Bourgongne. Et est à sçavoir qu'au regard de tous officiers qui seront nécessaires à mettre et instituer és cités, viles, fortresses, terres et signeuries dessusdictes, au regard du dommaine, mondict signeur de Bourgongne et les siens y mettront et institueront plainement et à leur voulonté : et au regard des droits royaux, et aussi des aides et tailles, la nomination en appartient à mondict signeur de Bourgongne et aux siens, et l'institution et commission au Roy et à ses successeurs, comme dessus est declairé en cas semblable.

« *Item*, pource que mondict signeur de Bourgongne pretend avoir droit en la comté de Boulongne sur la mer (laquelle il tient et possede), et pour bien de paix, icelle comté sera et demourera à mondict signeur, et en jouira, en profits et emolumens, pour luy et ses enfans masles procreés de son propre corps seulement, et en-apres sera et demourera icelle comté à ceux qui droit y ont et auront : et sera chargé le Roy d'appaiser et contenter lesdicts pretendans avoir droit en icelle comté, tellement que cependant ils n'y demandent ny ne querelent rien, ny en facent aucune poursuitte à-l'encontre de mondict signeur de Bourgongne, ne de sesdicts enfans masles.

« *Item*, que les viles et chastel, comté et signeurie de Gien-sur-Loire (que l'on dit avoir esté donnees et transportees de pieça, avec la comté d'Estampes et signeurie de Dourdan, par feu monsieur le duc de Berry, à feu monsieur le duc Jehan, pére de mondict signeur de Bourgongne) seront, de la part du Roy, mis et baillés, reellement et de faict, es mains de nous, duc de Bourbonnois et d'Auvergne, tantost apres ledict accord passé, pour les tenir et gouverner l'espace d'un an apres ensuyvant, et jusques à ce que, durant ledict temps, Jehan de Bourgongne, à-present comte d'Estampes, ou mondict signeur de Bourgongne pour luy, ayent monstré ou faict monstrer, au Roy et à son conseil, les lettres dudict don faict à mondict signeur de Bourgongne par mondict signeur de Berry : lesquelles veues (si elles sont trouvees suffisantes et vallables) sommairement et de plain, et sans quelconque proces, nous, duc de Bourbonnois et d'Auvergne, seront tenus de bailler et delivrer audict comte d'Estampes, nostre neveu, lesdicts chastel, vile et comté de Gian-sur-Loire, comme à luy appartenans par le moyen dudict don et transport que luy en a fait mondict signeur de Bourgongne, sans ce que de la part du Roy l'on doive ne puisse alleguer au contraire aucune prescription ou laps de temps, depuis le deces de feu monsieur de Berry; et aussi nonobstant quelconques contradictions ou oppositions d'autres, qui voudront pretendre droit en ladicte comté de Gian : ausquels (si aucun y a) sera réservé leur droit, pour le poursuyvre par voye de justice, quand bon leur semblera, contre ledict comte d'Estampes.

« *Item*, que par le Roy sera payé et restitué, à monsieur le comte de Nevers et audict monsieur d'Estampes son frére, la somme de trente deux mille huict cens escus d'or, que le feu roy Charles fit prendre (comme l'on dit) en l'eglise de Rouen, où celle somme estoit en depost, comme deniers de mariage appartenans à feue dame Bonne d'Artois, mere desdicts signeurs, au cas que l'on fera deuement apparoir qu'icelle somme ayt esté ou soit allouee en compte, au profit dudict roy Charles, pour icelle somme de trente deux mille huict cens escus d'or payer, à tels termes raisonnables qui seront advisés, après le payement faict et accompli, à mondict signeur de Bourgongne, des cinquante mille escus dont dessus est faicte mention : et au regard des debtes que mondict signeur de Bourgongne dict et maintient à luy estre deues par feu ledict roy Charles, tant à cause des dons et pensions, comme autrement, montant à bien grande somme de deniers, son droit, tel qu'il l'a et doit avoir pour la recouvrance d'icelles debtes, luy demourera sauf et entier.

« *Item*, que mondict signeur de Bourgongne ne sera tenu de faire aucune foy, hommage ne service au Roy, des terres et signeuries qu'il tient à-present au royaume de France, né de celles qu'il doyt avoir par ce present traité, et pareillement de celles qui luy pourront echeoir cy-apres, par succession, audict royaume : mais sera et demourera exempt de sa personne en tous cas de sugettion, hommage, ressort, souveraineté et autres droits du Roy, durant la vie de luy. Mais, apres son deces, mondict signeur de Bourgongne fera, à son fils et successeur à la couronne de France, les hommages, fidelités et services qu'il appartiendra : et aussi, si mondict signeur de Bourgongne alloit de vie à trepas avant le Roy, ses héritiers et ayans cause feront au Roy lesdicts hommages, fidélités et services, ainsi qu'il appartiendra.

« *Item*, pource que cy-apres mondict signeur de Bourgongne, tant es lettres qui se feront de la paix comme en autres lettres et escritures, et aussi de bouche, recongnoistra, nommera, et pourra nommer et recongnoistre, là où il appartiendra, le Roy son souverain signeur; offrent et consentent lesdicts ambassadeurs du Roy que lesdictes nominations et recongnoissances, tant par escrit que de bouche, ne portent aucun prejudice à ladicte exemption personnelle de mondict signeur de Bourgongne, sa vie durant; et que, ce nonobstant, icelle exemption demoure en sa vertu, selon le contenu en l'article précedent; et aussi qu'icelle nomination et recongnoissance ne s'estende qu'aux terres et signeuries qu'iceluy monsieur de Bourgongne tient et tiendra en ce royaume.

« *Item*, au regard des feaux et sugets de mondict signeur de Bourgongne, des signeuries qu'il a et tient, et doit avoir par ce present traité, et qui luy pourront echeoir par succession, au royaume de France, durans les vies du Roy et de luy, ils ne seront point contraints d'eux armer au commandement du Roy ne de ses officiers, supposé ores qu'ils tiennent avec ce aucunes terres du Roy, et signeuries : mais est content le Roy que, toutes les fois qu'il plaira à mondict signeur de Bourgongne mander sesdicts feaux et sugets pour ses guerres (soit au royaume ou dehors), ils soyent tenus et contraincts d'y aler, sans pouvoir ne devoir venir au mandement du Roy, si lors il les mandoit : et pareillement sera faict au regard des serviteurs de mondict signeur de Bourgongne, qui sont ses familiers, et de son hostel, supposé qu'ils ne soyent pas ses sugets.

« *Item*, que toutesvoyes s'il avient que les Anglois, ou autres leurs aliés, facent guerre cy-apres à mondict signeur de Bourgongne, ou à ses païs et sugets, à l'occasion de ce present accord ou autrement, le Roy sera tenu de secourir et aider à mondict signeur de Bourgongne, et à ses païs et sugets, ausquels l'on fera guerre, soit par mer ou par terre, à toute puissance ou autrement, selon que le cas le requerra, et tout ainsi comme pour son propre faict.

« *Item*, que de la part du Roy, et de ses successeurs roys de France, ne sera faicte ne permise, ou souffert faire, par les princes et signeurs dessusdicts, aucune paix, traité ou accord avec son adversaire et ceux de la part d'Angleterre, sans le signifier à mondict signeur de Bourgongne, et à son héritier principal après luy, et sans leur expres consentement, et sans les y appeler et comprendre, si compris y veulent estre : pourveu que pareillement soit faict de la part de mondict signeur de Bourgongne, et de sondict hoir principal, au regard et en tant qu'il touche la guerre d'entre France et Angleterre.

« *Item*, que mondict signeur de Bourgongne, et tous ses feaux et sugets, et autres qui par ci-devant ont porté en armes l'enseigne de mondict signeur (c'est-à-sçavoir la croix Sainct-Andrieu), ne seront point tenus de porter ne prendre autre enseigne, en quelque mandement ou armés qu'ils soyent, en ce royaume ou dehors, soit en la presence du Roy ou de ses connestables et mareschaux, et soyent à ses gages, ou souldes, ou autrement.

« *Item*, que le Roy fera restituer et dedommager de leurs pertes raisonnablement, et aussi de leurs rançons, ceux qui furent pris le jour de la mort dudict feu monsieur le duc Jehan (à qui Dieu pardoint), et qui y perdirent leurs biens, et furent grandement rançonnés.

« *Item*, qu'abolition generale soit faicte de tous cas avenus, et de toutes choses passees, dictes et faictes à l'occasion des divisions de ce royaume (excepté le regard de ceux qui perpetrérent ledict mauvais cas, ou qui furent consentans de la mort de feu mondict signeur le duc Jehan de Bourgongne : lesquels seront et demoureront hors de tout traicté); et au surplus, que chacun, d'un costé et d'autre, retourne (c'est-asçavoir les gens-d'Eglise en leurs eglises et bénefices, et les seculiers en leurs terres, rentes, héritages, possessions et biens immeubles, en l'estat qu'ils seront), reservé le regard des terres et signeuries estans en la comté de Bourgongne : lesquelles monsigneur de Bourgongne et feu son pére ont eues et retenues, ou ont donnees à autruy, comme confisquees à eux, à cause desdictes guerres et divisions : lesquelles seront et demoureront, nonobstant ladicte abolition et accord, à ceux qui les tiennent et possedent. Mais par tout ailleurs chacun reviendra à ses terres et héritages (comme dit est), sans ce que pour demolition, empirement, gardes de places, ou reparations quelconques, on puisse rien demander l'un à l'autre : et sera chacun tenu quitte des charges et rentes echeues du temps qu'il n'aura jouy de ses terres et héritages : et, au regard des meubles pris et eus d'un costé et d'autre, jamais n'en pourra estre faicte aucune question, ou querelle, d'un costé ne d'autre.

« *Item*, qué par ce present traité seront esteintes et abolies toutes injures, malveuillances et rancunes, tant de paroles et de faict qu'autrement, avenues par cy-devant à l'occasion desdictes divisions, partialités et guerres, et tant d'une partie que d'autre, sans ce que nul en puisse aucune chose demander, n'en faire question ou poursuitte, par proces n'autrement, ne reprocher ou donner blasme, pour avoir tenu aucun parti : et que ceux qui diront ou feront le contraire soyent punis, comme transgresseurs de paix, selon la qualité du mefaict.

« *Item*, en ce present traité seront compris expressément, de la part de mondict signeur de Bourgongne, toutes les gens d'Eglise, nobles, bonnes-viles, et autres (de quelque estat qu'ils soyent), qui ont tenu son parti, et de feu mondict signeur son pere : et jouiront du benefice de ce present traité, tant au regard de l'abolition que de recouvrer et avoir tous leurs héritages et biens immeubles à eux empeschés, tant au royaume qu'au Dauphiné, à l'occasion desdictes divisions : pourveu qu'ils accepteront ce present traité, et en voudront jouir.

« *Item*, renoncera le Roy à l'aliance qu'il a faicte avec l'Empereur contre mondict signeur de Bourgongne, et à toutes autres aliances par luy faictes avec quelconques princes et signeurs que ce soyent, à-l'encontre de mondict signeur, pourveu que mondict signeur le face pareillement. Et sera tenu et promettra, en-outre, le Roy à mondict signeur de Bourgongne de le soustenir et aider à-l'encontre de tous ceux qui le voudront grever, ou luy faire dommage par voye de guerre, ou autrement : et pareillement sera tenu et le promettra mondict signeur de Bourgongne, sauf toutesvoyes l'exemption de sa personne, à sa vie : comme dessus est declairé.

« *Item*, consentira le Roy, et de ce baillera ses lettres, que s'il avenoit cy-apres que de sa personne fust enfreint ce present traité, ses vassaux, feaux, et sugets et serviteurs, presens et à venir, ne soyent plus tenus de luy obeïr et servir, mais soyent tenus deslors de servir mondict signeur de Bourgongne, et ses successeurs, à-l'encontre de luy : et qu'audict cas tous sesdicts feaux, vassaux, sugets et serviteurs soyent absous et quittes de tous sermens de fidelité et autres, et de toutes promesses et obligations de services, en quoy ils pouvoyent paravant estre tenus envers le Roy, sans ce qu'au temps apres lors à venir il leur puisse estre imputé à charge ou reproche, ne qu'on leur en puisse rien demander : et que des maintenant, pour lors, le Roy leur commande d'ainsi le faire, et les quitte et decharge de toutes obligations de serment, au cas dessusdict : et que pareillement soit faict et consenti, du costé de mondict signeur de Bourgongne, au regard de ses vassaux, feaux, sugets et serviteurs.

« *Item*, seront de la part du Roy faictes les promesses, obligations et submissions touchant l'entreténement de ce present traité, es mains de monsieur le cardinal de Saincte-Croix, legat de nostre sainct-pere le Pape, et de monsieur le cardinal de Cypre, et autres ambassadeurs du sainct concile de Basle, les plus-amples que l'on pourra aviser; et sur les peines d'excommuniement, agravation, reagravation, interdit en ses terres et signeuries, et autrement, le plus-avant que la censure d'Eglise se pourra estendre en ceste partie, selon la puissance qu'en ont mesdicts signeurs les cardinaux, de nostre sainct-pére le Pape et du sainct concile : pourveu que pareillement sera faict du costé de mondict signeur de Bourgongne.

« *Item*, et avec ce, fera le Roy, avec son seelé, bailler à mondict signeur de Bourgongne les seelés des princes et signeurs de son sang et de son obeïssance, comme de monsieur le duc d'Anjou, de Charles son frere, de monsieur le duc de Bourbon, de monsieur d'Alençon, de monsieur le comte de Richemont, de monsieur le comte de Veñdosme, du comte de Foix, du comte d'Armignac, du comte de Perdriac, et d'autres que l'on avisera : esquels seelés desdicts princes sera incorporé le seelé du Roy : et promettront d'entretenir, de leur part, le contenu dudict seelé; et s'il estoit enfreint de la part du Roy, en ce cas estre aidans et confortans mondict signeur de Bourgongne et les siens, à-l'encontre du Roy : et pareillement sera faict du costé de mondict signeur de Bourgongne.

« *Item*, que pareillement le Roy fera bailler semblables seelés des gens-d'Eglise, des autres nobles, et des bonnes-viles de son royaume et de son obeïssance (c'est-à-sçavoir tels desdicts gens-d'Eglise, nobles et bonnes-viles que mondict signeur voudra nommer), avec seurtés de peines corporelles et pecunielles, et autres seurtés que mesdicts signeurs les cardinaux et autres prelats, cy envoyés de-par nostre sainct-pere le Pape et le sainct concile de Basle, aviseront y appartenir.

« *Item*, s'il avenoit cy-apres qu'il y eust aucune defaute ou obmission en l'accomplissement d'aucuns des articles dessusdicts, ou aucune infraction ou attentas faits contre le contenu desdicts articles d'une part et d'autre, ce nonobstant ceste presente paix, traité et acord, seront et demoureront valables, et en leur pleine force, vertu et vigueur : et ne sera pourtant icelle paix reputee cassee ou anullee, mais les attentas seront reparés, et les choses mal-faictes contre icelle paix amendees, et aussi les defautes et obmissions accomplies et executees deüement, le tout selon que dessus est escrit; et à ce contrains ceux qu'il appartiendra par la forme et maniére, et sur les articles, peines et poincts dessus-declairés. Lesquelles choses contenues es articles dessus-escrits, nosdicts cousin et ambassadeurs ayent promis faire consentir, aprouver, ratifier et confermer par nous, et en bailler noz lettres confirmatoires et patentes, en forme deue, à nostredict frére et cousin de Bourgongne, et sur ce ayent baillé leurs lettres à iceluy nostre frére et cousin, lequel a fait et juré bonne loyauté, seure, ferme et entiere paix et reunion avec nous, et a consenty et fait les renonciations, promesses, submissions et autres choses déclairees, qu'il doit et est tenu de faire de sa part, et nous a congnu son souverain signeur; savoir faisons à tous, presens et à venir; que nous, ouïs à plain nosdicts cousin et ambassadeurs sur les choses dessusdictes, et icelles bien considerees, et tout ce qui par eux y a esté faict et passé pour nous, et en nostre nom, à l'honneur et pour réverence de nostre sauveur Jesus-Christ, tous desirs et honneurs mondains, et biens temporels arriere mis, et pour échever (1) l'effusion de sang humain, et pour pitié et compassion de nostre peuple, et afin qu'il puisse vivre sous nous en paix et tranquilité: pour honneur aussi et contemplation de nostredict Sainct-Pere, dudict sainct concile et desdits cardinaux, et pour certaines autres causes et considerations à ce nous mouvans, ledict traité de

(1) *Echever :* éviter.

paix, accord et reunion de nostredict frére et cousin Philippe, duc de Bourgongne, avec nous, consentons, ratifions, aprouvons et confermons, et (si mestier est) faisons de nouvel, ratifions, aprouvons et confermons, tout ainsi et par la forme et maniére qu'il est contenu es articles dessus-transcrits, et qu'il a esté promis par nosdicts cousin et ambassadeurs : promettans de bonne foy, et en parole de roy, et sous l'obligation de tous noz biens presens et à venir, pour nous, noz hoirs et successeurs, tenir, garder et entretenir entiérement, et acomplir et faire tenir, garder et acomplir, à nostre loyal pouvoir, sans fraude, deception ou mal-engin (1), ladicte paix et reunion, et toutes les choses dessusdictes, et chacune d'icelles de nostre part, et en tant qu'il nous touche et peut toucher à tousjours, tout par la forme et maniére dessus-escrite, inviolablement et sans enfreindre, faire ne venir, ou souffrir faire ou venir, au contraire, couvertement ou en appert, en quelque maniére que ce soit : nous soumettans, quant à ce, à la censure, cohertion, compulsion et contrainte de nostredict Sainct-Pére, dudict sainct concile et desdicts cardinaux, et de toutes autres cours, tant d'Eglises que seculiéres : et voulons et ottroyons par icelles estre contrains et compellés, tant et si-avant que faire se peut en tel cas, si faute y avoit de nostre part; en renonceant à toutes allegations et exceptions, tant de droit que de faict, que pourrions dire ou alleguer au contraire, et en especial au droit, disant que générale renonciation ne vaut, si l'especiale ne precede : et le tout sans fraude, deception, ou mal-

(1) *Mal-engin* : sortilége, enchantement.

engin : et, à fin que ce soit chose ferme et stable à tousjours, nous avons fait mettre nostre seel à ces presentes, donnees à Tours le dixiéme jour de decembre l'an de grâce 1435, et de nostre regne le quatorziéme. Ainsi signé par le Roy en son grand conseil, FRESNOY. Collation faicte, FRESNOY. *Visa.* Au dos desquelles lettres est escrit ce qui s'ensuit : *Lecta et publicata in curia parlamenti, vicesima-quarta die januarii, anno Domini millesimo, quadringentesimo tricesimo quinto.* Ainsi signé, BLOYS. *Lecta etiam ante burellum, in camera compotorum domini nostri Regis, decima tertia die mensis februarii, anno supradicto, et ibidem registrata, libro Cartarum hujus temporis, folio trigesimo octavo.* I. LESTIVORD. »

Par la maniére dessus-escrite fut le traité et la paix entre le Roy et le duc faicte et trouvee. Qui m'a semblé œuvre et matiére plus divine que naturele, car le roy Charles n'estoit pas à celle heure sans gens-d'armes ne sans confort : mais estoit ja le siége d'Orleans levé à l'encontre des Anglois, et plusieurs viles et places reconquises et gaignees par les François, et mesmement la vile de Rieu, en Picardie, nouvellement gaignee et prise : et, d'autre part, le duc de Bourgongne estoit en fleur d'aage, et en renom chevaleureux : et flourissoit et croissoit journellement en signeuries et en renommee, et n'avoit guéres qu'il avoit déconfit en bataille et pris prisonnier le duc Regnier, duc de Bar et de Lorraine, par son mareschal de Bourgongne, messire Antoine de Toulongeon : où fut occis le bon chevalier qu'on dit sans reproche, le signeur de Barbasan, françois : et pareillement avoit déconfit en Zelande, au lieu de

Broushane (1), le signeur de Filwatre, anglois, et faict grand meurdre d'Anglois, et conquis sur le duc de Clocestre, frére du roy (2) d'Angleterre, Hainaut, Holande et Zelande : et en la guerre de France avoit tel bruit et tel avantage, que sous sa main gisoit la prosperité ou perte des Anglois : et toutesfois, estans tous deux grans et sur leurs arigots, Nature (qui ne peut mentir en sa raison) se sentit grevee et blecee d'un chacun parti.

Parquoy se condescendirent les deux nobles princes à la paix dessusdicte : et quand j'ay bien enquis et calculé les causes et raisons qui meurent chacune partie de querir la paix, je trouve que, de la part du roy de France, il faisoit conscience du cas advenu en la mort du duc Jehan. Secondement, il ne voyoit pas possibilité de porter le faix, sans grand peril ou dommage de son estat, des Anglois et Bourgongnons, à une fois. Tiercement, à l'occasion de la guerre, il se trouvoit gouverné, et sous la main de tant de maniére de gens-d'armes, estranges et privés, qu'il n'y avoit si-petit capitaine en France à qui on osast fermer l'huis ou la chambre du Roy, quelque afaire qu'il eust. Quartement, il fut si-sage et si raisonnable roy, qu'il aimoit mieux le profit et l'utilité de son royaume, que de demourer en opinion inique, sans salut ne repos. Quant à la part du bon duc Philippe, il semble que ce qui le fit si legérement condescendre fut regard au salut du royaume de France, au noble sang dont il estoit né et issu (qui luy bouilloit en l'estomac, et à l'entour du cueur), et aux grans

(1) *Broushane* : lisez *Brouwershaven*. — (2) *Frére du roy* : lisez *oncle du roi*.

biens qu'il avoit receus, en ses predecesseurs, de la maison royale, tant de droit naturel comme de biensfaits. Ces trois choses (qui font une seule partie) luy firent oublier l'offense et la male-aventure, mal-faicte et mal-avenue. Secondement la petite affinité et amour qu'il avoit aux Anglois : et tiercement l'honneur et la vertu de luy, qui tousjours et toute sa vie (quelque offensé, quelque aguillonné, quelque piqué ou poingt qu'il eust esté par plusieurs fois, maintenant de faict, maintenant de paroles) a tendu la main, de tout effect et de tout pouvoir, à soustenir, maintenir, et garder, la royale magesté de France : tellement qu'il vescut et mourut noble et entier François, de sang, de cueur et de voulonté : et si autres choses se sont aucunesfois monstrees et apparues à-l'encontre de cestuy article, je respon qu'il est avenu pour obvier aux entreprises des malveuillans et haineux, qui, sous ombre du pouvoir royal, queroyent et machinoyent la destruction de la maison de Bourgongne.

CHAPITRE IV.

Comment la guerre continua entre les François et Anglois : et comment l'auteur de ces presens Memoires fut mis page en la maison du bon duc Philippe de Bourgongne.

Or est besoing que je tienne le droit chemin de mon usage, et que plus-avant je discerne et devise du temps et des aventures, en poursuyvant ma matiére :

et me faut encores retourner et rechercher aucuns cas avenus en traitant la paix dessusdicte : et fut verité qu'il fut traité, pour le bien de paix universelle, que la duché de Guienne et celle de Normandie demoureroyent aux Anglois, et ils quitteroyent le residu de leur querelle : mais lesdicts Anglois disoyent que c'estoit partage dont ils estoyent desja possesseurs, et qu'en cecy n'avoyent point de creüe ne de profit. Parquoy ils ne voudrent tenir l'apointement dessusdict : et demourérent, par ce bout, en guerre, comme devant, à-l'encontre des François.

D'autre part, messire Jehan de Luxembourg, comte de Ligni, suget et parent du duc de Bourgongne, ne voult point estre compris au traité de la paix, n'abandonner les Anglois, ne son premier serment. Ledict comte de Ligni estoit un grand homme de guerre, puissant d'avoir et d'amis, vaillant et entrepreneur, et l'un des plus renommés chevaliers de son temps. Il tenoit beaucoup et largement de viles et de chasteaux en frontiére de Hainaut, de Champaigne et de Barrois : et avoit gens et soudoyers duits à la guerre, et nourris de butin : et peut on legérement croire qu'ils vivoyent avec leurs voisins, et qu'ils monstroyent de toutes pars que la paix estoit pour eux, à traiter, consentir, et à faire : et estoit ledict comte de Ligni porté des Anglois, et aimé du duc de Bourgongne : et conduisit si-hautement ses affaires, qu'il vescut et finit en grand bruit, et sans foule.

Pareillement sur la marche de Bourgongne se tenoyent messire Tibaut, bastard de Neuf-Chastel, le bastard de Vergi, et autres Bourgongnons, qui s'estoyent enforcés et garnis es places de Dernay, de

Montesclaire, et autres places prises sus le duc de Bar : et lesquels, sur la fin de la guerre, recueillirent ce qu'ils peurent prendre et avoir pour leur derniére main.

En Champaigne, et sur les marches de la duché de Luxembourg (qui pour lors estoit un païs plain de haussaires et de coureurs), se tenoit le signeur de Commersy, riche signeur et puissant : et tenoit places et soudoyers assez, et plusieurs : et faisoit guerre au premier rencontré : et prenoit et ravissoit, de toutes pars, prisonniers et butin : dont il éleva un merveilleux avoir.

Sur les marches de Mets, de Luxembourg, de Bar et de Lorraine, se tenoit Henry de La Tour, au lieu de Pierrefort : et tenoit les cités de Tou et de Verdun en rente d'apatis (1), et tous ses voisins en sugettion.

Tout le tournoyement du royaume de France estoit plein de places et de fortresses, dont les gardes vivoyent de rapine et de proye : et par le milieu du royaume et des païs voisins s'assemblérent toutes maniéres de gens de compagnies (que l'on nommoit escorcheurs, et chevauchoyent et aloyent de païs en païs, et de marche en marche, querans victuailles et aventures pour vivre et pour gaigner, sans regarder n'epargner les païs du roy de France, du duc de Bourgongne, ne d'autres princes du royaume. Mais leur estoit la proye et le butin tout un, et tout d'une querelle; et furent les capitaines principaux, le bastard de Bourbon, Brusac, Geofroy de Sain-Belin, Lestrac, le bastard d'Armignac, Rodigues de Villandras, Pierre

(1) *En rente d'apatis :* en contribution, en vertu d'un traité.

Regnaut, Regnaut Guillaume, et Anthoine de Chabannes, comte de Dammartin : et combien que Poton de Saintreilles et La Hire fussent deux des principaux et des plus renommés capitaines du parti des François, toutesfois ils furent de ce pillage et de celle escorcherie : mais ils combatoyent les ennemis du royaume, et tenoyent les frontiéres aux Anglois, à l'honneur et recommandation d'eux et de leurs renommees ; et à la verité lesdicts escorcheurs firent moult de maux et griefs au pauvre peuple de France et aux marchans, et pareillement en Bourgongne et à l'environ.

Car à ceste occasion falut que les Bourgongnons se missent sus, qui tenoient les champs en grand nombre, et vivoyent sur le pauvre peuple en telle derision et outrage, que le premier mal ne faisoit qu'empirer par la médecine; et les nommoit on les retondeurs : car ils retondoyent et recovroyent (1) tout ce que les premiers avoient failli de haper et de prendre : et qui me demanderoit comment ce pourroit estre qu'ainsi, apres la paix faicte à Arras, juree et promise par le roy de France si-solennellement qu'il est cy-dessus escrit et touché, ses capitaines, serviteurs et gens-d'armes pilloyent et couroyent les païs de Bourgongne, et leur portoyent beaucoup plus de dommages qu'ils ne firent du temps de la plus-forte guerre qui onques fut entre eux ; à ce je respon, et vray est, que le Roy et le royaume de France furent en iceluy temps fort chargés de grand nombre de gens-d'armes de divers païs et contrees qui avoyent bien servi; et leur faloit, pour le devoir,

---

(1) *Recovroyent* : recommençoient, réitéroient.

faire entretenue, payement ou recompense. A quoy le Roy ne pouvoit fournir, pour les affaires passés, portés et soustenus.

Toutesfois jamais ne les porta ou soustint en ceste querelle, mais les abandonna et desavoua, par cris publiqs et universels : et ay bonne memoire que le comte de Fribourg, pour lors gouverneur de Bourgongne, se tira à Challon sur la Sosne, et y assembla tous les signeurs et capitaines du païs, qui firent plusieurs courses et emprises sur les escorcheurs dessusdicts, et desquels (s'aucun on en prenoit) on en faisoit justice publique, et de main de bourreau, comme de larrons, pillars, et gens abandonnés : et certifie que la riviére de Sosne et le Doux estoyent si pleins de corps et de charongnes d'iceux escorcheurs, que maintefois les pescheurs les tiroyent, en lieu de poisson, deux à deux, trois à trois corps, liés et acouplés de cordes ensemble : et en avint plusieurs tels piteux cas et semblables, et dura pour celle fois ceste pestilence depuis l'an 35 jusques à l'an 38.

Celuy an 1438, se partit de ses païs de Flandres le duc Philippe, pour venir en son païs de Bourgongne (où il n'avoit esté depuis les siéges d'Avalon, de Grancy, et de Pierre Pertuis : lesquelles placés reconquit à force d'armes sur les François), et laissa, au lieu de Brucelles, le comte de Charolois son fils : et ordonna gouverneur pour luy, en Picardie, le comte d'Estampes, lequel, acompaigné de mille ou douze cens archers de Picardie, conduisit et mena ledict duc jusques pres de Bar-sur-Aube : auquel lieu les Bourgongnons s'estoient mis sus pour le recueillir ; et si-tost qu'il fut à Digeon, l'armee se rom-

pit, et tint le duc la feste de Noel en sadicte vile de
Digeon, en grande feste et grande solennité : qui rejouissoit moult fort Bourgongne, et principalement
la noblesse et la signeurie du païs, qui longuement
avoyent esté sans leur signeur veoir. Et environ les
Roys se tira le duc au lieu de Nevers fort et noblement, acompaigné des nobles de son païs de Bourgongne : et là se trouvérent la plus-part des princes
du sang de France, nommément Charles de Valois,
duc d'Orleans, que le duc Philippe de Bourgongne,
par son pourchas et par sa mise, avoit retiré et rachapté de la prison des Anglois, et luy avoit donné
en mariage madame Jehanne de Cléves, sa niéce : et
se traitérent et firent moult grandes amitiés et aliances entre ces deux nobles princes. Ce qui fut bien et
deüement entretenu par toutes les parties. Là estoit
le comte d'Angoulesme, frere du duc d'Orleans dessusdict; le duc Charles de Bourbon et d'Auvergne, le
comte de Vendosme, le comte de Dunois, bastard
d'Orleans, et moult d'autres grans et nobles personnages. Là estoit ladicte duchesse d'Orleans, moult
belle dame; madame Anne de Bourgongne, duchesse
de Bourbon, et sœur du dessusdict duc Philippe; et
moult belle compaignie de dames et damoiselles : et y
feit on moult grande feste, joustes, banquets et divers festimens, les uns avec les autres : et entre les
princes fut pourparlé et traité de moult grandes choses
tendans à l'utilité et profit du Roy, des princes, et du
royaume de France : et singuliérement fut advisee et
mise avant la seurté, le moyen et la façon comment
le duc de Bourgongne se peust trouver devers le
Roy pour faire son devoir, et demourer avecques

luy en telle privauté et fiance, comme l'amour et le cueur y estoit : et, à la verité, et l'un et l'autre le queroyent et desiroyent, et furent lors les choses fort-aprochees : mais tousjours l'infernal (qui ne dort), sous couverture de défidence, malicieusement renouvelee par les malheurtés avenues et passees, rompit et élongna ceste bienheuree et salutaire œuvre : et se parbouta es corps maudits d'aucuns raporteurs déloyaux et mauvais, qui d'un costé et d'autre rompirent ladicte emprise : et se departirent iceux princes de la cité de Nevers en grand'amour et union, et se retira chacun en sa signeurie : et s'en revint le duc Philippe en son païs de Bourgongne, au lieu de Digeon : et, la karesme apres, se tira en sa cité de Chalon sur Sosne, auquel lieu il demoura jusques environ la Pentecoste; et audict lieu de Chalon, et à celle fois, messire Guillaume de Lurieu, signeur de La Queuille, m'amena à la court : lequel signeur de La Queuille, et dame Anne de La Chambre, sa femme, me nourrirent en leur hostel, depuis l'an 37 que mon pere mourut, jusques à l'an 39 que lors messire Anthoine, signeur de Crouy, premier chambelain de mondict signeur le duc, requit à mondict signeur le duc qu'il luy pleust de sa grâce, en faveur des services faits par mes predecesseurs, me retenir de son hostel. Ce que le bon duc de sa grâce acorda, et pouvoit avoir alors treze ans d'aage; et ordonna mondict signeur que je fusse son page, avec plusieurs autres nobles jeunes hommes de divers païs : et fu mis es mains et sous le gouvernement de Guillaume de Sercy, premier escuyer d'escuyrie.

Or soit pris en gré ce que j'ay sçeu ramentevoir

et escrire des choses advenues tant devant mes yeux qu'en maintes autres apparences, lesquelles, encores que je fusse jeune d'aage sans grand sens et experiment, ay toutesfois récitees et escriptes à la verité et sans fable ; et d'oresenavant rendray compte (si Dieu me donne temps, loisir et vie) de ce que Dieu m'a donné grâce de veoir et incorporer, moy estant à court, et en lieu pour voir et congnoistre beaucoup de grans biens, si je les ay sçeu retenir et apprendre.

CHAPITRE V.

Comment les ducs de Bourgongne et de Bourbon s'assemblerent à Chalon sur Sosne, pour appaiser une querelle entre messire Jaques de Chabannes et messire Jehan de Grantson ; et comment le duc Louys de Savoye et sa femme visiterent le duc de Bourgongne.

En celle mesme quaresme, le duc de Bourbon dessusdict vint à Chalon voir et visiter le duc de Bourgongne (à qui il estoit beau-frere, pour avoir epousé sa sœur) ; et vint avec luy un chevalier de tresgrand'façon, son suget : et se nommoit messire Jaques de Chabannes, lequel de Chabannes estoit en debat à l'encontre de messire de Grantson [1],

---

[1] *De Grantson* : En 1455, le seigneur de Granson fut convaincu par Philippe-le-Bon d'avoir voulu soulever la Franche-Comté ; le conseil, présidé par le duc, le condamna, le 10 octobre, à être étouffé entre deux matelas. Cette sentence fut exécutée au mois de décembre suivant, dans le château de Saligni.

signeur de Pesmes, lequel estoit parent des plus
grands signeurs de Bourgongne, et de ces sugets du
duc, à qui il escrivoit cousin. Vaillant chevalier estoit,
et bien renommé, et aymé entre les gens-d'armes de
Bourgongne, et fit en son temps de grands services
au duc et à ses païs. Mais, pour revenir à la question et au debat des deux chevaliers dessus-dicts,
la cause fut pource que ledict signeur de Pesmes
avoit pris d'eschelle une des maisons dudict de Chabannes, l'avoit pillee, et pris son fils aisné prisonnier,
sous umbre et couleur d'aucunes querelles que ledict de Pesmes disoit avoir sur ledict de Chabannes :
et de ceste matiére fut une journee publiquement tenue en la sale du palais de l'evesque, et furent assis
les deux ducs de Bourgongne et de Bourbon, comme
fréres et bons amis, sur un banc, et l'un empres
l'autre : et certes, combien que le duc de Bourgongne
fust le premier per de France, et si-puissant qu'il
est assez sceu et notoire, toutesfois il fit en son hostel et en ses païs, au duc de Bourbon son beaufrére,
autant et plus d'honneur qu'il n'en voult prendre
ne recevoir : et, à la verité, le duc Charles de Bourbon fut de son temps l'un des meilleurs corps (fust
à pié ou à cheval), et l'un des plaisans et des mondains, non pas seulement de princes, mais des chevaliers du royaume de France : et sçavoit des honneurs et gracieusetés du duc son frere prendre ce
qui en estoit en son appartenir.

A celle journee fut le signeur de Pesmes grandement accompaigné des signeurs de Bourgongne ses
parens (comme de ceux de Chalon, de ceux de Vienne,
de ceux de Neuf-Chastel et de Vergy); et portoit la

parole, pour le signeur de Pesmes, messire Tibaut, bastard de Neuf-Chastel, un moult sage chevalier dont est desja cydessus faicte mention : et tendoit plus ceste question à gage de bataille qu'à forme d'autre plaid ou proces.

Or avint que ledict de Chabannes (quand on luy demanda, au commencement du proces, s'il vouloit tenir les deux ducs dessus-nommés pour ses juges en ceste partie) respondit qu'il avoit choisi pour son juge le duc de Bourbon son signeur, et non autre : et prestement que le duc de Bourgongne entendit qu'il ne devoit pas estre juge en ceste matiére, se leva, et dit au duc de Bourbon : « Mon frére, puis-
« que je ne suis pas accepté pour juge par messire
« Jaques de Chabannes, je ne me puis excuser d'estre
« partie aveques le signeur de Pesmes : car il est
« mon parent, et m'ont luy et ses predecesseurs si
« bien servi, et la maison de Bourgongne, que je
« luy doy et luy veuil faire honneur, et port à son
« besoing. » Et prestement se tira le bon duc devers le signeur de Pesmes, et se joindit avec luy comme parent, et non pas comme signeur, prince ou souverain qu'il estoit : et devez sçavoir que ledict signeur de Pesmes, et les signeurs qui l'acompaignoyent, le receurent humblement et de grand courage, comme ceux qui bien le devoyent faire : et quand partie adverse vit le duc, qui s'estoit adjoint aveques son contraire, il dit tout haut, par tres-bonne façon : « A ceste fois ay je partie trop forte et
« trop pesante. »

Et ceste chose j'ay voulontiers ramenteue et mise en escrit, pour commencer, temps apres autre, selon les lieux, les raisons et les causes, à dire et deviser les biens, les vertus, les bontés et les courtoisies de cestuy noble prince le bon duc Philippe de Bourgongne, cinquiéme de ce nom : auquel, en la premiére semaine que je l'eusse jamais veu, je vei faire et monstrer publiquement tel honneur et tel port, que de soy monstrer et declairer parent de son suget. Secondement, j'ay declairé ceste cause advenue par une maniére de doctrine et de regard que chacun, en tel cas, doit bien peser et avoir bon avis de refuser ou regeter le jugement d'un prince (car mieux vaut au moins puissant faire de son plus grand son juge, que son ennemy); et tiercement, pour ramentevoir et remémorer à tous nobles hommes l'honneur et la cherté qu'ils doyvent garder et porter, d'estre yssus par consanguinité des grandes et des nobles maisons : car chacun endroyt soy en sent et gouste, une fois en sa vie, ou peu ou beaucoup, ou tellement qu'il en vaut mieux d'avoir, ou de recommandation.

Pour retourner à ma matiére commencée, messire Jaques faisoit plainte du signeur de Pesmes, et disoit qu'apres le traité de la paix de France, faicte entre le Roy et le duc en la maniére cy-dessus escrite, le signeur de Pesmes avoit pris et dérobé d'eschelle et par nuict, sans titre, queréle ou défiance, une des maisons dudict de Chabannes, nommee Montagu-le-Blanc, situee au païs de Bourbonnois : et avoit pillé et pris les biens meubles dudict Chabannes, et emmené son fils aisné prisonnier (qui n'avoit pas dix ans d'aage), et plusieurs autres jeunes nobles hommes qui acompagnoient sondict fils : et demandoit sur ce réparation d'honneur, de sa maison, de son fils et de son avoir. Et de la part du signeur de Pesmes fut respondu, par la bouche de messire Tibaut, bastard de Neuf-Chastel, que voirement avoit pris le signeur de Pesmes le chasteau de Montagu-le-Blanc par aide et soubtiveté de guerre, et pris les biens et le fils dudict Chabannes; et ce à la queréle et contrevange de plusieurs griefz, pilleries et prises faictes sur ledict signeur de Pesmes et sur ses amis, parens et aliés, par Anthoine de Chabannes, comte de Dammartin, frére dudict messire Jaques; et dont les prises avoient esté menees et retraites, tant en icelle place de Montagu, comme autres places et maisons appartenans et estans sous le pouvoir dudict messire Jaques : et que telles choses et telles œuvres de faict se doyvent et peuvent rendre par tous droits de guerre, par le semblable : et concluoit, sur grandes reparations, que demandoit ledict de Pesmes d'estre chargé de son honneur sans desserte, par ledict de Chabannes, en la presence tant de son prince et du duc de Bourbon, que de telle noblesse qui là estoit presente : en faisant offre de son corps pour son honneur deffendre, si ledict de Chabannes le vouloit charger d'avoir fait en ce aucune faute digne de reprehension. Plusieurs responses et repliques furent faictes de chacune partie : mais pource qu'il estoit tard, la journee fut remise à une autre fois : et assez-tost apres mondict signeur de Bourbon se partit de monsieur de Bourgongne, et s'en retourna aveques luy ledict de Chabannes : et depuis madame Ysabeau de Portugal, duchesse de Bourgongne, vint au païs, qui appaisa iceluy debat : et rendit le fils dudict de

Chabannes à son pére, et ensemble les autres enfans et nobles hommes qui furent pris avecques luy.

Assez tost apres le departement du duc de Bourbon, vint au lieu de Chalon sur Sosne le duc Louis de Savoye, et madame Jehanne de Lusignan, fille du roy de Cypre, sa femme : et vindrent veoir le duc Philippe en son païs, moult grandement acompaigné de signeurs et nobles, et la duchesse de dames et de damoiselles : et luy fut au-devant, bien une lieue, le duc de Bourgongne, acompaigné de Jehan Monsieur, héritier de la duché de Cléves, du comte de Nevers, du signeur de Beaujeu, d'Adolf monsieur de Cléves, de Cornille, bastard de Bourgongne, et de moult belle compaignie de noblesse : et se conjouirent et bienviengnérent les deux ducs moult honnorablement, et par moult grande cordialité ; et bien le devoyent faire : car ils estoyent cousins germains, et enfans de frére et de sœur : car le duc Louis de Savoye fut fils de madame Marguerite (1) de Bourgongne, sœur du duc Jehan, pére dudict duc Philippe.

Au regard de l'honneur que fit ledict duc Philippe à la duchesse de Savoye, il ne fait pas à demander : car le bon duc fut si gracieux, tant courtois et honnorable à toutes dames, que nul plus courtois prince ne chevalier ne fut jamais trouvé; et certes la duchesse valoit bien que l'on fist d'elle grande extime : car elle estoit fille de roy, une tresgrande et puissante duchesse, et avecques ce l'une des plus belles dames de tout le monde. Pareillement là fut la duchesse de Bourgongne, qui grandement estoit

---

(1) *Marguerite* : lisez *Marie*. Elle avoit épousé en 1393 Amédée VIII, comte de Savoie.

accompaignee de moult de dames et de belles filles :
et eurent plusieurs gracieuses et amiables conver-
sations ensemble : dont, pour la venue des deux
princes, furent faictes et tenues plusieurs assemblees
et congregations du conseil de chacune partie assemblé ensemble : et maintesfois s'y trouvoient les
deux ducs, et la cause singuliére de la venue du
duc et de la duchesse de Savoye en Bourgongne
fut en intention de gaigner de leur part le duc de
Bourgongne, pour tenir le parti de pape Felix à
l'encontre de pape Eugéne : et ce à l'occasion de
la division qui pour lors estoit en l'Eglise. Parquoy
me sera force de laisser un peu le droit chemin de
ma matiére, et d'entrer en incidence pour declairer
comment il advint que deux papes, en un temps
et à une fois, regnérent en l'Eglise. Ce qui advint,
comme vous pourrez entendre et ouyr.

CHAPITRE VI.

De la cause qui meut le duc de Savoye à visiter le duc de Bourgongne ; et de quelques autres petites particularités.

Verité fut que l'an 1431, par le moyen d'aucuns
cardinaux, et principalement du cardinal d'Arle (qui
se surnommoit d'Arban, et estoit noble homme, et
du païs de Savoye), un concile fut mis sus en la cité
de Basle en Alemaigne ; et singulierement fut creé
iceluy concile à l'encontre et à la reformation de pape

Eugene : et publiquement luy mirent avant, à l'encontre de sa vie et de sa personne, plusieurs cas tels et de tels gestes, que je n'en veux escrire ne ramentevoir, mais le laisse réciter, et escrire à ceux qui plus-sagement sçavent coucher et mettre en souvenir ou ramentevance chose de tel poix et de telle efficace : car à toucher à la fame et au renom de si-saincte et haute personne en chrestienté, comme nostre sainct-pére le Pape, l'entendement se doit arrester de frayeur, la langue doit barbusser de crainte, l'encre seicher, le papier fendre, et la plume pleyer, par doute dangereux et plein de peril d'encourir ou d'enchoir, au danger d'inobédience et de faute, à l'encontre des commandemens et ordonnances de nostre sainte et salutaire mere, et ressource, l'Eglise triomphante : et supplie, à celuy qui est garde de tous bons et catholiques courages, qu'il me deffende et garde en ceste partie de toucher ou mettre chose qui soit contre l'estat de ma conscience.

Or toutesfois fut ceste matiére tant continuee, et vint le concile à ce poinct, que par effect, et par sentence prononcee sous ombre de certains adjournemens faicts à la personne du pape Eugéne, par faute de comparoir aux journees à luy baillees, et pour autres raisons dictes et declairees au dictum de ceste sentence, et où je ne veuil atoucher ne venir, fut le Sainct-Pere dessusdict privé du sainct estat de la papalité, et injurieusement et par grande derision déclairé inhabile de tenir et exercer l'estat dessusdict : et, pour pourveoir au faict de l'Eglise, prestement et à celle heure eleurent et creérent à pape, et souverain pasteur de l'Eglise, monsieur Amé, duc de

Savoye, pére du duc Louis dessus-nommé : lequel duc Amé avoit paravant renoncé à sa signeurie, et icelle mise es mains de son fils : et s'estoit rendu, au lieu de Ripaille lez Tonon, en une confrairie et ordre de chevaliers qu'il avoit fondee, luy tréziéme, de chevaliers moult honnorables, et de grande recommendation. Et là fut envoyé querre par le sainct concile, fut creé, sacré et elevé pour pape, et nommé pape Felix : et le plus tost qu'il peut se tira à Basle, à grand triomphe et grande compaignie de prelats et de signeurs : et arriva à Basle en telle cerémonie que l'on peut et doit faire à l'entree et joyeuse advenue du Pape, lieutenant souverain de Dieu en terre.

En grand erreur, grand murmure et grande desolation fut l'estat de l'Eglise et de toute la chrestienté : car chacun d'eux faisoit les saints exercices aussi bien l'un comme l'autre : Eugene comme Felix, et Felix comme Eugene. Ils prononçoient les sainctes parolles sacramentales; ils faisoyent et consacroyent le sainct chresme dont l'on baptisoit les enfans nouveau nés ; ils sacroyent prestres et diacres, donnoyent absolutions, indulgences, bénefices et bulles : et estoyent, l'un porté et obeï d'aucuns princes et d'aucunes signeuries et provinces, et l'autre d'autres : et tenoit un chacun parti et partial à bon, sainct et valable, ce que son Pape faisoit, ordonnoit, lioit ou delioit : et je mesme vey et m'en souvient que ceux de Bourgongne (qui tenoyent la premiere election ; et le parti de pape Eugene) faisoient conscience d'ouir messe, ou d'eux confesser au païs de Savoye, et en l'obeissance du pape Felix : et certes cestuy Felix eut moult grand'faveur, et moult grand port de plusieurs princes, et télement qu'il gaigna de son costé Italie, Alemaigne et Espaigne. Mais le roy de France ne le duc de Bourgongne ne voulurent jamais laisser n'abandonner le premier sainct et canonique pape Eugene, dessusdict : et si le duc de Bourgongne se fust condescendu au duc de Savoye son cousin, touchant ceste matière, pape Felix eust esté obeï aussi par toute France, par toute Angleterre, et jusques en Norvege. Mais pour amour, pour sang ou pour affinité, jamais le bon duc ne se voult pleyer ou condescendre de faire ou consentir rien, ou nulle chose, au préjudice de pape Eugene.

Cinq ans dura, ou environ, ce scisme et ceste douleur en l'Eglise et par la chrestienté, et jusques à ce que cestuy Felix congneut bien qu'il n'auroit port n'obedience du roy de France ne du duc de Bourgongne, et qu'il demourroit frustré, et en abus de son intention. Si s'apensa de sauver son cas et son emprise par autre voye : et, à la verité, ce fut un des plus sages et des plus entreprenans princes que l'on sceut : car, luy estant comte de Savoye, se feit duc, et fut le premier duc de Savoye. Il conquit la principauté de Piemont à force d'armes : et télement travailla Philippe Maria, duc de Milan, de guerre et par force d'armes, qu'il luy donna la comté de Verseil et la vile de Cyvaux : et prit le duc de Milan sa fille à femme, et recongnut avoir receu pour son mariage trois cens mille ducats : et pour icelle somme donna au dessusdict duc de Savoye et à ses successeurs, au cas qu'il mourust sans hoirs legitimes de son corps, la duché de Milan : et est la querele qu'encores ont les ducs de Savoye sur la duché de Milan.

Cestuy Felix vescut avec François et Bourgongnons, et si-sagement se gouverna au temps des divisions de France, que son païs de Savoye estoit le plus riche, le plus-seur et le plus-plantureux de tous ses voisins. Trois filles de roy furent pour un jour seans à sa table : dont il avoit alié ses enfans par mariage. Luy vefve, prit l'estat de religion, et fut appelé, invoqué et eleu pour la plus-digne, plus-grande et premiére personne de chrestienté : dont (comme dict est) luy congnoissant son emprise ne venir à effect, trouva moyen que la plus-part des princes chrestiens se meslerent de l'apointement des deux nommés papes et du concile : et fut conclu, accepté et tenu que pape Eugene demoureroit en sa dignité juste et canonique, et que Félix demoureroit legat en toute puissance papale, en toute la duché de Savoye et la principauté de Piémont : et conferma pape Eugene (1) toutes les choses faictes par ledict Fœlix du temps devant. Et ainsi fut paix et union en saincte Eglise : et depuis vescut le legat de Savoye environ dix ou douze ans, et trépassa à Ripaille l'an 1452.

Sur ceste matiére ne firent les deux ducs aucune conclusion : mais en aliance d'amour et de paix se partirent, comme bons parens devoyent faire : et avoit le duc de Savoye aveques luy un sien frére de l'aage de dixhuict ans, qui estoit comte de Genéve, et se nommoit Amé. Cestuy comte de Genéve desira d'estre de l'hostel du duc de Bourgongne. Ce qui

(1) *Et conferma pape Eugene :* l'auteur se trompe : Eugène étoit mort le 23 février 1447. Ce fut Nicolas v, successeur d'Eugène, qui demeura seul pape, par l'abdication de Félix, qui eut lieu le 9 avril 1449.

luy fut liberalement accordé : car il estoit de tresbelle apparencé de prince, et moult bien conditiónné : mais ne demoura gueres apres qu'il mourut : dont ce fut grand dommage pour la maison de Savoye.

Ainsi se partit le duc de Savoye et la duchesse, et se retirérent en leur païs : et le duc de Bourgongne se retira en sa vile de Digeon, auquel lieu il passa le plus-beau de l'esté en grandes chéres, festimens, banquets, chaces et voleries, et en plusieurs et divers deduits; et revint le duc de Bourbon et la duchesse de Bourbon, sœur du duc, et Jehan de Bourbon, comte de Clermont, leur aisné fils, devers ledict duc de Bourgongne, où ils furent bien festéyes et bien recueillis.

En celuy temps se maria un escuyer de Bourgongne, nommé Jehan de Salins, à la bastarde du duc de Baviére, une tresbelle damoiselle de l'hostel de la duchesse de Bourgongne : et là furent faictes les premiéres joustes que je vey onques : et furent les joustes en harnois de jouste, en selle de guerre, et à la foule, sans toille. Là jousta monsieur Jehan, héritier de Cléves; le comte Louis de Nevers, le nouveau marié, le signeur de Waurin, Guillaume Rollin, Anthoine de Sainct-Simon, et plusieurs autres; et fut la jouste bien joustee : et certes les pompes et parcures de lors n'éstoyent pas telles que celles de present : car les princes joustoyent en pareures de drap de laine, de bougran et de toille, garnis et ajolivés d'or cliquant, ou de peinture seulement : et si n'en laissoyent point à rompre grosses lances, et d'endurer la rudesse de la jouste et des armes, comme font aujourd'huy les plus-jolis : et fut donné le bruit et le prix de la feste, tant dedans comme dehors, au signeur de Waurin, et à un jeune escuyer du païs de Hainaut, de l'hostel du duc de Bourgongne, mignon dudict héritier de Cléves, nommé Jaquet de Lalain : lequel a depuis tant cueilly et monstré de vertus, d'honneur et de vaillance, que cy-apres j'auray assez affaire et à besongner pour déclairer et pour descrire l'exercice chevaleureux de sa vie.

En celle saison le comte de Fribourg, pour lors gouverneur et mareschal de Bourgongne, pource qu'il estoit desja vieil et travaillé de gouttes, se tira à Digeon devers le duc, et remonstra son impotence, et qu'il ne pouvoit porter le faix et le travail de la guerre, suppliant que l'on le vousist deporter et décharger de son office, et y pourveoir d'homme pour exercer la peine et le labeur pour l'utilité du païs : et fut mis en conseil que, pource que le duc ne devoit guéres demourer en la contree, il estoit expedient voirement de pourveoir es choses dessusdictes. Si fut avisé que Tibaut de Neuf-Chastel, escuyer, signeur de Blamont, fils aisné du signeur de Neuf-Chastel, aagé de vingt six ans, estoit homme de faict, de sens, et d'execution et d'emprise, et de soy des plus-grands et des plus-puissans du païs de Bourgongne, et de grande maison : et combien que de sa personne il n'estoit d'apparence ou de force corporelle que peu de chose, toutesfois il s'estoit monstré homme magnanime, hardi et entrepreneur, et desja avoit pris et gaigné Chasteau-Vilain sur les François, et s'estoit monstré celuy des signeurs de Bourgongne qui plus-grande résistance feit à-l'encontre des escorcheurs : et feit et exécuta sur eux maintes belles emprises, et leur feit et porta moult de dommage en ce temps et depuis, comme vous orrez cy-apres. Ainsi fut faict le signeur de Blamont mareschal de Bourgongne, l'an 1440.

CHAPITRE VII.

Comment Federic, roy des Rommains, et le bon duc Philippe de Bourgongne, se veirent et festoyérent en la vile de Besançon.

En celle mesme annee monsigneur Frederic, archeduc d'Austriche, fut faict roy des Rommains : et depuis estant venu à Aix la Chapelle, et traversant partie de l'Empire pour s'en retourner en ses païs d'Austriche et ailleurs, par moyens trouvés d'un costé et d'autre, passa et vint en la cité de Besançon, au comté de Bourgongne, laquelle est cité et siége d'empereur : et pource que c'estoit au païs et en la signeurie du duc, comme comte de Bourgongne il se tira audit lieu de Besançon environ huict jours avant que le roy des Rommains y arrivast : et se logea le duc es Cordeliers, et fit préparer pour le Roy au palais de l'archevesque, moult honnorablement, de riches chambres de soye, de brodure et de tapisserie : et manda le duc les signeurs du païs, lesquels y vindrent pour accompaigner leur prince : et disoit on par extime que le duc de Bourgongne fut accompaigné, à celle fois, de mille nobles hommes ses sugets : et quand vint le jour que le roy des

Rommains devoit arriver (qui fut par un jeudi), le duc de Bourgongne se tira aux champs, accompaigné de ceux de son sang et de sa noblesse. Et me souvient que le signeur de Ternant conduisit ce jour les archers du corps du duc : et portoit le paletot (1) d'orfaverie, qui moult bien luy seoit : car ledict de Ternant estoit lors en fleur d'aage, beau chevalier, de bonne grandeur, brun de visage, et de moult belle taille, et du demourant l'un des acomplis chevaliers de son temps. Et moult bien luy seoit la conduite des archers : et le mieux en point de celuy jour fut un chevalier de Picardie, nommé messire Jehan, signeur de Crequi, chevalier de la Toison : et fut iceluy signeur de Crequi un tres-honnorable chevalier, vaillant en armes, et grand voyageur : et afin que rien n'oublie, environ quinze jours paravant le duc de Bronswic, un moult bel prince d'Alemaigne, revenant de Sainct-Jaques, vint visiter le duc en sa vile de Digeon : et l'amena ledict duc avec luy, pour l'acompaigner à celle assemblee : et en fut honnorablement acompaigné le duc de Bourgongne (car il parloit la langue d'Alemaigne, et sçavoit et congnoissoit comme l'on se devoit conduire avec les signeurs de l'Empire : car chacune nation a sa maniére de faire); et depuis le duc de Bronswic eut en mariage la fille du duc de Cléves, niéce du duc de Bourgongne dessusdict.

Là estoit messire Louis de Chalon, prince d'Orange, un moult sage chevalier, et homme de grand faict; le signeur d'Arguel son fils (qui acompaignoyent le duc leur souverain signeur, à moult grande com-

---

(1) *Paletot* : sorte de vêtement, pourpoint.

paignie); Jehan de Vienne, signeur de Bussy, fils du signeur de Sainct-George; le signeur de Neuf-Chastel, acompaigné de ses deux fils; le signeur de Blamont, mareschal de Bourgongne; et le signeur de Montagu, son frére. Là estoit le comte de Fribourg et le marquis de Rotelin : et furent ceux qui conduisirent la veue du Roy et du duc. Là estoyent les signeurs de Conches, de Vergy, de Charny, de Monby, de Pesmes, de La Queuille et de Ray, et brief toute la noblesse du duché et comté de Bourgongne : et par un mardi (1) se tira le duc aux champs, à moult grand nombre de chevaux, et chevaucha bien demie lieue avant qu'il encontrast le roy des Rommains qui venoit, grandement accompaigné des signeurs et de la noblesse d'Alemaigne, et chevauchoit en grand ordre avec sa noblesse et toutes ses gens, qui portoyent lances, targes, cranequins (2) ou armeures, dont il avoit grand nombre : et chevauchoyent loing de luy, en la conduite d'un grand estendard armoyé d'un grand aigle au milieu, et tenoyent moult bel ordre : et faisoit moult bel et estrange veoir ce grand nombre de targes de diverses peintures, et ces blonds cheveux de ces Behaignons (3) et Alemans qui reluisoyent contre le souleil, et sonnoyent les clairons du Roy à l'aborder. Mais les trompettes du duc de Bourgongne ne sonnérent, depuis qu'il veit les enseignes du roy des Rommains.

Le jour fut assez bel : et à l'aprocher eut grand' presse de chevaux d'un costé et d'autre, et s'arresta

---

(1) *Mardi* : l'auteur vient de dire que c'étoit un lundi. — (2) *Targes* : boucliers. *Cranequins* : instrumens pour bander les arbalètes. — (3) *Behaignons* : Bohémiens.

le roy des Rommains en une plaine : et si tost que le duc de Bourgongne peut avoir veue du Roy, ensemble les princes et les gens de sa compaignie, tous se defulérent du chef (1) en grande reverence : et pareillement feit le Roy et ceux de sa compaignie, qui furent grand nombre de ducs, de comtes et de chevaliers, et beaucoup habilles à la pareure, et comme le Roy : et quand vint à l'aprocher, le duc de Bourgongne s'enclina sur l'arçon de sa selle si-bas et si-reveremment, comme il le peut faire; et le Roy le receut treshumainement, luy rendant grand honneur de sa part. Là se feirent les honneurs et les recueillotes d'un costé et d'autre, entre les princes, les signeurs et les nobles hommes : et puis prirent le chemin contre la cité.

Le roy des Rommains estoit habillé d'un pourpoint à gros cul, à la guise de Behaigne, et d'une robe de drap bleu brun : et avoit un chaperon par gorge, dont la patte venoit jusques à la selle, et estoit decoupé à grans lambeaux : et portoit en son chef un petit chapel gris, à court poil : et sur son chapel avoit une petite et estroitte couronne d'or, et estoit sa premiére couronne dont il avoit esté couronné à Ais en Alemaigne. Il fut homme de bonne taille, et beau signeur, et pouvoit avoir vingt six ans d'aage. Un chevalier portoit tousjours une espee devant luy. Ses sergens à masse, ses huissiers-d'armes, roysd'armes et heraux, chacun se mit en son devoir. Les clerons du Roy sonnérent l'entree, et non autres : et tousjours tiroit le Roy le duc de Bourgongne, au plus-pres de luy qu'il pouvoit, en luy faisant grand

---

(1) *Se defulérent du chef*: se découvrirent la tête.

honneur et grande chére. Quant à la personne du duc dessusdict, il estoit vestu d'une robe noire, et portoit le colier de son ordre à son col : et certainement il sembloit aussi bien prince et grand maistre que nul que je veisse depuis. Il estoit monté sur un roussin bay, et recevoit les honneurs que luy presentoit le Roy si doucement et tant-honnestement, que la façon et la mode estoit à tous plaisante et agreable : car de plus-courtois prince ne mieux sachant ce qu'il devoit faire en tel cas n'a pas regné de son temps : et toutesfois, servant à mon propos, pource qu'à l'heure j'estoye page du duc, et ne pouvoye lors comprendre ne sçavoir pourquoy n'a quelle raison se faisoyent les mistéres ne les honneurs, je fay une question par maniére d'incidence.

Ce duc de Bourgongne (qui tant sçait d'honneurs et de biens) va au-devant de la seconde personne de chrestienté en élection. Pourquoy c'est il fait que luy (qui est de nativité maternelle, et en sugettion de plusieurs signeuries à luy apartenans, suget de l'Empire) n'est descendu jus de son cheval, comme les autres princes de l'Empire font journellement devant leur empereur ou devant le roy des Rommains, ayant possession par election, et d'abondant desja une couronne prise à Ais? Certes ce n'a pas esté du temps que j'ay esté page, n'escuyer, ne jeune homme, que j'ay ceste question demandee ne sceüe.

A ce je respon deux poincts ou deux raisons qui ne sont pas à oublier ou à non ramentevoir, pour appaiser les demandeurs. La premiére si est que le duc Philippe de Bourgongne estoit fils, en tiers, du roy Jehan de France, et issu paternellement du noble lict, du sang et de la maison royale de France : ce que le duc vouloit bien monstrer aux Alemans. La seconde fut qu'iceluy monsieur Frederic d'Austriche n'estoit encores que roy des Rommains, et non-pas empereur receu, mais eleu : et les signeuries qu'il tenoit en l'Empire, en tant qu'elles pouvoyent estre sugettes ou tenues, c'estoit comme de l'Empereur, et non-pas comme du roy des Rommains : et toutesfois je croy la premiére raison plus-vraye.

Tant chemina celle noble compaignie, qu'ils arrivérent à l'entree de la cité : et là les citoyens aportérent un palle (1) de drap d'or, porté par les plus-notables bourgeois d'icelle cité, sous lequel palle entra le roy des Rommains ; et à la verité il travailla beaucoup, et mit grand'peine de faire que le duc de Bourgongne entrast aveques luy sous ledict palle. Mais le duc ne le voulu-point faire : ains chevauchoit au costé senestre du Roy, la teste de son cheval aussi avant que la cuisse de celuy du Roy. Toute la noblesse, tant de l'Empire comme de Bourgongne, chevauchoient en belle ordonnance. Là estoit le digne archevesque de Besançon à pié, et en procession ; et tous les prelats, et les gens-d'Eglise de la cité, portans reliques et choses devotes, au-devant du Roy : et tant cheminérent qu'ils arrivérent au palais, où le Roy descendit, et le duc avec luy : lequel convoya le Roy en l'eglise et en sa chambre, et puis prit congé, et s'en revint en son hostel. Et n'est à oublier que Simon Doursan, un gentilhomme de la comté, comme mareschal héritier de l'Empereur

(1) *Un palle* : un dais.

à Besançon, eut le cheval du Roy, de son droit.

Chacun jour visitoit le duc de Bourgongne le Roy : et, le dimenche suyvant, feit le duc un grand et riche disner, où le Roy et les signeurs de sa compaignie disnérent : et ay bien souvenance que le duc porta celuy jour une echarpe d'or garnie de balais (1) et de perles, que l'on extimoit valoir plus de cent mille escus. A la table du Roy ne disna que le duc son hoste, qui moult courtoisement et de grand cueur le receut, et festeya en son logis : et moult souvent tranchoit le duc la viande, et la presentoit au Roy, et le servoit à celuy disner, comme celuy qui bien le sçavoit faire. Apres disner se retira le Roy, et les principaux de son hostel, en une chambre : et là vint le duc, son chancelier, et autres de son conseil : et là fut commencé à ouvrir les matiéres de leurs affaires : dont (à ce que j'entendy et sçeu depuis, et grand temps apres) le plus-grand' affaire qui fut entre eux estoit pour les comtés de Hainaut, de Holande et de Zelande, pource qu'elles estoyent venues par succession de madame Jaque de Hainaut : et disoit on que celles signeuries, venans à fille, devoyent revenir à la signeurie de l'Empire. Et pareillement furent aucunes questions pour la duché de Brabant, que l'on disoit non estre relevee par le duc de Bourgongne suffisamment, et dont autrefois avoit esté question entre l'empereur Sigismond et le duc dessusdict, pour cette matiére : et aussi fut question de madame Marguerite (2) de Bourgongne, mariee au duc Lupus

---

(1) *Balais* : rubis-balais. — (2) *Madame Marguerite* : lisez *Catherine*. Elle étoit fille de Philippe-le-Hardi, duc de Bourgogne, et fut mariée à Léopold, duc d'Autriche, en 1393.

d'Austriche : et demandoit monsigneur de Bourgongne de grans arrerages deuz en ceste partie, sur les biens dudict Lupus. De toutes ces choses furent plusieurs grandes et notables raisons aleguees par le conseil d'un costé et d'autre : et furent plusieurs journees et assemblées tenues en l'hostel du Roy, en la chambre de son conseil.

Environ six jours apres vint au lieu de Besançon madame Ysabel de Portugal, duchesse de Bourgongne, acompaignee de la comtesse d'Estampes, et de plusieurs autres dames et damoiselles : et se partirent tous les princes et signeurs de la maison du duc pour aller au-devant d'elle : et mesme le roy des Rommains, accompaigné de sa chevalerie, alla au-devant de ladicte duchesse bien un quart de lieue hors la vile. La duchesse entra en une littiére couverte de drap d'or cramoisi; et apres elle deux haquenees blanches, couvertes de mesme la littiére : et les menoyent deux varlets à pié. Apres venoyent douze dames et damoiselles, à haquenees harnachees de drap d'or : et apres quatre chariots pleins de dames : et certes en celle compaignie avoit de belles filles, dont sur toutes avoit le bruit, pour la beauté, Blanche de Sainct-Simon, qui depuis fut dame de Bergues en Brabant. Ainsi entra la duchesse, et tousjours l'acompaigna le roy des Rommains, adextra la littiére (comme s'il ne fust qu'un simple comte), l'emmena en son logis, descendit à pié aveques elle, la conduisit en sa chambre; et feit tant d'honneur celle fois et tousjours à la duchesse, et aux dames et damoiselles de sa compaignie, que grande louenge luy en fut donnee de chacun.

Puis s'en retourna le Roy : et le duc de Bourgongne

le convoya, et toute la signeurie. Plusieurs assemblées, festois, banquets, danses, mommeries et ebattemens furent faicts pour festeyer le roy des Rommains : et me souvient que souvent dansoit le Roy avec la duchesse, et le duc de Bourgongne avecques la comtesse d'Estampes : et quand le Roy dansoit, tousjours deux chevaliers, à tout chacun une torche, dansoyent devant luy, eux tenans par les mains; et ceux que j'y vey le plus souvent danser et aller (1), ce furent le duc de Bronswic, et Jehan, monsieur de Cléves, et souvent le signeur de Charny, qui pour lors estoit un moult bel chevalier, et chevaleureux de sa personne, et dont et de ses faicts je deviseray de brief en la poursuitte de mes Memoires. Dix jours ou environ demoura le roy des Rommains à Besançon : et, sur les matiéres debatues par le conseil d'un chacun costé, furent tant baillees de responses, et si notablement les causes remonstrees, qu'ils se partirent en bon accord. Ne de la part du duc ne furent faictes aucunes reprises que j'aye sceu : et donna le duc de grans dons au Roy en tapiceries de haute lice, en chambres de brodures, et en chevaux, couverts et bardés moult-honnorablement : et le Roy donna des gratuités d'Alemaigne au duc, comme haubergeons (2) et cranequins faicts en Nuremberg, moult beaux et moult bien faicts. Le Roy vint prendre congé de la duchesse et des dames : et le convoya le duc plus d'une lieue; et ainsi se partit le Roy des Rommains de Besançon, par un mardy, dixiéme jour de novembre 1442.

(1) *Aller*, peut-être faut-il lire *baller*. — (2) *Haubergeons* : cottes de mailles.

CHAPITRE VIII.

De quelques festes et ebatemens en la maison du bon duc Philippe de Bourgongne; comment l'empereur de Constantinople luy envoya demander secours contre les Turcs; et comment la duchesse de Luxembourg veint vers iceluy duc de Bourgongne, pour avoir aide contre la rebellion de ses sugets.

Ainsi se partit le roy des Rommains de Besançon, et le duc de Bourgongne retourna, pour celle nuict, en la cité : et l'endemain se partirent le duc et la duchesse pour aller en une des places du prince d'Orange, pour parfaire et accomplir le mariage de Jehan de Chalon, signeur d'Arguel, pour lors seul fils dudict prince, avec madamoiselle Katherine de Bretaigne, fille du comte d'Estampes (1), et de la sœur du duc d'Orleans dessus-nommé. Celle damoiselle Katherine estoit jeune, belle, et de grand lieu venue, et fut depuis dame fort renommee; et à celle feste furent le duc et la duchesse, ensemble toute la signeurie, grandement festeyés : et de là se retirérent faire leur pelerinage à Sainct-Houan, où le corps du glorieux confesseur monsieur Sainct Claude gist et repose. Puis retournérent à Digeon, où ils parfirent le surplus de l'yver de la quaresme, et du temps, en voleries, chaces,

(1) *Comte d'Estampes* : Richard, prince de la maison de Bretagne, prenoit le titre de comte d'Etampes, que portoit aussi un des princes de la maison de Bourgogne.

danses et festiemens, selon les saisons et le temps : et n'estoit lors aucune nouvelle de guerre, ou question, qui touchast ou apartinst au duc, ou à ses aliés.

A l'occasion du temps oiseux, le signeur de Charny dessusdict s'acompaigna de douze chevaliers et escuyers, tous du duché ou comté de Bourgongne, feaux ou sugets : et fit publier un an devant, par tous les royaumes chrestiens, une emprise d'armes : et y envoya roys-d'armes, heraux et poursuivans à ses despens, en intention que luy, treziéme de nobles hommes, garderoyent un pas, le temps et terme de six semaines, pour combatre et faire armes, fust à pié, fust à cheval, à tous nobles hommes venans à iceluy pas. Et me souvient que premiérement furent icelles armes publiees pour estre faictes à la chaussee d'Auxonne : et depuis fut le pas remis et exécuté à l'arbre Charlemaigne qui sied à la charme (1) de Marsenay, pres de Digeon : et se devoyent icelles armes faire en la présence et sous le jugement du duc de Bourgongne ou de son commis. Par l'execution du pas on entendra les chapitres, desquels, par ce qu'ils sont mal-aisés à recouvrer, et que l'escripture en est longue, je m'en passeray, et deviseray de l'execution de ce noble pas par où tout se pourra entendre et congnoistre : et commenceray ainsi qu'il s'ensuit.

Pierre de Bauffremont, chevalier, signeur de Charny, de Molinot et de Monfort, luy treziéme de chevaliers et escuyers, natifs et sugets de la duché et comté de Bourgongne, nobles hommes de quatre lignees, et

(1) *Charme* : prairie.

sans vilain reproche, font ascavoir à tous nobles hommes (exceptés ceux du royaume de France, et des païs et sugets du duc de Bourgongne) qu'ils tiendront un pas six semaines durant, l'an 443, en la charme de Marcenay pres de Digeon, pour faire armes à tous nobles hommes des conditions dessusdictes, sous le jugement du duc de Bourgongne : et commencera iceluy pas et armes le premier jour de juillet l'an dessusdict, et finira les six semaines acomplies ; et par chacun jour sera trouvé pendant à l'arbre Charlemaigne (qui est en ladicte charme) deux escus, l'un noir, semé de larmes d'or ; et l'autre violet, semé de larmes noires : dont celuy qui touchera où fera toucher à l'escu violet, semé de larmes noires, sera tenu de combatre à pié, à l'encontre de l'un de ceux qui garderont le pas, quinze coups de hache, ou de poux (1) d'espee : dont le gardant le pas livrera les battons, et le venant de dehors aura le chois : et est à entendre que si le venant de dehors choisit la hache, ils combattront tous deux de la hache, et pareillement de l'espee. *Item*, le noble homme qui touchera à l'escu noir semé de larmes d'or sera tenu de courre onze courses de lance à fers émoulus, à cheval, en selle et harnois de guerre, à-l'encontre pareillement de l'un de ceux qui garderont le pas : et s'aucun noble homme touche les deux escus, il sera tenu de faire armes en toutes les deux façons. Si furent iceux chapitres moult bien faicts et articulés de plusieurs poincts, contenans et eclaircissans les perils et les amandes qui devoyent estre par ceux qui en faisant lesdictes armes seroyent portés par terre (fust

---

(1) *Poux* : lisez *coups.*

à pié, fust à cheval) ou desembattonnés : dont de plusieurs choses ne me souvient. Mesmement fut esdicts chapitres expressément declairé que nuls nobles hommes, de la condition dessusdicte, ne se pourroyent trouver devant les escus sans y laisser gage d'espee ou d'esperon, ou faire armes, selon le contenu d'iceux chapitres. Mais j'ay seulement mis par escript l'effect de l'emprise dudict signeur de Charny et de ses compaignons, qui fut envoyee et publiee par les royaumes chrestiens (comme dict est), et executee comme vous orrez cy-apres.

Pendant le temps que le pas se préparoit en son execution (comme dict est), le duc et la duchesse firent de grandes chéres en leur vile de Digeon, et là furent faictes unes joustes à selles plattes, et en harnois de jouste, de jeunes gens; et de nouveaux jousteurs, pour aprendre le mestier : et furent ceux de dedans, Adolf, monsieur de Cléves, Cornille, bastard de Bourgongne; Jaques de Villiers, et Philippot Copin. Iceluy Philippot fut un escuyer moult gentil compaignon, et l'un des meilleurs jousteurs de son temps : et à celle cause fut ordonné avec ces deux jeunes signeurs pour soustenir le faix, si besoing faisoit. Là joustérent Philippe Pot, Antoine Rollin, Jehan Du Bos, Le Moyne de Neufvile, Antoine de Herin, Cornille de La Barre, Jehan Couraut, et plusieurs autres jeunes gens, et nouveaux jousteurs. La jouste fut bien joustee, et vivement : et maints furent portés hors de leurs selles : et gaigna le prix de dedans le bastard de Bourgongne, et de dehors un escuyer alemand, de l'hostel du prince d'Orange, nommé Rombot : et la cause principale pourquoy j'ai escrit ceste simple jouste a esté pour dire verité de deux nobles personnages : c'est d'Adolf, monsieur de Cléves et de Cornille, bastard de Bourgongne : lequel Adolf prit tel commencement à la jouste celle fois, que depuis il a esté tenu l'un des gentils coureurs de lance, et un des bons jousteurs, et qui plus souvent a jousté et gaigné pris que l'on ait sceu de son temps : et au regard de Cornille, bastard de Bourgongne, ce fut depuis l'un des plus gentils hommes-d'armes, et un vaillant, sage et véritable capitaine : et si Dieu l'eust souffert vivre longuement, il avoit apparence de faire de grands services à la maison de Bourgongne. Mais il mourut jeune chevalier, en la guerre que firent les Gandois : comme cy-apres le pourrez veoir, à la poursuite des Memoires presents.

En telle plaisance s'executoit le temps et la saison, et venoyent au duc ambassades de toutes pars : et lors arriva devers lui un chevalier greq, de la court, et chambellan de l'empereur de Constantinople : et aporta lettres et ambassades, de-par l'Empereur dessusdict, au duc de Bourgongne, l'advertissant de ses nouvelles, et le requerant de secours et d'aide : et quant à ses nouvelles, il estoit adverti que le Grand-Turq faisoit une grande et trespuissante armee en intention de passer en Grèce, et de venir devant sa cité de Constantinople : et trouvoit l'Empereur peu ou nuls princes disposés à son secours. Parquoy luy, congnoissant le duc estre bon amy et vray catholique, mettoit sa fiance et son confort, apres Dieu, en luy seulement : car tant avoit desja approuvé et sceu de son noble vouloir et de son pouvoir, que ses naves et ses navires, à grands fraiz et à grande puissance, avoyent vaucré (1) la mer de Levant, et fait grand secours à la chrestienté : et pource en voyoit devers luy, en esperance de secours et d'aide; et certes le chevalier ambassadeur estoit tenu l'un des adroits archers, à leur maniére, qui fust en toute Gréce : et, pour appreuve, je le vei courir à cheval, et en courant bander son arc et mettre sa barbe en sa bouche, pour doute de la corde, et tirer derriére luy plusieurs fléches : qui estoit chose moult nouvelle, à la façon de pardeça. En ce temps, madame Jehanne de Gueurik, duchesse héritiére de la duché et païs de Luxembourg, et comté de Cheny, vint au lieu de Digeon, à secours et à reméde, devers le duc de Bourgongne son parent, luy remonstrant comme les Luxembourgeois l'avoyent dechacee de son héritage et de sa duché de Luxembourg, et avoyent mandé le duc de Zasses (2), et pris et receu ses commis et ses gens-d'armes, en la faveur tant dudict duc comme du roy Lancelot de Hongrie, son neveu : et recongnurent iceux à signeurs, leur firent serment, et dechacérent leur noble héritiére et souveraine dame dessusdicte. Et pour icelle cause ladicte duchesse fut devers l'Empereur son neveu, et devers tous les princes de l'Empire (qui tous luy estoyent prochains de lignage); mais onques n'y trouva confort, port, faveur ou aide, pource qu'iceux ducs de Zasses sont grans, nobles et puissans en Hongrie, Behaigne et Germanie. Et fut contrainte icelle dame de venir à refuge et à confort devers iceluy duc de Bourgongne, son neveu

(1) *Vaucré* : parcouru. — (2) *De Zasses* : lisez *de Saxe*.

et prochain parent du costé de Behaigne et de Baviere. Si fut à icelle dame fait grand honneur et grande recueillote.

CHAPITRE IX.

Comment tréze gentilshommes de la maison du duc de Bourgongne teindrent le pas d'armes à tous venans, pres Digeon, en une place nommee l'Arbre Charlemaigne.

Or est bien temps que je me boute au temps oiseux et plein de plaisantes et d'honnestes passetemps, et que je recite l'execution de cestuy noble pas crié et publié par tous les royaumes et signeuries des chrestiens, afin de ramentevoir la chevalerie monstree de tous les partis, et aussi par maniere d'escole et de doctrine, aux nobles hommes qui viendront cy-apres, qui (peut estre) desireront d'eux monstrer et faire congnoistre en leur avenir comme leurs devanciers, et de monstrer et faire reblandir (1) leurs blasons en leur cotte d'armes estendue et couchee sur leurs corps, prets et appareillés d'endurer fortune telle quelle, à la chace et poursuitte de noblesse et de renommée, a accoustumé de se donner. Mais il est besoing, avant que j'entre à l'acomplissement des armes, que je devise de l'estat des pompes et préparations que feit le signeur de Charny, chef et fournisseur de la despense du pas, et com-

(1) *Reblandir :* resplendir.

ment fut ceste solennité hautement et par grans fraiz menee et conduite : dont à mon raport je demande en tesmoignage tous les escrits et registres faicts par les roys-d'armes et heraux presens à ceste chose.

Premiérement, le signeur de Charny fut, pres du temps et espace d'un an, acompaigné des signeurs et nobles hommes escrits et nommés cy-apres : et, en fournissant leurs armes, portoyent tous pour emprise chacun une garde d'argent, à la maniére de la garde d'un harnois de jambe : et la portoyent au genoil senestre les chevaliers, estant icelle doree, et semee de larmes d'argent : et les escuyers la portoyent d'argent, semee de larmes dorees. Et devez sçavoir que c'estoit belle chose de rencontrer tels treze personnages ensemble, et d'une pareure : et firent leurs essais et preparatoires en l'abaïe de Sainct Benigne de Digeon : et, en suyvant leurs chapitres, le signeur de Charny fit clorre, à maniére d'un bas palis, l'arbre Charlemaigne qui sied à une lieue de Digeon, tirant à Nuis, en une place appelee la Charme de Marcenay : et contre ledict arbre avoit un drap de haute lice, des plaines armes dudict signeur (qui sont escartelees de Bauffremont et de Vergy), et au milieu un petit escusson de Charny ; et à l'entour dudict tapis furent atachés les deux escus, semés de larmes : c'est asçavoir au dextre costé l'escu violet, semé de larmes noires, pour les armes à pié ; et au senestre l'escu noir, semé de larmes d'or, pour les armes de cheval : et, pour garder iceux, estoyent roys-d'armes et heraux vestus et parés des cottes d'armes dudict signeur, tenant à l'arbre Charlemaigne, ainsi qu'au pié, à une fontaine, grande et belle : laquelle ledict de

Charny fit reedifier de pierre de taille, et d'un hault capital (1) de pierre : au dessus duquel avoit images de Dieu, de Nostre Dame, et de madame saincte Anne; et du long dudict capital furent élevés en pierre les treize blasons des armes dudict signeur de Charny et de ses compaignons, gardans et tenans le pas d'icelle emprise. Un peu plus avant sur le grand chemin, et d'iceluy costé retournant devers la vile de Digeon, fut faicte une haute croix de pierre, où fut l'image du crucifix : et devant l'image, ainsi qu'à ses piés, estoit à genoux et élevee la presentation dudict signeur, la cotte d'armes au doz, le bacinet en la teste, et armé comme pour combatre en lices. Plus-avant furent les lices drecees pour faire les armes, et au milieu des deux lices avoit une haute maison de bois, forte, charpentee et couverte : et regardoit icelle maison sur chacune des deux lices, dont du costé du grand chemin fut la lice pour combatre à pié, grande et spacieuse : et de l'autre part fut celle qui estoit pour faire les armes à cheval, plus-grande beaucoup, comme il appartenoit : et au milieu d'icelle lice fut la toille mise pour la conduitte des chevaux, et pour servir à la course des hommes-d'armes, comme il est de coustume en tel cas. Celle lice fut de bonne hauteur et grandeur : et aux deux bouts de ladicte lice furent faictes deux marches qui se montoyent à degrés, faits de si bonne grandeur que l'on pouvoit aider à l'homme-d'armes tout à cheval pour l'armer, aiser ou désarmer, selon le cas : et hors de ladicte lice, du costé de Digeon, aux jours qu'il besoing faisoit, avoit une grande tente haute et spacieuse

(1) *Capital :* chapiteau.

tendue, pour aider et soulager le venant de dehors, si mestier en avoit (1).

Ledict de Charny feit son appareil pour tenir l'estat et l'assemblee de ceux qui aveques luy devoyent garder le pas dessusdict, et prépara son estat en trois chasteaux seans pres d'iceluy lieu : dont celuy duquel luy et ses compaignons issoyent, armés et préparés pour faire armes ou pour combatre, fut une moult gente place mieux edifiee que forte, qui se nomme Parigny, et sied à un petit trait d'arc de l'arbre Charlemaigne, de l'autre part du grand chemin tirant contre Rouvre; l'autre fut un chastel appartenant à l'abaïe de Sainct Benigne de Digeon, nommé Marcenay : et sied du costé dudict arbre, tirant à la montaigne, environ trois traits d'arc; et ce lieu fut ordonné pour festeyer toutes gens, à toutes heures, et sans detourber ou empescher les affaires, consaux, essais ou pourveances des gardans le pas. Le troisiéme chastel fut une place nommee Couchy, appartenante audict signeur de Charny, laquelle sied au pié de la montaigne tirant à Geury en Digeonnois, et y peut avoir une lieue dudict arbre : et celle place servit à festeyer ceux qui avoyent fait armes audict pas, apres chacune fois qu'ils avoient leurs armes achevees. Ces trois places sont à une lieue l'une de l'autre, qui estoit moult bien seant au mistére : et certifie que, tout le pas durant, chacune des trois places fut tapissee et garnie de meubles et de vaisselle, tant de buffet comme de cuisine : et à chacune avoit maistres-d'hostels, serviteurs, et pourveances de vivres et vins, et maniére de faire si honnorable, que toutes gens de bien y estoyent re-

(1) *Si mestier en avoit* : s'il en avoit besoin.

cueillis, et servis si grandement que mieux on ne le sçavoit faire. Et tint le signeur de Charny bien deux mois entiers court ouverte, en toutes les places dessus dictes, à si grande et planteureuse despense, que de mon temps, pour si grand terme, sans maison de prince, je n'ay point veu le pareil.

Or est bien temps que je me passe des preparatoires et misteres de cestuy haut et noble pas, et que je vienne à l'execution et effect de la matiére commencee. Mais ainçois, me faut un petit toucher, et ramentevoir comment en iceluy temps se rassemblérent, au lieu de Chalon sur la Sosne, le duc de Bourgongne, le duc de Savoye et le comte de Genéve : et, apres plusieurs festiemens et grandes chéres, le temps approcha que le pas dessus-dict se devoit executer : et fut raporté audict lieu de Chalon qu'un chevalier du royaume de Castille, nommé messire Pietre-Was de Suavedra, avoit fait toucher les deux escus qui pendoyent à l'arbre Charlemaigne, pour faire armes à pié et à cheval, selon le contenu des chapitres : et que les nobles hommes gardans ledict pas avoyent deliberé que le signeur de Charny, leur chef en ceste partie, auroit la premiére bataille, et fourniroit ledict premier chevalier : car telle fut tenue la coustume entre eux, que quand aucun faisoit toucher aux escus, les gardans le pas deliberoyent entre eux, et par conseil, lequel des treize fourniroit pour celle fois : et conclurent pareillement que si emprise ou requeste d'estrangers se levoit en l'hostel du duc en celuy temps, par acord du prince iceux gardans le pas en devoyent avoir la congnoissance avant tous autres. Et furent ces choses faictes, gardees et exécutees comme vous orrez cy-apres : et peut on legérement croire que chacun desiroit beaucoup de veoir les armes des deux chevaliers : car ledict messire Pietre estoit assez congnu en l'hostel du duc pour homme renommé : et avoit fait armes à Coulongne (où plusieurs de l'hostel du duc avoyent esté), et novellement venoient d'Angleterre : et de tout estoit issu et sailli à son grand honneur.

Ces choses, aveques plusieurs autres, faisoyent chacun desirer de veoir les armes et la bataille des deux chevaliers, comme dict est; et se partirent les deux ducs de Bourgongne et de Savoye, ensemble toute la signeurie de Chalon sur la Sosne, et allérent coucher à Nuis : et l'endemain vindrent, au souleil levant, à l'arbre Charlemaigne, pour veoir les armes de pié, qui furent mises à celuy jour : et fut, par un jeudy onziéme de juillet 1443. Les princes venus, ils monterent en la maison pour ce ordonnee (qui fut paree et tapissee moult honnorablement); et tenoit le duc de Bourgongne un petit blanc baton en sa main, pour getter et faire separer les champions, leurs armes achevees, comme il est de coustume en tel cas. Au regard de la lice, c'estoit chose moult triomphale à veoir : car elle estoit parée de deux pavillons pour les chevaliers, armoyés de leurs armes et devises en blasons, banniéres et autrement : et fut le costé du signeur de Charny garni et paré de quatre banniéres de ses armes. L'entree de l'assaillant en la lice estoit du costé de Digeon : et celle du deffendeur, et garde du pas, estoit costé de Nuis.

Environ huict heures du matin se présenta devant le duc de Bourgongne, juge en ceste partie, messire

Pietre-Vasque de Suavedra : et estoit vestu de robe courte de drap noir, et portoit un chaperon de drap noir, et tout noir son habillement. Il avoit devant lui un officier d'armes du roy de Castille, vestu de sa cotte d'armes : et se présenta moult humblement, et par bonne façon, devant le duc : et fit dire par l'officier d'armes ces paroles ou les semblables : « Tres-« haut et trespuissant prince, icy est messire Pietre-« Vasque de Suavedra, qui se présente par-devant « vous comme son juge en ceste partie, pour faire et « acomplir les armes à pié selon le contenu des cha-« pitres, et les devises ordonnees pour l'escu violet, « à l'encontre du noble chevalier le signeur de Charny, « chef et garde de cestuy noble pas : vous suppliant « que luy et moi veuillez avoir pour recommandés. » Sur quoy le duc le receut, et bienviengna moult humainement : et se retrait le dessusdict en son pavillon pour soy armer : et pouvoit avoir le chevalier trente deux ans d'aage.

Tantost apres se partit le signeur de Charny, garde, chef et deffendeur de cestuy noble pas. Il estoit armé, comme à faire armes en tel cas appartient, la cotte d'armes vestue, et le bacinet en la teste : et avoit levé sa visiére le plus avant qu'il le peut faire, et estoit celle visiére couverte d'un volet (1) bien délié, dont de ce fut parlé diversement. Les uns disoyent qu'il le faisoit afin que l'on ne veist comment ne de quelle façon estoit sa visiére trouee, et les autres disoyent qu'il le faisoit pour monstrer la couleur plus vive : car de sa nature il avoit la face fort blanche et palle. Il estoit monté sur un cheval couvert de ses armes, et estoit

(1) *Volet* : voile.

suivy de six coursiers harnachés de satin cramoisy, couverts d'orfaverie d'or moult richement; et furent les pages vestus des couleurs de luy, noir et violet : et devant luy estoyent à cheval ses douze compaignons, la garde au genoil, et richement vestus et en point. Monsieur Louis de Bourgongne, comte de Nevers, l'acompaignoit, et les chevaliers, ses fréres, de la Toison d'or, et tant de nobles hommes, que longue chose seroit de le racompter. Il avoit une bannerole, en sa main dextre, pleine d'images et de devotions, et dont il se signoit moult souvent : et en tel estat entra en la lice, puis mit pié à terre, et s'adreça devant le duc de Bourgongne, son prince et son juge; et, apres avoir fait la reverence moult doucement, dît ces paroles ou semblables : « Mon tresdouté et souverain « signeur, je me presente par devant vous comme mon « signeur et mon juge, pour, à l'aide de Dieu, faire, « fournir et accomplir mes armes à l'encontre du che- « valier, selon le contenu de mes chapitres, et selon les « conditions de l'escu violet touché par ledict cheva- « lier : vous suppliant, en toute humilité, que luy et « moy veuillez avoir pour recommandés. » Le duc le recueillit moult-doucement, et s'en alla ledict de Charny en son pavillon.

Ne demoura guéres apres que le signeur de Blamont, pour lors mareschal de Bourgongne (qui conduisoit l'ordonnance de la lice : car c'estoit le droit et le mestier de mareschal), se tira devers le signeur de Charny, garde du pas, et luy demanda les battons pour combatre les armes : car, selon le contenu des chapitres, ainsi que nous avons dit, il et ses compagnons devoyent livrer les battons de chacune bataille. Si furent incontinent livrés, et mis es mains de deux roys-d'armes : c'estasçavoir deux haches semblables, et deux estocs (que l'on nomme espees d'armes aussi) semblables et pareilles : et furent iceux battons portés et présentés au juge, et puis présentés au chevalier venant de dehors, pour choisir desquels des deux maniéres de battons il vouloit ses armes acomplir : car en lui en estoit le choix, selon le contenu des chapitres. Le chevalier choisit la hache, et prit l'une des deux : et furent les espees reportees, et l'autre hache delivree à ceux qui servoyent l'entrepreneur.

Pendant ce temps se faisoyent les cris, par les roys-d'armes et heraux, aux quatre coings de la lice : et commandoyent, de de-par le duc de Bourgongne, que nul ne demourast en la lice close, s'il n'estoit commis du duc ou de son mareschal, ou s'il n'avoit de sa personne combatu en lices ou camp clos; et deffendoyent, sur peine d'estre corporélement puni, à la voulonté du prince, que nul, de quelque estat qu'il fust, ne parlast, toussist ou fist signe pour avantager ou avancer nul des champions, en faisant et fournissant la bataille de leurs armes. Toutes les cerémonies et appareils appartenans à tel cas furent faits : lesquelles j'ai voulu bien au long escrire, tant pour ce que ce furent des premiéres armes que je vey onques, comme aussi pour avertir et apprendre les lisans (si besoing en ont) des nobles cerémonies appartenans aux nobles et recommendés mestiers d'armes.

Environ neuf heures du matin, les deux chevaliers furent prests, conseillés et deliberés : et se retraït chacun de la lice, excepté huict hommes-d'armes armés de toutes piéces, ayans chacun un long batton blanc en la main, sans autre glaive : et furent rangés par la lice en bonne ordonnance, pour séparer les champions quand besoing seroit : et ne demoura guéres que messire Pietre-Vasque de Suavedra saillit hors de son pavillon, la cotte d'armes au dos et le bacinet en la teste : et avoit ledict messire Pietre fait déclouer et oster la visiére de son bacinet, télement qu'il avoit tout le visage découvert, et metoit sa teste hors de son bacinet comme par une fenestre. D'autre part saillit le signeur de Charny, vestu de sa cotte d'armes, le bacinet en teste, la visiére close : mais incontinent qu'il apperceut sa partie sans visiére, tout froidement il leva la sienne, et la recula tout derriére son bacinet : tellement qu'il avoit le visage tout découvert. Les deux chevaliers se signérent de leurs banneroles, et puis prirent les haches, et marcherent l'un contre l'autre moult vigoureusement. L'Espaignol estoit moyen homme, de forte et grosse taille : et tenoit sa hache le maillet devant son visage, un grand tour loing de la main, par maniére de garde : et le signeur de Charny estoit grand et puissant chevalier, et l'un des renommés de son temps, et tenoit sa hache pres de luy, le bout d'embas haussé et amesuré pour deffendre et pour assaillir : et à l'aborder, l'Espaignol ferit le signeur de Charny sur la main dextre, tendant à luy faire perdre la hache : mais non fit, car ledict de Charny rabatit de la queue, et d'une marche rua le bout dessous, apres le pié de son compaignon. Le chevalier démarcha moult asseurément : car par deux fois entresuyvans le quit (1) le signeur de Charny au pié. Fiérement se requirent les chevaliers, et sous-

(1) *Le quit* : l'atteignit.

tenoyent et l'un et l'autre de grans coups sur leurs haches; et fut ateint le signeur de Charny sur le grand gardebras senestre; et ledict signeur de Charny donna un coup, de la dague d'embas de sa hache, rez à rez du bord et du visage dudict messire Pietre : et ainsi se queroyent les deux chevaliers chevaleureusement, et tant chaudiérent (1) leur bataille que les quinze coups contenus par les chapitres furent acomplis : et getta le duc le batton, et furent les champions pris par les hommes-d'armes et escoutes (2) à ce ordonnés; et revindrent devant le duc, chacun soy offrant de parachever son emprise, si faute y avoit. Mais le duc dît qu'ils en avoyent fait assez : et ainsi s'en retourna chacun en son costé, la hache au poing, regardant l'un l'autre, pource que nul ne vouloit partir de la lice le premier. Mais il fut dict que ledict messire Pietre seroit le premier yssant, pource que le signeur de Charny gardoit le pas : et se retirérent les chevaliers au grand honneur de toutes les parties; et les ducs de Bourgongne et de Savoye tirérent à Digeon, où ils furent grandement festeyés et conjouis. Et furent icelles armes faictes et acomplies par un jeudy onziéme jour de juillet 1443, comme dessus est dict.

Le l'endemain se partirent les deux ducs, et allérent ensemble jusques à Sainct-Claude, où le duc de Savoye se departit, pour tirer en son païs : et pendant ce temps se firent les armes de cheval au lieu ordonné, entre le signeur de Charny et messire Pietre-Vasque dessusdict : et, selon mon souvenir,

---

(1) *Chaudiérent* : soutinrent chaudement. — (2) *Escoutes* : espions.

le treziéme jour du mois dessusdict se présentérent les deux chevaliers pardevant Louis Monsieur, comte de Nevers, commis par monsieur de Bourgongne, son lieutenant, juge en ceste partie, environ huict heures du matin.

Le chevalier espaignol entra le premier, monté et armé de toutes armes, sa bannerole de sa devotion en sa main, faisant le signe de la croix. Son cheval estoit couvert d'un drap de soye, myparti de bleu et de blanc, et sembloit bien chevalier asseuré, acoustumé et apris du mestier d'armes : et se présenta devant le juge, qui le receut tresagreablement. Ne demoura guéres que se présenta le signeur de Charny, entrepreneur et garde du pas. Le costé de sa part de la lice estoit paré des banniéres de ses cottes, et entra dedans la lice noblement accompaigné. Il estoit monté et armé comme en tel cas il appartient, faisant de sa bannerole signe de catholique chevalier. Son cheval estoit couvert d'un drap d'or blanc : et apres luy avoit cinq pages à cheval, vestus de satin noir et violet : et les chevaux estoient parés par la maniére qui s'ensuit. Le premier estoit couvert de drap d'or bleu; le second de velours, sur velours violet; le tiers de satin figuré, noir, à une grande croix de Sainct Andrieu, de drap de damas blanc; le quatriéme de satin noir, brodé d'orfaverie, à la devise dudict signeur de Charny : et le cinqiéme de drap d'or cramoisi. Pompeux et homme de haut affaire sembla le chevalier; et se présenta devant le juge : et puis furent les lances apportees, ferees et mesurees par les commis : et furent les lances baillees aux chevaliers, apres les cris et solennités faictes, pour faire et acomplir les armes de cheval, selon l'ordonnance du pas et le contenu des chapitres.

Les chevaliers laissérent courre l'un contre l'autre: et de la premiére course ils rompirent tous deux leurs lances de pleine atteinte. De la seconde course ateindirent tous deux, en glissant, et de la tierce tous deux agravérent les fers de plaine ateinte. A la quatriéme course ils faillirent tous deux. A la cinqiéme, le signeur de Charny fit une rude ateinte sur le grand gardebras du chevalier : et le chevalier de cette course rompit sa lance sur la rondelle du signeur de Charny. A la sixiéme course, le signeur de Charny fit une forte ateinte entre les quatre points sur le chevalier : mais ledict chevalier ateignit sur la visiére de l'armet du signeur de Charny, et rompit la pointe de sa lance. A la septiéme course, ils faillirent tous deux. A la huictiéme course, ateindirent tous deux : mais l'atteinte fut plus-durement donnee par le signeur de Charny. A la neufiéme course, le signeur de Charny feit ateinte, et le chevalier faillit. A la dixiéme, tous deux consuyvirent l'un l'autre tresdurement, et rompit le chevalier sa lance. A l'onziéme et derniére course, faillirent tous deux d'ateinte, et furent les deux chevaliers menés devant le juge; et fut dict par le signeur de Charny, et fait dire par ledict messire Piétre, qu'ils se presentoyent devant le juge pour achever et fournir leurs armes, chacun à l'encontre de son compagnon, selon la condition de l'escu noir semé des larmes d'or, et le contenu des chapitres. Surquoy leur respondit monsieur le comte de Nevers, juge commis en ceste partie, que bien et chevaleureusement avoyent leurs armes acomplies, et qu'ils avoyent assez fait; et leur commanda, de par monsieur le duc de Bourgongne, de toucher l'un à l'autre. Si s'embracérent et touchérent les deux chevaliers, et depuis demourérent fréres et bons amis : et, par le pourchas du signeur de Charny, fut depuis ledict messire Pietre retenu chambellan de l'hostel du duc de Bourgôngne, et fut fort aimé et prisé en la maison pour ses vertus : et fit de grands services au prince sur les Infidelles, en grandes ambassades et en guerre, par mer et par terre.

Et à tant pour ceste fois me tay dudict messire Pietre, pour revenir à parachever le recit de l'execution de cestuy noble pas. Pendant le temps de l'execution des armes faictes entre le signeur de Charny et ledict messire Pietre-Vasque de Suavedra, arriva à l'arbre Charlemaigne un chevalier du royaume de Castille, nommé messire Diago de Valiere. Cestuy chevalier se partit d'Espaigne pour venir au pas dessusdict. Le chevalier fut de petite et moyenne taille, mais de grand et noble vouloir, gracieux et courtois, et fort agreable à chacun. Il arriva audict arbre, armé de toutes armes, fors que de la teste : et estoit couché sur son chariot, et faisoit mener son destrier en main : et devant luy avoit un heraut portant sa cotte d'armes, par lequel il fit toucher l'escu noir, semé de larmes d'or : et cuidoit que prestement il deust estre delivré avant qu'entrer en la vile : mais les heraux gardans les escus luy dirent qu'il tirast en la vile et prist logis, et que le signeur de Charny et ses compaignons, gardes du pas, luy manderoyent le jour auquel il devroit ses armes fournir. Ce qui fut faict.

Le lundi, quatorziéme de juillet suyvant, se présenta devant le comte de Nevers, juge commis en ceste partie, un escuyer nommé Tibaut, signeur de Rougemont : lequel fut ordonné, par les gardans le pas, pour fournir à l'emprise dudict messire Diago de Valiere. Celuy escuyer fut de noble maison, et homme bien renommé de vaillance, et de sa personne le plus grand et le plus-haut de stature, noble homme qui pour lors fust en toute Bourgogne, et monté et armé comme en tel cas appartient. Son cheval estoit couvert d'un satin cramoisi fort vermeil : et fut acompaigné de ses compaignons gardes du pas, et de plusieurs autres; et d'autre part se présenta ledict messire Diago de Valiere, monté et armé comme il appartient. Son cheval estoit couvert d'un cendal (1) vermeil, à une grande croix blanche floretee, et sur chacun bout une coquille d'or.

Apres les presentations, cris et ceremoniés appartenans, faictes et passees, chacun prit son bout : et commencérent à fournir leurs armes par la maniére qui s'ensuit. Pour abreger, ils coururent les cinq prémiéres courses sans faire ateinte l'un sur l'autre. A la sixiéme course, le chevalier espaignol rompit, et agreva (2) le fer de sa lance sur le gardebras de son compaignon. A la septiéme, ledict Espaignol rompit sa lance de pleine ateinte, et fut rompue par l'arrest. A la huictiéme course, firent tous deux ateintes l'un sur l'autre en glissant : et pareillement à la neufiéme et dixiéme course; et à la onziéme et derniére course ils consuivirent l'un sur l'autre tres-durement, et

---

(1) *Cendal :* étoffe de soie dont on faisoit les bannières. — (2) *Agreva :* brisa.

rompit le chevalier espaignol sa lance. Et ainsi furent icelles armes achevees; et apres la presentation faicte devant le juge, et qu'ils eurent touché l'un à l'autre, ils se departirent, et tira chacun à son bon plaisir.

Le mecredy suyvant, se presenta devant le juge un escuyer gascon, nommé Bernard de Vostin : lequel Bernard avoit fait toucher pour faire armes à cheval. Il estoit monté et armé comme il appartenoit : et d'autre part se présenta Guillaume de Vaudrey, signeur de Courleon, lequel fut ordonné par ses compaignons pour fournir iceluy Gascon : et fut iceluy Guillaume un moult vaillant escuyer, et depuis chevalier tres-renommé, et de sens et de conduite. Son cheval estoit couvert de satin cramoisy, à grandes lettres de broderie en bordure : et par-dessus la couverte avoit semé plusieurs grosses campanes (1) d'argent, à maniére de poires : et, apres presentations et cerémonies, chacun prit son bout, et fournirent leurs armes à la maniére qui s'ensuit. Des trois premiéres courses ne firent point d'ateinte. A la quatriéme course ils trouverent tous deux l'un l'autre par les armets, et de telle ateinte que tous deux rompirent leurs lances. De la cinqiéme et sixiéme, tous deux ne se trouverent point. A la septiéme se rencontrerent si durement sur les grans gardebras, que le fer dudict de Vaudrey fut agrevé et rompu, et le Gascon rompit sa lance : et depuis de la huictiéme, neufiéme, dixiéme et onziéme course, ne feirent point d'ateinte : et furent icelles armes achevees par la maniére dessusdicte. Ainsi se fournissoit iceluy noble pas, et venoyent nobles hommes de tous costés et de divers

(1) *Campanes* : cloches.

païs, pour eux éprouver à celle haute et chevaleureuse epreuve; et d'aucuns, non-disposés à ce, laissérent à l'arbre, es mains des heraux, gage d'espee ou d'esperons, selon le contenu des chapitres cy-dessus declairés.

Et pendant ce temps retourna le duc de Bourgongne de son voyage de Sainct-Claude : et revindrent avec luy plusieurs nobles hommes savoyens, pour veoir les armes du pas, et principalement pour veoir faire un chevalier savoyen, nommé messire Jehan de Compays, signeur de Torain : lequel fit toucher les deux escus, pour faire armes de sa personne à pié et à cheval : et avoit en sa compaignie six nobles hommes portans ses robes de livree, qui tous six firent armes à cheval audict pas. Pareillement trouva le duc en son chemin un escuyer, serviteur du duc de Milan Philippe, qui se nommoit Jaques de Visque, comte de Sainct-Martin : lequel comte estoit moult bien accompaigné à la façon de Lombardie, et se monstroit tres-homme-de-bien, et venoit pour faire armes audict pas : et fut par le duc tresvoulontiers veu et bien recueilly : et ne se firent nulles armes jusques au lundy suyvant, comme vous orrez.

Le lundy suyvant, vingtneufiéme jour de juillet, vint le duc et la signeurie tenir son lieu de juge audict pas : et ce jour fut faict armes à cheval devant luy par trois fois : dont le premier qui se présenta devant le juge fut ledict Jehan de Compays, signeur de Torain : lequel se partit de la vile de Digeon ayant ses chevaux couverts et ses pareures, armé, heaumé et paré de grans plumars treshonnestement. Il estoit, de sa personne, monté sur un destrier couvert de cendal blanc, semé de ses lettres, qui furent d'or, et me semblérent de pointure : et furent trois lettres, qui firent en mot A V F. Il estoit vestu d'une longue robe d'orfaverie : et en monstrant l'ouvrage par maniére defiguree, ladicte robe estoit brodee de perles, à tresgrande largesse. Il avoit apres luy quatre chevaux, dont le premier estoit couvert de satin verd brodé à coliers de mastins; le second de drap d'argent, parti de rouge et de bleu; le tiers d'un satin figuré bleu, argenté selon les figures; et le quart estoit couvert de satin cramoisy, tout plein de ses lettres en brodure; et ses pages vestus de sa devise (qui estoyent robes rouges à une manche bleue); et pareillement estoyent vestus les six nobles hommes qui dessous luy avoyent fait toucher, par Savoye le heraut, pour faire armes à cestuy noble pas : et alloyent par ordre devant ledict de Compays, et plusieurs nobles hommes de Savoye qui l'acompaignoient : et en tel estat vint en la tente ordonnee pour soy armer.

Tantost apres entra dedans la lice un escuyer garde du pas, nommé Antoine de Vaudrey, signeur de L'Aigle. Iceluy escuyer fut homme de bonne taille, vaillant et puissant, et tresbien renommé; frére germain de Guillaume de Vaudrey, dont cy-dessus est faicte mention : et depuis fut chevalier de tresbonne recommandation. Il estoit armé de toutes armes, et sur un destrier couvert de satin cramoisy, brodé, en bordure, de grandes lettres noires : et du costé de son entree estoit la lice paree de banniéres et de pennons (1) de ses armes : et tantost entra ledict de

---

(1) *Pennons* : enseignes des bacheliers et des écuyers.

Compays armé et prest : et firent leurs présentations, et prit chacun son bout, et leur furent leurs lances baillees : et ainsi firent leurs armes, comme vous orrez.

Aux deux premieres courses ils faillirent : mais à la tierce ils firent ateinte l'un sur l'autre, en la banniere dessus les armets : et rompit ledict de Compays sa lance. A la quatriéme, ledict de Vaudrey feit ateinte sur son compaignon en la teste. A la cinq et sixiéme course faillirent tous deux. A la septiéme se trouvérent tous deux si-rudement qu'ils rompirent leurs lances : et fut ateint ledict de Compays sur le grand gardebras, et ledict de Vaudrey rez à rez de la lumiére de l'armet. A la huictiéme, neufiéme et dixiéme, ne firent point d'ateinte : mais à l'onziéme et derniére ledict de Vaudrey rompit sa lance sur la rondelle dudict de Compays : et ainsi furent leurs armes accomplies, et revindrent devant le duc. Mais il ne fut point ordonné qu'ils touchassent ensemble, pource qu'ils avoyent encores à faire les armes à pié selon la condition de l'escu violet, semé de larmes noires, touché à la requeste dudict de Compays par Savoye le heraut.

Assez tost apres que ledict de Compays fut desarmé, il mena en la lice et conduisit l'un des six escuyers de sa compaignie qui avoit fait toucher l'escu noir, semé de larmes d'or, pour faire armes à cheval : et se nommoit Couraut (¹) de Belle-Val, et estoit un Alemand nourri en l'hostel dudict de Compays. Ledict Couraut estoit monté et armé comme il appartenoit. Son destrier estoit couvert de cendal blanc, au mot

(1) *Couraut :* lisez *Courat.*

et lettre d'or dudict de Compays, et telle ou semblable que celle en quoy il avoit couru : et pareillement tous les six que présenta ledict de Compays. firent armes en semblables houssures (1) : et, comme garde et deffendeur du pas, se présenta de l'autre part un escuyer grand signeur, et de noble maison, nommé Guillaume de Vienne, signeur de Mombis. Son costé de la lice estoit paré des banniéres de ses nobles armes de Vienne, dont il estoit de nom et d'armes, et en grand partage de signeuries : et à ceste cause fut debatu, par une question qui sourdit entre les signeurs de Bourgongne, ses parens, à celle mesme heure sur les rangs, asçavoir si ledict Couraut estoit gentil-homme de quatre lignes : et prouva ledict Couraut sur les rangs, par le comte de Fribourg et autres comtes d'Alemaigne (à qui il estoit voisin), qu'il estoit gentil-homme de quatre lignes. Ledict signeur de Mombis estoit monté et armé; son destrier estoit couvert d'un satin vermeil, brodé de fleurs d'orfaverie blanche : et apres luy avoit deux chevaux couvers, l'un de satin gris, et l'autre de drap de damas de celle couleur : et chacun de ses pages vestu de mesme la couverte.

Les présentations et ceremonies faictes, on leur bailla les lances : et coururent les quatre premiéres courses sans ateindre l'un l'autre. A la cinquiéme course ledict de Vienne consuivit ledict Couraut entre les quatre points, et rompit sa lance par la poignee. A la sixiéme course, ledict Couraut consuivit ledict de Vienne sur costiére, et fit tresbonne ateinte : et ledict de Vienne fit ateinte en glissant, et deferra sa lance.

(1) *Houssures* : ornemens.

A la septiéme consuivit ledict de Vienne son compaignon au dessous du grand gardebras. A la huictiéme, neufiéme et dixiéme course, faillirent tous deux : et à l'onziéme et derniére course, ledict Couraut fit ateinte en glissant au dessous du garde-bras dudict de Vienne : et ainsi furent icelles armes acomplies.

Les tierces armes qui se firent celuy jour furent d'un escuyer nommé Bartholomy de Thymis, signeur de la Bigarne : et le presenta ledict de Compays, monté, armé et paré comme il est dict dessus de son compaignon : et d'autre part se presenta un moult-vaillant escuyer et honneste, garde du pas, nommé Jehan, signeur de Ru. Ledict de Ru fut monté et prest pour ses armes fournir, et estoit son destrier couvert et paré d'un drap de damas blanc. Apres les devoirs acomplis, leur furent les lances baillees : et fut telle leur fortune, qu'ils coururent neuf courses, sans ateindre ou trouver l'un l'autre. A la dixiéme course, ledict Bartholomy fit ateinte sur son compaignon au gardebras : et à l'onziéme et derniére course, iceluy Bartholomy fit ateinte sur le signeur de Ru en l'armet. N'onques ledict de Ru ne peut faire ateinte : dont il estoit moult déplaisant, et requit par plusieurs fois de pouvoir encores courre; et pareillement faisoit son compaignon. Mais parce qu'on ne sçavoit quel nombre de gens pourroyent venir au pas, et les aventures considerees qui journelement en tel cas adviennent, le prince ne voulut pas que l'on excedast le nombre des courses, veu le contenu des chapitres : et se departirent ainsi icelles armes ; et qui bien eust congnu ledict signeur de Ru, il l'eust excusé par la fortune : car il fut de son temps tenu pour homme de bien, vaillant, et adroit de sa personne.

Le mardi suivant, trentiéme jour d'iceluy mois, se présentérent à une fois trois escuyers de la compaignie dudict signeur de Compays, armés et montés, et leurs chevaux couverts à la pareure dessus-escrite : et d'autre part se presentérent trois des gardes du pas à une fois : et apres les presentations faictes et les maniéres en tel cas acoustumees, tous se retirérent d'un costé et d'autre hors de la lice, excepté un escuyer nommé Josse de Sainct-Jore, conduit par ledict de Compays : lequel escuyer estoit ordonné à faire ses premieres armes. Et des gardes du pas demoura un escuyer nommé Guillaume, signeur de Chaudiners. Son cheval estoit paré d'un drap de damas blanc, à grans ouvrages. Les lances leur furent baillees : et de la premiere course ledict de Chaudiners fit une grande et forte ateinte sur son compaignon. A la seconde, ledict de Chaudiners fit encores ateinte sur le gardebras. A la troisiéme, quatriéme, cinquiéme, sixiéme, septiéme, huictiéme et neufiéme course, faillirent tous deux. A la dixiéme course, ledict de Chaudiners desarma ledict de Sainct-Jore de son grand gardebras, de plaine ateinte : et à l'onziéme et derniére course ne se trouvérent point, et furent leurs armes achevees.

Ne demoura guéres que ledict de Compays, pour le cinquiéme de ses gens, et celuy qui pour ce jour devoit faire les secondes armes, presenta un escuyer nommé Jaquemart Brunier : et d'autre part se presenta un escuyer nommé Jehan de Sicon, garde du pas. Il estoit prest, monté et armé sur un destrier couvert de damas bleu : et fut homme de bon lieu, et bien renommé. Pour abreger, les escuyers prirent leurs lances, et coururent trois courses sans ateindre. A la quatriéme, Jaquemart ateindit Sicon au haut de la piéce. A la cinqiéme, sixiéme, septiéme, huictiéme, neufiéme et dixiéme, faillirent tous deux : et à l'onziéme et derniére course, firent tresdure ateinte l'un sur l'autre, et rompit ledict Jaquemart sa lance : et par telle maniére furent icelles armes achevees.

Celles armes achevees, ledict de Compays presenta le sixiéme de ses gens : et fut un escuyer, nommé Nycot de Villette. Il estoit prest, monté et armé comme dessus. D'autre part se presenta le tiers garde du pas pour celuy jour : et fut un chevalier moult honnorable, vaillant et renommé, nommé messire Amé Rabustin, signeur d'Espiry : duquel chevalier sera cy-apres escrit par honnorable recommandation, à l'entresuitte de mes Memoires. Le chevalier estoit monté et armé comme il appartenoit : et son destrier paré et couvert d'un drap de damas bleu, à la pareure de son compaignon, qui devant luy avoit fait armes. Toutes choses faictes en devoir, les lances leur furent baillees : et ainsi que les armes sont journales, et les bonnes aventures à la disposition de fortune, ils coururent et achevérent leurs armes, et les onze courses limitees, sans faire ateinte l'un sur l'autre. Moult déplaisans furent et l'un et l'autre, et requirent tous deux au duc leur juge, moult-humblement, de pouvoir courre plus longuement. Mais le duc, pour les causes dessusdictes, ne le voulut souffrir : et ainsi se departirent. Ainsi fut l'emprise dudict Jehan de Compays, signeur de Torain, tant de luy que de ceux qu'il avoit amenés, touchant les armes à cheval, faicte et achevee : et ne restoit plus de son emprise que la fourniture des armes à pié, que de sa personne il avoit emprises, selon les conditions de l'escu violet.

Si se prepara de son costé pour icelles fournir, au temps et au jour qui luy fut assigné et baillé : et de l'autre costé se prépara Anthoine de Vaudrey, signeur de L'Aigle, qui estoit ordonné pour faire icelles armes contre ledict de Compays : et pendant ce temps se fournissoyent les armes des autres nobles hommes venus au pas dessusdict : et se presenta Jaques de Visque, comte de Sainct-Martin, par un mercredi, dernier jour d'iceluy mois. Iceluy comte de Sainct-Martin fut natif de Piémont, et serviteur du duc de Milan, comme dessus est dict : et avoit fait toucher, par Palafin le heraut, l'escu noir, semé de larmes d'or. Ledict comte estoit monté et armé comme en tel cas il apartient : et estoit son destrier couvert d'un demy satin verd, selon mon souvenir : et sçay bien que par-dessus la couverte avoit cinq licornes richement brodees. Il avoit suitte de trois chevaux parés et couverts. La premiére couverte fut de satin noir, brodee et orfaverisee tresrichement, à maniére de monstres de mer : et estoit la figure d'une femme, depuis le nombril en amont, tenant maniére de tirer fleches d'un arc turquois : et le demourant d'icelle femme estoit la queue d'un serpent vetortivee [1], qui s'estendoit à la pareure et au remplissement de ladicte couverte : et de telles figures fut semee en plu-

[1] *Vetortivee* : tortillée.

sieurs lieux. Le tiers cheval de suite fut couvert de satin cramoisy. Ses pages estoyent vestus de satin verd, à l'italienne mode, et portoyent armets et heaumes à grans plumas treshonnestement.

D'autre part se presenta le deffendeur du pas, qui fut un chevalier, frére du signeur de Charny, chef et garde du pas dessus-dict. Cestuy chevalier se nommoit messire Guillaume de Beaufremont, signeur de Sey et de Sombernom, homme chevaleureux de sa personne, et fort renommé. Le chevalier se presenta prest pour ses armes fournir. Son destrier estoit couvert d'un velours sur velours violet, et apres luy avoit trois chevaux de pareure : dont le premier estoit couvert de ses armes, le second de drap d'or gris, et le tiers de velours cramoisy.

Presentations faictes, chacun prit son bout, et leur furent les lances baillees. De la premiére course ils faillirent tous deux d'ateindre. A la seconde, le comte de Sainct-Martin fit ateinte sur le grand gardebras de son compaignon. A la tierce, le signeur de Sey fit ateinte sur le bord de la baviére du comte. A la quarte, le comte fit ateinte, en glissant, sur le heaumet du signeur de Sey, et l'en desarma : et le signeur de Sey consuivit le comte au bord de la baviére de l'armet, et rompit sa lance et son arrest : dont ledict comte pleya tresfort. Prestement fut le signeur de Sey rearmé de son grand gardebras. A la huictiéme course, le comte fit ateinte sur costiére en glissant, et à la neufiéme se trouvérent l'un l'autre tresdurement : et rompit le comte sa lance, et le signeur de Sey agreva le fer de la sienne plus d'un doigt : et des autres deux courses, dix et onze, ne firent point d'ateinte : et ainsi furent icelles armes acomplies.

Ce mesme jour, et assez sur le tard, se presenta un escuyer du Dauphiné, nommé Henry de Gouvignon, monté et armé pour faire armes à cheval; et me semble que son cheval estoit couvert d'un sendal rouge, sans autre devise : et d'autre part se presenta un escuyer nommé Jehan de Chaumergis, garde du pas. Iceluy Chaumergis fut un grand et puissant homme-d'armes, moult renommé de vaillance, et fut l'un des premiers escuyers d'escuyerie du duc de Bourgongne : et se presenta prest et armé pour deffendre le pas en son endroit. Son cheval estoit couvert d'un drap de damas violet. Ceremonies faictes et acomplies, les escuyers furent saisis de leurs lances, et chacun à son bout : et laissérent courir l'un sur l'autre, et coururent la premiére et deuxiéme course sans ateinte faire. A la tierce, Chaumergis prit ledict Gouvignon sur costiére, et luy donna une tresbonne ateinte. A la quatriéme, ledict de Gouvignon trouva ledict de Chaumergis sur le grand gardebras, et agrava sa lance. A la cinqiéme, se trouvérent l'un l'autre tresdurement, et rompit Chaumergis sa lance. A la sixiéme, consuivirent l'un l'autre en glissant. A la septiéme, ledict de Gouvignon fit une ateinte sur costiére, et rompit sa lance. A la huictiéme, trouvérent l'un l'autre tous deux à l'entour des armets, et rompirent leurs lances en plusieurs piéces. A la neufiéme, se trouvérent tous deux au bord de la veue, et du coup agravérent les fers de leurs lances, et partit le feu des arméures d'un chacun. A la dixiéme, firent tous deux ateinte : dont le feu saillit. A l'onziéme et derniére course, Chaumergis fit ateinte sur son compaignon : dont le feu saillit, et son compaignon faillit d'ateinte. Si furent les armes acomplies.

Le sixiéme jour du mois d'aoust (qui fut par un mardi), se présenta un escuyer du païs du Dauphiné, et compaignon de Henry de Gouvignon dessus nommé : et se nommoit Louis de La Basine, signeur de Bermette. Il estoit monté et armé sur un destrier couvert de satin, miparti de bleu et de violet : et tantost apres se presenta le comte d'Arbert, signeur de Valengin, prest, monté et armé pour sa part du noble pas deffendre. Son cheval estoit couvert d'un drap de soye verde, semé de brodure, et d'orfaverie de soleils d'or élevés : et par-dessus chacun soleil, comme au milieu, avoit boutons de roses élevés, apparens en leurs feuilles et fleurs. Il estoit suivy de six chevaux de pareure : et sur chacun cheval un petit page vestu richement, de telle couleur et de telle sorte que la houssure et pareure du cheval que chacun chevauchoit : et d'abondant avoyent iceux pages cheveux crespés, à la façon d'Alemaigne : et croy qu'ils furent artificiels, et non pas les leurs propres. Le premier cheval estoit couvert d'unes bardes d'acier : et le page de dessus estoit armé d'un harnois blanc de Milan. Le second fut couvert d'orfaverie sur bleu, et tousjours le page de mesme; le tiers, d'orfaverie sur rouge; le quart, d'orfaverie sur le verd; le cinqiéme, de drap d'or noir; et le sixiéme, bardé d'acier. Les devoirs faicts, chacun fut saisi de sa lance, et coururent les quatre premiéres courses sans faire ateinte. A la cinqiéme, le comte ateindit, en glissant, son compaignon. De la sixiéme ne se trouvérent point. A la septiéme, ils s'ateindirent tous deux : et rompit ledict de Bermette le fer de sa lance. A la huictiéme, neufiéme et dixiéme course, faillirent tous deux. A l'onziéme et derniére course, ledict de Bermette fit une ateinte à la visiére de l'armet du comte : et ainsi furent icelles armes faictes et acomplies.

Ce mesme jour, et assez tost apres celle heure, se presenta, pour faire armes, un escuyer nommé Jaques de Montagù : et croy qu'il estoit du Dauphiné, mais je ne suis pas bien memoratif s'il estoit du Dauphiné ou de Savoye. Celuy escuyer se presenta, monté et armé sur un destrier couvert de satin vermeil : et d'autre part se presenta le garde du pas, qui fut un escuyer natif de Savoye : mais il estoit tenant terre en la comté de Bourgongne, et se nommoit Jaques de Challant, signeur de Manille. Icestuy de Challant fut un homme valeureux, plein d'honneur et de vertu, si-prudent, si-vaillant et si-catholique, qu'il avoit et eut, de sa vie, sa part en bonne renommee de tous ceux qui eurent de luy congnoissance : et fut depuis chevalier et comte. Il se presenta armé, et monté sur un destrier couvert d'un drap de soye bleüe, brodé et floreté de fleurs moult gentement. Il estoit suyvi de cinq chevaux couverts, et les pages vestus à la pareure de chacune couverte. Le premier cheval estoit couvert d'une couverte de ses armes : et dessus estoit monté Savoye le heraut, vestu de la cotte d'armes de mesme. Le deuxiéme estoit couvert d'un rouge drap de laine, brodé tresrichement, de la devise dudict de Challant. Le tiers estoit couvert d'orfaverie. Le quatriéme de demy satin bleu, peint de branches et de fucilles d'argent : et le cinqiéme bardé et couvert d'acier. Les devoirs faicts, les escuyers prirent leur bout, la lance sur la cuisse : puis laissérent courre, et faillirent tous deux d'ateinte, de la premiére et de la deuxiéme course. A la tierce, ledict de Challant fit ateinte en croisee : de la quatriéme et cinqiéme ne se trouverent point. A la sixiéme, Challant fit une dure ateinte sous le haut de la piece de son compaignon. A la septiéme, faillirent. A la huictiéme, Challant fit ateinte en glissant. De la neufiéme et dixiéme course, ne feirent point d'ateinte : et à l'onziéme et derniére course, ledict de Challant fit ateinte en glissant : et par telles maniéres furent acomplies icelles armes.

A ce noble pas vint et se transporta (mais je ne sçay à la verité si ce fut d'avis deliberé ou de soudaine voulonté) un Piémontois, nommé Martin Ballart. Cestuy Martin fut un grand homme maigre, bien-representant, et de condition grand parlier, et fort grand venteur, et apparent de petite vertu ; et fit toucher l'escu noir, semé de larmes d'or, pour faire armes à cheval : et tenoit parolles qu'avant qu'il partist (fust par requeste, ou par le droit du pas, ou autrement) il combatroit, à pié, trois ou quatre des meilleurs des gardes du pas. Et de ses parolles se rioit le duc (qui voulontiers voyoit telles nouvelletés) ; et si faisoient ceux qui ouïrent ledict Martin. Et pour cesté cause le signeur de Charny et ses compaignons différérent longuement à le recevoir, et à luy bailler homme ne jour. Toutesfois il se trouva, par ses congnoissans, noble homme, et tant pourchacea que force fut de le recevoir : et par deliberation luy fut

baillé Jehan de Chaumergis, qui desja avoit fait armes à l'encontre de Henry de Gouvignon : et sembloit bien aux signeurs gardans le pas que ledict de Chaumergis estoit assez homme pour luy fournir et achever ce qu'il demandoit. Et à la verité j'ai souvenance qu'ils coururent devant le duc, et ne sçay à quel jour : mais il me semble mieux qu'autrement que ce fut le jour dessusdict : et fut vray que ce jour ou autre, durant le temps et terme dudict pas, ledict Martin Ballard vint et se présenta, acompaigné du comte de Sainct-Martin. Son cheval estoit couvert d'un demy satin vermeil, et estoit grand et bel homme-d'armes. D'autre part se présenta ledict de Chaumergis, garde du pas. Il estoit monté et armé comme il appartenoit. Son destrier estoit couvert d'un drap de damas violet, comme la première fois : et me souvient qu'à la présentation que fit Martin devant le duc, il dît en son piémontois qu'il estoit tresmal armé. Pour abreger, les lances leur furent baillees ; et furent courues les onze courses sans faire ateinte : car ledict Martin ne courut onques coup parquoy il peust atteindre, ne qu'on le peust trouver ; et n'adreceà pas bien iceluy jour pour soy monstrer tel, ne si à redouter qu'il disoit. Finalement ils furent amenés devant le juge : et dît ledict de Chaumergis, par licence, audict Martin : « Tu as dit que tu combatras à pié trois ou
« quatre des meilleurs de nostre compaignie. Je t'of-
« fre, devant mon souverain signeur cy-present, que
« si tu me veux combatre à pié, je te donneray quatre
« piéces de mon harnois, ostees de dessus moy, d'a-
« vantage. » Ledict Martin (qui si-baudement [1] sou-

---

[1] *Baudement* : hardiment.

loit parler et respondre) se monstra ébahi de premiére face : et toutesfois il s'excusa sur son harnois, et dît qu'il reviendroit une autre fois, saisy d'un, de deux ou de trois harnois : et feroit télement que son honneur y seroit gardé. Si touchérent ensemble par commandement du juge, et se departirent : et me deplaist qu'il a convenu que j'aye escrit et recité ceste chose, sans avoir gardé, glosé ou palié l'honneur dudict Martin : car tout noble est tenu de garder l'honneur d'un autre, et principalement en escritures, où sont couchees et empreintes les memoires des hommes, bonnes ou mauvaises. Mais deux causes le m'ont fait en telle maniére ramentevoir. La premiere, pour continuer ma verité au recit des presens Memoires : et l'autre, pour donner exemple et doctrine aux jeunes gens (qui mesdicts Memoires liront cy-apres) qu'ils se gardent d'estre venteux, ne golias (1) en paroles : car souvent et communément le lyon en paroles est la brebis en œuvres; et celuy qui quiert avoir et atteindre à honneur et renommee par la ventise de sa propre langue, ressemble le chien-courant qui chace et veut prendre le cerf ou la beste sauvage, et de sa langue va tousjours criant et abayant apres : tellement que, tant plus la quiert et cuide approcher le chien, plus fuit et s'elongne la beste à son pouvoir.

Ainsi se fournissoit et achevoit le pas dessusdict, et passoit et expiroit le temps, et les jours limités de six semaines, que devoit durer l'emprise de l'arbre Charlemaigne : et s'estoyent desja faictes et acomplies toutes les armes à cheval de tous ceux qui avoyent

---

(1) *Golias* ou *goliard* : insolent.

fait toucher l'escu noir, et avoyent les tréze compaignons esté fournis pour armes à cheval : télement que desja Jehan de Chaumergis avoit, pour sa part, fait deux fois armes : et ne restoit plus à fournir, pour tous ceux qui avoyent fait toucher aux escus, si non les armes à pié emprises par Jehan de Compays, dessus-nommé (qui avoit fait toucher l'escu violet, comme il est escrit cy-dessus), que tous les touchans aux escus ne fussent fournis.

Or avint, pendant le temps que se faisoyent les armes dessus-dictes, que Jaques de Visque, comte de Sainct-Martin, s'adrecea à Guillaume de Vaudrey, signeur de Courleon : et luy demanda si, pour l'amour de sa dame, il ne luy voudroit point fournir et acomplir onze courses de lance à fers émoulus : et se feroyent icelles armes selon et par les conditions des chapitres du pas. Ledict Guillaume se monstra moult-joyeux de ceste requeste, et fit response audict comte qu'il le mercioit, luy acordant son desir, et luy requerant de sa part qu'il luy voulsist acorder d'abondant encores onze courses de lance, des conditions dessus-dictes, et ainsi seroyent vingt-deux courses. Ce que le comte açorda liberalement d'autre part.

En iceluy temps messire Diago de Valiére, le chevalier d'Espaigne (qui desja avoit fait armes au pas, à l'encontre de Thibaut de Rougemont), apres congé et licence du duc, leva et chargea une emprise d'un volet ataché à son costé senestre : et la porta à court, et par la vile de Digeon, publiquement. Laquelle chose venue à la congnoissance de Charny et de ses compaignons, tindrent conseil en la chapelle de l'ordre de la Toison : et proposa le signeur de Charny, remonstrant à ses compaignons comment le temps des six semaines se passoit fort, et n'avoyent nulles nouvelles, ne n'estoit apparent que plus ou peu fussent chargés d'armes nouvelles, et comment, à leur requeste, le duc leur avoit donné congnoissance de toutes emprises d'armes durant le pas, concluant que, par honneur, l'emprise du chevalier ne pouvoit ou devoit plus avant aler, sans estre levée par l'un d'eux : et par commune voix mandérent au chevalier, par nobles gens et heraux, qu'il se tirast en ladicte chapelle. Ce qu'il feit : et luy venu, le signeur de Charny luy dit que bien fust il venu, car il portoit ce que celle compaignie desiroit de veoir : et que plus avant ne seroit en travail de son emprise, car ils estoyent ceux, chacun endroit soy qui le vouloyent décharger, et alleger de sa charge : et pource qu'ils ne savoyent s'il avoit choisy, ou desiré en son courage d'avoir à faire ou à besongner à nul d'eux treize, ils luy priérent qu'il le dist et declarast ; et ils luy offroyent liberalement que celuy qu'il choisiroit léveroit son emprise, et luy acompliroit et fourniroit son desir en ceste partie.

Le chevalier (qui moult-courtois estoit) les mercia honnorablement, et dît qu'il avoit chargé et levé son emprise par commandement de sa dame, pour acomplir certains chapitres d'armes qu'il avoit clos et seelés d'elle (et ne sçavoit l'effect ne la teneur), pour les delivrer et acomplir au premier noble homme, des conditions à ce propices, qui tant d'honneur luy feroit que de toucher à son emprise : et que de luy il n'avoit nul eleu ne choisi, mais qu'il se tenoit bienheureux de soy estre trouvé en si-honnorable collége et si-bonne compaignie que la leur : et que celuy d'eux auquel il plairoit de lui faire cest honneur que d'y toucher fust le tresbien-venu, et s'en tenoit plus honnoré que d'autre personne de tout le monde.

Lors saute avant Jaques de Challant, signeur de Manille : et requit au signeur de Charny et à ses compaignons, moult humblement, qu'ils luy fissent ceste grâce qu'il peust lever icelle emprise. Ce qu'il fit, et la leva : et le chevalier luy bailla ses chapitres, qui furent prestement déclos et desseelés, pour veoir le contenu en iceux. Par la maniere dessus-escrite, se requirent les armes d'entre le comte de Sainct-Martin et Guillaume de Vaudrey : et, par emprise levée, les armes de messire Diago de Valiére et de Jaques de Challant. Et reste maintenant, pour le tout reciter par ordre, de deviser premier l'execution des armes du comte dessusdict.

Si fut vray que le huictiéme jour d'aoust, par un jeudy, se présentérent en la lice acoustumée, devant le duc de Bourgongne, le comte de Sainct-Martin d'un costé, et Guillaume de Vaudrey de l'autre, tous deux montés et armés comme en tel cas appartient, chacun honnestement couvert et en poinct : et des couleurs ne me souvient. Présentations et devoirs acoustumés furent faicts, et leurs lances baillees : dont il advint que, de celle premiére course, ledict de Vaudrey donna tel coup au clou de la visiére du comte, qu'il rompit ledict clou : et demoura ladicte visiére déclouee, et pendante à l'autre clou : et avoit le comte le visage découvert. Pour abreger, pour celuy jour ne peut estre l'armet du comte de Sainct-Martin refaict, et furent icelles armes remises à l'endemain : auquel jour, neufiéme d'aoust, revindrent les dessusdicts, renouvelés de pareures de chevaux. Armés et prests pour leurs armes fournir, furent saisis de leurs lances : et de celle premiere course d'icelui jour (qui fut la seconde course d'icelles armes) ne firent point d'atteinte. A la tierce, ledict de Vaudrey fit atteinte sur le grand gardebras du comte, et le désarma, tellement qu'il fallut forger et ouvrer audict gardebras : et mit on bien deux heures avant qu'il en fust rearmé. A la quatriéme course, ledict Guillaume de Vaudrey atteindit le comte au bras, de la lance, au plus pres du costé : et de ce coup luy faussa le bras, et rompit sa lance rez à rez du fer : télement que le fer demoura dedans le bras dudict comte, et prestement apparut le sang et la blessure. Si commanda le duc que prestement il fust desarmé, et mis à point : et certes le duc et toute la signeurie furent moult déplaisans de l'avanture : et mesme ledict de Vaudrey regretoit à merveilles la blessure de son compaignon. Ainsi furent icelles armes remises à une autre fois, et de celle atteinte fut parlé diversement : et disoyent les uns que l'avant-bras du comte avoit esté faussé : et d'autres disoyent (et croy qu'il fut ainsi) que ledict comte avoit acoustumé de courre d'un coin de la lice, et d'aborder sur son homme, comme au milieu de la toile : et que de celle traverse ledict de Vaudrey (qui couroit du droit et du long de la toile) le veoit venir en croisée, le bras de la lance, à la faute de la garde, nu : et que de l'autre course le luy avoit mandé le signeur de Charny, luy conseillant qu'il courust du long de la toile. Mais ce qui doit avenir advient : et fut telle ceste aventure.

Celuy jour estoyent assignees les armes de pié entre Jehan de Compays, signeur de Torain, savoyen (qui avoit fait toucher les deux escus, et dont les armes de cheval estoyent desja achevees), et Anthoine de Vaudrey, signeur de l'Aigle, et frére dudict Guillaume, qui ce jour avoit fait armes à l'encontre du comte de Sainct-Martin. La cause, pourquoy si longuement on avoit mis à delivrer ledict de Compays, estoit pour une douleur de gravelle qui prit ledict Anthoine, et dont encores à icelle heure n'estoit il pas bien guéri, combien que le jour empris, et baillé aux parties, se tint et exécuta : et disna le duc, et toute la signeurie, en la maison des lices, aux despens du signeur de Charny, moult-hautement et honnorablement receu et festoyé : et tantost apres le disner le duc se tourna du costé de la lice qui estoit ordonné pour combatre à pié, le batton blanc en sa main, comme juge en ceste partie. Il estoit acompaigné de son sang, de sa noblesse et de son conseil, moult-honnestement : et ne dura guéres que Jehan de Compays se présenta devant le duc moult-humblement, pour fournir et acomplir ses armes, selon les conditions de l'escu violet qu'il avoit fait toucher, et selon les chapitres escripts de ce noble pas. Et se présenta ledict de Compays désarmé, et vestu d'une robe longue d'orfaverie : et, apres la reception du duc, ledict de Compays se retraït en son pavillon pour soy armer, et mettre en point pour ses armes fournir : et ne demoura guéres que du chastel de

Parigny saillit Anthoine de Vaudrey, signeur de l'Aigle. Il estoit armé pour combatre à pié, le bacinet en la teste, à visiére levee; et sur son harnois paré de sa cotte d'armes, et son cheval couvert de mesmes ses armes.

Le signeur de Charny et ses compaignons l'acompaignoyent, et d'autres nobles hommes, ses parens et amis : et ainsi entra en la lice, mit pié à terre, et se présenta pareillement devant le juge, son souverain signeur, moult humblement : et porta la parole de sa présentation le signeur de Charny. Le duc le receut par moult-bonne façon, et se retraït ledict de Vaudrey à son pavillon : et ne demoura guéres que ledict de Vaudrey fit delivrer au mareschal de Bourgongne les deux paires de battons dont les armes se devoyent combatre : et furent deux haches et deux espees, et chacune paire semblable. Le mareschal les présenta au juge, et puis les présenta à Jehan de Compays, pour choisir desquels des deux battons il vouloit fournir l'emprise de sa bataille : et pource qu'il avoit le choix de retenir batton pour luy, ledict de Compays choisit la bataille des espees, et en retint l'une : et l'autre, ensemble les deux haches, rendit au mareschal. Si furent les battons reportés, et l'espee d'armes baillee à ceux qui servoyent ledict Anthoine, et tandis se firent les cris et les deffenses acoustumees ; et sur ce se retraït chacun de la lice, exceptés les huict hommes d'armes, gardes et escoutes, pour departir les champions, ensemble ceux qui avoyent autresfois combatu en lices ou camp clos, et ceux qui avoyent licence ou commandement du duc, ou de son mareschal.

Ce faict, saillirent les champions hors de leurs pavillons : et, à mon souvenir, me semble qu'Anthoine de Vaudrey partit, ou que je le vey le premier. Il avoit la visiere de son bacinet levée, et fit une grande croix de sa bannerolle : et le signeur de Charny luy bailla son espee, laquelle ledict Anthoine prit, et empoigna à deux mains, la main senestre renversee, et couverte de la rondelle : et ainsi marcha ledict de Vaudrey. D'autre part partit de son pavillon Jehan de Compays, armé comme il appartient, sa cotte d'armes au dos, et le bacinet en la teste, la visiere close : et en se signant de sa bannerolle, et prenant son espee, il veit ledict de Vaudrey qui marchoit à visiére levee :, parquoy prestement ledict de Compays s'arresta, et de sa main dextre voulut lever la sienne ; mais ledict de Vaudrey de son costé, quand il veit ledict de Compays hors de son pavillon à visiére clause, il abatit la sienne : et puis, voyant son compaignon la sienne lever, il s'arresta pour lever la sienne : dont si-bien avint que tous deux, et chacun seul, ne pouvoyent leurs-dictes visiéres lever n'ouvrir : et demourerent les bacinets clos. Si reprirent leurs espees : et me souvient que ledict de Compays portoit son espee, la main senestre devant, non renversée : et estoit celle main armée, et couverte de la rondelle : et, pour gaigner place en la lice à l'encontre de son compaignon, il couroit sans autre marche. Fiérement s'assemblérent les deux escuyers, et donna ledict de Compays le premier coup : mais ce fut sur la rondelle dudict de Vaudrey ; et de ce rabat ledict de Vaudrey donna, de la poincte de l'estoc, au bacinet de son compaignon. Que feroy je long prologue, ou long recit d'icelles armes ? Les escuyers furent puissans, durs, et courageux aux armes : et se requirent l'un l'autre si asprement, qu'en peu d'heure ils achevérent les quinze coups contenus en leurs chapitres, et des autres par-dessus sans avantage de perte de place ou de battons, l'un envers l'autre : et si souvent se consuyvirent de plaine atteinte sur les corps, que les cottes d'armes de l'un et de l'autre furent en plusieurs lieux rompues et dechirees : et fut la fin telle, que ledict de Vaudrey enferra son compaignon en la visiére : et quand ledict de Compays se sentit enferré, il guetta l'estoc de toute sa force à la visiére de son compaignon, et de ce coup pareillement prit en ladicte visiére : et se tenoyent les champions enferrés l'un l'autre par les visiéres, lesquelles ils levoyent à leurs epees : tellement que tous deux avoyent le visage nu et decouvert ; et sur ce le juge getta le batton : et furent par les gardes pris et separés, et vindirent devant le juge, et offrirent tous deux de parachever, si faute y avoit : mais le duc de Bourgongne leur dît que bien et durement avoyent leurs armes acomplies, et qu'ils en avoient fait assez : leur commandant de toucher ensemble, et de demourer fréres et amis. Ce qu'ils firent prestement, et se retraït chacun d'eux au bout de la lice : et partit ledict de Compays le premier dehors, pour les causes contenues es armes que fit le signeur de Charny à l'encontre de messire Pietre-Vasque. Si se partirent icelles armes à l'honneur des parties : et, à la verité, ce furent armes aussi bien combatues et aussi fiérement, et autant de coups donnés sur le corps d'un costé et d'autre, que j'en vey depuis nulles : et ainsi je ne vey onques puis ce jour nulles armes combatre de l'estoc en armes à pié, sans retraitte : et qui les entreprendra, il les trouvera dures à achever. Et furent cestes armes combatues l'an dessus dict par un jeudy huictiéme d'aoust, environ cinq heures du vespre.

Par les armes dessus-escrites fut achevé ce noble pas, quant à l'execution : pource que tous ceux qui avoyent touché ou fait toucher les escus estoyent fournis, fust à pié ou à cheval : et ne restoit plus que l'expiration des six semaines (que les escus devoient demourer atachés et pendus à l'arbre Charlemaigne, attendans tous nobles hommes qui toucher y voudroyent), dont encores aucuns jours restoyent. Et outre, et par-dessus l'ordinaire du pas, s'estoyent desja exécutees les armes requises entre le comte de Sainct Martin et Guillaume de Vaudrey, par la maniére cy-dessus déclairee et escrite : et ne restoit plus que d'acomplir et faire les armes emprises par messire Diago de Valiere, et par Jaques de Challant, et ce par emprise portee par l'un des chevaliers, comme pareillement il est dict cy-dessus.

Le dixiéme jour d'aoust, par un jour Sainct Laurens, vint monsieur de Bourgongne, madame son espouse, toutes les dames et la signeurie, pour veoir les armes des deux nobles hommes : et là se présenta Jaques de Challant, signeur de Manille, moult noblement acompaigné du signeur de Charny et de ses compaignons, comme d'autres ses parens et amis : et se présenta sur un destrier couvert de drap de damas bleu, brodé de ses lettres et devises moult-gentement : et estoit monté et armé pour ses armes fournir. D'autre part se presenta le chevalier (qui avoit porté l'emprise) monté et armé comme en tel cas appartient. Son cheval estoit paré, selon mon souvenir, d'un demy satin blanc et violet, en escarteleure; et seoit le chevalier moult bien à cheval: car de sa taille il estoit gent et adroit, et moult agreable à un chacun. Devoirs furent faits, et lances leur furent baillees : dont il advint que de la premiére course Jaques de Challant fit une atteinte sur le grand gardebras du chevalier : dont il fut desarmé, telement qu'il convint ouvrer audict gardebras, par les armeuriers, plus de trois heures; et tandis que l'on refaisoit ledict gardebras, le signeur de Charny fit apporter le banquet au duc et à la duchesse, et à toute la signeurie, sur les rangs, moult-grandement, de viandes et de vins : et si tost que le chevalier peut estre réarmé, les compaignons reprirent la toille, et lances leur furent baillees; et de-rechef, et de celle seconde course, ledict de Challant fit atteinte en la lumiére du chevalier, et le chevalier ateindit bas sur ledict de Challant. Les nobles hommes couroyent de la force de leurs chevaux : et se rencontrérent si durement, que le destrier de l'Espaignol ne peut le coup soustenir, ains cheut à terre : et prestement furent relevés le chevalier et le cheval; mais de celle cheute le harnois de l'Espaignol fut tel atourné et forcé, qu'il se trouva tout desarmé : et convint remettre icelles armes à un autre jour. En dedans peu de jours apres, le terme des six semaines que devoit durer ce noble pas fut passé et expiré : et le l'endemain (qui fut par un dimenche, un peu devant la grande messe) les roys-d'armes et heraux s'assemblérent de toutes pars, pour plus honnorer le mistére (1) : et, les cottes d'armes vestues, apportérent par ordre, et à grand magnificence, les deux escus qui avoyent esté six semaines pendus et attachés à l'arbre Charlemaigne, et sur lesquels estoit fondé le pas dessusdict. Puis entrérent dedans l'eglise Nostre Dame de Digeon, et tous à genoux offrirent et présentérent les dessus-dicts escus à la glorieuse vierge Marie : lesquels escus sont encores en ladicte eglise, en une chappelle à la main dextre, quand on vient au chœur.

CHAPITRE X.

Comment le bon duc Philippe de Bourgongne gaigna plusieurs places en la duché de Luxembourg.

AINSI ce noble pas fut achevé et soustenu, par le signeur de Charny et par ses compaignons, en chevaleureuse execution d'armes, en grandes pompes d'habits et d'acompaignemens, et à grande, large et abandonnee despense de mengers et de festimens : et pendant ce temps que le bon duc prenoit ses plaisances et ses honnestes passetemps, messire Nicolas Raoulin son chancelier, messire Anthoine de Crouy son premier chambellan, ne ceux de son conseil, n'estoyent pas oiseux : mais pratiquoyent, par conseil et par grand advis, les expeditions des affaires du duc, et principalement des deux matiéres dont dessus est

---

(1) *Mistére* signifie ici le pas d'armes.

faicte mention : c'est asçavoir la response de l'ambassadeur de l'empereur de Constantinoble (qui estoit venu pour si haute matiére que pour le confort et secours de la foy et de l'estat d'un empereur si-noble et si-antique en sa generation que celuy de Constantinoble), et ce que l'on pourroit faire aveques la duchesse de Luxembourg, afin que le duc la peust secourir et aider en son desir, par juste tiltre et querelle de raison : et, outre ces choses, se pratiquoit l'allee et le partement du duc de son païs de Bourgongne, pour se retirer en Flandres, Picardie et Brabant, et en ses autres païs (pource qu'il avoit desja esté pres de dix huict mois sans les visiter et veoir); et desja estoit mandé le comte d'Estampes, gouverneur de Picardie, avec bien deux mille combatans, pour venir au-devant du duc.

D'autre part, en Bourgongne se présenta Cornille, bastard de Bourgongne, pour sa premiére armee : et assembla cent hommes-d'armes, emplumachés et habillés en pareure semblable : et n'atendoit on que la fin du pas pour partir et se mettre en chemin : et ainsi le pas et le temps des six semaines expiré, toutes préparations furent faictes : et, tout conclu et deliberé, jour fut pris, pour le partement du duc, au vingtuniéme jour de septembre : et me souvient qu'iceluy jour disna le duc en l'hostel d'un nommé Jehan de Visan : et là, au partir de disner, le duc expedia l'ambassadeur de l'empereur de Constantinoble, et luy fit de grands dons : et fut l'effect de son expedition tel, que le duc faisoit sçavoir à l'Empereur qu'il se tiroit en ses païs marins, et que, luy arrivé par-delà, il mettroit gens et navires sus, pour l'aide et confort de la chrestienté et de l'estat de l'Empereur : et de ce feroit telle diligence, que l'Empereur auroit cause de soy contenter.

Apres l'expedition de l'Empereur, fut expediee la duchesse de Luxembourg, dont le traité et l'apointement estoyent desja faicts et conclus par le duc et par la duchesse : et ne restoit qu'à lire et voyr ce que de ce estoit deliberé et escrit : et fut en effect tel l'appointement faict entre le duc et la duchesse sa tante, que le bon duc entreprendroit la conqueste de la duché de Luxembourg sous tiltre et querelle d'elle, et se diroit mambour et gouverneur de ladicte duché : et ordonna et assigna, pour ladicte duchesse et pour son estat, dix mille livres par an, à prendre et lever sur les meilleurs et plus-clers deniers de ses païs : et de celle heure manda par ses lettres à messire Symon de Lalain, à messire Sausse son frére, et autres ses capitaines, qu'ils entrassent audict païs de Luxembourg à main armee et forte, et commençassent la guerre au nom de la duchesse et de luy : et à toute diligence fut envoyee la défiance à un chevalier zassois [1] (qui fut envoyé de la part du duc de Zasse au lieu de Luxembourg, et se nommoit le comte de Click), et aux Luxembourgeois semblablement, et à tous autres qui voudroyent contrester au droit de la duchesse : et en celle défiance furent nommés tous les parens et aliés du duc de Bourgongne, et mesmes les barons et capitaines de sa guerre : car telle est la coustume et la guise des Alemaignes, qui veut par honneur guerroyer.

La duchesse despechee, le duc fit venir devant luy

---

[1] *Zassois* : saxon.

le comte de Sainct-Martin et messire Diago de Valiére, ensemble Guillaume de Vaudrey et Jaques de Challant : auxquels restoit encores l'achévement de leurs armes, commencees les uns contre les autres, comme il est assez cy-dessus escrit et declairé. Si leur remonstra le duc ses grans affaires, et comment nouvellement il entroit en guerre et en conqueste pour la querelle de sa belle tante : parquoy il ne pouvoit plus arester n'atarger (1) au pais : et que desja estoit son armee de Picardie aux champs, à grans fraiz et à grande foulle : et leur prioit en effect qu'en faveur de luy, et comme leur juge en ceste partie, par leur mesme choix et election, qu'ils se voussissent tenir contens d'icelles armes commencees, et qu'ils s'y estoyent de chacun costé si honnorablement portés et maintenus, qu'ils avoyent honneur assez en ceste cause. Surquoy tous quatre se mirent à genoux, et se contentérent du plaisir du duc, et en sa presence toucherent ensemble : et leur fit le duc de grands dons, et à tous ceux qui firent armes au pas dessusdict : et retint le duc le comte de Sainct-Martin de sa maison, lequel y fut tousjours depuis : et s'y conduisit et gouverna honnorablement et bien.

Ces choses faictes, le duc se retira en son hostel pour soy armer et mettre en point, et tandis chacun montoit à cheval à qui mieux mieux : et, ce jour, Cornille, bastard de Bourgongne dessusdict, tira son premier estendard aux champs, et fit l'assemblee des cent lances qu'il avoit de charge, en la place qui est devant la chapelle de la Toison d'or : et bailla

---

(1) *N'atarger* : ni prolonger son séjour.

son estendard à porter, et en garde, à un escuyer de la comté de Bourgongne, nommé Jehan de Monfort, beau gentilhomme, et bien-renommé. Le duc monta à cheval environ quatre heures apres midy, et pluvoit merveilleusement : dont ce fut dommage que le jour ne fut bel et clair : car les pompes furent grandes, et la signeurie richement en point : et principalement le duc, qui de son temps fut un prince honneste et joly, et curieux d'habits et de pareures, et dont le porter et la manière luy seoit si bien et tant agreablement, que nul plus de luy ne fut trouvé nulle part. Il avoit dix huict chevaux d'une pareure, harnachés de velours noir, tissus et ouvrés à sa devise (qui furent fusilz garnis de leurs pierres, rendans feu); et, par-dessus le velours, gros cloux d'or élevés et émaillés de fusils, et faicts à moult grans cousts. Ses pages estoyent richement en point, et portoyent divers harnois de teste garnis et ajolivés de perles, de diamans et de balais, à merveilles richement : dont une salade seule estoit estimee valoir cent mille escus d'or. Le duc de sa personne estoit armé gentement de son corps, et richement, es gardes, tant de ses bras, comme de son harnois de jambes : dont icelles gardes et le chanfrain de son cheval estoyent tous pleins et enrichis de grosses pierreries qui valoyent un merveilleux avoir : et de ce je parle comme celuy qui estoye lors page du duc, et de celle pareure.

Jehan, monsieur de Cléves, et son mignon Jaques de Lalain, furent fort en poinct d'escuyers, de chevaux, de pages, d'orfaverie, et de campanes. Aussi furent le signeur de Beaujeu, fils du duc de Bourbon (qui

lors estoit bien jeune), monsieur Adolf de Cléves (1)
(qui commençoit à soy façonner, et à prendre cueur),
le comte de Nevers, et mesmement ledict bastard de
Bourgongne, qui avoit attiré à soy plusieurs jeunes
gens de l'hostel du duc, pour luy tenir compaignie
en sa premiére armee; comme Jehan Du Bois, un
moult bel escuyer de Picardie ; Anthoine de Sainct-
Symon, moult honneste personnage, et qui depuis
laissa le monde, comme cy-apres sera declairé. Bref,
le partement de Digeon fut pompeux à merveilles,
et la journee laide et pleine de pluye : et furent
toutes ces belles pareures moult empirees : et se tira
le duc en sa vile de Sainct-Songne (2) pour celle
nuict : et fut son partement par un jeudy, le neufiéme jour de septembre 1443. Ce mesme jour se
partit la duchesse pour suivre le duc, et demourérent le lendemain tout le jour au lieu de Sainct-
Songne, et furent logés en l'abaïe, et là attendirent
que chacun se rassemblast : car à la verité plusieurs
gens s'égarérent et perdirent celle nuit, qui ne
sceurent venir au logis : car le duc estoit parti tard,
et fut assez sa coustume de partir tard et d'arriver
de nuict ; et le troisiéme jour se partit le duc et la
duchesse, et prit le chemin de Bar sur Aube, et de
là à Briane le Comte (qui estoit entree de Champaigne); et passa, par Saincte-Menehoult, le travers
de la basse Champaigne : et sur ce chemin trouva le
comte d'Estampes, et plusieurs signeurs de Picardie :
et pouvoyent estre cinq cens lances, et dixhuict

(1) *Adolf de Cleves* : Il étoit fils de Marie, sœur du duc de Bourgogne, qui avoit épousé le duc de Clèves. — (2) *Sainct-Songne* : Saint-
Seine.

cens archers. En cette compaignie furent les signeurs de Saveuses, le signeur de Neufvile, le signeur de Miramont, le signeur d'Aplaincourt, et plusieurs autres chefs. D'autre part estoyent desja entrés au païs de Luxembourg messire Symon de Lalain, messire Sausse son frére, Henry de La Tour, Philippot de Savigny, et autres, par l'ordonnance et commandement du duc : et prestement saisirent Yvis (1), Mommedi, Lambu, et autres places, qui firent à la verité obéïssance au duc, au nom de leur dame et princesse; ensemble plusieurs nobles hommes du païs, et nommément le signeur de Bourset et ses enfans, et le signeur de Souleuvre et autres.

Le duc traversa la basse Champaigne jusques à Maisiéres sur Meuse, et là sejourna par aucuns jours, prit ses conclusions, et fit ses ordonnances. Et de là se partit la duchesse de Bourgongne, et se mit par batteaux, et vint, par la riviére de Meuse, arriver à Namur : et de là se tira à Brucelles, où elle trouva son fils monsieur Charles de Bourgongne, comte de Charolois, et madame Jehanne de France, laquelle madame Jehanne fut fille du roy Charles : et avoit esté faict le mariage du comte de Charolois et de ladicte dame pour l'entreténement de la paix, et de l'union du royaume de France. Lesquels nobles enfans la receurent à grande joye et à grande liesse : et pour le présent nous lairrons à parler de la duchesse et de sa compaignie, et retournerons au duc et à son armee, pour deviser comment ne par quelle maniére il exploita sa guerre, et comment en peu

---

(1) *Yvis :* Yvoi.

de temps il conquesta toute la duché de Luxembourg, et la mit en son obeïssance.

Comme dessus est dict, le duc sejourna au lieu de Maisiéres sur Meuse cinq ou six jours : et prépara son emprise pour entrer en conqueste, et se partit dudict Maisiéres, par ainsi que sur le my-juing : et tira à Yvis, en la duché de Luxembourg, et l'une des viles de sa comté de Cheny : et sur le chemin luy vindrent au-devant plusieurs chevaliers et escuyers de ladicte duché, et les plus grans, qui tous luy firent obeïssance en armes, et prests de servir le duc en sa conqueste : et là vint le comte Jehan de Vernambourg, qui avoit plus de soixante ans d'aage : mais beau chevalier, sage, et représentant se monstroit. Il estoit fort accompaigné d'Alemans, et servit bien le duc à icelle conqueste. Et fut vray qu'à une petite lieue d'Yvis, du long de la riviére, tirant à Merville, avoit une place nommee Villy, fortifiee d'une grosse tour, et prise d'emblee par un des soudoyers du damoiseau de Commercy, nommé Jaquemin de Beaumont, homme subtil et avantageux en guerre, et tel qu'il le faloit audict damoiseau son maistre. Cestuy Jaquemin couroit tout le païs, et faisoit moult de maux.

Si furent envoyés, deux jours avant le partement du duc, du lieu de Maisiéres, les signeurs de Saveuses, de Neufville et de Miramont, avec bien cinq ou six cens archers de Picardie, pour essayer de prendre ladicte place, et principalement ledict Jaquemin, s'il estoit possible : et firent si-bonne diligence les capitaines dessus-nommés, qu'à un bien matin ils mirent leur embusche, et envoyérent leurs coureurs pour cuider entrer en la place, à la porte ouvrir. Mais le guet et la garde furent grans : et quand ils veirent que par ce bout ils ne pouvoyent rien exécuter, ils veindrent devant la place, et l'assiegérent, et se logérent jusques dedans la basse-court, et prirent et gardérent toutes les saillies du chasteau : et bien le peurent faire (car ils estoient assez de chefs et de gens duits et apris de la guerre, et de ce mestier); et tantost apres arriva à leur aide Philebert de Vaudrey, maistre de l'artillerie du duc, un moult vaillant escuyer bourgongnon, hastif et diligent en armes : et amena bombardes et serpentines, et ce qui faisoit mestier pour batre place. Ainsi fut assiegé le chasteau de Villy, et Jaquemin de Beaumont dedans, ensemble plusieurs compaignons de guerre : et dont entre les autres y avoit un gentilhomme de Picardie, nommé Guillaume d'Auroul, qui pour aucun debat s'estoit parti de son païs : et passa le temps à son aventure, et se conduisit iceluy Guillaume tresloyaument aveques ledict Jaquemin, dont il ne fut que mieux prisé, puisque sa fortune estoit telle. Et se conduisoyent ledict Jaquemin et ceux de la place forte en gens de guerre, et dura le siége longuement : et maintesfois nous autres, pages du duc, alasmes voir le siége et la maniére de faire, ainsi que jeunes-gens vont pour apprendre, et pour voir nouvelletés.

Durant le temps de celuy siége, le duc tira avant en païs, et prit son chemin par Marnille et par Vierton, et de là en une vile desemparee que l'on nomme Ais, et passa par Harlon : et par tous ces lieux ne trouva résistance que petite, ou nulle :

et les principaux lieux du païs qui faisoyent la guerre, et où estoit le fort des gens-d'armes, ennemis du duc, c'estoit la vile de Luxembourg et celle de Tionville, qui sont deux bonnes viles et puissantes: et estoyent garnies de soudoyers de guerre, Behaignons et Zassons, et aventureux, sans les communes des viles, qui sont tous gens armés, et nourris à leur aventure, et au mestier de la guerre : et estoit chef de ceste compaignie, et lieutenant pour les ducs des Zasses, au païs de Luxembourg et comté de Cheny, le comte de Click : et à la verité lesdicts Zassons se conduisoyent en leurs courses tressagement, et s'avanturoyent pour gaigner par bonne façon, voire jusques à gaigner et à emmener de noz gens, pris et creancés jusques auprès des portes d'Arlon, où estoit le duc en personne.

Hardiment s'aventuroyent les Zassons à dix ou à douze chevaux ensemble, et non pas en compaignie, pour faire rencontre digne de memoire; et bien le pouvoyent faire : car en nostre compaignie estoyent plusieurs Alemans, auxquels les Bourgongnons, Picards, Hannuyers et Namurois n'avoyent nulle communication de language, pour la difference des langues : parquoy lesdicts Zassons, comme Alemans, pouvoyent fort aprocher noz gens, et les prendre d'aguet, pourtant que l'on ne sçavoit s'ils estoyent amis ou ennemis, jusques à ce qu'ils le monstroyent par effect : et portoyent leurs crannequins bandés, et le traict dessus : et enclooyent un homme ou deux, s'ils les trouvoyent à part ; et premier que remede y fust mis, ils luy faisoyent dire le mot: comme ils firent au Martre, un archer du chancelier de Bourgongne, bel homme, vaillant et renommé, et qui depuis fut archer du corps du duc : lequel Martre, pource que l'abrevoir estoit hors la vile d'Arlon, et doutoit de perdre son cheval, luy mesme l'alla abrever : et trouva en l'abrevoir deux cranequiniers, qui desja tenoyent maniére d'abrever.

Si cuida ledict archer que ce fussent de noz Alèmans, et les cranequiniers luy firent courtoisement place entre eux deux : et tantost en revint deux autres à la queue, et tous quatre monstrérent le vireton sur la corde, à l'archer : lequel se trouva dépourveu : et le creancérent et l'emmenérent à Luxembourg : et de là en-avant fut ordonné que gens-d'armes garderoyent l'abrevoir à l'heure d'abrever les chevaux : et say bien que quand nous autres pages, alions à l'eaue avec les chevaux du duc, dix ou douze lances estoyent ordonnees pour nous convoyer. De teles petites prises et aprises firent les Zassons sur nostre compaignie, et peu ou rien de grandes, ny de chose qui à ramentevoir face.

Si marcha le duc plus-avant en païs : et tousjours luy venoyent et croissoyent gens de toutes parts, et venoyent à luy tous les signeurs et nobles hommes de ladicte duché, qui tenoyent places et signeuries en hommage de ladicte duché : comme le Sangler d'Ardenne, nommé le Damoiseau ; Jehan de La Marche, et autres grans personnages : et le plus de résistance que trouva le duc au païs, avec les deux viles dessusdictes, fut le damoiseau de Rodemac, qui est un grand signeur en icelle marche. Celuy tenoit fort bon pour les Zassons, et estoit mauvais Bourgongnon en courage ; mais il garda sa maison, et fit petite guerre : car il escoutoit qui en auroit du meilleur.

Pareillement le damoiseau de Commercy avoit au païs aucunes places prises par ses adherans, comme Jaquemin de Beaumont et autres : et avoit ledict Jaquemin, à l'aveu dudict damoiseau, pris et pillé la vile de Mommedy, qui luy fut, par le prevost de Merville et autres Luxembourgeois, recousse (1) et la vile et la proye. Mais toutesfois tenoit encores ledict damoiseau la place de Chavancy, et en son nom ledict Beaumont tenoit Villy, qui fut assiegee à l'entree du duc au païs, comme dict est : et avoit ledict de Commercy grosse garnison en ladicte place de Chavancy secrétement, attendant son heure : tant qu'à l'aide d'autres et d'iceux, s'il voyoit son avantage, cuidoit lever le siége, ou faire son profit à l'encontre des Bourgongnons ses ennemis, comme vous orrez cy-apres.

Ainsi chevaucha le duc et son armee par le païs et duché de Luxembourg, tousjours gaignant places et fortresses, qui se rendoyent et faisoyent obeïssance au duc, au nom de leur duchesse : et venoyent les nobles hommes voisins, de toutes pars, eux présenter au service du duc : et mesmement ceux de Mets offroyent leurs soudoyers semblablement au duc ; et à tous et à chacun faisoit le bon duc si-bon visage et agreable recueil, que chacun se contentoit de sa bonne grâce avoir et desservir : et n'arresta guéres à icelle fois le duc en la vile d'Arlon, qu'il se tira par le bas païs, laissant Luxembourg à la main senestre :

---

(1) *Recousse* : reprise.

et se tira en une petite vile que l'on nomme Florehenges, appartenant lors à Henry de La Tour, à cause
de sa femme; et là se logea le duc, et mena avec luy
la duchesse de Luxembourg sa tante, qui desja estoit
si gouteuse qu'il la faloit porter de maison en maison,
et de lieu en autre, en une selle.

Si se logea le duc au chastel: et le comte d'Estampes, et le bastard de Bourgongne et son armee
se logérent à une bonne lieue de là sur costiére, en
un lieu nommé Catenant, et autres villages prochains;
et se tenoyent serrés et pres de leurs harnois: car ils
n'estoyent qu'à une petite lieue de Tionville, une
tresbonne vile de guerre pleine de gens-d'armes, et
la plus-obstinee contre le duc qui fust en tout le
païs. Et pareillement estoit logé le duc aussi pres, ou
plus: et voyoit on de Tionville clérement à Florehenges, et tant que le duc fit en ce voisinage moult
de courses devant icelle vile: l'une fois par le comte
d'Estampes, l'autre par le bastard de Bourgongne,
et l'autre par ceux de la court, et qui estoyent
avecques le duc: comme le comte de Nevers, qui
aucunefois, y faisoit son tour, et autresfois Jehan,
monsieur de Cléves [1]; et le plus-souvent couroyent
les gens-d'armes, compaignons de la court, sous
moindre chef: dont le bastard de Sainct-Pol, signeur
de Halbourdin, avoit le plus-souvent la conduitte et
la charge: lequel fut de son temps moult beau chevalier, sage, vaillant et redouté en armes, homme
de conduite, et qui beaucoup avoit veu de la guerre,
homme experimenté de François et d'Anglois, che-

---

[1] *Jehan, monsieur de Cléves:* c'étoit le frère du jeune Adolphe de Clèves.

valier de l'ordre de la Toison d'or, et l'un des renommés de son temps.

Toutes icelles courses portérent petit fruit, et feirent petit exploict. Car les Alemans et Zassons de la garnison se gardoyent sagement, et ne sailloyent que par les marests (qui sont longs et profons, en la pluspart du circuit de ladicte vile), et venoyent aux barriéres, et à l'entree de leurs forts : et ne pouvoyent gens-de-cheval les aprocher sans grande perte, pour leurs cranequins, arbalestes, et autre traict : dont ils estoyent tresbien garnis, et dont ils firent des dommages assez à nos gens; et prirent et decoupérent un homme-d'armes, alemand, de la compaignie de Jehan, monsieur de Cléves, nommé Rosequin, par soy trop aventurer (car il estoit homme tresvaillant de son corps), et plusieurs chevaux et gens navrérent et blessérent par telles emprises : et furent longuement sans ce qu'ils fissent, de leur costé, saillie ou emprise sur ceux de nostre parti : et furent à la longue avertis qu'un homme-d'armes bourgongnon, nommé Jehan de La Plume, acompaigné d'environ trente combatans, s'estoit bouté en une petite place nommee La Grange, à une demie lieue dudict Tionville. Celuy Jehan de La Plume fut un compaignon de la comté de Bourgongne, qui servoit de soudoyer en la cité de Metz, et se maria à une ancienne riche femme : et se partit de Metz pour servir son souverain signeur de nativité, bien en-point et bien accompaigné selon son cas : et fut logé (comme dict est) en la place appelee La Grange. Si firent les Zassons leur emprise secrétement, et par une noire nuict se partirent trois cens hommes à pié ou à cheval : et moitié d'assaut,

moitié d'emblee, gaignerent le chastel de La Grange;
et se retraïrent à grand danger ledict de La Plume
et ses compaignons en une tour, et là se deffendirent
moult-vaillamment, et plusieurs blessérent de leurs
ennemis : et furent de leur part presque tous blessés
et navrés. Finalement les Zassons (qui veirent qu'ils
ne pouvoyent les hommes avoir) doutérent le jour
adjourner et le secours venir : et pourtant prirent
tous leurs chevaux et leurs habillemens, et ce qu'ils
peurent trouver de bagues et de gens, et s'en retournérent en leur vile : et fut le plus grand exploict
dont j'aye souvenance, qui fust faict en toute celle
guerre à l'encontre du duc ne son parti.

CHAPITRE XI.

*De ce qui fut parlementé, sur la querelle de Luxem-
bourg, entre le duc de Bourgongne et les Saxons.*

PENDANT ce temps une journee fut prise et tenue,
au lieu de Florehenges, entre le duc et le comte de
Click, lieutenant géneral pour le duc de Zasses en la
duché de Luxembourg : et à celle journee furent envoyés deux chevaliers alemans tenans le parti des ducs
de Zasses, et dont je n'ay memoire des noms. A celle
journee fut la duchesse de Luxembourg presente, et
toute la noblesse et chevalerie tenant le parti du
duc et de la duchesse, et mesmes plusieurs estrangers et voisins qui estoyent venus voir l'estat de
l'armee du duc, les uns pour le visiter, les autres

pour luy presenter service, et autres pour demourer par moyen neutre en celle guerre, et sans tenir parti : dont, entre autres, y estoit un notable chevalier nommé Guillaume, signeur de Fenestranges, natif de la duché de Lorraine, et pour lors mareschal dudict païs de Lorraine : et pource qu'iceluy mareschal parloit les deux langages, il eut charge, de-par le duc de Bourgongne et de la part des Zassons, de porter le langage d'une part et d'autre : maintenant à l'alemant raportant du françois ce qui estoit dict de la part du duc, et outre raportoit en françois ce que lesdicts Zassons et Alemans avoyent dict et mis avant en leur language. Ce qu'il sceut bien et notablement faire : car il fut un tressage et notable chevalier de son temps, et fit depuis des services à la maison de Bourgongne es guerres du Liége, qui ne sont pas à oublier, et dont cy-apres sera parlé.

Le duc fut en celle journee assis sus un banc, paré de tapis, de carreaux, et de palles : et fut environné de sa noblesse, et acompaigné et adextré de son conseil, qui estoyent derriére la perche du banc, tous en pié, et prests pour conseiller le duc si besoing en avoit, et dont les plus-prochains de sa personne furent le chancelier et le premier chambellan : et ceux là estoyent au plus pres du prince, l'un à dextre, et l'autre à senestre.

Le chancelier proposa pour le duc de Bourgongne, et parla longuement : et me souvient qu'il remonstra en substance tant pour le droit de la duchesse que pour celuy du duc : et apres que ledict chancelier eut pris ses conclusions, et debatu sa matiére moult notablement, il dît : « Quant au faict de la bataille,

« mon tresredouté signeur en respondra; » et plus n'en dît. Le mareschal de Lorraine (qui tousjours portoit la parolle d'un costé et d'autre) declaira en alemand, aux ambassadeurs, le proposé dudict chancelier : et apres son propos fini le bon duc Philippe reprit le languaige, en ensuyvant la conclusion de son chancelier, et dît : « J'ai bien entendu ce que de
« la part des ducs de Zasses a esté dict et proposé,
« tant du droit qu'ils peuvent avoir en ceste duché
« comme autrement, et ce que ces deux chevaliers,
« ambassadeurs envoyés par le comte de Click, ont
« proposé. Et ay bien voulu que mon chancelier re-
« monstrast et declairast les tiltres, les droits et les
« gaigéres, tant de ma belle tante comme de moy :
« afin qu'eux et un chacun peust mieux et plus-clai-
« rement sçavoir et congnoistre que sans grande et
« evidente cause je n'ay point empris ceste querelle
« et conqueste : et n'ay pas intention de l'aban-
« donner, Dieu et mon bon droit en aide. Et quant
« au point qu'ils ont offert, si je vouloye abandonner
« ce que j'ay conquis en cette duché, et le mettre
« en main neutre (soit empereur, ou autre prince),
« et que je vousisse prendre et élire jour pour me
« trouver au païs des ducs de Zasses et Zassonne, tel-
« lement accompaigné de gens-d'armes qu'il me plai-
« roit, que pour cette querelle les ducs de Zasses me
« livreroyent la bataille, et fust la duché de Luxem-
« bourg à qui Dieu donneroit ceste victoire, certes
« la bataille est ce que je desire : et ne suis pas venu
« pardeça personnellement en autre intention que
« de rencontrer mes ennemis, afin que celuy à qui
« Dieu aidera en son droit demoure au païs. Mais

« d'aler livrer la bataille au païs de Zassonne (où il
« peut avoir trois cens lieues d'Alemaigne de che-
« min, et auquel païs je n'ay quelque droit ou que-
« relle), il me semble que l'offre n'est pas raisonnable,
« et que par raison je n'ay cause de l'accepter. Mais
« pource que la question seule de nostre guerre meut
« pour ladicte duché de Luxembourg, je seray con-
« tent, Dieu en aide, bailler toutes les viles, les
« chasteaux et les forts que je tien en ma main, tant
« de la duché de Luxembourg comme de la comté
« de Cheny, es mains de l'Empereur; et que pareil-
« lement les ducs de Zasses ou leur lieutenant mettent
« es mains de l'Empereur ce qu'ils tiennent et pos-
« sessent esdictes duché et comté; et qu'à tel jour qui
« sera pris par les ducs de Zasses, nous nous trou-
« vions en telle place qu'ils choisiront audict païs;
« et que lors par l'espee ou par la bataille, avecques la
« permission de Dieu, soit congnu le droit d'un cha-
« cun, et que le victorieux demoure possesseur : et si
« j'ay parens ou aliés en leurs chemins pour venir
« jusques icy, je feray bailler leurs seelés, pour laisser
« passer amiablement lesdicts ducs de Zasses et leur
« armee.

« Et pource qu'en Zassonne a si-belle chevalerie
« et si-grande noblesse, et de si long temps prisee et
« renommee en armes; et que de ma part et en mes
« païs a pareillement grande et belle noblesse, et
« tant de gens de bien que grand dommage seroit
« si tant de gens d'un parti et d'autre, à l'occasion de
« noz querelles particuliéres, mouroyent, et se met-
« toyent en danger de leurs estats et de leur vies : il
« me semble que ce seroit le meilleur, pour les

« dangers de tant de gens échever [1], que nous prisions jour, le duc de Zasses, querelleur de ceste duché, et moy, pour comparoir devant la personne de l'Empereur, chacun de nous personnellement; et que sous son impériale puissance, devant sa royale magesté, et en la submission de son jugement, nous combatissions corps à corps, jusques à ce que l'on eust veu, et par l'effect de nostre bataille congnu, à qui la terre de droit doit appartenir; et au victorieux demourast la signeurie. Sans respandre tant de sang humain d'un costé ne d'autre, et de ceux qui n'ont part à la querelle, fors que pour l'amour et pour le devoir que chacun doit à son signeur et amy rendre et porter. Et, de ma part, j'offre de bailler mon neveu de Cléves, et autres de mon sang, es mains de l'Empereur, pour comparoir personnellement devant l'Empereur au jour et lieu qui me sera par luy ordonné, pour faire, fournir et acomplir, de ma personne, les choses dessus-dictes, par les conditions devant proposees. »

Ces parolles, en substance, proposa le bon duc Philippe; et bien le sceut faire : car en matiére qui touchoit son honneur, nul homme ne fut plus-aigre, plus-prompt ne mieux-éloquent de luy : et fut homme de plus-grand effect de sa personne et de sa chevalerie, qu'il n'estoit de parolles : et en pareil cas paravant il se mit en son devoir pour combatre de sa personne le duc de Clocestre, un prince d'Angleterre, pour la querelle de la guerre de Hainaut : et ne tint pas à luy que la bataille ne se fist d'eux deux. Les

---

[1] *Echever* : éviter.

parolles raportees en alemand par le signeur de Fenestranges aux ambassadeurs, ils dirent que le duc parloit bien notablement, et en prince de vertu : mais quant à la bataille, et combatre de corps, leur signeur n'estoit point encores en aage de ce faire : et quand le duc le sceut, il parla publiquement depuis, et dit qu'il n'estoit pas informé que le duc de Zasses, quereleur en ceste partie, ne fust en aage suffisant; et qu'aux enfans ne demandoit il rien, et que de soy il avoit passé l'aage d'enfance : mais il sçavoit que l'on le disoit homme d'aage convenable, et qu'ainsi qu'il avoit dit de l'un, il disoit d'autre [1]. Et à celle journee n'eut autre conclusion, n'autre effect : et se gardoyent les Alemans en leurs viles et en leurs forts sagement, sans trop s'aventurer : et faisoit on petite exécution de guerre d'un costé et d'autre.

Durant iceluy temps le siége se tenoit devant Villy, estant dedans Jaquemin de Beaumont, par la maniére dessus-escrite : et tenoyent ceux de dehors les assiegés si-apressés et si court, et avoyent fait leurs approches et leurs bateries si-prés et par si-bon moyen, qu'ils ne sçavoyent comment eux garantir : et d'autre part le damoiseau de Commercy, qui se tenoit à Chavancy, et sentoit la puissance du duc aveques luy, à l'autre bout de la duché de Luxembourg et du costé de Mets, fit son appareil, et assembla sa puissance : et par un jeudy matin, cinqiéme jour d'oc-

---

[1] *Qu'il avoit dit de l'un, il disoit d'autre* : Ce passage est obscur. Peut-être le duc de Bourgogne vouloit-il dire qu'il étoit disposé à se mesurer contre tout prince de la maison de Saxe en état de combattre.

tobre, avant que le jour éclaircist, vint à la couverte des bois (qui sont grans en cestuy quartier), et envoya ses chevaucheurs, gens-de-guerre, et bien instruits, qui portoyent la croix Sainct Andrieu, et faindoyent estre Bourgongnons : et par ce moyen entrérent en la tente de Philebert de Vaudrey, maistre de l'artillerie, jusques au nombre de quinze ou de vingt : et prirent prisonniers et bagues avant que l'on s'apperceust d'eux. Ledict Philebert estoit par les logis : car il estoit homme de grande diligence en armes ; et si-tost qu'il ouit l'effray, il assembla le guet, où furent environ cent archers : et tirérent le pennon du signeur de Miramont avant, et là commença l'écarmouche : et tantost vint le signeur de Saveuses, le signeur de Neufville, et les autres chefs et capitaines d'iceluy siége, qui pressérent et assaillirent leurs ennemis, criant *Bourgongne!* et ceux de Commercy crioyent *Dauphin!* Les archers picards estoyent à pié, et tiroyent lesdicts archers largement traict, et parmy les chevaux de leurs ennemis (dont en y eut peu qui fussent descendus à pié), et en peu d'heure perdirent le signeur de Commercy et ses gens place ; et les enseignes marchoyent sur eux, crians *Bourgongne et Saveuses!* Et le signeur de Saveuses (qui estoit já vieil) marchoit hardiment, récriant ses gens ; et à la verité il fut tenu l'un des vaillans chevaliers de son temps : et le signeur de Neufville et le signeur de Miramont s'y gouvernérent vaillamment, et avancérent leurs pennons et leurs enseignes tellement que ledict de Commercy se mit en fuite avec ses gens : et furent iceux poursuyvis de pié et de cheval tellement que plusieurs y furent morts, pris et blecés : et se retraïrent les gens-d'armes à leur siége, et chacun en sa garde et en son ordonnance : et disoit on que le damoiseau de Commercy avoit bien amené douze cens chevaux : et les tenans le siége pouvoyent estre cinq cens combatans.

Mais, ainçois que je parte hors de ce propos, je reviendray à Jaquemin de Beaumont, et comment cauteleusement il se conduisit durant l'écarmouche. Ledict Jaquemin, voyant l'écarmouche drecee du costé de la porte, et que tous les gens-d'armes du siége estoyent tirés à leurs enseignes, et ensongnés pour la bataille, mena et conduisit toutes ses gens-de-guerre au long de la muraille d'iceluy costé, et leur ordonna leurs places et leurs gardes, et tandis un sien privé serviteur luy apresta une corde ; et si-tost qu'il revint, il se devala par la fenestre, et prit un chemin privé qu'il sçavoit : et tant fit qu'il arriva devers le damoiseau de Commercy, son maistre : et ainsi s'echapa ledict Jaquemin de Beaumont du chasteau de Villy. Et n'est pas à oublier que le damoiseau de Commercy ne sceut faire son assemblee si secrétement que le duc de Bourgongne n'en fust averti : et se doutoit on bien que celle assemblee se faisoit pour cuider lever le siége de Villy : et par licence du duc, Jaques de Lalin (qui estoit jeune escuyer et de grand vouloir, et desiroit de soy trouver en lieu pour faire congnoistre son cueur et son noble desir) se partit de la court, et éleva environ vingt hommes-d'armes, pour cuider venir à l'aide du signeur de Saveuses, et de ceux qui le siége tenoyent, comme dict est. Mais (quelque diligence qu'ils fissent) ils vindrent tard, et estoit l'écarmouche passee et faicte : dont ledict Jaques et ses compaignons furent moult déplaisans, et se tirerent à Yvis, où ils furent sept ou huit jours, et tous les jours les aucuns visitoyent le siége; et advint que, cinq ou six jours apres l'échapement de Jaquemin de Beaumont, le dessusdict s'acompaigna de dix hommes-d'armes, et vint en un bosquet pres d'un ruisseau d'eaue qui abreve la pree, et y mit son embusche le plus-secrétement qu'il le peut faire : et ce jour partirent deux escuyers de la vile d'Yvis, et de ceux qui estoyent venus avec ledict Jaques de Lalain, et se nommoyent l'un Jehan de Rochebaron, et l'autre Estor Du Soret : et tiroyent devers ceux du siége, comme journellement faisoyent, et alloyent les uns devers les autres. Les deux escuyers avoyent chacun un page apres eux (qui portoyent leurs lances), et estoyent bien-montés et armés : et quand ils furent outre l'embusche, lors se decouvrit ledict Jaquemin et son embusche, et encloïrent les deux escuyers, qui prestement prirent leurs lances, et promirent de demourer l'un avec l'autre. Les deux escuyers ferirent au milieu, comme gens-de-bien qu'ils estoyent, et empleyérent leurs lances : et passa Jehan de Rochebaron tout outre, et se fust bien sauvé s'il eust voulu : mais il se tourna, et vit son compaignon qui avoit l'espee au poing, et se deffendoit au milieu de ses ennemis. Si retourna ledict de Rochebaron : et se deffendirent tellement que ledict Estor Du Soret fut desenvelopé de la presse, et s'en pouvoit aller (car les autres estoyent sur son compaignon). Mais onques n'abandonnérent l'un l'autre, ains navrérent et blessérent plusieurs de leurs ennemis : et finalement furent pris, et menés à Chavancy, où ils furent puis longuement prisonniers. Et me semble que ce compte ne faisoit à oublier, pour monstrer la vaillance des deux escuyers, et la loyauté qu'ils se portérent l'un à l'autre.

Si emmena Jaquemin de Beaumont sa proye : et ne demoura guéres apres que ceux qui tenoyent la place de Villy se rendirent à la voulonté du duc, et fut la place destruitte et rasee : et pardonna le duc aux compaignons de guerre, et depuis se servit d'eux le duc, et principalement de Guillaume d'Auron, qui demoura soudoyer à Luxembourg, sous Cornille, bastard de Bourgongne, qui depuis demoura gouverneur du païs, comme l'on trouvera cy-apres.

Ces choses faictes et advenues, le duc se partit de Florehenges, et se retira à Yvis pour veoir la duchesse sa femme, qui estoit revenue des marches de Brabant et de Flandres : et la saison tiroit fort à l'yver, comme à my-octobre : et fit le duc retirer son armee (que conduisoit le comte d'Estampes et le bastard de Bourgongne), et se logérent en la ville d'Ais (qui est à quatre lieues de Luxembourg) : auquel lieu certes ils furent froidement, et mal logés (car c'est une petite vile destruite, et au pire païs de la duché); et guerroyoyent et queroyent leurs avantures chacun d'un costé et d'autre. Pendant ce temps fut envoyé Quesnoy, heraut et officier d'armes, devers le comte de Click, lui offrir que s'il vouloit combatre pour le droit de la querelle, Jehan, monsieur de Bourgongne, comte d'Estampes, de sa personne le combatroit : ou, s'il vouloit choisir Cornille, bastard de Bourgongne, Jaques de Lalain, Guillaume de Vaudrey, ou Hervé de Meriadel, chacun d'eux luy fourniroit la bataille : et si ledict comte de Click aymoit mieux à prendre autant de nobles hommes aveques luy que ceux qu'il lui offroit là, iceux presens signeurs, et nobles hommes dessusdicts, les fourniroyent et acompliroyent, fust à pié, fust à cheval, et par tous les honnorables moyens que le comte de Click et les siens les voudroyent demander. Honnorablement receut le comte de Click le heraut dessusdict, et luy fit treshonnorable responce, sans accepter la bataille, sinon en delay de respondre : et certes le comte de Click estoit un gentil chevalier, et ne fit chose qui vinst à la congnoissance de ce nostre parti, qui ne fust honnorable. Et ainsi se passoit la saison et la guerre, sans grand exploict.

CHAPITRE XII.

Comment les Bourgongnons surprirent la vile de Luxembourg par eschelles ; et comment le duc de Bourgongne fut maistre de tout le reste.

Comme dict est dessus, au lieu d'Ais se tenoyent le comte d'Estampes et le bastard de Bourgongne grandement acompaignés, et singuliérement de bons chefs, qui est le premier et le principal pilier de la guerre. Si soubtiliérent [1] les aucuns secrétement d'envoyer escheleurs compaignons à leur aventure, pour taster et essayer s'ils pourroyent rien exécuter, fust sur la vile de Luxembourg ou sur la vile de Tionville : et furent deux escheleurs, dont l'un estoit au signeur de

---

[1] *Soubtiliérent* : imaginèrent.

Crouy, et se nommoit Robert de Bersat; et l'autre, et le principal, se nommoit Johannes, et estoit au signeur de Montagu, frére du mareschal de Bourgongne : et fut un compaignon alemand qui parloit les deux langages; et de leurs emprises et executions se conseilloyent, et retournoyent à Guillaume de Crevant et à Jacob de Veniéres, deux escuyers bourgongnons de la compaignie du bastard de Bourgongne, qui furent deux notables gens, sages, vaillans et bien renommés : et se conduisoit ceste emprise secretement, comme il le convenoit : et ay bien sceu que premier ils pourgettérent sur Tionville : mais ils n'y profitérent rien, et retournérent leur emprise sur Luxembourg, et tant soubtivérent (1) qu'ils trouvérent moyen de congnoistre leur guet, et d'entrer en la vile de Luxembourg par leurs eschelemens : et avoyent robes d'Alemans : et ledict Johannes sçavoit parler (qui moult profita); et leur sembla que le plus-convenable lieu pour leur emprise seroit auprès d'une tour sous laquelle avoit une poterne, qui sailloit sur costiére, entre le chemin d'Arlon et celuy de Tionvile : et congnurent que la muraille estoit sans galerie et sans alee, et n'y pouvoit arrester le guet de la vile, et que, l'archeguet passé, legerement l'on pourroit entrer en nombre suffisant pour rompre celle poterne.

Les choses ainsi pourgettees, et le raport faict aux deux escuyers, l'on découvrit ceste opinion au comte d'Estampes et au bastard de Bourgongne : et fut advisé que l'on feroit une course à puissance devant Luxembourg, et que le signeur de Saveuses, Robert

(1) *Soubtivérent :* agirent subtilement.

de Miramont, Guillaume de Crevant, Jacob de Veniéres et autres, souz ombre de l'écarmouche, yroyent visiter et voir (au moins en ce que possible seroit) si l'emprise de Johannes estoit vray-semblable ne possible. Ce qui fut faict, et sembla la chose conduisable : et ne faisoit on pas tant de doute à escheller le mur comme l'on faisoit de monter le fossé, qu'il convenoit pareillement escheller comme la muraille.

Le comte d'Estampes revenu au logis, et le bastard de Bourgongne, se rassemblérent ceux qui de ce savoyent à parler (lesquels n'estoyent pas grand nombre); et le rapport ouy, fut avisé d'envoyer devers le duc pour l'aviser de ceste emprise, et sçavoir si c'estoit son bon plaisir qu'elle s'exécutast. Le duc fut trescontent de celle emprise, et commanda la chose tenir secrete, et que l'on courust peu pres de la vile, afin qu'ils ne fissent plus grande provision en leur guet. Et se tiroit au lieu d'Arlon, et tenoit on journees par maniére de parlement aveques aucuns Alémans députés de par le comte de Click : et vint le temps que l'emprise fut preste d'exécuter, et fut espiee la plus-noire nuict de l'annee : et furent ordonnés environ trois cens combatans pour acompaigner les eschelleurs.

Aveques lesdicts estoyent en chef le signeur de Saveuses, Guillaume de Crevant, Robert de Miramont, Jacob de Veniéres et autres : et firent leurs approches par quarante à chacune fois, et eschélerent le fossé d'eschelles de bois, qui demeurérent atachées : et puis feirent leur eschellement. Le premier qui monta fut Johannes l'eschelleur, puis Robert de Persat, et le tiers Jacob de Veniéres, et ainsi par ordre jusques à dix, comme il estoit ordonné : et estoit au pié de l'eschelle le signeur de Saveuses, qui les conduisoit et mettoit en ordre. Là monta Robert de Miramont, Guillaume de Crevant, messire Gauvin Quieret, et plusieurs autres Bourgongnons et Picards, et cinq ou six des archers du duc, lesquels avoyent en garde une grosse tenaille (que l'on nomme un groin de chien) pour rompre les gons, les verroux et serrures de toutes portes : et si tost que les premiers furent descendus de la muraille, ils occirent le guet, avant qu'il eust loisir de crier ne de faire effray : et puis prestement les archers coururent à la poterne, et du groin de chien, par aspreté et par puissance, rompirent les gons et les verroux de la poterne ; et tantost entra le signeur de Saveuses et les autres, avec cent ou six vingts archers de Picardie, et cinquante lances de Bourgongne, de la compaignie du bastard : et à la file venoyent les compaignies, et le cry commença par les eschelleurs, qui crioyent *Nostre Dame, vile gaignee! Bourgongne, Bourgongne!* chacun qui mieux; et les Luxembourgeois, surpris et espouventés, s'enfuirent nus et dechaux, hommes et femmes, contre le marché en la basse vile, à l'opposite dont venoit l'effray : et le comte de Click et ses Alemans, Zassons, se retraïrent au chastel (qui est une moult belle, moult bonne et forte place); et les Bourgongnons (qui tousjours renforçoyent) marchoyent, criant et faisant grand cry et grand hu : et marchoyent les archers de Picardie, l'arc au poing et la fléche preste, télement que nul ne les osoit atendre : et quand vint à l'entree du marché, à une vieille tour qui fait porte, ils trouvérent un peu de résistance de pierres et de cailloux. Mais incontinent marchérent les Bourgongnons au marché : et advint que le prevost de la vile, et l'un des pires contre la duchesse douagere, quand il ouït l'effray saillit en son pourpoint, un espieu en sa main, et vint baudement rencontrer un chevalier de Picardie nommé messire Gauvain Quieret, signeur de Drueul, moult vaillant chevalier, et qui estoit des premiers sur le marché. Le Luxembourgeois enferra ledict messire Gauvain au bras senestre, et luy percea le bras, et le tint longuement enferré contre une muraille ; mais il fut secouru, et l'homme tué : et demoura mort ledict prevost sur le marché, et entrainé par une truye qui le dévora : et ne vey homme mort que luy : et disoit on que c'estoit celluy qui plus estoit cause de la rebellion faicte contre ladicte duchesse, et tenoit on sa mort pour punition divine.

Le comte d'Estampes, le bastard de Bourgongne, messire Robert de Saveuses, Charles de Rochefort, messire Tibaut, bastard de Neufchastel ; Guillaume de Sainct-Sengne, et tous les autres capitaines, vindrent, aux grandes enseignes depleyes, faisant grand cry et grande noyse : et les varlets et les pages, qui amenoyent les chevaux des eschelleurs et des gens-d'armes à pié, crioyent et huyoyent, qu'il sembloit que tout le monde fust arrivé pour confondre et destruire icelle vile. Ces choses espouventoyent les Luxembourgeois : et s'enfuyoyent qui mieux, par la porte de la vile d'embas, qui tire à Tionvile ; et ainsi s'enfuyoyent hommes, femmes et enfans : et les capitaines et enseignes entroyent à cheval par les portes, qui furent rompues et ouvertes de toutes pars : et le comte de Click et ses Alemans s'estoyent retraicts au chastel, comme dict est : et apres eux boutérent le feu es prochaines maisons, devant leur porte : et ce feu brula toute la rue, jusques à une eglise de Nostre-Dame qui est sur le marché : et brulérent mesmes leurs chevaux et leurs biens, et se préparérent de deffendre ; et mesmes derrière le chastel boutérent le feu en une abaïe de moines noirs, et en brulérent une grande partie, afin de non estre aprochés : et faisoyent comme gens-de-guerre devoyent faire.

Prestement que les eschelleurs furent entrés, on envoya messages au duc de Bourgongne (qui estoit en la vile d'Arlon, à cinq lieues loing de Luxembourg); et depuis qu'ils se trouvérent en la vile, autre message : et ainsi, par message sur autre, sceut le duc que Luxembourg estoit gaigné pour luy, et fut environ deux heures avant le jour. Si fut sonné pour mettre selles, et s'arma et prépara chacun : et le duc s'arma de toutes piéces, et vint à la messe, et ouït ses messes, et dît ses heures et son ordinaire aussi froidement qu'il avoit acoustumé : et depuis, tout ouy et tout achevé, dît certaines grâces en son oratoire qui durérent assez longuement : et me souvient que nous, ses pages, estions à cheval, et ouyons les gens-d'armes, qui disoyent et murmuroyent que longuement faisoit le duc, et qu'une autre fois il pouvoit bien recouvrer à dire patenostres : et tellement que Jehan de Chaumergy (qui estoit premier escuyer d'escuirie) le dît au duc, qui luy respondit : « Si Dieu m'a donné victoire, il la me gardera ; « et peut autant faire à ma requeste (s'il lui plaist « de m'estre misericors) qu'il fera à l'aide de toute

« ma chevalerie. En la compaignie des conquereurs
« sont mes neveux et mon bastard, et si bon nombre
« de mes sugets et serviteurs, qu'à l'aide de Dieu il
« soutiendront bien jusques à ma venue. » Ainsi
parla le bon duc, et paracheva ses oraisons : et, à
la verité, ce fut un prince constant, et qui ne se
mouvoit de chose qui luy advint; et fut haut jour
quand il monta à cheval, et prestement se mit sa
compaignie aux champs, et tout homme en point :
et chevaucha ces quatre ou cinq lieues en moins
d'une heure et demie, et n'encontra nuls messages :
par quoy il cuida que les entrepreneurs eussent seulement
gaigné aucun fort ou aucun quartier de la
vile. Et si-tost que l'on perceut la vile et les clochers,
le signeur de Ternant assembla les jeunes gens
qui avoyent voulonté d'eux monstrer : dont estoit
Jaques de Lalain (qui bruloit au feu de chaleureux
desir), Philippot Copin, Meriadet, le bastard de Dompierre,
et moult d'autres : lesquels coupérent leurs
pointes, ostérent leurs esperons, et vouloyent descendre
à pié, et mesmes le duc. Et se tenoyent pres
de sa personne le signeur de Crouy, son premier chambellan;
monsieur le bastard de Sainct-Pol, signeur
de Haubourdin, un moult vaillant chevalier, et de
grande conduite : et tous vouloyent descendre à pié,
quand messire Robert de Saveuses (qui estoit sur le
portail) escria au duc, et luy dit : « Monsieur, entrez
« en vostre vile : car tout est vostre et en vostre
« commandement. » Aussi ne trouvérent en la vile
nulle resistance.

Si sonnérent les trompettes, et entra le duc en
Luxembourg, sans autre détourbier : et vint au

marché, où il faisoit dangereux, pour les coulevrines que tiroyent les Alemans du chastel : et trouva le duc le comte d'Estampes, le bastard de Bourgongne et leurs enseignes en moult belle ordonnance sur ledict marché : et à celle heure n'avoit on encores rien pillé en ladicte vile, mais avoyent gens-d'armes, archers et valets tenu ordre : tellement que chacun gardoit son enseigne. Le duc descendit devant l'eglise de Nostre-Dame, et feit ses oraisons, et se logea en une maison au plus-pres, et prestement courut chacun au pillage : et furent trouvees les maisons pleines de biens et de richesses, et les eglises furent pleines de femmes et d'enfans, et de biens : mais onques n'y fut touché par homme, ne mal faict.

Tantost fut advisé que le bastard de Bourgongne, le comte d'Estampes, et la meilleure partie de leurs gens, s'en yroyent loger en l'abaïe de Sainct-Estienne derriére le chastel, pour rompre la saillie du comte de Click et des siens : et pour rompre la visee du traict à poudre et des cranequins (qui tiroyent sur le marché, et blessoyent beaucoup de noz gens), l'on feit un haut taudis de tonneaux plains de terre et de pierres, et de hauts ais, qui transversoyent tout ledict marché : et quant au faict du butin, il fut crié que chacun (de quelque estat qu'il fust) se tirast devers le signeur de Ternant et le signeur de Humiéres (qui furent ordonnés butiniers, et aveques eux Guillaume de Crevant, et autres); et que tous fissent serment de raporter, es mains d'iceux, tout le butin, fust or, argent, cuyvre, draps, pelleterie, et toute autre chose qui peut tourner à profit. Guillaume de Crevant fut butineur public, et vendoit le butin sur un estal, et crioit une fois, trois fois : qui moult bien luy seoit. Si fut tellement celluy butin conduit et gouverné, que les compaignons en eurent le moins : et disoit on que les butiniers y feirent largement leur profit. Car, tout compté et rabatu, ledict butin fut delivré à sept florins [1] et demy, pour paye : et tel porta aux butiniers la valeur de cinq cens florins, qui n'en eut que trois florins et demy, ou un quart. Sur ledict butin furent pris quinze cens florins pour la rançon de Jehan de Rochebaron et d'Estor Du Soret, pris par Jaquemin de Beaumont entre Yvis et Villy.

Les ordonnances furent faictes des portes et des guets : et fut l'une des portes baillee à garder à Guillaume d'Aurou, et aux compaignons qui avoyent tenu le chastel dudict Villy, pource qu'honnorablement et bien s'y gouvernérent. Or advint, apres que le siége eut duré environ trois semaines, que le comte de Click (qui ne voyoit à son faict nul expédient ou reméde) par une noire nuict feit livrer une écarmouche sur le costé de l'abaïe, où estoit le comte d'Estampes : et firent les Alemans une saillie assez baudement. Si fut la saillie bien soustenue par ceux qui faisoyent le guet : et à l'effray vint le signeur de Saveuses tout désarmé, ainsi qu'il se trouva : et estoit assez sa coustume d'ainsi faire (car il estoit chevalier asseuré et hardy), et advint qu'un cranequinier luy donna d'un vireton parmy l'estomac : mais de tant luy fut Dieu en aide, que ledict signeur de Saveuses avoit une grosse chaine d'or massive à son col, sur laquelle le vireton assena, au redouble de

---

[1] Le manuscrit porte *fr*.

deux chainons, et trouva si grande résistance que le coup perdit sa force : mais toutesfois entra le vireton plus de deux doigts au corps dudict signeur de Saveuses ; et si n'eust esté ladicte chaine, il eust esté mort et occis de celuy coup : qui eust esté dommage, car depuis il a bien servi, comme l'on trouvera cy-apres.

Durant ceste écarmouche, le comte de Click (qui s'estoit pourveu, ainsi qu'il avoit deliberé) par cordes et par aide se devala du chastel et de la montaigne opposite du chemin de Tionvile, et passa la riviére, ainsi que Dieu luy fut en aide : et toute la nuict chemina par bois et par chemins, tellement qu'il vint audict Tionvile, où ses gens et les habitans le receurent à grande joye. Le signeur de Saveuses fut secouru, et sa playe mise à poinct : et cessa l'écarmouche quand ils sentirent que le comte estoit devalé, et tiroit à la garde Dieu : car ils esperoyent de luy avoir secours ou conseil, et se tenoyent et gouvernoyent en gens-de-guerre, sans parlementer, ou monstrer cause d'ebahissement.

Un jour monsieur le bastard de Dampierre, un beau, sachant et plaisant chevalier, venoit de l'abaïe sur sa mule (comme celuy à qui ne souvenoit de fortune, s'elle veilloit ou s'elle dormoit), et s'en retournoit dedans la vile par-dessous le chastel, où se sauva ledict comte : et ainsi avint que les Alemans avoyent afusté une coulevrine à chevalet, celle part, droit à un petit pont pres du moulin : et, au passer ce pont, le coup de la pierre ferit le chevalier en la teste, et cheut tout mort devant les piés de ladicte mule, et fut tresgrand dommage de luy. Le corps fut emporté, et enterré es Cordeliers moult honnorablement : et l'enterrérent et l'acompaignérent tous les princes et toute la noblesse de la court, et fit le duc faire son enterrement moult honnorablement.

Assez tost apres que le comte de Click fut arrivé à Tionville, il assembla les Alemans et les habitans d'icelle vile, et demanda qu'il pourroit faire sçavoir à ceux qu'il avoit laissés au chastel du Luxembourg : car il sçavoit qu'ils estoyent petitement pourveus de vivres, et ne voyoit secours de nulle part. Si aviserent ensemble que, par signe ou autrement, ils les avertiroyent d'eux rendre au moins mal et au meilleur marché qu'ils pourroyent. Ce qui fut faict : et parla pour ceux du chastel un juif qui demouroit dedans la vile, et s'estoit rendu aveques eux : lequel estoit homme prudent, et sage en sa loy ; et feirent appointement, aveques le duc de Bourgongne ou ses commis, que les Alemans, Béhaignons et Zassons s'en iroyent, un batton en leur main, et que les Luxembourgeois demoureroyent à la voulonté du duc. Et ainsi se rendit le chastel de Luxembourg, environ trois semaines apres la prise de la vile : et descendirent les Alemans en l'abaïe, où les atendoyent le comte d'Estampes et le bastard de Bourgongne, fort acompaignés : et furent mis en l'eglise : et apres leur avoir donné à boire et à manger, leur fut baillé conduitte de gens-de-bien pour les conduire seurement jusques à Tionvile, comment on leur avoit promis : et tantost qu'ils furent issus du chastel, Jehan de Chaumergy, premier escuyer d'escuirie du duc, porta les banniéres du duc de Bourgongne sur les tours et sur le portail, et fit sonner les trompettes : et le suyvions nous autres pages du duc, comme apres celuy qui estoit nostre maistre, et qui avoit charge de nous; et pour nostre butin gaignasmes plusieurs chiens, bien maigres et bien-affamés : et à la verité ils n'avoyent leans, pour toute provision, que deux tonneaux de pain moisi et gasté, et un petit saloir de chair salee, et de vin cinq ou six tonneaux. Plusieurs chevaux avoyent, qui n'avoyent nulles provisions : et vous asseure qu'ils avoyent mangé leurs rasteliers et leurs mangeoires, de force de faim : et là je vey une provision pour chevaux bien estrange, et non à croire qui ne l'auroit veuë : car je vey un gros monceau de rabotures, tirees au rabot, d'ais de sapin, ou d'autre bois, dont on donnoit à manger auxdicts chevaux, et ne vivoyent d'autre chose : dont les plusieurs moururent, et peu en échapérent : et à la verité lesdicts Alemans se tindrent honnorablement en celle guerre, et ne firent rien contre leur honneur.

Ainsi fut toute la duché de Luxembourg conquise en moins de quatre moys, reservee la ville de Tionvile, qui se renforçoit, à cause de l'hyver qui aprochoit, pource que ladicte vile est assise en marests et en marescages. Ainsi demoura le duc en sa vile de Luxembourg, et fit aprester le chasteau (qui est une moult belle et signeurieuse place); et là vint la duchesse de Bourgongne et la duchesse douagére de Luxembourg : et là furent renouvelés les traittés faicts entre le duc et ladicte duchesse de Luxembourg, sa belle-tante : et se nommoit le duc de Bourgongne mambour et gouverneur de Luxembourg : et devers eux venoyent Alemans de tous costés, et ambassades de Mets, de Tou, de Verdun, et de toutes les viles et cités : et mesmes l'archevesque de Tréves, eliseur de l'Empereur, y vint : à qui le duc fit moult grand honneur : et recueilloit Alemans et autres nations si-doucement et si-humainement, que tous se partoyent contens de luy : et fit que tout homme et toute femme qui voudroyent revenir en leurs maisons y seroyent seurs de leurs personnes, reservés ceux qui avoyent conspiré le reboutement de leur duchesse douagére, sa tante.

Si revindrent en petit temps moult de gens en ladicte vile : et fit deffendre, sur peine de la hart, que nul ne fist aucun déplaisir ou dommage aux Alemans : dont il advint que l'un des archers du duc, nommé le petit Escoçois, homme vaillant, bien-renommé et fort-agreable, et aimé du duc, par une mal-aventure se trouva en un grenier d'avoine apartenant à messire Bernard, signeur de Bourset, un chevalier notable du païs de Luxembourg, qui, avec le damoiseau de Souleuvre, avoit esté le premier et le principal de ceux qui avoyent tenu le parti du duc et de leur dame, et qui l'avoyent bouté au païs. Ledict archer, plein de vin, se bouta audict grenier, et voulut avoir de l'avoine, cuidant que ce fust pillage et butin, comme les autres. Le chevalier en fut adverti, et vint en son grenier, dépourveu de gens : et ne se sceurent entendre de language, et croy que l'archer ne le congnut point : et, pour abreger, luy donna d'une hache par la teste si grand-coup, que l'on cuidoit qu'il fust mort. Le duc en estant adverti fut fort mal-content, et fit prendre l'archer ; et pour requeste de nul homme, ne mesmes de deux chevaliers, fils dudict signeur de Bourset (qui de par leur pere requeroyent le pardon dudict archer), onques ne se voulut contenter, qu'il ne fust pendu et estranglé par main de bourreau devant tout le monde. Et la renommee croissoit du bon duc parmy les Alemans, et faisoit grand'chére : et tint le duc, à Luxembourg, la Toussaincts, Noël, et les Roys : et pendant ce temps il meit ordre au païs, et ordonna gouverneur de la duché de Luxembourg Cornille, son fils bastard : et demoura son gouverneur aveques luy, un nommé Guillaume de Sainct-Saigne, un moult notable escuyer ; et aussi Phillebert de Vaudrey, Guillaume de Crevant, et grande foison de Bourgongnons : et si demoura aveques luy un escuyer françois, nommé Anthoine de Sainct-Simon, moult beau fils et honneste : et depuis se rendit cordelier, comme l'on trouvera cy-apres.

CHAPITRE XIII.

Comment le duc de Bourgongne se retira en ses païs de Brabant et de Flandres ; et comment la duchesse de Bourgongne ala visiter la royne de France.

Apres toutes ses ordonnances faictes, le duc se partit de Luxembourg tantost apres les Roys, et se tira contre son païs de Brabant, par Arlon, Bastongne, Marche en Samine, et à Namur : et là luy vint audevant l'evesque du Liége (qui se nommoit de Huisebergue), et firent moult grande chére ensemble. De là vint le duc gesir à Geneppe, et le lendemain se tira à Brucelles : et luy vint audevant monsieur Charles de Bourgongne son fils, comte de Charolois, honnorablement acompaigné, et principalement de jeunes enfans de grande maison, de son aage, ou moindre : et pouvoit avoir onze ou douze ans d'aage : et estoit aveques luy Jehan de La Trimoille, Philippe de Crouy, Guyot de Brimeu, Charles de Ternant, Philippe de Crevecueur, Philippe de Waurin, et moult d'autres ; et estoyent montés sur petits chevaux, harnachés comme celuy de leur maistre : et certes c'estoit une noble assemblée d'enfans, et de noble sang, et dont les plusieurs ont esté depuis notables chevaliers, sages et vaillans, comme cy-apres pourrez ouyr : et conduisoit ledict comte de Charolois un moult-honneste et sage chevalier nommé messire Jehan, signeur de Berdauxy. Cestuy chevalier estoit bel homme, bien-renommé, de bon aage, beau parleur : et voulontiers recitoit choses et matiéres d'honneur, et de haut affaire. Il estoit chaceur et voleur (1), duict à tous exercices, et à tous jeux : et n'ay pas congnu un chevalier plus-idoine pour avoir le gouvernement d'un jeune prince, que luy : et moult bien luy seoit la conduitte de son maistre.

En ceste compaignie estoit Anthoine, bastard de Bourgongne, fils bastard du duc, et le marquis Hugues de Rotelin. Mais ils estoyent desja plus grans que ceux dont j'ay parlé, et peut on legérement entendre que le bon duc vit voulontiers celle compaignie : et ainsi entra en sa vile de Brucelles, bien-veigné de Lamant et de La Loy : et à grandes processions entra en sa vile, et vint en sa maison,

---

(1) *Voleur* : chasseur au vol.

où il trouva la duchesse son espouse, qui amenoit en sa main, au-devant du duc, madame Katerine de France, fille du roy Charles, comtesse de Charolois, qui pouvoit avoir douze ans d'aage, et estoit une notable personne, et apparente d'estre dame de grand los : car elle estoit bonne et sage, et moult bien conditionnee, de son aage ; mais elle mourut assez tost apres (dont ce fut grand dommage), et de sa mort sera devisé cy-apres. Aveques la duchesse vint la fille du duc de Gueldres, niéce du duc de Bourgongne, et de Jehan Monsieur, héritier de Cléves, moult belle et gente, et pouvoit avoir quinze ou seize ans : et depuis la maria le bon duc à ses despens au roy d'Escoce, celuy qui avoit le visage my-parti de rouge et de blanc, et dont d'elle est issu le roy d'Escoce present.

Ainsi retourna le duc en ses païs : et le venoyent les signeurs visiter, et les viles y envoyoyent leurs députés ; et n'estoit nouvelles que de dancer, de mommer [1], de jouster, et de faire grande chére : et tint le duc ses quaresmeaux en sa vile de Brucelles, où joustes furent faictes et criees par Jehan monsieur de Cléves, Jaques de Lalain, et moult d'autres : et furent joustees sans toille, sans fiens ou sablon, en un lieu devant l'hostel du prince, que l'on appelle les Bailles. En ce temps vint Jehan, comte de Vistemberg [2], voir le duc, pour reprendre de luy la comté de Mombeliart, dont il estoit son homme et son vassal, à cause de sa comté de Bourgongne : et le receut le duc audict lieu de Brucelles, et luy fit grand honneur et grande

---

[1] *Mommer* : faire des mascarades. — [2] *Vistemberg* : lisez *Wirtemberg*.

chére : et certes ledict comte de Vistemberg le valoit bien, car c'estoit un gentil personnage; et pour cent ou six vingts chevaux qu'il avoit en sa compaignie, ils estoyent aussi honnestes et aussi en point que j'en vey onques nuls venir d'Alemaigne : et fut fort prisé son estat, sa personne, et sa maniére de faire : et se partit du duc pour s'en retourner en ses païs, en grand amour et recommandation : et de là le duc se tira en Flandres pour visiter ses viles et ses païs (qui moult desiroyent à le voyr), et teint le sainct jour de Pasques en sa vile de Bruges.

En celle saison (qui fut l'an 1444), la duchesse de Bourgongne, moult-grandement acompaignée, et principalement des deux neveux du duc, le baron de Beaujeu, fils du duc de Bourbon, et Adolf, monsieur de Cléves (lesquels commençoyent desja à prendre cueur, et estoyent bien duits et bien-adrecés), se tira à Chalon en Champaigne, devers le roy de France, qui recueillit la dicte duchesse moult honnorablement; et luy fit la Royne moult-grand honneur et privauté : car toutes deux estoyent desja princesses aagees, et hors de bruit, et croy bien qu'elles avoyent une mesme douleur et maladie qu'on appelle jalousie, et que maintesfois elles se devisoyent de leurs passions secrétement : qui estoit cause de leurs privautés. Et à la verité apparence de raison avoit en leurs soupsons : car le Roy avoit nouvellement élevé une pauvre damoiselle, genti-femme, nommee Agnes Du Soret, et mis en tel triomphe et tel pouvoir, que son estat estoit à comparer aux grandes princesses du royaume : et certes c'estoit une des plus belles femmes que je vey onques; et fit, en sa qualité, beaucoup de bien au royaume de France. Elle avançoit, devers le Roy, jeunes gens-d'armes et gentils compaignons, et dont le Roy fut depuis bien servi.

D'autre part le duc de Bourgongne fut de son temps un prince le plus dameret et le plus envoiseux (1) que l'on sceust : et avoit de bastards et de bastardes une moult belle compaignie. Ainsi la Royne et la duchesse se rassembloyent souventesfois, pour eux douloir et complaindre l'une à l'autre de leur crévecueur.

En celle assemblee estoit monsieur Louis de France, dauphin de Viennois, héritier apparent de la haute et treschrestienne couronne et maison de France; le roy Regnier de Cecile, le comte du Maine, son frére; le duc Jehan de Bourbon, le comte de Foix, le comte de Sainct-Pol, et moult d'autres : et sur tous les signeurs de France avoit le bruit messire Jehan de Brezé, signeur de La Varenne, séneschal de Normandie, pour estre gentil chevalier, honnorable, et le plus-plaisant et gracieux parleur que l'on sceust nulle part, sage et grand-entrepreneur : et gouvernoit du royaume et des princes de France la plus-grande partie.

Là se firent joustes et grans festimens : et assez paravant fut faict le mariage du duc Jehan de Calabre et de damoiselle Marie de Bourbon (2) : et pource qu'elle estoit niéce du duc de Bourgongne, le duc quitta, en les donnant à sa niéce, bien deux cens mille francs : en quoy le roy de Cecile estoit obligé à luy, à cause de sa rançon et de l'aquit de sa prison : et luy fit rendre le duc, par messire Tibaut,

---

(1) *Envoiseux* : voluptueux. — (2) *Marie*, lisez *Jeanne*. Elle étoit fille d'Agnès, sœur du duc de Bourgogne et de Charles de Bourbon.

bastard de Neufchatel, et par le bastard de Vergi, les places de Darnay et de Monteclere (qui encores estoyent en leurs mains, depuis la guerre qui fut entre luy et le duc de Bourgongne); et demoura la signeurie de Cassel et de la Motte-au-bois (qui sied en la comté de Flandres (en héritage perpetuel des ducs de Bourgongne, comtes de Flandres : et fut l'un des poincts pourquoy la duchesse alla devers le Roy : et l'autre poinct, et le principal, fut en esperance de reprendre autre journee aveques les Anglois, pour cuider faire quelque bien entre les deux royaumes de France et d'Angleterre. Mais en ce elle profita petitement : car desja se faisoit et pratiquoit l'aliance du roy Henry d'Angleterre et de madame Marguerite d'Anjou, fille du roy de Cecile : et par ce moyen fut rompu le mariage d'elle et du comte Louis de Nevers : et ainsi se partit du Roy la duchesse de Bourgongne, sans autre chose exploiter : et se continua la feste et la jouste à Chalon, et de là se tira le roy françois à Nancy en Lorraine. Et de plus en plus croissoit la feste, la jouste et la pompe : et fut en ce temps que chevaux de parage se vendirent si cher en France; et ne parloit on de vendre un cheval de nom que de cinq cens, de mille ou douze cens reaux : et la cause de celle cherté fut que l'on parloit de faire ordonnance sur les gens-d'armes de France, et de les departir sous chefs et par compaignies, et de les choisir et élire par nom et surnom. Et sembloit bien à chacun gentilhomme que s'il se monstroit sur un bon cheval, il en seroit mieux congnu, queru et recueilly : et d'autre part dames avoyent bruit en France et loy d'elles monstrer : et cuidoit chacun gaigner bonne aventure, ou par l'un des bouts, ou par l'autre.

Les plus-renommés jousteurs furent le comte Louis de Sainct-Pol, jeune signeur, moult sage, et bien adrecé; bon corps et droit, et nourri en la maison de Bourgongne; et Jaques de Lalain, lequel se tira en la court du Roy pour voir, et pour soy monstrer : et se gouverna si-hautement en tous estres, qu'il emporta sa part du bon bruit de celle assemblee : et monstra, par effect, qu'il avoit esté nourri et élevé en maison duicte et acoustumee de tous honnorables exercices; et que de soy il estoit homme d'estoffe, et de lieu, pour suyvir et pour faire ce dont les bons vivent tousjours : c'est vertu qui florit en renommee. Le signeur de Charny s'y monstra honnorablement : et, au regard de la signeurie et noblesse de France, c'estoit chose noble à les voir; et là se fit le mariage du roy Henry d'Angleterre et de la fille du roy de Cecile, dont dessus est faicte mention.

En ce temps le roy Charles assembla son conseil pour regarder et avoir avis sur les gens-d'armes (qui destruisoyent son royaume de toutes parts), et pour mettre lesdicts gens-d'armes en reigle et en ordre, et les entretenir sans les perdre, et élongner de luy (qui doutoit moult). Et fut avisé qu'il mettroit sus quinze cens lances choisis et éleus, et les diviseroit à certains capitaines pour les conduire et gouverner, et que chacune lance auroit deux archers et un coustiller armé, et qu'une taille se léveroit au royaume de France, parquoy celle compaignie seroit payee : et seroit vray-semblable que le peuple aymeroit mieux payer icelle taille, par an (qui toutesfois estoit grande, et de pes .nt faix et charge) que ce qu'ils fussent journellement mangés et pillés, comme ils estoyent : et eust esté celle ordonnance mise sus à celle fois, si n'eust esté le Dauphin, fils du Roy, qui éleva une grosse compagnie des plus-gens-de-bien et des meilleurs gens-d'armes, et les mena contre Basle et es Alemaignes, et passérent partie de Bourgongne, faisant moult de maux. Mais le signeur de Blammont, mareschal de Bourgongne, mit sus les Bourgongnons, et leur fit tant d'emprises et tant d'envahies, et par tant de fois, que le Dauphin y perdit beaucoup de ses gens : dont il estoit moult mal content; et sur son chemin prit Montbeliart, et y fit moult de maux : et de là tira devant Basle en Alemaigne, et là déconfit ceux de Basle, et une grosse compagnie d'Alemans. Mais il ne prit pas la cité : car elle estoit trop bien gardee et deffendue.

Si peut on legérement croire que les François firent moult de maux par les Alemaignes, et finalement se mirent toutes les communes sus, armés et desarmés : et par les passages et destroits lesdicts Alemans portérent et firent tant de maux et de dommage aux gens du Dauphin, par surprises et par compaignies, que force leur fut de revenir : et s'en revint ledict Dauphin assez confusément de son emprise, et r'entra par la Lorraine, et ne revint pas par Bourgongne : et luy revenu, l'ordonnance commencee par le roy Charles son pére fut mise sus, et moult bien ordonnee : et disoit on que messire Jehan de Bresé, signeur de La Varenne, avoit esté cause de ladicte ordonnance, qui fut moult belle et proffitable chose pour le royaume :

et par ce moyen cessérent les escorcheurs, et les gens de compaignies, leurs courses et leurs pilleries : et faisoit on de grandes chéres et festes de toutes pars. Et sur cette saincte et bien heuree saison de paix et d'union je feray fin à cette partie de mon premier livre, laquelle partie contient dix ans, commençant l'an 35, et finissant l'an 45.

CHAPITRE XIV.

Comment le signeur de Ternant, chevalier de la Toison d'or, fit armes à pié et à cheval contre Galiot de Baltasin, chambrelan du duc de Milan.

Continuant ma matiére commencee, je repren et r'entre en mon premier volume par l'an de Nostre Signeur 1446 : et toutesfois me sera force, pour le mieux et plus-abregément escrire, et mettre en memoire, que je reprenne aucune chose avenue en l'an 45, en recitant, par la deduction de ce present volume, les nobles armes faictes et acomplies par messire Philippe, signeur de Ternant, conseillier, et tiers chambrelan du duc Philippe de Bourgongne, et chevalier de la Toison d'or, à l'encontre de noble escuyer Galiot de Baltasin, natif du royaume de Castille, serviteur et chambrelan du duc de Milan, Philippe Maria.

Or fut vray que ledict an 45, environ la Sainct Michel, ledict Galiot s'estoit parti de son maistre le duc de Milan, tant pour voyager et pour voir du monde, comme pour faire armes de son corps, pour soy avancer en renommee (qui est et doit estre le paradis terrestre de jeune noble courage; et tant erra ledict Galiot, qu'il arriva à la court du duc de Bourgongne, en la vile de Mons en Hainaut : et estoit à bien trente chevaux, jeune escuyer de trente ans ou environ, et l'un des plus-beaux hommes et de la plus-belle taille que l'on pouvoit voir : et estoit puissant et leger à merveilles, et moult-bien renommé de son aage. Mais pource que le duc de Bourgongne et le duc de Milan estoyent fréres d'armes, et aliés ensemble, ledict duc de Milan son maistre luy defendit au departir qu'il ne portast ou emprist nulles armes à-l'encontre des sugets du duc de Bourgongne, son frére et son alié, si toutesfois il n'en estoit requis, et que le duc l'agreast ou consentist. Et estoit deliberé ledict Galiot que s'il n'estoit, en l'hostel ou en la signeurie du duc de Bourgongne, requis de faire armes, de passer en Angleterre, et là charger emprise à son intention, et faire armes, avant son retour en Italie : et quand le signeur de Ternant sceut l'intention dudict Galiot, et veit ce beau personnage, et entendit la renommee de l'estranger, luy, qui de longuemain avoit desiré et quis de trouver parti et sorte pour faire armes, se delibera d'executer à icelle fois ce que tant avoit desiré; et par le congé du duc de Bourgongne, son signeur et son maistre, chargea pour emprise une manchette de dame faicte d'un delié volet, moult gentement brodee : et fit atacher icelle emprise à son bras senestre, à une aiguillette noire et bleue, richement garnie de diamans, de perles, et d'autres pierreries : et moult bien luy seoit à porter icelle emprise : car il estoit moult-beau chevalier, sage, prudent, et bien enmanieré, et l'un des plus de son temps.

Prestement qu'il eut son emprisé chargee, il envoya le roy-d'armes de la Toison d'or devers ledict Galiot de Baltasin, pour luy signifier et dire de par luy qu'il avoit chargé et élevé une emprise, en intention de faire armes; et pour luy l'avoit il prise et chargee, en esperant d'estre par luy acompli de son desir; et que si son plaisir estoit de lever ladicte emprise, il trouveroit ledict signeur de Ternant, à une heure apres midy, en la salle et en la presence du duc de Bourgongne son prince, son signeur et maistre; et qu'il pourroit toucher et lever l'emprise dudict signeur de Ternant. Moult joyeux se monstra ledict Galiot, quand il entendit qu'il seroit dépesché en la maison de Bourgongne de ce qu'il queroit : et ne faillit pas à venir, et s'agenouilla devant le duc de Bourgongne, luy requerant à genoux qu'il luy donnast congé et licence de toucher à l'emprise que portoit le signeur de Ternant : et le bon duc le fit lever, et luy donna le congé.

Lors demanda Galiot, aux roys-d'armes et heraux, la coustume du païs : et dît qu'en son païs, quand le requerant arrache l'emprise de son compaignon, c'est pour la vie de l'un ou de l'autre; mais quand l'on n'y fait que toucher seulement, c'est pour chevalerie. Surquoy luy respondit Toison d'or que le signeur de Ternant avoit chargé son emprise pour chevalerie, et que la coustume estoit de toucher à l'emprise quand on est present. Lors s'avança ledict escuyer, et toucha à l'emprise du chevalier, en soy agenouillant bien

bas, et dît : « Noble chevalier, je touche à vostre em-
« prise ; et au plaisir de Dieu vous fourniray et acom-
« pliray tout ce que je sauray que desirerez de faire,
« soit à pié, soit à cheval. » Et le signeur de Ternant
le mercia bien-humblement, et luy dît que bien fust
il venu, et qu'en icelle journee il luy envoyroit par
escrit les armes qu'il desiroit à faire et acomplir.
Et ainsi se départirent pour celle fois : et ce mesme
jour ledict signeur de Ternant envoya par un heraut
ses chapitres, signés et seelés comme il appartenoit :
et le bon duc tint conseil sur cette matiére ; et fut
deliberé que jour et temps seroit assigné aux parties
l'an 46, au mois d'avril, en la vile d'Arras. Ce qui
fut signifié de par le duc auxdictes parties : et fut
iceluy jour ainsi long baillé, pource que ledict Galiot se vouloit aller armer à Milan, et faire ses preparatoires.

Ne demoura guéres que la court fut toute pleine,
et chacun averti des chapitres envoyés et baillés par
le signeur de Ternant : et fut le double monstré et
contrescrit par plusieurs, dont la poursuitte desdictes
armes ensuyvit. Par les raisons dessus-escrites, m'a
convenu mesler de l'an 45 avecques l'an 46, pource
que tout est d'une matiére, et afin de réciter le tout
à une fois.

L'an 46 se passa sans aventure ou cause qui face
à escrire, jusques au mois d'avril, que le jour estoit
assigné en la vile d'Arras (comme dict est) pour faire
et acomplir les armes emprises par le signeur de Ternant et Galiot de Baltasin : et se fournit chacun
de harnois, de chevaux, et autres habillemens nécessaires : et, au regard du signeur de Ternant, il as-

sembla dix ou douze chevaux, les meilleurs et les plus-renommés du royaume de France et des marches voisines : et se tira le duc en sa vile d'Arras, auquel lieu furent les lices préparees sur le grand marché, audroit de l'hostélerie de la clef; et fut une grande maison élevee, qui venoit jusques sur le bord de la lice, bien-avant audict marché. Ladicte lice fut quarree, de moult grande et spatieuse grandeur : et estoit toute double, et de gros marrien (1) : et l'entree et le pavillon du signeur de Ternant estoit du costé tirant à la vile, et l'entree et le pavillon de Galiot fut du costé opposite, tirant à la porte, qui vient de Belle-motte : et furent ordonnés deux cens soudoyers, par ceux de la vile, tous armés et embattonnés, qui se tenoyent entre les deux lices, où furent les pavillons tendus pour les champions : et fut le pavillon du signeur de Ternant de drap de damas noir et bleu, et sur le capital ses armes et son timbre brodé moult richement; et à l'entour des goutiéres estoit escrit en grosse lettre d'or, en brodure, un souhait tel :
« Je souhaite qu'avoir puisse de mes desirs assouvis-
« sance : et jamais autre bien n'eusse. »

Noblement fut son costé paré de banniéres et de pennons, et pareillement fut le pavillon de Galiot tendu de soye : et aussi estoit le champ paré, et la doüble lice pleine de gens d'armes, et la maison où le duc devoit estre moult richement tapissee : et, environ une heure apres midy, se partit le duc de son hostel, acompaigné de monsieur Charles, comte de Charolois, son fils; du comte d'Estampes, du signeur de Beaujeu, de monsieur Adolf de Cléves, et de moult-

(1) *Marrien :* merrain, planches.

grande noblesse : et celuy jour je chevauchay apres le duc, sur un coursier couvert de velours noir. J'estoye encores son page : et n'avoit apres luy page n'autre pareure que moy et ledict coursier.

Le duc descendit en son hourd (1), et tenoit en sa main le batton, comme juge : et tantost entrérent dedans la lice huict hommes-d'armes moult-bien armés, chacun le blanc batton en la main : car ils estoyent ordonnés pour escoutes, et pour departir les champions. En-apres ne demoura guéres que le signeur de Ternant entra en la lice sur un cheval couvert de ses armes en brodure : et avoit sa cotte d'armes au dos, et estoit armé de toutes piéces, le bacinet en la teste, et la visiére ouverte : et certes il avoit visage de chevalier, et non pas de pucelle : car il estoit brun, à une noire et forte barbe, et sembloit bien homme à redouter et à craindre. Il estoit acompaigné du signeur de Beaujeu et du comte de Sainct-Pol, et descendit si tost qu'il fut en la lice : et portoit un gros court batton en sa main dextre, qui luy rendoit contenance d'homme d'armes, et moult bien luy seoit. Il ne porta point de bannerolle de devotion. Laquelle chose je ne prise point : car plus est l'homme de haut affaire, plus doit à Dieu de recongnoissance : et tant plus a d'honneur, tant plus doit douter et craindre celuy Dieu, qui le luy peut oster et faire perdre. Ainsi se présenta le signeur de Ternant moult-humblement devant le duc, et porta luymesme la parolle : et bien le sceut faire ; et le duc le bienviengna, et se retraït en son pavillon.

Ne demoura guéres que Galiot de Baltasin entra

(1) *Hourd* : loge pour voir les tournois.

en la lice : et l'acompaignoit le comte d'Estampes. Il estoit armé de tout, fors la teste, la cotte d'armes au doz : et seoit sur un cheval couvert de ses armes : et si-tost qu'il entra en la lice, sauta de plain saut hors sa selle, aussi legérement, tout armé, que s'il n'eust eu que le pourpoinct. Le comte d'Estampes le présenta devant le duc, qui le receut moult cordialement, et se retraït en son pavillon.

Les cris furent faits, et les deffenses en tel cas accoustumees; et le signeur de Humiéres (comme lieutenant du mareschal de Bourgongne, acompaigné des roys-d'armes et heraux) vint au pavillon du signeur de Ternant : et luy demanda les lances dont il devoit les armes commencer, selon le contenu des chapitres. Si luy furent incontinent les lances baillees, toutes prestes, et ferrees d'une façon et d'une longueur comme il apartenoit. Si les présenta ledict mareschal à Galiot, luy offrant de prendre, pour sa part, laquelle des deux lances qui luy plairoit. Si en choisit une, et fut l'autre reportee au signeur de Ternant.

Sur le poinct des trois heures, le signeur de Ternant saillit hors de son pavillon, sa cotte d'armes au dos, le bacinet en teste, à visiére close : et feit une grande croix, de sa main dextre : et luy bailla le comte de Sainct-Pol sa lance, laquelle il mit en ses deux mains : c'estasçavoir qu'il avoit le bout en sa paume dextre, et de la senestre main tenoit sa lance à contrepoix, et la portoit plus droitte que couchée : et marchoit froidement, d'une marche poisante [1] et asseuree : et certes il sembloit bien chevalier de dure

---

[1] *Poisante :* imposante.

rencontre. D'autre part saillit de son pavillon Galiot de Baltasin, sa cotte d'armes vestue, le bacinet en la teste, et visiére close : et apres qu'il se fut signé de sa bannerolle, le comté d'Estampes luy bailla sa lance : laquelle il prit, et la portoit à la façon commune, ainsi que l'on tient une lance pour pousser. Beau personnage fut l'escuyer : et si-tost qu'il tint sa lance, il la commença à manier et escourre (1), comme s'il ne tinst qu'une fléche d'archer : et fit un saut ou deux en l'air si léger et si viste, que l'on voyoit bien que harnois, n'habillement qu'il eust, ne luy grevoit rien : et marchoit à l'encontre de sa partie moult vigoureusement : et se vindrent rencontrer de pous (2) de lance si durement, que de ce coup agreva Galiot le fer de sa lance, et en rompit bien demi-doigt; et le signeur de Ternant atteindit Galiot en costiére du bacinet, et luy faussa ledict bacinet à jour : et prit le signeur de Ternant une maniére de marcher qu'il continua, qu'au donner le coup il mettoit le pié, en prenant sa marche, pres d'un pié de profond, dedans le sablon. Ce coup feru, les gardes se mirent entre deux, pour rompre que nulle poursuitte ne se fist : et vindrent les roys-d'armes, et aportérent une cordelle où estoyent mesurés les sept pas dont ils devoyent reculer, pour donner chacun pous de lances, comme il estoit déclairé ès chapitres : et estoit chacun pas marqué à neuds : et depuis j'ay demandé aux officiers d'armes par quelle maniére de mesurer estoyent lesdicts pas mis en mesure. Sur quoy me fut respondu que chacun pas fut pris pour deux piés et demy, à

---

(1) *Escourre* : secouer, agiter. — (2) *Pous* : poussement, action de pousser.

mesurer par la main d'un chevalier, ou pour le moins de la main d'un noble homme; et que ceux là estoyent mesurés par le mareschal de la lice, estant ce cas du dépendant de son office. Ainsi furent les sept pas mesurés de chacun costé : et les champions reculés à leur mesure, leur furent lances renouvelees, au choix de Galiot : et sur ce poinct marchérent pour la seconde fois, et feirent tous deux tresdure atteinte. Puis remarchérent pour la tierce fois, et rencontrérent si-durement que le signeur de Ternant rompit, et agreva toute la pointe de sa lance : et Galiot rompit la siéne par le milieu du fust; et pour abreger le recit d'icelles armes, ils acomplirent les sept pous ordonnés par les chapitres, moult-chevaleureusement acomplis.

Les armes de la lance acomplies, les champions retournérent en leurs pavillons, pour eux raffreschir et préparer : et furent presentés par le mareschal, à Galiot de Baltasin, deux estocs, que l'on nomme espees-d'armes : et certes je ne vey onques-puis deux plus-beaux ne plus puissans battons. Ledict Galiot en choisit une, et l'autre fut raportee au signeur de Ternant, lequel assez tost apres saillit hors de son pavillon, armé comme dessus : mais, en lieu de sa cotte d'armes, il avoit vestu une parure à manches d'un satin blanc, tout decoupé à maniére d'escailles, brodé et chargé d'orfaverie, d'or branlant, par moult gente façon : et me feit souvenir, à le voir, de l'un des neuf preux, ainsi qu'on les figure. Il tenoit son espee, la main senestre devant, et renversee, et couverte de sa rondelle. De l'autre part saillit de son pavillon Galiot de Baltasin, son espee empoignee comme il appartenoit : et marchérent l'un à l'encontre de l'autre, et se rencontrérent d'une moult dure atteinte, et prestement se mirent les gardes entre deux pour garder la poursuite : et les officiers-d'armes apportérent les mesures qui contenoyent la longueur de cinq pas, et furent mesurés pour chacun costé, et prestement recommencérent leurs armes : et de celle rencontre le signeur de Ternant donna si grand coup à son compaignon, qu'il fauça le bacinet à jour : et fut celle atteinte assez pres du coup de la lance. A la tierce venue, Galiot consuyvit le signeur de Ternant au bas de l'espaule dextre, et du coup luy fauça le garde-bras, et l'emporta au bout de son espee. Si fut prestement le signeur de Ternant réarmé sur la place : et revindrent pour la quatriéme fois, et se rencontrérent tous deux si-durement, qu'ils agravérent les pointes de leurs espees : et convint en raporter deux autres. A la cinquiéme venue, le signeur de Ternant (qui marchoit, et feroit à coups d'aguet (1)) surprit ledict Galiot, et luy donna si grande atteinte au haut de la piéce, qu'il demarcha ledict Galiot. A la sixiéme venue, ledict Galiot frapa sur la rondelle du signeur de Ternant, et la rompit : et convint rechanger d'espees. A la septiéme venue, se rencontrérent tresdurement. A la huictiéme, ledict Galiot assit sur le gantelet du signeur de Ternant, et le fauça tout outre : et cuidérent plusieurs qu'il eust la main faucee : mais par bonne aventure il ne fut point blessé, et luy furent autres gantelets rebaillés : et parfirent les onze pous d'espee, bien et durement ferus et acomplis ; puis se retrairent en leurs pavillons.

(1) *Feroit à coups d'aguet* : frappoit à l'improviste.

Le mareschal de la lice fut saisi des deux haches, pour la parfourniture d'icelles armes à pié : lequel prestement les presenta à Galiot, pour choisir celle qu'il luy plairoit. Si prit ledict Galiot à son choix : et l'autre raportee au signeur de Ternant, il n'a targea guéres qu'il ne vuidast hors de son pavillon : et portoit, en lieu de cotte d'armes, une pareure à manche, d'un drap de damas, sur fleur de pescher : et estoit tout couvert et brodé de fusils, de pierres, et d'estincelles de feu : qui fut la devise du bon duc Philippe, son bon signeur et maistre. Il avoit le bacinet en la teste, et estoit son visage couvert d'une grosse visiére trouee à grands trous, en losange : et tenoit sa hache en ses mains, qui furent grosses haches pesantes : dont le mail (1) estoit faict à maniére de trois coings à fendre bois ; et n'avoyent point de poincte de dessous, pource que, par le contenu des chapitres, ils devoyent combatre du maillet seulement.

Fiérement marchoit le signeur de Ternant : et d'autre part saillit Galiot, sa cotte-d'armes au dos, bacinet en teste, et la visiére baissee et close : et si tost qu'il fut saisi de son batton, il se sourdit tout en air moult-vigoureusement, et marchoit à-l'encontre de son homme de telle vertu et de telle puissance, que le rencontre de luy faisoit à redouter, autant que d'homme que j'ay veu devant ne depuis : et quand vint à l'aborder, le signeur de Ternant (qui veit la contenance, la chaleur et la fiére emprise de son adversaire, qui venoit sur luy, comme pour rencontrer des corps, avec les battons), pourveu de son sens, tout

---

(1) *Mail* : tête de la hache.

asseurément démarcha en costiére tellement que Galiot ne trouva rien devant, et passa tout outre, comme celuy qui marchoit de toute sa force : et, au passer, le signeur de Ternant haussa la hache, et atteindit Galiot entre col et teste, et luy donna si grand coup qu'il le fit tout chanceler : et si n'eust esté la grande légereté et la tresextréme force qui fut en luy, certes il fust cheu de celuy coup : mais il prit pié moult vigoureusement, et courut sus au signeur de Ternant par telle force et par telle aigreur, que force fut au signeur de Ternant démarcher trois ou quatre grands pas tous d'une tire : et se trouva tout entrepris de soustenir le faix de celle grande puissance. Toutesfois il se remit à marcher, et se mainteint si chevaleureusement qu'ils y achevérent les quinze coups : et getta le duc le batton, et furent pris par les gardes et ecoustes, et amenés devant le duc, les visiéres levees, chacun la hache au poing : et certes c'estoyent deux moultbeaux et moult fiers personnages à veoir. Chacun s'offrit, de son costé, de parachever ses armes, si faute y avoit : et le duc leur fit response que bien et duement avoyent leurs armes acomplies, et alors prirent congé du duc. Mais ils ne touchérent point ensemble, pource qu'ils avoyent encores à faire leurs armes de cheval : et se tira chacun en son entree de la lice; mais ils s'arrestérent l'un devant l'autre, pource que nul des deux ne vouloit issir le premier de la lice : et fut ordonné par le duc que tous deux saudroyent à une fois.

Par la maniére dessus-escrité, furent achevees les armes de pié du signeur de Ternant et de Galiot de Baltasin, au grand honneur et louenge de chacun parti : et fut par un jeudy vingtseptiéme d'avril l'an 46 :

et le lundy suyvant (qui fut le second jour de may) leur fut baillé jour pour faire et acomplir leurs armes à cheval : et vint le duc et la signeurie sur la lice environ deux heures apres midy : et tantost apres arriverent les huict gardes moult-bien armés, et montés sur les meilleurs coursiers ou ronssins qui fussent en la court du duc de Bourgongne : et avoyent chacun un gros court batton en la main, sans fer et sans pointe : et ne demoura guéres que le signeur de Ternant arriva en la lice, armé de toutes piéces, fors que de la teste. Il estoit monté sur un coursier couvert d'une couverture eschacquetee (1) de ses pleines armes, et chargee d'orfaverie branlant : et apres luy venoyent deux officiers-d'armes, qui menoyent un autre coursier par la bride. Cestuy coursier estoit vestu et cousu pres de luy, comme de sa peau, d'un drap de damas my-party de bleu et de noir (qui furent les couleurs d'iceluy signeur), et estoit celle pareure brodee de fil d'or, à maniére de mets (2) : et avoit ledict coursier la creingne, le toupet et la quëue tout de fil d'or : et fut le cheval ensellé de selle estofee de mesme, et d'un petit harnois de velours cramoisi, assez à la maniére d'un harnois de cheval d'Alemaigne : et fut celle nouvelle pareure moult agreable, et fort regardee. Ainsi se présenta au duc, puis se retraït à son bout de la lice, pour soy armer de la teste.

D'autre part vint Galiot, armé de toutes armes, l'armet en la teste, à un grand plumas d'Italie : et estoit son cheval (qui fut un puissant ronssin) couvert d'une barde de cuir de boufle peinte à sa devise (qui

---

(1) *Eschacquetee* : échiquetée, terme de blason qui se dit de l'écu, divisé en échiquier. — (2) *Mets* : peut-être faut-il lire *nœuds*.

fut à maniére de ceinctures tortivees); et y avoit au
chanfrain, au poictral, et es flans de la barde, grandes
dagues d'acier. Il estoit suyvi de trois chevaux couvers de soye et d'orfaverie de diverse sorte, et dont je
n'ay pas bien souvenance : et si-tost que le mareschal
de la lice s'apperceut des dagues dont la barde dudict
Galiot estoit armee, il se tira devers le duc, et l'a-
vertit de ce qu'il avoit veu. Si envoya le duc, comme
juge, le roy d'armes de la Toison d'or, qui dit à Galiot, à l'entree de la lice, que l'on n'avoit point acoustumé de porter en lice, ou noble camp clos, dagues
ou poinctures, en habillemens de chevaux; et que
c'estoit chose deffendue, contre status d'armes nom-
mees, et contre les chapitres et emprises du signeur de
Ternant. Sur quoy l'escuyer s'excusa moult-courtoi-
sement, et prestement fit toutes icelles dagues oster :
et puis se présenta devant le duc moult-humblement,
et se retira à son bout. Le mareschal se tira devers le
signeur de Ternant, pour avoir les lances et les espees dont ils devoyent les armes fournir. Si luy furent
baillees : et il les presenta à Galiot, qui choisit une
lance et une espee, et les autres furent baillees au signeur de Ternant. Si se préparérent les champions,
et tandis se firent les cris acoustumés : et fut chacun
retiré à son ordonnance.

Si mirent chacun la lance sur la cuisse : et le signeur
de Ternant avoit ceint son espee, comme l'on les porte
à la guerre communément : et Galiot avoit mis la
sienne en sa main senestre, toute nue : et la tenoit
aveques la bride. Si brochérent l'un à l'encontre de
l'autre, et veit on bien à leur maniére de courir que
le signeur de Ternant vouloit et queroit d'empleyer

sa lance. Mais Galiot (qui se sentoit fort et puissamment monté) queroit le rencontre des chevaux, et croisa comme à la forcourse : tellement qu'il se rencontrèrent, et des corps et des chevaux, si durement, que le signeur de Ternant fut abatu sur son cul : mais le coursier fut bon, et le chevalier adroit : et se releva, et de ce coup la courroye de l'espee du signeur de Ternant rompit : et se tourna l'espee en la guaine, pendant sur la croupe du cheval : et ledict de Ternant se desarma d'une visiére dont il estoit armé, et cuida mettre la main à l'espee : mais il ne la peut avoir ne trouver; et Galiot (qui prestement fut saisi de son espee) courut sus au signeur de Ternant, et luy donna plusieurs coups d'espee de haut et de taille : et quand ledict de Ternant congnut qu'il ne pouvoit son espee recouvrer, il changea de main à la bride, et ferit le coursier des esperons, et se monstra au-devant de son compaignon, et rabatit plusieurs coups d'espee à la main ouverte : et en demenant et remuant son cheval, l'espee (qui desja pendoit contre les flancs du cheval) vuida hors de sa guaine, et cheut sur le sablon : et prestement le duc, comme juge, fit mettre les gardes entre deux, et fit bailler au signeur de Ternant son espee. Car par les chapitres qui furent escrits, estans les champions dessaisis de leurs battons, on les pouvoit et devoit ressaisir : et le duc, qui moult bien se congnoissoit en tel cas, ne tenoit point qu'il fust dessaisi de son espee tant qu'elle tinst à luy, et jusques à ce que elle fust toute hors de sa guaine, et cheute sur le sablon, comme dict est.

Ainsi fut le signeur de Ternant ressaisi de son espee : et se retira chacun, et se coururent sus moult asprement. Galiot feroit de haut et de taille moult grands coups : et le signeur de Ternant feroit deux coups de haut, l'un devant main, et l'autre renvers : et puis se joindirent les chevaux, et commença le signeur de Ternant à charger et à querir son compaignon de la pointe de l'espee par le dessous de l'armet, tirant à la gorge, sous les esselles, à l'entour du croisant de la cuirace, par-dessous la ceingnee du bras, à la main de la bride, et jusques à bouter son espee entre la main et la bride, tant que ladicte espee passoit outre une poignee : et par tout le trouva si bien armé et pourveu, que nulle blessure n'en avint : et ainsi furent pris, et getta le duc le batton, et furent amenés devant le duc, les visiéres levees : et requirent tous deux que s'ils n'avoyent acompli les trente et un coups contenus és chapitres, qu'ils estoyent prests de les acomplir. Le duc leur dît qu'il estoit content d'eux, et les fit toucher et embracer ensemble : et ainsi furent icelles armes achevees, qui furent dures et de grande extime : et depuis le bon duc festeya Galiot de Balthasin, et le feit seoir à sa table, et luy donna de grans dons : et s'en retourna devers le duc de Milan, son maistre.

Assez tost se partit le duc de Bourgongne de sa vile d'Arras, et visita le païs de Flandres et de Brabant : et, sur l'arriére-saison, le duc se tira en son païs de Zeelande, pour tenir le viescare, qui est comme le parlement du païs : et ne se peut tenir qu'en la presence du comte de Zeelande, ou de son aisné fils : et là fit faire le duc grands exploits de justice, et alors avint que grandes plaintes vindrent d'un escuyer de grand lignage du païs, nommé Jehan de Dombourc : et le chargeoit on d'efforcemens, de battures, d'affolures de sergens et d'officiers, de rançonnemens, de meurdres, et de compositions : et ordonna le duc qu'il fust pris. Mais quand il fut adverti que justice le cherchoit pour le prendre, il gaigna le clocher de l'eglise des Cordeliers en la vile de Middelbourg en Zeelande, et s'y fortifia et avitailla, avec cinq ou six de ses serviteurs : tellement qu'il le convint assieger ; et s'y tint trois jours, combien que, pour l'honneur de l'Eglise, il ne fut assailli ne n'y fut tiré un coup d'arbaleste, n'autrement : et me souvient que je vey une nonnain venir devers ledict Jehan de Dombourc, qui par plusieurs fois crioit à son frére qu'il se fist tuer plus-tost en soy deffendant, que de faire telle honte à son lignage que de choir en main de bourreau. Toutesfois ledict de Dombourc se rendit à la voulonté du prince, et fut son procés faict : et finalement il eut la teste tranchee sur le marché dudict Middelbourg : mais, à la requeste et poursuitte de ladicte religieuse sa sœur, le corps luy fut delivré, et enterré en terre saincte.

Moult d'autres justices fit faire le bon duc en son païs de Zeelande : et, environ le septembre, revint le duc en sa vile d'Anvers, où la feste commençoit, qui est en celuy temps. Mais, au partir de Bergues sur le Soin, le duc prit dix ou douze de ses privés : et en assez petite compaignie, sans soy faire congnoistre, ala faire un pélerinage à Nostre-Dame d'Ais en Alemaigne : et, durant ce temps, ceux de son conseil rompirent le tinel (1) de la salle, et la grande man-

---

(1) *Tinel* : lieu où mangeoient les domestiques d'un grand seigneur. Ici ce mot est pris pour la table des domestiques.

geaille et extréme despense qui se faisoit journellement en l'hostel du duc de Bourgongne : et furent mis tous ceux de celle court à gages et à argent : et fut lors que Michaut le rethoricien dît que le gigot de la court estoit rompu.

Depuis revint le duc au lieu d'Anvers, où il trouva la duchesse son espouse : et là fit on banquets et grandes chéres, pource que le temps estoit oiseux, et n'estoyent nulles nouvelles de guerre. Parquoy voyageoyent nobles hommes estrangers de lieu en autre, pour eux faire congnoistre : et advint qu'en iceluy temps arriva, en la vile d'Anvers, un chevalier du royaume de Castille, serviteur du duc de Milan Philippe Maria : et se nommoit messire Jehan de Bonniface. Celuy chevalier envoya devers le duc, pour luy supplier qu'il luy donnast congé de porter emprises d'armes en ses païs et en sa court : et le duc, qui voyoit voulontiers telles nobles executions, le luy acorda liberalement. Si leva ledict chevalier une emprise telle, qu'il portoit sur sa jambe senestre un fer d'or dont il estoit enferré, qui le prenoit au bas de la jambe : et estoit soustenu celuy fer d'une chaine d'or qui se prenoit au long de la jambe de dehors : et dessus le genouil avoit une main, issant d'une nuee, qui tenoit ladicte chaine : et, prestement que l'emprise fut choisie, acoururent nobles hommes de toutes pars devers le duc, pour avoir congé de lever icelle emprise : mais Jaques de Lalain (qui de longuemain avoit queru et desiré son parti, pour soy éprouver en celle noble epreuve) prevint avant tous autres, et fit tant que le duc luy otroya icelle fourniture. Si fut le chevalier mandé devers le duc : et, pour abreger, toucha à son emprise ledict Jaques de Lalain : et pource que le chevalier desiroit que brief jour luy fust assigné, luy fut ordonné et assigné au dixiéme jour (1) de novembre suyvant, en la vile de Gand, qui estoit le quatriéme jour apres que la feste de la Toison se devoit tenir en ladicte vile de Gand. Là estoyent mandés les roys, les princes et les chevaliers, fréres et confréres, pour l'ordre de ladicte Toison. Le duc et la duchesse visitérent, au partir de la feste d'Anvers, Malines et Brucelles, et grande partie de la duché de Brabant : et puis se tirérent en la vile de Gand, qui pour lors florissoit en abondance de biens, de richesses et de peuple : et menoyent leurs bourgeois et leur pouvoir moult grande estendue, par tout le païs de Flandres. Tout le païs de Wast et des Quatre-mestiers estoyt en leur obeïssance : l'on ne parloit en Flandres que du pouvoir de messieurs de Gand. Ils avoyent la pluspart de la moitié du païs, et avec ce la grâce et l'amitié de leur prince : mais (comme peuple ne se sçait tenir en repos n'en aise, comme cy aprés sera declairé en ces memoires presents) les Gandois ne sceurent longuement garder celle bienheuree vie de paix et de repos : dont il leur mesadvint si durement, que je ne croy point que, des vies presentes, Gand soit en tel estat ne prosperité qu'elle fut au temps dont de present je fay mention.

(1) *Dixiéme jour* : selon d'autres auteurs, la fête de la Toison d'or eut lieu le 30 novembre 1445.

CHAPITRE XV.

Comment le bon duc Philippe de Bourgongne teint la solennité de la Toison d'or en sa vile de Gand.

Ainsi se tint le duc en sa vile de Gand, et manda les chevaliers de l'ordre de toutes parts : et fut préparé moult noblement le chasteau de Gand (qui sied au milieu de ladicte vile) pour tenir et pour faire icelle feste et solennité : et pource que ce fust la premiére feste de la Toison que je vey onques, il m'est force de deviser et descrire les cerémonies, et le noble estat et ordonnance que chacune fois tenoit le duc à la solennité d'icelle feste.

Là vint Charles, duc d'Orleans ; Charles de Bourgongne, comte de Charolois ; et moult d'autres chevaliers portans l'ordre de la Toison : comme messire Hue de Launoy, signeur de Santes ; le signeur de Crouy, le signeur de Charny, le signeur de Ternant, le signeur de Crequi, le signeur de Chimay, le signeur de Humiérés, le signeur de Villerval, le signeur de Molembais, le signeur de Montagu, le signeur de Haubourdin, le comte de Meurs, le comte de Vernambourg, messire Simon de Lalain, signeur de Montigny ; messire Florimond de Brimeu, messire Baudet de Noyelles, et moult-d'autres dont je n'ay pas memoire : et aussi envoyérent leurs procureurs, et s'envoyérent excuser, le roy d'Arragon, le duc Jehan d'Alençon, le comte d'Ostrenant, le signeur de

Neufchastel, le signeur de Vergy, et aucuns signeurs et chevaliers, qui pour leurs grans affaires ne pouvoyent estre à celle grande assemblee : et par un mardy le sixiéme jour de novembre, s'assemblérent tous les chevaliers au chastel de Gand, environ deux heures apres midi : et saillirent tous en ordre hors de la chambre du conseil, qui pour eux estoit préparee de siéges et de bureau, à rendre compte, non pas d'argent ou de despense d'avoir, ou de richesses, mais de leur honneur, si besoing faisoit, et aussi pour leurs affaires et pour leurs elections : et vindrent en la grande chambre, qui estoit toute pleine de signeurs et de nobles hommes : et premiérement venoyent les trois officiers (car à celle fois n'y estoit point maistre Jehan Germain, evesque de Chalon, et chancelier de l'ordre), dont le premier fut le tresorier de l'ordre, et se nommoit Petter Blandelin, et fut un des puissans et des riches hommes d'avoir de la comté de Flandres : et pour lors estoit receveur géneral de toutes les finances du duc, et depuis fut maistre d'hostel du duc, et encores depuis du duc Charles son fils, homme expert en finances : et de son temps edifia de ses deniers une bonne vile sienne, que l'on nomme Medelbourg en Flandres : et la fit faire clorre, tourer et murer, et habiller moult notablement. Le second fut le greffiér de la Toison : et fut maistre Martin d'Estinbergue, un notable clerc, homme d'Eglise, qui moult bien estoit stilé à mettre par escrit en latin, en françois et en alemand. Le tiers fut le roy-d'armes de la Toison, un moult notable, sachant et discret homme, natif de la vile d'Abbevile en Pontieu : et se nommoit en propre nom Jehan, signeur de Sainct-Remy : et furent tous trois habillés et vestus de robes longues d'escarlate, et par-dessus de longs manteaux de mesmes, fourrés de gris, et les chaperons de mesmes couleurs. Apres iceux venoyent les chevaliers, parés et habillés et vestus comme les officiers, excepté que tous avoyent le colier d'or faict de fusils, et garnis de leurs flames, au col, auquel pendoit la noble Toison d'or; et si furent leurs manteaux brodés de brodures d'or tout à l'entour, à la façon dudict colier : et marchoyent les chevaliers deux à deux, c'estasçavoir les derniers eleus en l'ordre, les premiers : et ainsi se trouvoyent les plus anciens chevaliers, en celle election, les derniers et les plus-prochains du duc de Bourgongne, chef et fondateur de celle noble ordre : sauf toutesfois que les roys et les ducs sont les plus-prochains, quelques nouveaux qu'ils soyent en ladicte ordre. Et, pour monstrer l'ordonnance estre mieux gardee, le duc de Bourgongne faisoit marcher le comte de Charolois son fils le premier et le plus loing de sa personne : et aloit à sa dextre main, et au dessus de luy, messire Baudet de Noyelles, pource qu'ils estoyent les plus-nouveaux en election, et ledict comte le dernier eleu : et ainsi marchoyent les chevaliers par ordre : et furent les deux derniers, le duc d'Orleans à dextre, et messire Hue de Launoy à senestre. Iceluy de Launoy, signeur de Santes, fut un des notables, des sages, des vaillans et des preud'hommes chevaliers de son temps, et fit moult de beaux voyages, et eut charge et ordonnance de plusieurs notables ambassades, executa la guerre, et fit armes en camp clos de sa personne, à l'encontre du duc Jehan de

Somreset, anglois, et ailleurs : et estoit desja fort vieil à celle heure; et la cause pourquoy j'escri longuement de luy, c'est pour ses vertus, et qu'il le valoit, et aussi pource qu'en mes Memoires je ne puis plus toucher de luy : car, pour son ancienneté, je n'ay veu de ses nobles faicts, sinon son sens et ses vertueuses doctrines. Le bon duc Philippe de Bourgongne, fondateur et chef de ceste noble ordre, marchoit seul, apres ses fréres et compaignons : et là, au saillir de la chambre, entrant en la salle, se mirent devant luy deux sergens d'armes, portans masses armoyees en chef des armes du roy de France, et puis des siennes : et ce à cause que, comme duc de Bourgongne, il est premier per et doyen des nobles pers de France.

En tel estat et ordre tirérent tous en la court, où les chevaux les attendoyent : et en tel ordre alérent les chevaliers parmy la vile de Gand, grandement acompaignés des nobles hommes privés et estranges, d'ambassadeurs et d'estrangers : et le peuple estoit moult-grand parmy la rue et parmy la vile; et en tel estat vindrent en l'eglise de Sainct Jehan (qui est une des principales eglises et paroisses de Gand), et à l'entree de celle eglise trouvérent l'evesque de Tournay revestu, aveques les chanoines, chappelains et choreaux d'icelle eglise, qui recuillirent le duc et ses fréres moult-devotement : et, en chantant hymnes et cantiques devotes, les conduisirent jusques au chœur de l'eglise, et dont les formes d'iceluy chœur furent parés de tableaux, armés et timbrés des armes et timbres des chevaliers, de leurs mots, de leurs noms et de leurs devises : et furent iceux tableaux grans et spatieux, et peints le plus-richement et le mieux qu'il se peut faire ne mettre : et furent iceux blasons assis en icelles formes à deux lés, en tel ordre et en telle maniére que les chevaliers marchoyent à icelle fois ; et se tira chacun chevalier endroit de son blason, et demourérent aucunes places vuides, garnies de leurs blasons : et d'abondant seoient iceux blasons sur un grand drap noir. Ce que les autres n'avoyent point.

Si me tiray devers le roy-d'armes de la Toison (qui fut homme tout courtois), et luy demanday pourquoy n'à quelle cause estoit ceste difference : et combien que je fusse page, et du nombre de la petite extime (1), le bon homme s'arresta à moy, et me dît que c'estoyent les blasons et les places des bons chevaliers d'iceluy ordre qui estoyent trépassés depuis la derniére semblable feste tenue ; et que si je voyoye et regardoye le surplus de la noble ceremonie, je pourroye voir et congnoistre le l'endemain, à la grande messe, plus-amplement ce que je demandoye. Et aussi, en devisant des autres, je vey aucunes places et blasons, dont nul ne prenoit les places : et estoyent les places et les lieux des chevaliers, qui pour leurs grans affaires s'estoyent excusés par leurs procureurs, et n'estoyent pour celle fois peu venir à la journee n'à icelle feste : et en l'endroit, et par-dessus la place du roy d'Arragon, avoit un riche ciel de drap d'or, comme s'il y eust esté en personne : et estoit sa place au-dessus de celle du duc d'Orleans, et en ce mesme rang ; et fut la place du duc de Bourgongne au maistre et principal siége,

---

(1) *Du nombre de la petite extime :* du nombre des inférieurs.

couvert de son palle, qui fut de drap d'or : et n'avoit, au demourant, nul different à ses fréres et compaignons, sinon que le tableau de ses armes estoit un peu plus-grand, et plus-large que les autres.

Les chevaliers chacun en sa place, vespres commencérent, qui furent chantees par les chantres de la chapelle du duc : qui fut une des meilleures chapelles, des mieux-acordees, et en plus-grand nombre de chapellains, que l'on sceust nulle part. Tandis que l'on disoit vespres et le service, pource qu'à celle heure je ne voyoye plus rien qui fist à enquerir, je m'en allay, aveques autres de ma sorte, pourmener parmy l'eglise (qui fut pleine de gens et de grand peuple); et, en regardant par tout, je vey haut aucuns blasons, tels que ceux qui estoyent mis es formes pour les chevaliers : et me fut dict que c'estoyent les blasons des bons chevaliers portant l'ordre qui estoyent mors avant l'autre feste paravant faicte, et dont lesdicts blasons estoyent encores en forme (si les avoit on là mis solennélement); et que telle estoit la coustume, qu'à refaire chascune feste, quand l'on trouvoit les blasons des chevaliers es formes acoustumees, et qu'ils estoyent trépassés, et toutes les solennités par eux passees et acomplies, iceux tableaux et blasons estoyent élevés, et mis haut hors du chœur, où chacun les pouvoit longuement voir et congnoistre.

Vespres dictes et achevees, les chevaliers s'en retournérent comme ils estoyent venus : et le l'endemain (qui fut par un mecredy), entre neuf et dix heures, retournérent les chevaliers à la grande messe, gardans chacun sa reigle et son ordre : et là je ne vey rien de nouvel jusques à l'offrande. Sur quoy est force de m'arrester, pour déclairer la noble cerémonie à ce tenue et faicte. Premièrement, quand le prestre qui celebroit la messe (qui fut l'evesque de Tournay) fut retourné de l'autel devers les chevaliers, les officiers-d'armes, vestus de leurs cottes-d'armes, en lieu de clercs de chapelle portérent un carreau de drap d'or : et devant l'autel avoit un rastelier, auquel avoit autant de cierges qu'il y avoit de chevaliers portans l'ordre de la Toison d'or, presens, et absens, et trépassés, depuis la derniére feste tenue : et prit fusil, le poursuyvant, celuy du duc fondateur et chef, le baisa, et le bailla au roy-d'armes de la Toison d'or : lequel roy-d'armes, en soy agenouillant par trois fois, vint devant le duc, et dît : « Mon« sieur le duc de Bourgongne, de Lotrich, de Brabant, « de Lembourg et de Luxembourg, comte de Flan« dres, d'Artois, et de Bourgongne palatin, de Hol« lande, de Zelande et de Namur; marquis du Sainct « Empire; signeur de Frise, de Salins et de Malines; « chef et fondateur de la noble ordre de la Toison d'or, « allez à l'offrande. »

Et le duc partit hors de son siége : et le royd'armes, en baisant et s'agenouillant, luy bailla son cierge, allumé et empris : et, au passer, se retourna le duc devers le duc d'Orleans, en luy portant grand honneur et reverence : mais le noble duc d'Orleans ne luy fit point l'honneur de son degré comme la tierce personne du royaume de France, mais comme frére et chevalier de la Toison d'or : et firent tous les autres chevaliers moult grand honneur au duc. Le duc revenu de l'offrande, le poursuyvant prit le cierge du roy d'Arragon : et en le baisant, et soy enclinant, le bailla au roy-d'armes; et le roy-d'armes dît : « Treshaut et trespuissant prince le roy d'Arragon, « venez à l'offrande, ou autre pour vous. » Et lors messire Anthoine, signeur de Crouy, comte de Poursuyen (qui estoit procureur pour le roy d'Arragon), se partit de son siége, et ala en la place du Roy, et puis se partit, et le roy-d'armes luy bailla le cierge; mais il ne le baisa point, ny ne s'agenouilla : et ce, pour la difference du prince et du procureur. Le signeur de Crouy fit reverence au duc et à ses fréres, et alla à l'offrande, et puis s'en retourna en sa propre place. Le poursuyvant prit le cierge du duc d'Orleans, le baisa, et en faisant reverence le bailla au roy-d'armes, lequel appela le duc d'Orleans par ses tiltres et signeuries, et luy porta son cierge, et le luy présenta, en baisant ledict cierge moult-humblement. Le noble duc ala à l'offrande : et si de sa part il fit honneur au duc de Bourgongne, le duc le luy rendit aussi grand, ou plus : et ala à l'offrande, et luy portérent les chevaliers grand honneur et reverence, et retourna en sa place. Et ainsi se présentoyent les cierges aux chevaliers, de degré en degré : et me souvient que le roy-d'armes se vint mettre en la basse forme, à-l'endroit du tableau du comte de Fribourg (qui estoit des chevaliers trépassés), et dît : « Je vois à l'of-« frande pour le bon chevalier le comte de Fribourg, « dont Dieu veuille avoir l'ame! » Et pour luy ala le roy-d'armes à l'offrande : et ainsi se continua la cerémonie, qu'en lieu d'un absent un chevalier de l'ordre, son procureur, aloit à l'offrande pour luy :

et pour les trépassés aloit à l'offrande le roy-d'armes de la Toison d'or.

L'offrande achevee et faicte, l'evesque de Verdun (qui depuis fut chancelier de l'ordre) fit un sermon, où fut ramenteue la cause de la fondation d'iceluy noble ordre, et dont l'intention singuliére fut pour le reméde et l'aide de l'Eglise et de la saincte foy chrestienne : et aussi ce que les chevaliers devoyent, et en quoy ils estoyent obligés envers Dieu et la chose-publique plus que ceux de moindre estat : de l'amour et union qui devoit estre en eux, de la loyauté qu'ils devoyent porter à leur chef, et leur chef à eux, et l'un envers l'autre : et moult d'autres belles et notables choses, qui trop longues me seroyent à escrire. La messe célebree, les chevaliers s'en retournérent comme ils estoyent venus, et se retraïrent en leur chambre de conseil : et tandis fut le disner apresté, et là fut drecee une moult-grande table toute couverte, et adossee d'un velours noir brodé de fusils, et des armes du duc de Bourgongne, moult richement ; et au senestre costé avoit une plus-basse table, qui fut ordonnee pour les quatre officiers de la Toison.

Le disner prest, les chevaliers revindrent, et lavérent les deux ducs ensemble : et s'asseit le duc de Bourgongne au milieu de la table, et à son dextre lez le duc d'Orleans, et au senestre le signeur de Santes : et s'assirent les autres chevaliers par ordre. Les deux ducs furent servis à couvert, chacun à-par soy, et pareillement furent servis tous les chevaliers, chacun son plat et son service à part : et furent moult grandement servis de vins et de viandes : et à la basse table s'asseit le chancelier, le tresorier, le greffier, et le roy-d'armes, qui pareillement furent servis, chacun à-par eux, comme les chevaliers. Longuement dura le disner et le service. Là jouérent et sonnérent menestries et trompettes, et heraux eurent grans dons, et criérent largesse : et, tables levees, furent les espices aportees, et furent les princes et les chevaliers servis d'espices et de vins : et puis se retrairent les chevaliers en leurs chambres, et sur le point de trois heures revindrent vestus de robes et longs manteaux noirs, et chacun le colier de l'ordre au col : et les quatre officiers furent vestus de mesme, montérent à cheval en l'ordre acoustumé, et alérent à l'eglise ouir vespres des morts, et prier pour les trépassés; et l'endemain furent à la grande messe, furent à l'offrande comme le jour devant : et apres l'offrande le greffier de la Toison nomma tous les chevaliers trépassés qui onques portérent l'ordre de la Toison, les recommandant aux chevaliers leurs fréres, pour prier pour eux.

Le service achevé, s'en retournérent les chevaliers : et fut le disner préparé, et furent les ducs d'Orleans et de Bourgongne, et le comte de Charolois, à une table : et fut le duc d'Orleans assis au-dessus, et luy fit tousjours le duc de Bourgongne moult-grand honneur. Les autres chevaliers furent assis aux autres tables, et plusieurs chevaliers, orateurs et ambassadeurs de divers royaumes et païs, aveques eux : et là fut assis messire Jehan de Bonniface, chevalier arragonnois [1], à qui Jaques de Lalain avoit touché l'emprise, et dont les armes se devoyent faire en celle

---

[1] *Chevalier arragonnois* : L'auteur a dit plus haut que Jean de Boniface étoit de Castille.

semaine. Le disner faict, se retraïrent les chevaliers
en la chambre de leur conclave : et là n'entra nul, s'il
n'estoit chevalier portant l'ordre, et les quatre officiers dessus-nommés. Par deux jours furent les chevaliers assemblés : et le deuxiéme jour Toison d'or
demanda apres le signeur de La Vere, un moult puissant et notable chevalier zeelandois du nom et des
armes de Bourselle, et qui, par sa grande conduite et
renommee par la mer, avoit eu la fille du roy d'Escoce, sœur germaine de madame la Dauphine, dont
cy dessus est faicte mention, et l'avoit mariee à son
fils le comte de Boucquam. Il demanda semblablement apres le signeur de Berdauxi, le chevalier avant-
nommé (qui gouvernoit et nourrissoit le comte de
Charolois), et tant les quit le roy-d'armes qu'ils veindrent au conclave : et quand ils partirent dehors, ils
avoyent le colier de la Toison d'or au col : et dît
chacun que bonne election avoit esté faicte des deux
chevaliers. Autres furent éleus, à qui la Toison fut
portee, dont je n'ay souvenance; mais nommément
le duc Jehan de Bretaigne receut l'ordre moult-agrea-
blement, et fit de grans dons au roy-d'armes qui la
luy porta. Et ainsi se partit celle feste : et (comme
dict est dessus) force m'a contraint d'escrire celuy
noble estat pour une fois, afin de delecter les lisans
qui verront mes Mémoires cy-apres, à veoir et sçavoir les ceremonies passees, par eux non veües, et où
je ne plain le travail, si-non en tant que ne le say
faire, ou y atteindre selon mon desir et affection.

CHAPITRE XVI.

Comment messire Jaques de Lalain et messire Jehan de Bonniface firent armes à pié et à cheval devant le duc de Bourgongne.

APRES le faict de la noble feste de la Toison passé, les armes emprises par messire Jehan de Bonniface, et touchees et accordees par Jaques de Lalain, furent mises au samedy suyvant : et furent les lices préparees sur le marché de la Vieserie, en la vile de Gand : et fut la maison du juge devant les maisons où se vendent les vieils habits, ainsi qu'au milieu dudict marché : et celuy jour, ainsi qu'à une heure apres midy, vindrent les ducs d'Orleans et de Bourgongne, le comte de Charolois, et toute la signeurie, en la maison, qui pour le juge fut noblement paree; et prit le duc de Bourgongne le blanc batton, comme juge : et tantost veindrent les huict hommes-d'armes qui furent ordonnés pour estre gardes : et ne demoura guéres que ledict messire Jehan de Bonniface entra par le costé de son pavillon (qui fut du costé tirant à la riviére de l'Escaud); et estoit le chevalier en une courte robe noire, et sur unes chausses d'escarlatte portoit son emprise à sa jambe senestre : et, apres sa présentation faicte, se retraït en son pavillon pour soy armer : et fut ledict pavillon de soye blanche et verde, et par-dessus avoit un blason des armes du chevalier, timbré d'une dame tenant un dard en sa main : et par dessus avoit en escrit : *Qui a belle dame, garde la bien.*

De l'autre part, du costé tirant à la porte de Sainct Bavon, entra Jaques de Lalain, armé de toutes armes, le bacinet en teste, la visiére levee : et estoit paré de sa cotte-d'armes (qui furent lès pleines armes de Lalain), et portoit les lambeaux, comme fils aisné de la maison. Il fut noblement acompaigné : et sur tous le tenoyent de pres messire Symon de Lalain son oncle, et Hervé de Meriadet, un escuyer breton, moult bon corps, sage, et adextre en armes. Ledict Jaques seoit sur un cheval couvert de ses armes, et descendit à pié, et marcha jusques devant le duc, se signant de sa bannerolle. Il estoit grand et droit, et avoit le visage beau, frais et bien-coulouré, et pouvoit avoir d'aage vingtquatre ans. Il avoit espee ceincte, et marchoit par moult bonne façon : et, après sa présentation faicte, ledict Jaques se mit à genoux, et requit au duc son souverain signeur et maistre, au nom de Dieu et de sainct George, chevalerie. Le duc descendit de son hourd en la lice, et Jaques tira son espee, baisa la poignee, et la bailla au duc, qui le feit chevalier; et ferit si grand coup le duc, en baillant l'acolee, que le coup fut oüy de tous ceux qui furent presens, ou de la plus-part, et puis remonta en sa place; et le nouveau chevalier se retraït en son pavillon, et furent faicts les cris acoustumés : et se retraït chacun de la lice, si-non ceux qui demourer y devoyent : et ne demoura guéres que messire Jehan de Bonniface saillit hors de son pavillon, sa cotte-d'armes au dos, bacinet en la teste, et sa visière close. Il portoit à son senestre costé une dague assez longue, et tenoit en

sa main senestre une hache tresbonne, à dague dessus
et dessous, et avec ce un targon (1) d'acier: et en sa
main dextre tenoit un long dard, leger, à la mode
d'Espaigne.

D'autre part saillit hors de son pavillon messire
Jaques de Lalain, le nouveau chevalier: lequel d'ores-
en-avant je nommeray au nom de chevalier, comme il
appartient. Ledict messire Jaques avoit fait déclouer
et oster la visiére de son bacinet, et avoit à maniére
d'une baviére troüee, qui luy couvroit le visage jusques au nez. Il avoit l'espee ceinte, dont il fut chevalier: et me semble qu'il ne portoit point de dague.
Il avoit en sa main senestre une targe d'acier, et une
longue hache, fort pointue dessous et dessus: et en
sa main dextre portoit une grosse espee pesante
(que l'on nomme un estoc), et la poincte haut, à
contrepoix, pour en faire gect: et ainsi marchérent les chevaliers l'un contre l'autre, et getta ledict
messire Jehan de Bonniface le premier, et ferit de
plain gect dedans la targe de son compaignon. Mais
rien ne l'empira: et messire Jaques getta son espee,
et passa assez pres de la teste de son compaignon: et,
le gect passé, les chevaliers s'approchérent l'un de
l'autre, et se getterent les targes d'acier au-devant de
leurs marches, pour cuider chacun empescher et nuire
à son compaignon, et puis se coururent sus aux haches moult-asprement. Messire Jehan de Bonniface
feroit de la teste de sa hache, et feroit haut apres
le visage dont il voyoit le plus-nud et découvert; et
messire Jaques (qui fut beaucoup plus haut) rabatoit froidement, de la queüe de sa hache, les coups

(1) *Targon* ou *targe* : bouclier.

de son compaignon : et, en rabatant, par deux fois luy fit perdre sa hache de la main dextre : et messire Jaques getta le bout d'embas de son batton, par deux ou trois fois, apres la visiére du bacinet de son adversaire, et si souvent le continua qu'il l'enferra en la visiére : et ne tint pas la prise si peu non (1), car la dague rompit : parquoy ne vint autre détourbier.

Quand Bonniface congnut la froideur de son compaignon, il aventura vigoureusement le surplus : et en marchant pres il abandonna sa hache, et prit la hache de messire Jaques, par le bout d'embas, de sa main senestre : et de la dextre main il tira sa dague, et haussa la main dextre, comme s'il contendist apres le visage de messire Jaques. Messire Jaques se couvrit prestement d'un grand démarche, et tira sa hache hors de la main du chevalier; et sur ce point le juge getta son batton, et se mirent les gardes entre deux : et furent les chevaliers amenés devant le duc, offrant chacun de parachever, si faute y avoit. Le duc fut content d'eux : mais il ne les fit point toucher ensemble, pource que les armes de cheval n'estoyent point achevees. Si partirent tous deux à une fois hors de la lice, chacun à son bout, et tira chacun à son plaisir : et quant à messire Jaques, il se tira tout armé à la prochaine eglise de son logis : et là moult-devotement rendit grâces à Dieu, et se monstra devant, lors et depuis moult-bon et devot catholique : et les deux ducs se retraïrent chacun en son hostel.

Le samedy suyvant (qui fut le dixhuictiéme jour d'iceluy mois), les deux ducs revindrent en la lice pour voir les armes de cheval des deux chevaliers : et prirent

(1) *Si peu non :* si peu que rien.

la maison du juge : et au milieu de la lice avoit une toille pour conduire les chevaux, pour les courses de lances qu'ils devoyent acomplir : et se présenta le premier messire Jehan Bonniface, armé et monté comme il appartenoit. Son cheval estoit couvert d'un drap de damas blanc et verd en escartelure : et sur son armet avoit le bras d'une dame tenant un grand volet; et seoit moult-bien à cheval, et fit aporter apres luy deux lances ferrees, qu'il présenta au juge : dont l'une fut ferree d'un fer bel et bon, et commun pour la guerre, et celuy luy fut acordé; et l'autre fut un fer à quatre pointes fort-closes, et celuy luy fut deffendu : et luy fut dict qu'il n'estoit pas commun à faire armes, ne passable devant juge n'en camp clos.

Ne demoura guéres que messire Jaques de Lalain se présenta armé de toutes armes, fors que de la teste, sur laquelle il portoit un chaperon de bourelet d'escarlate moult bien decoupé, et qui bien luy seoit, selon l'habillement de lors. Son cheval estoit couvert de drap de damas gris, brodé de gros estocs jettans flamme de feu, et de sa lettre, qui fut un K : qui est une lettre hors du nombre des autres. Apres luy venoyent quatre chevaux couverts de velours noir chargé d'orfaverie dorée et blanche, moult-richement; et avoyent lesdicts chevaux chanfrains d'argent, dont issoit une longue corne tenant au front, à maniére de licorne; et furent icelles tortivees d'or et d'argent : et les pages qui seoyent dessus furent vestus de drap de damas gris, brodé des devises et lettres semblables de la housseure dont estoit couvert le cheval dudict messire Jaques : et avoyent petits chaperons, à bourelets d'escarlatte, lesdicts pages sur leurs testes.

Ledict messire Jaques entra en la lice, soy signant et recommandant de sa bannerole moult catholiquement : et estoit fort-acompaigné de princes, et de plusieurs grans signeurs de son lignage : et si fit sa présentation, et furent ses lances présentees et baillees au mareschal, et d'autre part celles du chevalier espaignol, pour les mettre à une mesure. Les cris et ordonnances furent faictes. Les chevaliers s'armérent et preparérent, et leur furent les lances baillees : et pour abreger mon escrit de ce qui advint des trois ou des quatre premiéres courses, messire Jaques de Lalain estoit armé de plusieurs rondelles, l'une sur la main, l'autre sur le coude du bras de la bride, et l'autre tenant au grand gardebras, à maniére d'escu ; et ledict de Bonniface estoit un bon coureur de lance, et seur : et ne failloit point de trouver l'une d'icelles rondelles, et gaignoit bien trois doigts de longueur de lance, en faisant icelles atteintes : parquoy messire Jaques ne pouvoit atteindre. Si fut conseillé de faire oster icelles rondelles : et puis recommencérent leurs armes, et du premier coup rompirent les deux chevaliers leurs lances (qui fut la cinqiéme), et à la sixiéme ils croisérent trop. A la septiéme, ledict de Bonniface agrava le fer de sa lance. A la huictiéme, feirent tous deux tresdure ateinte l'un sur l'autre. A la neufiéme, Bonniface rompit sa lance. A la dixiéme, messire Jaques rompit sa lance. A l'onziéme et à la douziéme, ne feirent point d'atteinte. A la treiziéme, Bonniface feit une dure atteinte, et à la quatorziéme aussi : et desarma messire Jaques du grand gardebras. Si fut réarmé, et tandis ledict Bonniface faisoit regarder son cheval : et avoyent ceux qui le servoyent une coustume qu'à chascune course, ou bien souvent, l'on nettoyoit du curetel les quatre piés de son cheval. Si commencérent pour la quinziéme fois, et rompit messire Jaques sa lance : et Bonniface agreva la pointe du fer de la sienne. A la seziéme, Bonniface fit atteinte. A la dixseptiéme, atteindirent tous deux : et fauça de ce coup messire Jaques de Lalain le bord du gardebras de son compaignon. A la dixhuictiéme, Bonniface rompit sa lance par la poignee. A la dixneufiéme, feirent tous deux atteinte en croisee. A la vingtiéme, ne firent point d'atteinte. A la vingtuniéme, rompirent leurs lances : et de ce coup fut Bonniface desarmé du petit gardebras de la lance. Tost fut rearmé, et de la vingtdeuxiéme course Bonniface fit atteinte. De la vingtroisiéme, Bonniface rompit sa lance. De la vingtquatriéme, Bonniface feit une tresdure atteinte : et messire Jaques agreva le fer de sa lance plus d'un doigt. A la vingtcinqiéme, messire Jaques rompit sa lance : et Bonniface feit une tresdure atteinte pres de la lumiére du heaume. A la vingtsixiéme, faillirent tous deux : et à la vingtseptiéme se rencontrerent tous les deux chevaliers si durement, que tous deux agravérent et rompirent les fers de leurs lances. Ainsi advint qu'à celle course le duc les fit prendre et amener devant luy, et leur dît que le jour leur failloit de lumiére (et à la verité il estoit trestard); et que ja soit que les lances n'estoyent rompues, ordonnees à rompre par les chapitres, ne les armes acomplies, toutesfois tous deux avoyent si-bien et si-chevaleureusement besongné, qu'il tenoit les armes pour acomplies, et qu'il leur prioit qu'ils fussent contens. Surquoy treshumblement merciérent le duc, et par commandement touchérent ensemble, et se partirent de la lice comme fréres; et ainsi furent icelles armes achevees, au grand honneur de toutes les deux parties : car ledict messire Jaques fit un bel et honnorable commencement de chevalerie, et persévera si-largement en acroissement de los et de bruit, que de son temps il n'a point esté plus grand exercice de chevalier, de luy, en toutes vertueuses œuvres : et quant audict de Bonniface, il se monstra l'un des bons coureurs de lance qui ait esté de nostre temps, et fut le troisiéme de la maison du duc de Milan à qui j'ay veu faire armes : et disoit on que le duc de Milan avoit tousjours cent lances especiales, dont des trois que je vey le premier fut Jaques de Visque, comte de Sainct-Martin; le second fut Galiot de Baltasin; et le tiers fut messire Jehan de Bonniface, dessusdict : lequel, à la verité, pouvoit bien estre tenu et reputé pour une bonne lance.

CHAPITRE XVII.

Comment messire Jaques de Lalain fit armes en Escoce; et de plusieurs autres particularités en la maison de Bourgongne.

Quand messire Jaques veit qu'il ne trouveroit plus à besongner par-dela, il s'en revint, et trouva le bon duc de Bourgongne en sa vile de l'Isle, qui le receut moult liement, et de grand cueur. Mais il ne targea guéres qu'il prit congé du duc, et par mer se tira au royaume d'Escoce : et l'acompaigna messire

Simon de Lalain son oncle, et Hervé de Meriadet, et plusieurs autres gens-de-bien : et, à ce que j'entendy, messire Jaques Du Glas, frére du comte Du Glas, et ledict messire Jaques de Lalain, avoyent anciénement assenti du vouloir l'un de l'autre, et se queroyent et requeroyent l'un l'autre pour s'entre-rencontrer : et tant fit ledict messire Jaques Du Glas que la bataille fut acordée par le Roy entre luy et messire Jaques de Lalain. Mais la matiére creut et multiplia tellement, qu'une bataille à outrance fut conclue, de trois nobles hommes escoçois à l'encontre de messire Simon de Lalain, de messire Jaques de Lalain, et de Hervé de Meriadet : et se devoyent faire icelles armes à une fois devant le roy d'Escoce : et quand vint le jour de la bataille, le Roy les receut en lices closes moult-honnorablement : et combien que je ne veisse point icelles armes, si m'est il force de ramentevoir aucunes cerémonies qui là advindrent, pour exemple au temps avenir.

Car il y eut trois choses mémorables, sans la bataille, qui fut moult fiérement combatue d'un costé et d'autre. La premiére fut que quand les trois de l'hostel du duc de Bourgongne furent tous armés, chacun sa cotte-d'armes en son dos, et prests pour partir, et pour entrer en la bataille, messire Jaques de Lalain parla à messire Simon de Lalain son oncle, et à Meriadet, et leur dît : « Messieurs et mes fréres,
« en ceste belle journee vous sçavez que c'est à mon
« emprise que sommes venus en ce royaume, et que
« de pieça a esté la bataille accordee à messire Jaques
« Du Glas : et combien que chacun de nous peut
« aider à son compaignon, je vous prie et requier

« que, pour chose qui aujourdhui m'avienne, nul de
« vous ne s'entremette de me secourir : car il sem-
« bleroit qu'eussiez passé la mer, et que fussiez entrés
« en ceste bataille seulement pour moy aider, et que
« vous ne me teinssiez ou congnussiez pas homme
« pour soustenir l'assaut et la bataille d'un seul che-
« valier : et en tiendroit chacun moins compte de
« moy et de ma chevalerie. » Sur celle requeste saillirent de leurs pavillons les champions, armés et embattonnés de haches, de lances, d'espees et de dagues : et pouvoyent des lances getter ou pousser, chascun à son choix.

Les deux messires Jaques Du Glas et de Lalain estoyent au milieu pour eux entrerencontrer. Ce qu'ils feirent : et à la main dextre estoit messire Simon de Lalain, qui devoit rencontrer à l'encontre d'un escuyer escoçois, et Meriadet à l'encontre d'un chevalier moult puissant homme et renommé ; mais ils se trouvérent au rebours, tellement que le chevalier estoit à l'endroit de messire Simon : et alors Meriadet (qui desiroit d'aborder à celuy à qui il estoit sorti, sans avoir regard à la force n'à la renommee d'iceluy) traversa pour soy venir mettre devant ledict messire Simon, à l'encontre de son homme. Mais le bon chevalier froidement et asseurément se retourna devers Meriadet, et lui dît : « Frére, chacun se tienne
« à ce qu'il rencontre, et je feray bien, si Dieu plaist. »
Et se remit ledict Meriadet devant son homme : et est la seconde chose que je desiroye à ramentevoir. Les champions se prirent à marcher les uns contre les autres : et pour ce que les trois du parti de Bourgongne doutérent que la place ne fust fort empeschee de

tant de lances, tous trois à une fois getterent leur lances derriere eux (qui est la troisiéme cause de mon recit), et prirent les haches, et coururent sus aux Escoçois, qui venoyent de poux de lance; mais rien n'y profiterent : et combien que tous combatissent à une fois, si ne puis je parler des aventures que de l'un apres l'autre.

Les deux messires Jaques Du Glas et de Lalain aborderent l'un à l'autre : et tellement s'aprochérent et se pressérent de si-pres, que de tous leurs battons n'en demoura nuls, n'à l'un n'à l'autre, fors une dague que tenoit l'Escoçois : et ledict messire Jaques le tenoit par le bras, pres de la main dont il tenoit ladicte dague, de si-court que l'Escoçois ne se pouvoit aider de sa dague, et le tenoit de l'autre main par dessous les aisselles : tellement qu'ils se tournoyoient l'un l'autre parmi la lice à force de bras : et dura longuement. Messire Simon de Lalain et le chevalier escoçois furent deux puissans chevaliers, et n'estoyent tous deux guéres duits de soubtiveté de jeu de hache : et, comme deux chevaliers vaillans et hardis, se queroyent l'un l'autre, et se trouvoyent si-souvent qu'en peu d'heure ils empirérent les visiéres de leurs bacinets, et leurs battons et leurs harnois, des coups qu'ils avoyent donnés et receus : et perdoyent peu de terre l'un sus l'autre.

De l'autre part aborda Hervé de Meriadet, et vint l'Escoçois pour atteindre ledict de Meriadet de poux de lance; mais Meriadet détourna le coup, de la quëue de sa hache : tellement que la lance cheut à l'Escoçois hors de ses mains ; et le poursuyvit Meriadet si-asprement, qu'avant que l'Escoçois eust détroussé sa hache, il entra dedans luy, et d'une attrappe le porta par terre : et démarcha ledict de Meriadet pour laisser relever l'Escoçois, qui fut viste, leger, et de grand courage : et se leva vistement, et courut sus audict de Meriadet pour la seconde fois; et Meriadet (qui fut homme, et l'un des à redouter escuyers de son temps, de force et de legéreté, froid, et adextre en armes et en luitte) receut l'Escoçois froidement et de grand aguet, et tost apres fit une entree sur l'Escoçois : et de celle entree luy donna si-grand coup qu'il le porta par terre de coup de hache, et prestement se cuida l'Escoçois relever. Mais Meriadet luy donna de la palme et du genouil contre le derriére, et derechef le fit choir à bouchon contre le sablon : et nonobstant la requeste que luy eust faicte messire Jaques de Lalain, ledict Meriadet, voyant la luitte des deux chevaliers, marcha pour aider ledict messire Jaques : mais le roy d'Escoce getta son batton, et furent departis ledict Meriadet franc en sa bataille, pour secourir ses compaignons à son plaisir. Or combien que ce soit contre mon ordre commencé, et que j'escri ceste bataille sans l'avoir personnellement veuë, je l'escri, neantmoins, à la verité par le rapport d'Escoçois, et de ceux de nostre parti; et si le puis rementevoir sans meprendre : car je vei charger audict messire Jaques l'emprise dont celle belle aventure et autres sont advenues.

Messire Jaques de Lalain et ses compaignons retournérent par Angleterre : et là porta ledict messire Jaques son emprise à la court, devant la personne du roy Henry et parmy le royaume : et dont le conseil ne se contenta poinct, disant que ce n'estoit pas la coustume du royaume que nul estranger ou privé portast ou levast enseigne, ou emprise d'armes, sans premier obtenir congé et licence du Roy, ou de son connestable. Ce fut dict et remonstré audict messire Jaques par moyens. Sur quoy il respondit qu'il estoit aucunement contrainct à ce faire, pour raison de ce que par veu et par commandement il avoit empris de porter icelle emprise par la plus-part des royaumes chrestiens : et s'ainsi avenoit qu'en demandant congé à chacun roy et à chacun royaume, avant porter ladicte emprise, on le luy refusast, en ce cas il ne pourroit son emprise, ne ce qui luy est commandé, fournir et achever : et pourroit, par le refus, desobeir à telle personne, qu'il aimeroit mieux mettre tout le demourant du monde en murmure contre luy. Ceste response contenta fort les gens-de-bien, et plusieurs non.

Finalement partirent les trois compaignons de la court du Roy, sans ce qu'audict messire Jaques fust offert aucun allégement en son emprise : et s'en revindrent à Sandewic pour r'entrer en mer, et revenir es païs du duc de Bourgongne. Mais un escuyer anglois nommé Thomas Qué (qui venoit de Galles, et n'estoit pas à court, du temps qu'y fut messire Jaques), sachant qu'il avoit porté emprise au royaume d'Angleterre, sans estre levee ne touchee (fust par congé du Roy ou autrement), de grand et de noble vouloir, à toute diligence, vint apres ledict messire Jaques, et le trouva desja en son navire, prest pour faire voile : et vint, en un petit bot, aborder au navire, et fit dire audict messire Jaques que ja à Dieu ne pleust qu'un si-noble et tant-renommé chevalier comme luy se partist du royaume d'Angleterre sans avoir alegeance de son desir, et qu'il venoit là pour toucher à son emprise, et le prioit qu'il luy laissast ses chapitres : et il luy promettoit que, dedans six semaines apres, il passeroit la mer, et, en la presence et sous le jugement du duc de Bourgongne, il acompliroit audict messire Jaques, à l'aide de Dieu, le contenu de ses chapitres. Finalement ledict Thomas toucha l'emprise, et luy furent les chapitres baillés : dont il s'aquitta honnorablement, comme l'on verra cy-apres; et ledict messire Jaques fit tirer les ancres, et faire voile : et vindrent descendre à L'Escluse, et trouvérent le duc à Bruges, qui les receut en bonne chere.

En ce temps, ou à peu pres, mourut à Brucelles madame Katherine [1] de France, comtesse de Charolois : et fut enterree à Saincte Goulle honnorablement, comme il appartenoit à fille du roy de France; et furent faictes de grandes devotions pour elle et pour son trépas : et s'aquitérent le duc et la duchesse merveilleusement vers elle en sa maladie : car le duc eut tousjours en sa maison deux des meilleurs médecins du roy Charles de France, pour penser et avoir regard au faict de madicte dame en sa maladie ; et emporta à sa mort grandes plainctes et grands regrets : car elle estoit vertueuse princesse. Dieu en veuille avoir l'ame!

En cedict temps, ou bien tost apres, le duc maria sa fille naturelle, madame Marie de Bourgongne, au

---

[1] *Madame Katherine* : elle mourut le 28 juillet 1446, âgée de dix-sept ans.

signeur de Charny son second chambellan; et furent les plus belles noces, pour un jour, que je vey onques : car à la jouste (où joustérent les plus grands) chacun porta son escu armoyé de ses armes, et son timbre; et devez croire que les houssures estoyent riches : et mesmes les princes et les signeurs qui ne joustoyent point s'estoyent acompaignés et assortis, à leurs despens, des plus gens-de-bien de la maison : et fut une feste de grand coust et de grande mission : et, deux ou trois jours apres, le signeur de Ternant requit à monsieur de Bourgongne que je m'en allasse aveques luy, et me tira hors de page, et fu mis escuyer-pannetier du duc : et ainsi je ren compte comme je suis venu en ceste maison temps pour temps.

En ce mesme temps l'archevesque de Coulongne meut une guerre à l'encontre du duc de Cléves pour la vile et signeurie de Zoust (laquelle il disoit à luy appartenir), et amena grosse armee contre le duc de Cléves, comme Behaignons, Hongrois, et gens de toute nation. Mais Jehan, monsieur de Cléves, se bouta audict Zoust, et assembla grand noblesse de soudoyers : et si-bien deffendit et luy et sa vile, qu'il en partit à son honneur : et soustint grand assaut, et s'y porta chevaleureusement : et le duc de Bourgongne sachant son neveu de Cléves en tel danger, et que le pére (qui vivoit) n'estoit pas homme pour donner à son fils grand confort, feit une armee conduite et menee par monsieur Louis de Sainct-Pol et monsieur le bastard de Bourgongne, en intention de lever le siége. Mais le vieil duc de Cléves fit rompre les ponts et les passages par son païs, afin que ladicte armee n'y entrast; et neantmoins si-bien prit, que le jeune duc de Cléves soustint celle guerre si-chevaleureusement que l'archevesque de Coulongne en ramena ses gens, et abandonna son siége : et ainsi fut celle guerre achevee.

En celuy mesme temps monsieur Charles de Valois, duc d'Orleans, se tira en Bourgongne, et fit une armee, pour envoyer à haste en Piémont. Par le consentement du duc de Bourgongne, Jehan de Chalon, signeur d'Arguel (qui avoit espousé la niéce dudict duc d'Orleans), leva aucuns Bourgongnons : et fut son lieutenant Philibert de Vaudray, moult-vaillant et diligent escuyer bourgongnon, et dont dessus est faicte mention en la guerre de Luxembourg; et feit venir le duc d'Orleans la duchesse sa femme en Bourgongne : laquelle estoit sœur du duc de Cléves et niéce du duc de Bourgongne, et fille de sa sœur, comme dessus est dict : et luy donna le païs six mille francs pour une fois, et fit au païs moult-grande chére : et de ce temps je fey un tour en Bourgongne, de la grâce du duc d'Orleans, qui me fit et monstra moult-grande privauté : et ce, à cause qu'il estoit moult bon rethoricien, et se delectoit tant en ses faicts comme en faicts d'autruy : et certes en celuy temps et en mon jeune avenir c'estoit mon principal passetemps, et y persistoye de jeunesse par oysiveté et loisir, et par la bien-heuree paix qui estoit universelle es païs du duc, mon souverain signeur et maistre. Quand l'armée du duc d'Orleans (que leva et conduisit le signeur d'Arguel) fut aprestee, ils tirérent en la comté d'Ast, et depuis entrérent plus-avant en païs : et coururent la riviére de Gennes par terre et par eaue, en faisant guerre aux Milannois et à leurs alliés : et ce par la mort du duc Philippe-Maria (1), jadis duc de Milan, lequel estoit nouvellement trépassé, et se disoit et dit encores le duc d'Orleans duc de Milan, pource qu'il disoit qu'il estoit fils d'une fille du duc de Milan, et en prit le tiltre et les armes : et, d'autre costé, le duc Louis de Savoye (comme cy-dessus est declaré au chapitre de pape Felix) se disoit duc de Milan, par certain traité faict par le duc Philippe-Maria quand il prit et espousa la sœur du duc Louis de Savoye; et ay bien sceu que si le duc eust esté bien actif ou bien servi, il eust eu grande part à ladicte duché : car les Milannois l'avoyent en grande amour et crainte, et furent les armes du duc de Savoye par les Milannois mises aux portes de Milan plus de douze jours; mais le duc Louis fut homme de petit effect en armes : parquoy il perdit celle bonne adventure.

D'autre part le comte Francisque (2) fut vaillant, subtil, sage, large, et abandonné. Si se mit sus : et si-longuement guerroya les Milannois l'une fois par traité, et l'autre par guerre, que finalement il fut duc de Milan, et apres luy l'est son fils : et, au regard de l'armee de Bourgongne (que mena monsieur d'Arguel pour le duc d'Orleans), ils s'en revindrent par defaute de payement, à grande perte et sans nul profit : et ledict signeur d'Arguel se gouverna vaillamment de sa personne : mais il vendit plusieurs des belles signeuries à luy appartenans, dont le prince d'Orange son pere fut mal-content, et tout racheta

(1) *Philippe-Maria* : ce prince mourut le 13 août 1447. — (2) *Le comte Francisque* : François Sforce.

au profit de deux fils qu'il avoit de la sœur du comte d'Armignac, qu'il avoit espousee : dont grand dommage et grande question avint puis à la maison de Chalon, comme l'on pourra cy-apres veoir. En ce temps maria le duc Philippe madamoiselle Marie de Gueldres, fille de sa niéce la duchesse de Gueldres, au roy d'Escoce, un moult beau chevalier, jeune et vertueux roy : et fut celuy qui avoit la moitié du visage rouge. Si envoya le duc la dame en Escoce, par mer, moult-richement et noblement acompaignee de chevaliers, de dames, et de nobles hommes. En ce temps le bon duc et la duchesse, de leur grâce, me mirent et ordonnérent en estat d'escuyer-trenchant, aveques monsieur le comte de Charolois, leur seul fils, et à-present mon souverain signeur et maistre.

CHAPITRE XVIII.

Du pas de la Pélerine, tenu par le signeur de Haubourdin; et des armes faictes entre le signeur de Lalain et un Anglois, devant le duc de Bourgongne.

Au temps dessus-dict, messire Jehan, bastard de Sainct-Pol, signeur de Haubourdin (qui fut de son temps un moult chevaleureux chevalier), tint un pas pour faire armes pres de Sainct-Omer, le terme de six semaines, luy sixiéme de compagnons (qui se nommoyent pélerins); et se fonda son pas et emprise sur la belle Pélerine : lequel pas il fit signifier par tous les royaumes et païs voisins, et s'atendoit d'avoir beaucoup de gens-de-bien, et principalement du royaume de France : mais ainsi advint que l'on commença des lors à murmurer, tant de la paix comme des tréves, et par François et par Anglois : tellement que chacun se disposa pour la guerre, et vindrent à celuy pas peu de gens. Toutesfois, pour souvenance d'icelle noble emprise, pour patron et doctrine aux entrepreneurs à venir, et pour recommendation du noble chevalier et de ceux qui l'acompaignérent et qui emprirent aveques luy, ensemble des nobles hommes qui à celuy pas vindrent à la noble epreuve, j'ay cy-apres enregistré l'ordre et les armes dudict pas ainsi qu'il s'ensuyt.

Au perron de la Pélerine arriva un grand chevalier alemand du païs de Souave, qui pouvoit avoir cinquante ans d'aage. Le chevalier fit toucher l'escu de Lancelot du Lac, et luy fut jour baillé pour combatre, selon le contenu des chapitres : et vint le duc de Bourgongne, et monsieur le comte de Charolois son fils, au lieu de Sainct-Omer, ensemble la signeurie : et furent les lices drecees, et le perron élevé de pierre, moult-solennellement : et là furent atachés les deux escus, l'un de Lancelot du Lac, et l'autre de Tristan de Leonnois : et furent icelles lices drecees emmy les champs, dessus le grand chemin tirant à Calais. Le lieu fut noblement preparé pour le duc, comme signeur et juge : et, environ neuf heures, le chevalier alemand, armé de toutes armes, la cotte-d'armes en son dos, le bacinet en la teste, et monté sur un cheval couvert de ses armes, se présenta moult-asseurément, et puis entra dedans son pavillon : et ne demoura guéres qu'entra en la lice le signeur de Haubourdin. Il avoit devant luy six escuyers vestus de blancs manteaux, portans le bourdon en brodure devant et derriére : et servoit à deux fins, l'une pour mistere de la pélerine, et se nommoyent pélerins : et communément tous pélerins chargent le bourdon. Secondement, c'estoit la devise de tous temps dudict signeur de Haubourdin. Ces six escuyers estoyent deliberés de faire armes, et de soustenir et deffendre iceluy pas si besoing faisoit : et se nommoyent Jehan Du Bois, Anthoine de Herin, Anthoine de Lornan, etc. Apres iceux venoit le signeur de Haubourdin, qui se faisoit nommer le chevalier de la Pélerine. Il estoit armé de toutes armes, le bacinet en teste, et la visiére close, pour non estre veu ou congnu. Il portoit sa cotte-d'armes, des armes de Lancelot du Lac, à la bande de Benouhic, et, au demourant, fut grandement acompaigné : et son cheval de mesmes pareures, et les escus et blasons qui furent à l'entour de son pavillon semblables : et devant la personne du duc, à sa presentation, se fit nommer le chevalier à la Pélerine, et non autrement.

Le duc le receut, et bienviengna : et le signeur de Haubourdin se tira en son pavillon, et tantost vindrent les gardes : et furent les cris et ceremonies acoustumees, et appartenans en tel cas, faictes et acomplies. Deux haches furent présentees au chevalier alemand, qui choisit; et l'autre fut baillee à l'entrepreneur. Si saillirent les chevaliers hors de leurs pavillons, et tous deux visiéres baissees. Les deux chevaliers s'assemblerent au milieu de la lice, et s'entrerencontrérent moult-fiérement : et au regard de la personne du chevalier alemand, il estoit grand, et bel homme-d'armes : et combien qu'il fust vieil, si se monstroit il prompt et de noble courage, et queroit fiérement son compaignon, sans toutesfois estre guéres duit n'apris du jeu de la hache : et l'entrepreneur soustenoit et rabatoit moult froidement et asseurément, comme celuy qui autresfois avoit esté en celuy estroit passage de combatre en champ clos, et sous jugement : car il avoit combatu, en la vile de Sainct-Omer, un chevalier d'Espaigne nommé messire Gotiére, l'un des plus redoutés chevaliers de toutes les Espaignes. Finalement, tant-chevaleureusement se requirent les deux chevaliers, qu'en peu d'heure furent leurs armes acomplies : et getta le duc le batton, comme juge : et à celuy pas ne vint autre noble homme faire armes (dont l'entrepreneur fut moult deplaisant, et ses compaignons), combien que plusieurs eussent promis de venir.

Toutesfois messire Bernard de Bearne, un moult-beau chevalier, bastard de Foix, se mit en chemin pour venir au pas dessus-dict; mais une maladie de fiévre le prit : parquoy il ne peut venir au temps que le pas estoit limité ; mais le signeur de Haubourdin, entrepreneur, luy fit sçavoir que quand il pourroit venir, il le recevroit comme s'il fust venu au pas. Ce qu'il fit depuis, comme l'on verra cy-apres.

En ce temps, l'escuyer anglois nommé Thomas passa la mer, et vint à Bruges pour combatre messire Jaques de Lalain, comme il luy avoit promis au lieu de Sandvic, ainsi qu'il est cy-dessus escrit et déclairé. Ledict messire Jaques fut moult-joyeux de sa venue, et furent les lices préparées sur le vieil marché de Bruges : et au jour qui fut baillé par le duc de Bourgongne, juge en ceste partie, le duc et sa signeurie vindrent sur la lice, qui moult-noblement estoit parée ; et n'est pas à oublier que, sur le pavillon qui fut tendu pour ledict messire Jaques de Lalain, avoit un cerf couché, de brodure. Celuy cerf portoit seize cors, et à chacun cor avoit une banniére dont estoit issu ledict Lalain, et dont les deux premiéres furent du pére (qui estoit chef et signeur de Lalain), et l'autre de Crequi, du costé de la mére. Ainsi monstra ledict messire Jaques trente deux banniéres, dont il estoit issu directement du pére et de la mére, sans entremesler entre les deux mariages aucune aliance d'autre nature ou condition, fors tousjours de banniére en banniére, comme dict est. A la requeste de l'escuyer anglois, la comtesse d'Estampes et toutes les dames de la court furent presentes à veoir icelles armes : mais la duchesse n'y voulut point estre; n'aussi je ne l'avoye jamais veu avenir, et mesmement à faire armes de pié. Toutesfois les dames y furent à celle fois.

L'Anglois estoit acompaigné de tous les chevaliers et escuyers de l'hostel de la duchesse, et se presenta tout desarmé, et puis tira en son pavillon. D'autre part vint messire Jaques de Lalain, acompaigné du baron de Beaujeu, neveu du duc, et d'autre moult grande signeurie ses parens et amis : et me souvient que, pour faire honneur au noble chevalier, ledict signeur de Beaujeu, le signeur de Ravastin, le bastard de Bourgongne, et moult d'autres signeurs et nobles hommes, s'estoyent parés de robes de satin gris, et pourpoints de cramoisi : et venoyent deux à deux devant le chevalier, qui estoit adextré des deux princes dessus-dicts, cousins germains. Il estoit vestu d'une longue robe de celle pareure, et estoit armé de son harnois de jambe seulement : et à l'entree de la lice se signa à pié, et en tel'ordonnance marcha jusques devant le duc son souverain signeur et juge, qui le receut, et s'en retourna en son pavillon. Devoirs, cris et cérémonies furent faictes, et tandis chacun champion envoya presenter son batton au juge : car chacun pouvoit porter telle hache, et de telle façon que bon luy sembloit ; mais le bon duc avoit acoustumé luy-mesme de visiter les battons dont l'on devoit devant luy combatre ou faire armes, pource que pour rien n'eust voulu souffrir que sous son jugement nulle chose mal-enseigneuse, ou de fraude, eust esté faicte. Messire Jaques fit presenter une longue hache à poincte dessus, et d'un costé un bec qu'on dit de faucon, et de l'autre un mail rond, à trois pointes de diamant, et au dessous de la hache une bonne forte dague : et la hache de l'Anglois fut une forte hache pointue dessous, et un grand taillant d'un costé, et de l'autre un long mail : et plus bas avoit rondelle pour la garde de la main, et dessous fut pointue d'une courte dague. Les battons furent raportés, et les gardes ordonnés.

L'Anglois saillit hors de son pavillon, armé de toutes armes, sa cotte-d'armes vestue, le bacinet en la teste, la visiére bien close et fermee : et portoit sa hache, sa main dextre armee, couverte de la rondelle de la hache : et pouvoit on legérement juger

qu'il estoit deliberé de faire sa bataille de la teste de
la hache. D'autre part saillit messire Jaques de Lalain
armé, sa cotte-d'armes vestue : et en sa teste avoit
une petite sallade de guerre toute ronde, et avoit
le visage et le col tout découvert : et portoit sa hache
pres de luy, et à contre poix, pour assaillir et pour
deffendre duquel des deux bouts dont il verroit
son avantage : et, en marchant froidement, s'agenouilla devant le duc : et l'Anglois marchoit fiérement et de grand courage : et, à l'aborder, messire
Jaques luy getta un estoc à la visiére, de la quëue
de sa hache; mais il ne l'enferra point, et l'Anglois
feroit de toute sa force apres ledict messire Jaques :
et feroit de mail, de taille et d'estoc, aprés le visage, qu'il voyoit nu et découvert. Mais le chevalier
sçavoit marcher et démarcher : et estoit si-adroit et
si-chevaleureux, que l'Anglois ne profitoit rien en son
assaut ; et quand il voyoit son avantage, il donnoit
à tour de bras, de la teste de la hache, sur le bacinet de l'Anglois : et par plusieurs fois l'atteindit de
coups si-poisans, qu'un moins-puissant l'eust à grand
mechef soustenu sans cheoir à terre. Mais l'Anglois
avoit assez puissance, et beaucoup hardement et
courage : et quand il veit que le chevalier l'assailloit
si-fiérement, il amodera sa bataille, et se gardoit
et contregardoit froidement, plus qu'il n'avoit commencé ; et messire Jaques poursuivoit moult-fiérement : et avint que ledict messire Jaques getta, du bout
d'embas de sa hache, pour cuider enferrer l'Anglois
en la visiére ; et l'Anglois getta l'estoc de la teste de
sa hache au-devant du coup, et trouva par mechef
le gantelet dudict messire Jaques ouvert : et la da-

gue, trenchante et ague, luy percea le bras senestre rez à rez de la main, tout outre. Messire Jacques retira son bras (qui saignoit à moult-grand randon (1)), et cuida rempoigner sa hache d'une grande demarche; mais il ne se peut de la main aider : car il avoit les nerfs coupés ou grevés.

Quand le bon chevalier se veit en tel parti, il mit sa hache sous son bras senestre, la queue devant, à la maniére qu'une femme tient le batton de quoy elle file; et de la main dextre, à l'aide de la hache, rabatoit tous les coups que l'Anglois gettoit sur luy, fors d'estoc et de mail. Lequel Anglois avoit recommencé son assault moult-fier et moult-aspre : et le chevalier levoit à la fois le bras blessé, et secouoit le gantelet : et sembloit à d'aucuns qu'il le faisoit pour remettre son sang au corps, dont il perdoit largement : et sembloit à d'autres qu'il vouloit monstrer au duc, son signeur et juge, qu'il ne luy aloit que bien, et qu'il leur laissast achever. Et est bien besoing que je touche de la constance du bon juge le noble duc dessusdict : car il ne faut pas ignorer qu'il n'aimast cordialement ledict messire Jaques son suget et son serviteur, et telle apparence de chevalier, de beauté et d'epreuve, que l'on ne nommera nulle part de meilleur chevalier de luy; et il le voyoit en tel danger, qu'il ne se pouvoit aider que d'une main : et n'est pas à douter, si l'Anglois eust esté en tel danger ou pareil, que le duc n'eust incontinent rompu la bataille; mais il ne vouloit pas estre noté, en son jugement, d'avoir departi les champions à l'avantage de l'estranger, et en contregardant son serviteur. Si remit le tout en la fiance

(1) *A moult-grand randon* : à très-grande force.

qu'il avoit en Dieu, et en la chevalerie de son chevalier : et laissa les armes parachever selon le contenu des chapitres, et de l'emprise acordee et conclue par les parties : dont il avint que messire Jaques de Lalain (qui froidement et par grande assurance soustint l'assaut de l'Anglois) getta la queuë de sa hache entre la hache et le corps de son compaignon, et entra pres de luy : et, de l'entree, il rua le bras navré au col de son homme, et de la main dextre le prit par le gros du bacinet. L'Anglois estoit poisantement armé, et messire Jaques l'estoit legérement : et ainsi tira son compaignon de toute sa force, et d'une grande demarche : et de ce coup rua l'Anglois, la visiére dedans le sablon, et tout plat estendu : et prestement, sa hache au poing, se tira devant le juge. L'Anglois fut relevé par les gardes, et fut amené devant le duc : et disoit qu'il n'avoit pas esté abbatu de tout le corps à terre, et qu'il n'estoit cheu qu'à genoux et à coudes. Si fut devant le maréchal la matiére mise en preuve, et fut prouvé par nobles hommes qu'il estoit cheu de tout le corps à terre, et que les armes, par celle cheute, estoyent deuëment acomplies. Si touchérent ensemble; et avant que l'on partist de la lice, en la présence du duc, des dames et des signeurs, fut crié un noble pas d'armes dont ledict messire Jaques estoit l'entrepreneur, et lequel pas fut depuis gardé et soustenu par ledict messire Jaques, au lieu de Chalon sur la Sosne, un an entier.

CHAPITRE XIX.

Comment le signeur de Haubourdin, continuant son entreprise du pas de la Pélerine, fit armes contre le bastard de Bearn.

En celuy temps, et assez tost apres, et avant que l'on ostast les lices préparees pour les armes dessusdictes, messire Bernard de Bearne, bastard de Foix, arriva à Bruges : et fut baillé jour à luy et au signeur de Haubourdin, qui se nommoit en ceste partie encores le chevalier de la belle Pélerine, en continuant l'emprise de son pas, tenu empres Sainct-Omer, comme il est cy-dessus escrit : et combien que ledict signeur de Haubourdin se nommoit comme entrepreneur, toutesfois, pource que ledict messire Bernard vint hors du temps que le pas estoit limité, les deux chevaliers d'un commun acord muérent la forme des chapitres en autres armes, et pouvoyent chacun apporter telle hache qu'il luy plairoit, et devoyent getter un gect de lance, et combatre desdictes haches jusques à baiton perdu, ou estre porté l'un par terre.

Au jour ordonné, messire Bernard entra en la lice armé de toutes armes, la cotte-d'armes de Foix vestue, à la barre traversant, comme il appartenoit à bastard de celle maison : et ainsi se presenta, et puis ala en son pavillon. Tost-apres entra le signeur de Haubourdin, la cotte-d'armes de Lancelot du Lac au dos, le bacinet en la teste, la visiére close, et devant luy les six escuyers qui en habit de pelerins l'avoyent acompaigné au pas de la Pélerine; et se présenta devant le duc, et le menoit le signeur de Ternant, qui le présenta comme chevalier de la Pélerine : et puis se retraït iceluy chevalier en son pavillon, qui fut armoyé des armes de Lancelot, à la bande de Benouhic. Tantost apres chacun des deux champions envoyérent présenter les battons dont ils devoyent combatre : et fut la hache du chevalier à la Pelerine, un bec-de-faucon commun, à bonne et poisante dague dessus et dessous : et celle que fit présenter messire Bernard fut une hache à bec-de-faucon commun; mais la dague de dessous fut longue et deliee, et de façon telle qu'elle pouvoit legérement entrer es trous de la visiére d'un bacinet, et de sa longueur pouvoit porter grand dommage au visage de son compaignon. Le signeur de Haubourdin fut ayerti de la subtilité de ladicte hache. Si dît qu'il ne donneroit pas à son compagnon tant de peine que de perser la visiére de son bacinet; et prestement le fit décloüer, et oster de tout poinct, si que le visage luy demoura tout découvert : et fit oster les blasons qui estoyent sur son pavillon (qui furent de Benouhic), et y demourérent autres blasons des armes de Luxembourg, à la bande traversant de Lusignan.

Quand les gardes furent venus, et cris et ceremonies faictes et acomplies, le bastard de Bearne saillit de son pavillon, la visiére close, la lance au poing dextre, et la hache et le targon d'acier à la senestre : et estoit grand chevalier et puissant. D'autre part saillit le bastard de Sainct-Pol, armé de toutes armes, la cotte-d'armes, des armes de Luxembourg, au dos, bacinet en teste, sans visiére, n'autre couverture ou aide au visage : et estoit embattonné de lance et de hache, et aidé d'un targon d'acier. Fiérement marchérent les deux chevaliers l'un sur l'autre, et getta le signeur de Haubourdin sa lance le premier : et ledict messire Bernard démarcha en costiére, si qu'il ne fust assené; et de celle demarche brandit sa lance, et getta sur son compaignon (qui moult vistement poursuivoit son get, le targon devant luy, par couverture) : et avint de celuy get que le signeur de Haubourdin fut atteint sur le bord, en dehors, de sa targe : et glissa le coup, et vint atteindre sur le costé senestre, un peu au dessus du faux du corps, et perça le harnois, et entra le fer tres-profond en la chair dudict signeur de Haubourdin : et lors du bras senestre, tost et asseurément, il escouit (¹) la lance jus, qui tenoit assez fort dedans le harnois.

Le get passé, les chevaliers se gettérent les targons au-devant des jambes, pour chacun cuider empescher ou nuire son compaignon, et puis se coururent sus aux haches moult-asprement : et contendoit fort messire Bernard apres le visage, qu'il voyoit nu et découvert : et y rua plusieurs fois, et plusieurs coups; mais le signeur de Haubourdin rabatoit froidement les coups dudict messire Bernard, et ne demoura guéres que ledict signeur de Haubourdin entra sur messire Bernard, et de sa main senestre prit la hache de son compaignon, et messire Bernard cuida prendre celle du signeur de Haubourdin : mais il n'y peut

---

(¹) *Il escouit* : il agita.

avenir. Si prit de la main dextre le signeur de Haubourdin par le bacinet, en faute de la visiére : et ledict Haubourdin queroit apres le pié du bout de sa hache, qu'il tenoit d'une main ; mais rien ne l'empira : et en cet estat furent les deux chevaliers assez longuement, tastant et essayant en leur puissance d'avoir aucun avantage chacun sur son compaignon : et le duc voyant les deux chevaliers entiers l'un envers l'autre, getta le batton, et les fit departir : et partirent de la lice tous deux à une fois, et chacun par son bout : et ainsi furent icelles armes à pié achevees, et celles de cheval mises au lundi prochain.

Celuy jour, comparurent les deux chevaliers devant le duc, leur juge en celle partie : et, au regard du bastard de Bearne, il avoit quatre chevaux couverts treshonnestement et richement : et le bastard de Sainct-Pol avoit, pour l'acompaigner, le signeur de Ravastain, le signeur de Crequi et le signeur de Ternant, tous trois chevaliers, et fréres de l'ordre de la Toison : et furent leurs chevaux couverts de trois couvertes de soye et de brodure telles qu'il avoit preparees pour courre à son pas, selon que lon toucheroit les escus; et fut le cheval du signeur de Ravastain couvert d'une couverte faicte de bourdons et de coquilles, qui fut l'ancienne devise du signeur de Haubourdin, en signifiant qu'il estoit serviteur de la Pélerine. Le cheval du signeur de Crequi estoit couvert des armes de Lancelot du Lac, à la bande de Benouhic : et celuy du signeur de Ternant des armes de Palamédes : et, au regard du signeur de Haubourdin, son cheval estoit couvert d'orfaverie tresrichement : et d'abondant, en lieu de la resne du cheval, y avoit une grosse chaine d'or que l'on extimoit peser plus de mille escus.

Présentations faictes, et cris et cerémonies acomplies, les chevaliers furent armés, et lances leur furent baillees : et d'icelle premiére course avint que messire Bernard de Bearne assit sur le grand gardebras, en glissant; et le signeur de Haubourdin (qui prit sa course au coing de la lice, et vint aborder à la toile, ainsi qu'en croisee) assit sur le bord du clou qui tient la visiére de l'armet : et l'armet (qui n'estoit pas ataché, mais l'avoit ledict messire Bernard seulement mis en sa teste, ainsi que communément l'on court es Espaignes) se haussa d'iceluy coup, qui fut durement atteint, et tellement que ledict messire Bernard fut froissé, et blecé en trois lieux au visage : dont le plus fort et le plus grief estoit au menton, et de ce saignoit tresfort. Toutesfois le chevalier reprit le bout de la toile, et vouloit ses armes fournir, comme chevalier de grand et noble courage qu'il estoit : mais Bertrandon, premier escuyer-trenchant du duc (lequel le duc avoit baillé audict messire Bernard pour le servir et conseiller, pource qu'il estoit natif Gascon, sage, et expert en armes), ne luy voulut souffrir en plus faire, mais l'emmena devant le duc : et le duc voyant son cas, et qu'il n'estoit pas pourveu d'armet ou heaumet suffisant pour sa seureté, luy pria moult-doucement qu'il se voulsist à tant contenter d'icelles armes : et le chevalier larmoyoit de déplaisir et de honte, et remonstroit qu'il estoit venu de loing pour acquerre honneur, et qu'il se trouvoit en honte et en foulle; et le bon duc luy dît que, sauve sa grâce, il estoit chevalier si-renommé, et mesmes il avoit tant veu et congnu de sa chevalerie à pié et à cheval, que l'on congnoissoit bien l'honneur et la vertu de sa noble personne, et que ce coup n'estoit qu'un coup avenu d'aventure : et luy pria de-rechef qu'il se voulsist contenter. Ce que fit le chevalier : et touchérent ensemble lesdicts chevaliers, et ainsi furent icelles armes acomplies.

CHAPITRE XX.

Comment dom Jaques de Portugal, neveu de la duchesse de Bourgongne, veint à refuge vers le bon duc Philippe.

CELLE saison, arriva au port de L'Ecluse l'enfant dom Jaques de Portugal, fils du duc de Coimbes, neveu de la duchesse de Bourgongne, et fils de son frére : et arriva grandement acompaigné de chevaliers, de nobles hommes, et autres, qui tous estoyent fugitifs aveques luy du royaume de Portugal : et vint l'enfant dom Jaques devers le duc à Bruges, et le receut le duc moult-honnorablement, et luy bailla estat et pension pour luy et pour tous ses gens : et peut on croire que la bonne duchesse sa tante le receut, ensemble les Portugalois, moult-cordialement, leur fit de grans biens, et y mit largement du sien : et pareillement le bienviengna moult-voulontiers le comte de Charolois, à qui il fut cousin germain : et en cette chose me sera force d'escrire et declairer quelques aventures et cas avenus au royaume de Portugal (que toutesfois je n'ay pas veus), pour donner à entendre pourquoy et à quelle cause furent iceux Portugalois, avec les enfans du duc de Coimbres, apres sa mort dechacés et fugitifs du royaume de Portugal, et privés de leurs signeuries et biens : lesquels enfans furent deux nobles princes fils du duc de Coimbres, et une noble dame sage et vertueuse, qui depuis fut mariee à Adolf, monsieur de Cléves, frére du duc Jehan de Cléves, comme cy-apres sera devisé et escrit.

Verité fut que le bon roy Jehan de Portugal, pere de la duchesse Ysabel de Bourgongne, laissa plusieurs enfans légitimes, dont l'aisné, nommé Edouard, fut roy de Portugal apres luy; le second fut duc de Coimbres; le tiers fut comte de Cepte, et la fille duchesse de Bourgongne. Le roy Jehan mort, le roy de Portugal son fils se maria à Leonor, fille du roy Fernand d'Arragon, et d'icelle eut l'infant dom Alfonse, à present roy de Portugal : et avint que celuy roy de Portugal, fils du roy Jehan, mourut, et laissa son fils, à-present roy de Portugal, qui n'avoit que dix ans d'aage : et fut regent et gouverneur de tout le royaume le duc de Coimbres, oncle du jeune Roy. Celuy duc fut moult sage prince, et gouverna le royaume de Portugal moult-notablement : et sous sa main avança, en honneurs et richesses, plusieurs hommes nobles, en les préferant avant autres, qui toutesfois n'en furent pas bien contens : et leur sembloit qu'ils valoyent bien, de sens et de lignage, les autres qui sous la main du Regent avoyent autorité et avancement au royaume : et de ce se conspira et engendra une tresgrande haine couverte à-l'encontre du duc : et le duc se faisoit grand et riche, et maria sa fille aisnee au Roy : dont les malveuillans commencérent à murmurer, et disoyent que le duc de Coimbres s'enrichissoit des biens du Roy et du royaume, et qu'il estoit mieux signeur que le Roy, et que nul n'avoit avancement ou office s'il n'estoit à luy; et d'autre part qu'il avoit marié sa fille au Roy pour soy fortifier, en affoiblissant le Roy et le royaume : car si le Roy se fust marié à la fille d'un roy ou d'un prince voisin, c'estoit moyen d'enforcement d'avoir et d'aliance pour le Roy et pour le royaume; et qu'il estoit assez alié au Roy d'estre son oncle, et assez obligé pour servir le royaume d'avoir sa duché et ses signeuries dedans le royaume, et tenues du Roy; et le Roy (qui croissoit en sens et en jours) entendoit ces choses, et adheroit aucunement à telles parolles, pource qu'il desiroit d'estre obeï, et hors de sugettion : et toutesfois il se taisa, en attendant qu'il fust homme pour estre roy et regent, sans compaignon ou maistre. Et avint qu'en celuy temps le Roy manda le duc de Coimbres à venir devers luy, pource qu'il s'estoit un peu de temps retiré en sa duché, estant averti que ses ennemis machinoyent contre luy, et que le Roy y livroit escout (1) : et mesmement avoit on fait une conspiration secréte contre le duc, sur le faict du royaume.

Si se douta le duc, et manda ses sugets, serviteurs et amis, pour aler au mandement du Roy, fort-acompaigné : et est à sçavoir que cette assemblee ne se faisoit point contre le Roy, mais contre les malveuillans du duc, qui entroyent en gouvernement et en autho-

---

(1) *Y livroit escout :* les écoutoit.

rité : et quand le Roy fut averti de l'assemblee que faisoit le duc son oncle, il prit la chose contre luy estre faicte, et de sa part assembla grans gens : et chevaucha le Roy à grosse armee contre son oncle : et le duc, quand il sentit venir le Roy, se cloït, et fit un camp clos de fossés et d'artillerie, et mit ses gens en bonne ordonnance; et, à ce que m'ont plusieurs nobles hommes Portugalois (qui furent presens) certifié, le duc ne le faisoit en autre intention, sinon cuidant faire partir de son camp aucuns des plus notables, pour aler au Roy en grande humilité pour soy recommander en sa bonne grâce, et sçavoir les causes pourquoy il estoit meslé aveques sa royale magesté, soy excuser par humbles voyes, et luy ramentevoir les services qu'il entendoit avoir faicts au Roy en ses jeunes jours et à l'utilité du royaume, en concluant qu'il luy offroit son service.

Mais il avint que les arbalestriers du roy de Portugal aprochérent du camp en grand nombre : et se commença une écarmouche par mechans gens d'un costé et d'autre, tellement que d'un traict d'arbaleste le duc de Coimbres, au milieu de ses gens, fut atteint en la poictrine, dont il mourut en celle mesme heure : et n'ay point sceu qu'un seul homme de nom fust blessé ou atteint de celle écarmouche, fors le duc seulement.

O princes hauts et nobles personnages, mirez vous au cas du sage duc de Coimbres, fils, frére et oncle de roy! Ne tentez Dieu, ne son executeresse fortune; ne vous fiez en force de chevalerie, de peuple ne d'armeures, quand celle fortune a montré la puissance de sa permission, pour avoir conduit l'impetuosité d'une sagette (1) si juste et si alignee, que d'avoir accidentalement occis un si noble prince au milieu de sa chevalerie, et sur luy seul, entre telle compaignie; monstré sa fureur et sa cruelle vengeance.

Ainsi fut le duc de Coimbres occis : et plusieurs se rendirent à la merci du Roy, et autres furent par force pris, et autres s'enfuirent : et mit le Roy la duché de Coimbres en sa main, ensemble tous les biens du duc trépassé. Il exila tous les enfans du duc, fils et filles, hors du royaume, excepté la seule fille dont le mariage estoit faict de luy : et l'espousa le Roy, et fust une moult-belle, sage et vertueuse royne : et s'elle eust vescu, il estoit leger à juger, par la congnoissance de ses vertus, qu'elle eust restoré la maison de Coimbres, et faict rapeler à grand honneur, en Portugal, et fréres et sœurs, et les signeurs et nobles hommes exilés à ceste cause. Mais elle mourut sous trente ans, et tous ses freres et sœurs en jeune aage; dont ce fut dommage : car c'estoit un noble sang, et une generation bien adrecee en vertu et en chevalerie.

Or ay je devisé de la mort du duc de Coimbres et de son cas, par moy toutesfois non veu. Mais à ceste cause j'ay veu venir en la maison de Bourgongne deux fils et une fille, exilés et dechacés du royaume de Portugal : dont le premier qui arriva fut l'infant dom Jaques (dont dessus est faicte mention), moult-sage signeur et devot : et par le pourchas de la duchesse de Bourgongne, sa tante, fut envoyé à Romme, et fut homme-d'Eglise : et par le consentement du roy de

(1) *Sagette* : flèche.

Portugal fut archevesque de Lisbonne (qui est le plus-grand bénefice du royaume), et fut faict cardinal, et moult élevé, tant par sa noble naissance comme pour ses vertus. Mais il mourut au lieu de Romme assez tost apres, et en ses jeunes jours, comme il est dict dessus; et cy-en-apres je deviseray des deux autres, temps apres autre, selon qu'il appartiendra.

TABLE DES MATIÈRES

CONTENUES

DANS LE NEUVIÈME VOLUME.

—

Les Mémoires de messire Olivier de La Marche, premier maistre-d'hostel de l'archeduc Philippe d'Austriche, comte de Flandres, mis en lumiere par Denis Sauvage. *Page* 1

Avertissement de l'Editeur. 3

Notice sur Olivier de La Marche. 7

Précis de l'origine, des progrès et de la décadence de la seconde maison de Bourgogne, depuis Philippe-le-Hardi jusqu'à Marie, aïeule de Charles-Quint. 21

Préface et introduction de messire Olivier de La Marche. 87

Chapitre I. *De l'ancien et nouvel estat de la maison d'Austriche, et des anciénes et nouvelles armoiries d'icelle.* 95

Chap. II. *De l'ancien estat de Bourgongne, jusques au temps qu'il fut reduit en duché.* 114

Chap. III. *Des ducs de Bourgongne, ayeulx de l'archeduc Philippe d'Austriche, descendus de la maison de France, avec autres choses consernantes l'antiquité de Flandres.* 127

Chap. IV. *Du roy Jehan de Portugal, et de madame Philipote de Lanclastre, pere et mere de madame Ysabeau de Portugal, mere de Charles de Bourgongne, grand-pere maternel de l'archeduc Philippe d'Austriche.* Page 166

Chap. V. *Du duc Charles de Bourgongne, grand-pére maternel de l'archeduc Philippe d'Austriche.* 179

Chap. VI. *De madame Marie de Bourgongne, fille du duc Charles, et mére de l'archeduc Philippe d'Austriche; et comment Maximilian, roy des Rommains, son mari, gouverna ses païs apres la mort d'icelle.* 207

Le premier livre des Memoires de messire Olivier de La Marche. 233

Preface. 233

Chapitre I. *Comment messire Jaques de Bourbon, comte de La Marche, mari de la derniére royne Jehanne de Naples, se rendit cordelier à Besançon.* 237

Chap. II. *Briéve narration de la mort du duc Jehan de Bourgongne; et des guerres continuees à cette occasion jusques à la paix d'Arras.* 244

Chap. III. *De la paix d'Arras, et de la copie du traitté faict entre le roy Charles septiéme, et le bon duc Philippe de Bourgongne.* 251

Chap. IV. *Comment la guerre continua entre les François et Anglois; et comment l'auteur de ces Memoires fut mis page en la maison du bon duc Philippe de Bourgongne.* 287

Chap. V. *Comment les ducs de Bourgongne et de Bourbon s'assemblerent à Chalon sur Sosne, pour appaiser une querelle entre Jaques de Chabannes et Jehan de Grantson; et comment le duc Louys de Savoye et sa femme visiterent le duc de Bourgongne.* Page 294

Chap. VI. *De la cause qui meut le duc de Savoye à visiter le duc de Bourgongne; et de quelques autres petites particularités.* 300

Chap. VII. *Comment Federic, roy des Rommains, et le bon duc Philippe de Bourgongne, se veirent et festeyérent en la vile de Besançon.* 307

Chap. VIII. *De quelques festes et ebatemens en la maison du bon duc Philippe; comment l'empereur de Constantinople luy envoya demander secours contre les Turcs; et comment la duchesse de Luxembourg veint vers iceluy duc, pour avoir aide contre la rebellion de ses sugets.* 316

Chap. IX. *Comment tréze gentilshommes de la maison du duc de Bourgongne teindrent le pas d'armes à tous venans pres Digeon, en une place nommee l'arbre Charlemaigne.* 322

Chap. X. *Comment le bon duc Philippe gaigna plusieurs places en la duché de Luxembourg.* 363

Chap. XI. *De ce qui fut parlementé, sur la querelle de Luxembourg, entre le duc de Bourgongne et les Saxons.* 377

Chap. XII. *Comment les Bourgongnons surprirent la vile de Luxembourg par eschelles : et comment le duc de Bourgongne fut maistre de tout le reste.* 387

Chap. XIII. *Comment le duc de Bourgongne se*

retira en ses païs de Brabant et de Flandres; et comment la duchesse ala visiter la royne de France. Page 400

Chap. XIV. Comment le signeur de Ternant, chevalier de la Toison d'or, fit armes à pié et à cheval contre Galiot de Baltasin, chambrelan du duc de Milan. 408

Chap. XV. Comment le bon duc Philippe de Bourgongne teint la solennité de la Toison d'or en sa vile de Gand. 427

Chap. XVI. Comment Jaques de Lalain et Jehan de Bonniface firent armes à pié et à cheval devant le duc de Bourgongne. 438

Chap. XVII. Comment Jaques de Lalain fit armes en Escoce; et de plusieurs autres particularités en la maison de Bourgongne. 445

Chap. XVIII. Du pas de la Pélerine, tenu par le signeur de Haubourdin; et des armes faictes entre le signeur de Lalain et un Anglois devant le duc de Bourgongne. 455

Chap. XIX. Comment le signeur de Haubourdin, continuant son entreprise du pas de la Pélerine, fit armes contre le bastard de Béarn. 464

Chap. XX. Comment dom Jaques de Portugal, neveu de la duchesse de Bourgongne, veint à refuge vers le bon duc Philippe. 469

FIN DU NEUVIÈME VOLUME.

www.ingramcontent.com/pod-product-compliance
Lightning Source LLC
Chambersburg PA
CBHW051619230426

43669CB00013B/2106